ANNO 7

(Segelschiff im 16. Jahrhundert)

Herausgegeben von
Dr. Ulrich Baumgärtner

Erarbeitet von
Dr. Ulrich Baumgärtner, Gregor Meilchen,
Dr. Herbert Rogger, Stefan Stadler, Dr. Wolf Weigand,
Barbara Weiß, Isabel Zeilinger

Fachdidaktische Beratung
Prof. Dr. Waltraud Schreiber

westermann

Druck A[1] / Jahr 2006
Alle Drucke der Serie A sind im Unterricht parallel verwendbar.

Redaktion: Dieter J. Bode
Herstellung: Nicole Hotopp
Typografie: Thomas Schröder
Satz: pva, Druck und Mediendienstleistungen GmbH, Landau
Druck und Bindung: westermann druck GmbH, Braunschweig

ISBN 978-3-14-**11 0992**-4

Inhalt

● *Auswahl thematischer Längsschnitte entsprechend den Vorgaben des Rahmenlehrplans für die Sekundarstufe I*

● *Auswahl thematischer Längsschnitte entsprechend den Vorgaben des Rahmenlehrplans für die Sekundarstufe I*

Methodenseiten im Überblick:

Vertiefungen im Überblick:

1. Lebensformen im Mittelalter

Das Bauernfest
Radierung um 1535

Burg von Kreuzfahrern in Palästina

Modernes Ritterturnier
auf einem historischen Fest

Ein Schwein wird geschlachtet
Buchmalerei, um 1520

Nonnen beim Chorgebet
Mittelalterliche Buchmalerei

Nürnberg
Kolorierter Holzschnitt aus der Weltchronik
des Hartmann Schedel, 1493

Klöster und Mönchtum

Eine folgenreiche Klostergründung

Auf dem Weg nach Süditalien erhebt sich etwa 120 km südlich von Rom ein weithin sichtbarer Bergkegel, auf dessen Spitze ein Gebäudekomplex erkennbar ist: das Kloster Montecassino. „Kloster" – abgeleitet vom lateinischen „claustrum" für „abgeschlossen" – bezeichnet eine Gebäudegruppe, die für das gemeinschaftliche Leben von Mönchen oder Nonnen bestimmt ist.

M 1 Kloster Montecassino
Nachdem die seit Jahrhunderten bestehenden Bauten während des Zweiten Weltkriegs im Februar 1944 bei einer erbitterten Schlacht weitgehend zerstört worden waren, erfolgte nach Kriegsende der Wiederaufbau nach alten Plänen.

Montecassino, eines der ältesten Klöster in Europa, wurde im Jahr 529 n. Chr. von Benedikt von Nursia gegründet. Da er als Heiliger betrachtet wurde, enthalten die Beschreibungen seines Lebens viele wundersame Geschichten und übernatürliche Ereignisse. Als sicher kann jedoch gelten, dass er um 480 in Nursia, der heutigen mittelitalienischen Stadt Norcia, geboren wurde. Er zog sich für längere Zeit in eine Höhle zurück, um als Eremit, das heißt Einsiedler, für Gott zu leben.

Seine persönliche Ausstrahlung ließ seine Anhängerschar wachsen und führte zur Gründung einer Reihe von Klöstern. Montecassino wurde deshalb so bedeutend, weil Benedikt selbst bis zu seinem Tod dort lebte und eine Klosterregel verfasste, die für Jahrhunderte das Leben vieler Mönche bestimmte und Grundlage des Mönchtums wurde: die Benediktiner-Regel.

„Ora et labora" – Bete und arbeite! Dieser Satz gilt als Inbegriff der von Benedikt aufgestellten Klosterordnung. Sie enthält eine Vielzahl von Vorschriften und Anweisungen, die in der Folgezeit von immer mehr Klöstern übernommen wurden. Beim Eintritt in ein Kloster legten die Mönche beziehungsweise die Nonnen ein Gelübde ab, in dem sie sich zu drei Pflichten bekannten: Armut, das heißt Verzicht auf eigenen Besitz; Keuschheit, das heißt sexuelle Enthaltsamkeit und Ehelosigkeit; Gehorsam, das heißt Unterordnung unter die Gemeinschaft und unter den Klostervorstand, den Abt beziehungsweise die Äbtissin.

M 2

Tagesablauf in Benediktinerklöstern
(heute in stark verkürzter Form)

2.00	Matutin (Gebet am frühen Morgen) danach: Lesen religiöser Texte
4.00	Laudes (Lob Gottes am Morgen) danach: Morgenwäsche
6.00	Prim (Gebet in der 1. Tagesstunde) und Lesung eines Kapitels aus der Benediktinerregel; Frühstück, Beginn der Arbeit
7.30	erste Messe des Tages Fortsetzen der Arbeit
9.00	Terz (Gebet zur 3. Tagesstunde) und feierliche Messe Fortsetzen der Arbeit
12.00	Sext (Gebet zur 6. Tagesstunde) Mittagessen, Ruhezeit
15.00	Non (Gebet zur 9. Tagesstunde) Fortsetzen der Arbeit
18.00	Vesper (Abendgebet) danach Abendessen „Sammlung", d.h. Warten auf die Rückkehr abwesender Mönche
20.00	Komplet (Abendgebet) Nachtruhe

Der Tagesablauf war streng geregelt und gliederte sich in die vorgeschriebenen Gebetszeiten. Um den Unterhalt des Klosters zu sichern mussten alle arbeiten. So zum Beispiel auf den Feldern, im Garten, in der Küche, der Schreibstube oder im Krankensaal. Zum Essen trafen sich die Mönche oder Nonnen im Speisesaal, dem Refektorium. Dort nahmen sie in tiefem Schweigen ihr Essen ein, während einer aus der Bibel vorlas. Die Hauptspeise bildete Brot, dazu kamen Hülsenfrüchte, Eier, Käse und Fisch. Fleisch war im allgemeinen verboten, Wein in geringen Mengen erlaubt. Ab 20.00 Uhr herrschte strenge Nachtruhe.

M 3 **Benediktiner in Tracht**

M 4 **Nonnen beim Chorgebet**
Mittelalterliche Buchmalerei

Die Attraktivität der Klöster

Bevor Mönche oder Nonnen feierlich in ein Kloster aufgenommen wurden und ihr Gelübde ablegten – man nennt das die „Profess"–, absolvierten sie das Noviziat. Das war eine Probezeit, die in der Regel nicht vor dem 15. Lebensjahr begann.

Wieso verzichteten Mönche und Nonnen auf Besitz und Familie und ordneten sich der Gemeinschaft unter? Neben religiösen Motiven und dem Wunsch, in einer geistigen Gemeinschaft zu leben, konnte der Eintritt in ein Kloster aus verschiedenen Gründen attraktiv sein. Adlige schickten Kinder, denen kein Erbe zustand, oft in ein Kloster. Dort waren sie lebenslang versorgt, konnten sogar zu Äbten und Äbtissinnen aufsteigen und großen politischen Einfluss erlangen.

Auch gab es viele Frauen, die ein Leben im Kloster attraktiver fanden als ein Hausfrauendasein. Im Kloster hatten sie eine gesicherte Stellung, konnten Lesen und Schreiben lernen und sich sogar wissenschaftlich forbilden, was ihnen außerhalb der Klostermauern meist verwehrt war.

Innerhalb der Klostergemeinschaft gab es keine sozialen Unterschiede. Alle waren gleich arm und dem Abt oder der Äbtissin untergeordnet. Oft bot das Kloster auch die Chance des sozialen Aufstiegs.

M 5 **Modell einer mittelalterlichen Klosteranlage**
Da sich die Mönche selbst versorgen mussten, gab es neben der Klosterkirche und den Unterkünften noch zahlreiche andere Gebäude: Ställe,

M 6 **Mönch bei der Getreideernte** mit einer Handsichel. Ausgeschmückter Anfangsbuchstabe O einer Miniatur, 12. Jahrhundert

Klöster als wirtschaftliche und politische Zentren
Klöster wurden meist in abgeschiedenen Gebieten gegründet, da sich die Mönche und Nonnen auf Gott konzentrieren und von weltlichen Angelegenheiten wenig abgelenkt sein wollten. So bauten sie Kirchen, rodeten Wälder, legten Felder an und kultivierten die Landschaft. Das hatte zur Folge, dass Klöster wirtschaftliche Mittelpunkte für das Umland bildeten, die Ackerbau und Viehzucht betrieben und handwerkliche Arbeit leisteten.

Den so erschlossenen Grundbesitz erweiterten Schenkungen von Bauern und Adligen, die etwas für ihr Seelenheil tun wollten. So wurden Klöster zu Grundherren. Sie übten die Herrschaft über Land und Leute in ihrem Gebiet aus und stiegen oft zu politischen Zentren auf. Klöster wie z. B. Fulda oder Quedlinburg gewannen schließlich solche Bedeutung, dass sie nur noch dem Kaiser unterstanden und als Reichsabteien über bedeutenden Einfluss verfügten. In späterer Zeit pflegten deren Äbte und Äbtissinnen einen fürstlichen Lebensstil, der sich kaum von dem weltlicher Adliger unterschied.

Da Geistliche keine Waffen tragen und keine Blutgerichtsbarkeit ausüben durften, benötigten sie einen weltlichen Vertreter. Das war der so genannte Vogt, der die Klostergemeinschaft gegen Übergriffe zu verteidigen hatte und Strafen vollzog. Oft kam es vor, dass solche Vögte ein Kloster schwer bedrückten. Sie bereicherten sich unrechtmäßig am Besitz des Klosters und versuchten, es in ihre Gewalt zu bringen.

Scheunen, Speicher, Räume für Handwerkerarbeiten, eine Schreibstube, ein Spital und anderes. Im Mittelalter ähnelte ein solches Kloster einer kleinen Stadt und bildete ein kulturelles und wirtschaftliches Zentrum für die Umgebung. Die Modellzeichnung ist dem Kloster St. Gallen nachempfunden, dessen Bauplan du auf S. 14 siehst.

Klöster als kulturelle Zentren

Inmitten einer dünn besiedelten Landschaft, die damals noch Urwälder und Sümpfe bedeckten, bildeten Klöster kulturelle Zentren. Lange Zeit waren Mönche und Nonnen die einzigen, die des Lesens und Schreibens kundig waren. In den Schreibstuben, den so genannten Skriptorien, schrieben sie Bücher ab und verzierten sie kunstvoll.

In den Bibliotheken standen jedoch nicht nur die Bibel und religiöse Schriften, sondern auch philosophische, medizinische und naturwissenschaftliche Werke. Auch nicht-christliche Schriften aus der Antike überlebten in den Klosterbibliotheken und nur durch diesen Glücksfall blieben sie uns bis heute erhalten.

In vielen Klöstern gab es Schulen, die nicht nur Novizen, sondern auch Schüler von außerhalb besuchten. Sie wurden meist zu Pfarrern ausgebildet, die später an den Kirchen ihren Dienst verrichten sollten.

Die Entstehung weiterer Mönchsorden

Die Benediktiner bildeten den ersten großen Mönchsorden des Abendlandes. Aus ihnen gingen im 12. Jahrhundert die Zisterzienser hervor, die sich auf die Kultivierung des Bodens konzentrierten, und im Rahmen der Ostsiedlung große Landflächen urbar machten. Die im 13. Jahrhundert entstandenen Orden der Franziskaner und Dominikaner nahmen sich hingegen der Seelsorge in den Städten an. Wegen ihres Armutsideals zählen sie zu den so genannten Bettelorden.

Das Leben liegt in Gottes Hand

Der mittelalterliche Mensch im Jahreslauf

Im Mittelalter waren die Menschen der festen Überzeugung, dass Gott als Weltenherrscher die Geschicke der Menschen bestimmt und auch Herr über die Zeit ist. Am Jüngsten Tag würde es ein göttliches Weltgericht geben, das Endpunkt und Ziel der menschlichen Geschichte sei. Auf diesen Tag sollte jeder Mensch vorbereitet sein.

Anders als heute erfolgte die Einteilung der Zeit auf der Grundlage des christlichen Glaubens. So begann das neue Jahr im mittelalterlichen Deutschland am Weihnachtstag, d. h. am 25. Dezember. Wichtige politische Ereignisse wie Reichstage, Krönungen oder Friedensschlüsse legte man gern auf hohe kirchliche Festtage, um den Einklang mit der göttlichen Weltordnung zu betonen.

Auch für die Bauern waren Zinszahlungen und Abgaben häufig an Feiertage gebunden. So z. B. an den Michaelistag am 29. September oder den Martinstag am 11. November. Die meisten Menschen kannten ihr Geburtsjahr nicht und schätzten ihr Alter. Eher wusste man schon den Tag der Taufe.

Leben und Arbeiten der Menschen wurden von den Jahreszeiten und dem Stand der Sonne bestimmt. Wenn sie morgens aufging und der Hahn krähte, begann der Tag; brach die Dämmerung herein, war das Tagewerk vollendet. Doch sagte auch das Läuten der Kirchenglocken die Tageszeiten an. Hinweise auf den Jahreslauf boten die Tagesheiligen und die ständig wiederkehrenden Kirchenfeste. Ein Höhepunkt war das Weihnachtfest als Geburt des Erlösers; zugleich endeten mit diesem Tag die langen, finsteren Nächte. Das Osterfest kündete von der Auferstehung des Herrn und vom Beginn des neuen Lebens in der Natur.

M 7 Leben und Sterben
Auch Sterben lag in Gottes Hand. Das Bild aus der Zeit um 1500 zeigt Vater und Mutter mit ihren Söhnen und Töchtern. Kinder, die zur Entstehungszeit des Gemäldes nicht mehr lebten, tragen weiße Totenhemden. Alle haben die Hände gefaltet und erflehen Gottes Gnade.

Volksfrömmigkeit im Mittelalter

Mehr noch als um ihr körperliches Wohl bangten die Menschen um ihr ewiges Heil. Der Besuch des Gottesdienstes allein reichte vielen nicht aus, um ihnen die Angst vor dem Jüngsten Gericht zu nehmen. Daher versuchten sie, sich ihres Seelenheils durch eigene religiöse Anstrengungen zu vergewissern. Mit guten Werken hofften sie die Gnade und Vergebung Gottes zu erlangen.

Manche Gläubige flehten Maria und die Heiligen um Fürbitte an und stifteten ihnen kostbare Altäre, Bildertafeln oder Abendmahlskelche. Andere unterstützten mit Stiftungen die Armen und Kranken in den Städten. Große Verbreitung fand auch die beschwerliche Reise zu berühmten Wallfahrtsorten, wo eine Statue oder ein Heiligenbild als wundertätig galt. Dort wetteiferten die Gläubigen in der Verehrung der Jungfrau Maria und der Kirchenheiligen. Doch zogen auch Volksprediger durch das Land und hatten großen Zulauf. Sie forderten die Gläubigen zu Buße und tätiger Nächstenliebe auf.

Die mittelalterliche Volksfrömmigkeit hatte aber auch ihre bedenkliche Seite. Weil es oft an Führung durch die Kirche mangelte, war sie durchsetzt vom Glauben an Geister, Hexen und Dämonen. Glaube und Aberglaube ließen sich in damaliger Zeit oft nicht trennen.

M 8 **Pilgerpaar,** 15. Jahrhundert

M 9 **Das Jüngste Gericht,** Altarbild um 1520

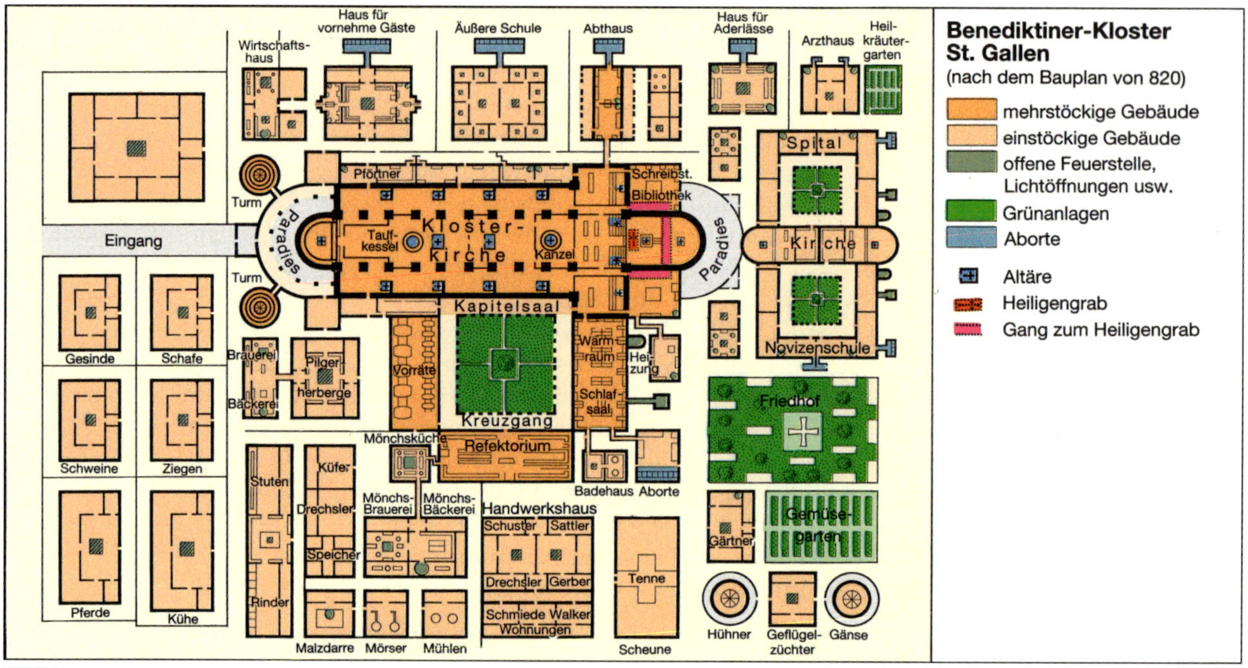

M 10

M 11 Aus der Regel des Benedikt von Nursia

cap. 2. Der Abt, der würdig ist ein Kloster zu leiten, soll stets daran denken, wie er genannt wird [abbas = Vater], und den Namen eines Oberen durch seine Taten rechtfertigen. Denn er gilt als Stellvertreter Christi im Kloster.

cap. 3. Sooft im Kloster etwas Wichtiges zu geschehen hat, soll der Abt die ganze Gemeinschaft zusammenrufen und berichten, worum es sich handelt. Vom Urteil des Abtes hängt es ab, was das Heilsamste ist; ihm sollen alle gehorchen.

cap. 5. Die erste Stufe der Demut ist Gehorsam ohne Zaudern. Er kommt denen zu, die nichts höher achten als Christus.

cap. 33. Niemand darf sich unterfangen, ohne Erlaubnis des Abtes etwas zu verschenken oder anzunehmen, noch irgend etwas Eigenes zu besitzen, überhaupt keine Sache: weder ein Buch, noch Schreibtafel, noch Griffel, sondern überhaupt gar nichts; es ist ihnen ja nicht erlaubt, über ihren Leib und ihren Willen frei zu verfügen. Alles Nötige sollen sie vom Abt des Klosters erhoffen. Und alles sei allen gemeinsam.

cap. 48. Müßiggang ist der Feind der Seele. Daher müssen sich die Brüder mit ihrer Hände Arbeit und zu bestimmten Stunden mit heiliger Lesung beschäftigen.

aus der Regel des hl. Benedikt, nach: P. Franz Faessler, Die großen Ordensregeln, Hrsg. H. U. von Balthasar, Einsiedeln/Zürich/Köln 1948

M 12 Das Leben der Klosterschüler

Eine englische Quelle um 990 berichtet von einem Gespräch zwischen Lehrer und Klosterschüler:

„Du Junge, was hast du heute gemacht?" – Viel habe ich getan. Heute nacht, als ich das Zeichen hörte, stand ich vom Bett auf, ging hinaus in die Kirche und sang mit den Brüdern die Nokturn [3 Uhr]. Danach sangen wir die Litanei und das Morgenlob, nachher die Prim und die Frühmesse. Danach die Terz. Nachher sangen wir die Sext, aßen, tranken und schliefen und wieder standen wir auf und sangen die Non. Jetzt sind wir bei dir und bereit zu hören, was du uns sagen willst." – „Bist du heute geschlagen worden?" – „Nein, denn ich habe mich vorsichtig verhalten." – „Was isst du den Tag über?" – „Jetzt esse ich noch Fleisch, weil ich ein Junge bin, der unter der Rute lebt. Kohl und Eier, Fisch und Käse, Butter und Bohnen esse ich." – „Und was trinkst du?" – „Bier, wenn ich es habe, oder Wasser, wenn ich kein Bier habe. Wein ist kein Getränk für Junge und Dumme, sondern für Greise und Weise." – „Wo schläfst du?" – „Im Schlafsaal mit den Brüdern." – „Wer weckt dich zur Nokturn?" – Manchmal höre ich das Zeichen und stehe auf; manchmal weckt mich mein Lehrer unsanft mit der Rute."

Aelfric, Colloquium, nach: Arno Borst, Lebensformen im Mittelalter, Frankfurt/M. 1979, S. 565, gekürzt

M 13 **Aufnahme ins Kloster**
Diese Buchmalerei aus dem 11. Jahrhundert stellt die Aufnahme eines Kindes ins Kloster dar. Die Bildunterschrift lautet: „Florus dat sobolem. fit cautio. Praedia confert“ – „Florus gibt den Sprössling. Es kommt zu einer Zusage. Er vermacht Ländereien.“

M 14 **Klosterleben im späten Mittelalter**

Im Jahr 1509 schrieb der angehende Mönch Philipp Trunk aus dem Kloster Bronnbach im Taubertal folgenden Brief an seinen Bruder Johannes:

Unser Kloster liegt in anmutiger Einsamkeit, überall umgeben von lieblichen Gefilden. Dort erblickt man viele prächtige Häuser für die Bequemlichkeit des Abtes, der Brüder und der Gäste und Werkstätten der verschiedenen Künste, alle ausgezeichnet erbaut. Wir haben eine recht große Kirche, in der sich 16 Altäre befinden, mit starken verputzten Steinen einschließlich der Kirche von Grund auf errichtet. Wir haben auch eine breite und sehr geräumige Vorhalle vor der Kirche und einen großen Garten mit vielen Bäumen der verschiedenen Früchte, ebenso zwei Bibliotheken, angefüllt mit Werken der verschiedenen Autoren. Ferner ist der Kreuzgang des Klosters mit gemalten Fenstern umschlossen, sowie einem Garten.
In diesem Kreuzgang hat jeder eine Sitzgelegenheit mit darunter ausgebreiteten Matten für die in der Regel vorgeschriebenen Lesungen. Unser Kapitelsaal ist auch prächtig; mag er auch für einen, wenn ein Vergehen es fordert, sehr kalt und sicher deswegen weniger angenehm oder erfreulich sein.
Wir haben auch einen wunderschönen Platz im Garten mit dem allerschönsten Brunnen und drei steinernen Tischen unter einem weit ausladenden Baum, der von wertvollen Reben ringsum umrankt wird. Dort kommen wir zur Erholung an hohen Festtagen zusammen. Zuerst werden Reden zur Erbauung gehalten, dann wird nach einer zeitlichen Unterbrechung Speise und Trank in die Mitte gestellt. Derjenige, der den Vorsitz führt, segnet diese, dann greifen er und daraufhin der Reihe nach die Älteren und alle anderen zu, indem sie frisches Gemüse, Äpfel, Birnen, Nüsse, Käse und Brot sowie Fisch essen.

Philipp Trunk und seine Schriften über das Kloster Bronnbach, hrsg. von Leonhard Scherg, in: Wertheimer Jahrbuch, Jg. 1988/9, Wertheim 1990, S. 101 ff.

Aufgaben

1. Erläutere die Bedeutung der Klöster für die Menschen im Mittelalter. → Text, M5, M10
2. Erkläre den Zusammenhang zwischen dem Tagesablauf im Kloster und der Benediktinerregel „Bete und arbeite“. → M2, M11, Text
3. a) Erwachsene Menschen sollen gehorchen! Wie wird das begründet? Warum regelt Benedikt das Klosterleben nicht demokratisch? → M11
   b) Warum verbietet Benedikt persönliches Eigentum? → M11
4. Welche Motive konnten zum Eintritt eines Kindes oder Erwachsenen ins Kloster führen? → Text, M13
5. Was erfährt man aus der Erzählung Philipp Trunks über das Kloster Bronnbach? → M14
6. Welche Gefahren siehst du für das Leben der Mönche und Nonnen durch den Reichtum und politischen Einfluss mancher Klöster?
7. Welche Einrichtungen erfüllen heute die Aufgaben, die Klöster im Mittelalter wahrnahmen?
8. a) Informiere dich über ein Kloster, dass in deinem Heimatort oder der näheren Umgebung liegt. Berichte deiner Klasse über die Gründung des Klosters, seine Geschichte und den Mönchsorden, dem es angehörte.
   b) Sammle Informationen zu zwei weiteren Mönchsorden (Gründer, Gründungszeit, Hauptaufgabe, Tracht). → Lexikon, Internet
9. Erläutere Ursachen und Auswirkungen der Volksfrömmigkeit im Mittelalter. → Text

Die Grundherrschaft

Grundherrschaft - Herrschaft über Land und Leute

Im Unterschied zu heute lebten im Mittelalter die meisten Menschen als Bauern. Ihr Leben war durch die Arbeit in der Landwirtschaft geprägt und durch ihre Stellung in der Grundherrschaft.

„Grundherrschaft“ ist ein moderner Begriff, den die Menschen im Mittelalter nicht kannten. Er bedeutet nicht nur, dass jemand Herr über ein bestimmtes Gebiet war, sondern auch über die dort wohnenden Menschen. Grundherrschaft heißt also: Herrschaft über Land und Leute. Hinweise darauf, wie dies im Einzelnen geregelt war, finden sich zum Beispiel in alten Güterverzeichnissen. Dort ist der Besitz eines Klosters oder eines Adligen genau aufgelistet und dort steht, was die einzelnen Höfe an Abgaben zu leisten hatten. Aus Urkunden erhält man Aufschluss über Schenkungen und Besitzwechsel. Diese vielen einzelnen Informationen ermöglichen es, sich eine Vorstellung von der Grundherrschaft zu machen, die das Leben so vieler Menschen über Jahrhunderte hinweg bestimmte.

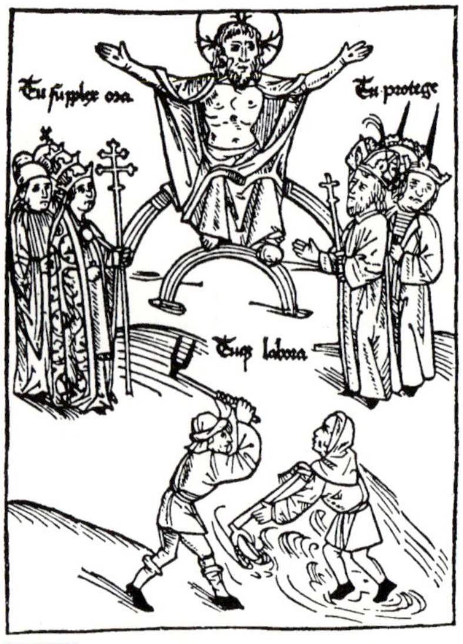

M 1 Ständebild

Auf dem Holzschnitt aus dem Jahr 1492 sind die drei Stände dargestellt: die kirchlichen Würdenträger, die Adligen und die Bauern. Die Inschriften weisen ihnen ihre Aufgaben zu: „Du sollst demütig beten" – „Du sollst schützen" – „Du sollst arbeiten". Darüber thront Jesus auf einem Regenbogen.

Das Verhältnis von Grundherr und Hörigen

In der Grundherrschaft bestand ein Abhängigkeitsverhältnis zwischen einem Grundherrn und einem Hörigen (der auf den Grundherrn „hören“ musste). Der Grundherr konnte der König, ein Adliger, ein Bischof oder auch ein Kloster sein. Die Hörigen waren Bauern – arm oder wohlhabend und mehr oder weniger abhängig vom Grundherrn.

Der Grundherr überließ den Grundhörigen im Allgemeinen ein Stück Land (= Hufe) zur Bewirtschaftung, sorgte für deren Schutz, regelte die Bewirtschaftung des Landes und hielt Gericht. Die Hörigen bewirtschafteten das Land, gaben dem Grundherrn Abgaben und waren verpflichtet, für ihn so genannte Frondienste, das heißt „Herrendienste“, zu leisten. Wichtige Entscheidungen wie Heirat oder Wegzug musste der Grundherr genehmigen. Die Bauern waren also dem Grundherrn rechtlich nicht gleichgestellt und sie waren in unserem heutigen Sinne nicht frei. Die mittelalterliche Gesellschaft war eine Ständegesellschaft. Die Zugehörigkeit zu einer sozialen Gruppe war durch die Geburt bestimmt: Wer als höriger Bauer geboren wurde, blieb sein Leben lang ein Höriger.

Im Mittelalter lebten fast alle Menschen von der Landwirtschaft. Der Mittelpunkt einer Grundherrschaft war oft der so genannte Fronhof, das heißt Herrenhof: ein Bauernhof, den der Grundherr selbst bewirtschaftete oder durch einen Verwalter bewirtschaften ließ. Dieser Verwalter wurde oft „Meier“ genannt, wovon sich der heutige Familienname ableitet. Dazu hatte der Grundherr Arbeiter, die manchmal so rechtlos wie Sklaven waren, manchmal aber ein eigenes Stück Land hatten. Zur Grundherrschaft gehörten weiterhin die Hufen, auf denen die Bauern mit ihren Familien lebten und arbeiteten.

Ein Grundherr war oft Herr über verschiedene Besitzungen, die manchmal hunderte von Kilometern voneinander entfernt lagen. Auch unter den Hörigen gab es Unterschiede: Der eine musste nur bestimmte Abgaben leisten und arbeitete sonst nur für sich selbst; ein anderer

M 2 Grundherren und Hörige
Bauern entrichten dem Grundherrn Abgaben, Holzschnitt aus Augsburg, 1479.

musste Abgaben leisten und zum Beispiel an drei Tagen für den Grundherrn arbeiten; ein dritter musste Abgaben leisten und darüber hinaus auch Dienste, wann immer es der Grundherr befahl.

Die Entstehung der Grundherrschaft

Aus heutiger Sicht wirkt die Grundherrschaft auf uns fremd. Das hängt zum Teil mit ihrer Entstehungsgeschichte zusammen.

Die Grundherrschaft war im Mittelalter nichts grundsätzlich Neues. Bereits im Römischen Reich gab es Sklaven, die auf den großen Gütern arbeiteten, und freie Bauern, die ihr eigenes Land bewirtschafteten, aber bestimmte Abgaben zahlen mussten.

Nach dem Ende des Römischen Reichs änderte sich das kaum. Aber manche Sklaven erhielten von ihren Herren Land und manche Bauern mussten – zum Beispiel weil der Hof verschuldet war – ihr Land einem Großgrundbesitzer übergeben. Aus Sklaven und freien Bauern wurden so im Verlauf einer langen Entwicklung Hörige.

Die Grundherrschaft beruhte auf Gegenseitigkeit. Viele Bauern begaben sich schon zur Zeit Karls des Großen freiwillig in die Abhängigkeit eines Grundherrn, um dem Kriegsdienst, zu dem sie als Freie zunächst verpflichtet waren, zu entgehen.

Die Beschaffung der kostspieligen Ausrüstung und die lange Abwesenheit während der Sommermonate war für freie Bauern eine große Belastung. Wenn sie sich in Abhängigkeit begaben, nahm ihnen der Grundherr die Last des Kriegsdienstes ab; allerdings verloren sie dadurch ihre Freiheit und bearbeiteten nun das Land des Grundherrn. Dennoch waren beide aufeinander angewiesen, denn allein die Bauern sicherten die Versorgung mit Lebensmitteln. Ihre mühselige Feldarbeit ermöglichte es den adligen Herren Waffen und Pferde zu beschaffen, den Königen Kriegszüge zu unternehmen und den Bischöfen Kirchen zu bauen und prächtig auszuschmücken.

M 3 Bauern bei der Arbeit

In einer mittelalterlichen Handschrift, die Fragen der Zeitrechnung behandelt, finden sich die folgenden Abbildungen. Sie zählen zu den frühesten Darstellungen bäuerlicher Tätigkeiten. Das Werk entstand im Jahr 818 n. Chr auf Anregung Karls des Großen:

M 4 Ein Güterverzeichnis

Im vor 829 entstandenen Güterverzeichnis, einem so genannten Urbar, des Klosters Saint-Germain-des-Prés werden die Besitzungen des Klosters und Verpflichtungen der Grundhörigen in Nogent aufgeführt. Aripenni, perticae und bunuariae sind Flächenmaße, die regional unterschiedlich verwendet wurden und deren genaue Größe nicht mehr feststellbar ist. Der erste Satz des lateinischen Originals lautet:

„Habet ibi de prat[o] arip[ennos] XLIII ubi poss[unt] colligi de feno carra CXX."

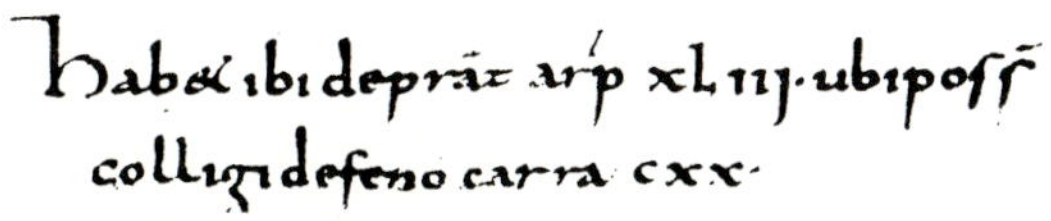

Die Übersetzung heißt:

Es besitzt dort 43 aripenni Wiesen, von denen 120 Fuder Heu geerntet werden können.
Es besitzt dort Wald, der insgesamt auf 15 Meilen im Umkreis geschätzt wird, in dem 1000 Schweine gemästet werden können.
Es besitzt dort eine Mühle, aus der ein Zins von 30 Scheffeln Getreide hervorgeht.
Es besitzt dort eine Kirche. [...]
Der Hörige Vulfradus und seine Frau, eine Freie namens Ermoara, haben bei sich drei Kinder mit diesen Namen: Vulfricus, Aldeberga, Vulfildis. Er bewirtschaftet 1 mansus ingenuilis [selbstständiger Hof besserer Qualität] bestehend aus 11 bunaria Ackerland, 2 aripenni Weinberg, 3 aripenni Wiesen. Er zinst für den Kriegsdienst 10 Scheffel Wein, für die Schweinemast 3 Scheffel [...]. Er pflügt für die Wintersaat 6 perticae, zur Frühjahrssaat 3 perticae. Bittfrontage [Arbeitstage für den Herrn], Holzschlag, Hand- und Spanndienste, so viel ihm befohlen wird. 3 Hühner, 15 Eier. Er transportiert Wein, wohin ihm befohlen wird. 100 Schindeln. Er bearbeitet auf der Weise 1 aripennum. [...]
Der Hörige Probardus des heiligen Germanus bewirtschaftet 1 mansus servilis [Hof minderer Qualität], bestehend aus 2 bunuaria Ackerland, 4 aripenni Wiesen. Er pflügt für die Wintersaat 2 perticae, für die Frühjahrssaat 1 perticae. 3 Hühner, 15 Eier. In jeder Woche 3 Tage.

Aus: Ludolf Kuchenbuch, Grundherrschaft im frühen Mittelalter, Idstein 1991, S. 121, 125.

M 5 Eine Schenkung

Engilram schenkt seinen Besitz dem Kloster St. Gallen. In der Urkunde vom 20. Mai 838 heißt es:

Im Namen Gottes habe ich, Engilram, aus Ehrfurcht vor Gott und für mein Seelenheil beschlossen, dass wir durch die Hand meines Bruders Pato mein gesamtes Allod [Eigentum], das ich in Alamanien zur Zeit als meinen Besitz betrachte, dem Kloster St. Gallen, wo jetzt Bernwicus als Abt der Herde Gottes vorzustehen beliebt, übergeben und übertragen wollen. [...] Bei dieser Schenkung stellen wir die Bedingung , dass unserer Schwester Thiotpuruch diese Schenkung auf ihre Bitte für sich erhalten und zu ihren Lebzeiten das Nutzungsrecht besitzen und daher Zins bezahlen soll.

Aus: Ludolf Kuchenbuch, Grundherrschaft im frühen Mittelalter, Idstein 1991, S. 145 f.

Aufgaben

1. Erarbeite ein Schaubild der Grundherrschaft. → Text
2. a) Welche Leistungen der Hörigen kann man zu Gruppen zusammenfassen?
   b) Vergleiche die Situation von Vulfardus mit der von Probardus. → Text, M4
3. a) Welche Motive hatte Engilram bei seiner Schenkung?
   b) Welche Regelungen werden im Hinblick auf seine Schwester Thiotpuruch getroffen?
   c) Suche Gründe für diese Bedingungen.
   → M5
4. Stelle Vor- und Nachteile der Grundherrschaft in einer Tabelle gegenüber. → Text, M4, M5
5. a) Beschreibe möglichst genau, was auf den einzelnen Abbildungen dargestellt ist.
   b) Weshalb wählte man bäuerliche Tätigkeiten, um den Jahreslauf darzustellen?
   c) Beurteile die Aussagekraft der Abbildungen über das Leben der Bauern im frühen Mittelalter. → M3
6. Welche Abgaben entrichten die Bauern dem Grundherrn? → M2

Bauern im Mittelalter

Die Lebenswelt der Bauern – eine fremde Welt

Die mittelalterliche Gesellschaft war eine Agrargesellschaft. Über 90 Prozent der Bevölkerung waren in der Landwirtschaft tätig. Die Bauern versorgten nicht nur sich selbst mit Nahrung und Kleidung. Sie sicherten mithilfe ihrer landwirtschaftlichen Überschüsse auch das Leben der kirchlichen und adligen Grundherren sowie der städtischen Bevölkerung. Die Bauern bildeten folglich die Grundlage der mittelalterlichen Gesellschaft.

Nichts wäre verkehrter, als das heutige Aussehen der Landschaft, von Feld, Wald und Wiesen, von Pflanzen und Tieren als etwas hinzunehmen, dass es so schon im Mittelalter gegeben habe. Die Lebenswelt sowohl in ihrer äußeren Erscheinung als auch im Hinblick auf die Bedürfnisse, Ängste und Hoffnungen der Menschen sind jedoch nur in Teilen rekonstruierbar.

In Güterverzeichnissen, so genannten Urbaren, sind Steuern und Abgaben aufgelistet. Sie erlauben Rückschlüsse auf die Größe der Höfe, auf Art und Anzahl des Viehs und auf die angebauten Feldfrüchte. Sie sagen jedoch nichts über das Alter und die Lebenserwartung der Menschen aus. Darüber können aber Gräber Aufschluss geben. Archäologische Funde tragen zu Kenntnissen über das Aussehen der Häuser, des Viehs oder der angebauten Pflanzen bei. Schließlich machen im späten Mittelalter Bildnisse von Bauern und ihren Tätigkeiten die Lebenswelt der Landbevölkerung vorstellbar. Doch lässt keine der genannten Quellen die Bauern selbst zu Wort kommen. Wir erfahren nichts von ihnen selbst. Alle Quellen bieten nur die Sicht von außen, sei es als moderne wissenschaftliche Rekonstruktion oder als zeitgenössische mittelalterliche Darstellung meist aus der Sicht der Oberschichten.

Wohnbedingungen der Bauern

Man spricht in bezug auf das Mittelalter auch vom „hölzernen Zeitalter", denn Holz war der Werkstoff der Zeit. Werkzeuge, Schiffe, Wagen und Behausungen, auch Kirchen, fertigten die Menschen vor allem aus Holz. Erst nach einigen Generationen ersetzten sie die Kirchenbauten durch Steinbauten. Nach und nach wurden allerdings immer häufiger Eisenwerkzeuge verwendet.

Grundsätzlich lassen sich zwei Typen von Häusern unterscheiden: Vor allem in den Alpenländern, dem Baltikum und in Teilen Nordeuropas entwickelte sich der Blockbau. Stämme von Nadelhölzern – meist Fichten oder Lärchen – wurden waagerecht übereinander geschichtet und mit Holzverbindungen zusammengehalten. Da die Stämme nicht in die Erde versenkt wurden, findet man im Boden keine Spuren.

Eine ganz andere Form des Holzbaus ist der Skelettbau: Senkrecht in die Erde eingelassenen Pfosten, die mit waagrechten Balken verbunden waren, bildeten das tragende Gerüst. Aufgrund der für den Archäologen noch heute erkennbaren Pfostenlöcher kann man diese Bauten genauer als die Blockbauten rekonstruieren. Um geschlossene Wände zu erhalten, füllte man die Zwischenräume mit lehmbeworfenem Flechtwerk oder später mit Mauerwerk.

M 1 Bauernhäuser
Nachbauten mittelalterlicher Häuser in einem Berliner Museumsdorf

M 2 **Vornehmer Besuch in der Bauernstube**
Gemälde von Jan Bruegel, um 1597

Die Dächer bestanden bei Bauernhäusern aus Stroh oder Holzschindeln. Im Spätmittelalter wurde auf das aus Stein gebaute Erdgeschoss ein Stockwerk in Holzbauweise gesetzt.

Nur das offene Herdfeuer heizte die Häuser, dessen Rauch durch die Tür- oder Dachöffnung abziehen konnte. Später unterteilte man die Häuser in einzelne Kammern, ersetzte die offene Herdstelle durch einen geschlossenen Ofen und baute Stuben ein.

Arbeitsbedingungen der Bauern

Der wirtschaftliche und rechtliche Rahmen für die Tätigkeit der Bauern war die Grundherrschaft. Der Grundherr herrschte über Land und Leute. Er bestimmte, ob ein Bauer heiraten durfte, er entschied als Richter bei Streitigkeiten, er konnte die Bauern mit dem Land verkaufen, verschenken oder eintauschen.

An einigen Tagen der Woche waren die Bauern mit Hand- und Spanndiensten für den Herren beschäftigt. Das heißt, die Bauern mussten mit eigenem Vieh und Geräten die Äcker des Herrn pflügen, Felder einzäunen, Korn dreschen, Bier brauen oder Wege ausbessern. Außerdem mussten sie von der Ernte der Felder und den anderen Erträgen des Bauernhofs Abgaben leisten.

Etwa seit dem 12. Jahrhundert wandelten sich die Pflichten dieser „hörigen Bauern“. Frondienste wurden für die Grundherren immer unwichtiger, weil sie ihre eigenen Betriebe verkleinerten oder ganz auf-

M 3 **Hölzerne Schüsseln und ein vornehmes Trinkglas**
Funde aus dem Mittelalter

lösten. Deshalb gewannen Abgaben von Naturalien oder Geldzahlungen an Bedeutung. Diese Entwicklung wurde vermutlich dadurch gefördert, dass der Tauschhandel zunehmend durch die Bezahlung mit Geld abgelöst wurde. Das bedeutete zum Beispiel auch, dass die Bauern für die Benutzung der Mühle, die dem Grundherrn gehörte, eine Gebühr entrichten mussten.

Die Bauern hatten nun mehr Zeit ihre Flächen zu bewirtschaften. Sie mussten sich stärker bemühen Überschüsse zu erzielen, um sie auf dem Markt zu verkaufen. Da die Bevölkerung wuchs und mehr landwirtschaftliche Produkte benötigt wurden, stiegen die Preise und die Bauern verdienten besser.

Landwirtschaftliche Geräte

Wichtigstes Gerät war der Pflug. Im Frühmittelalter überwog der Einsatz eines einfachen Hakens, um den Boden aufzureißen. Aus einer bildlichen Quelle hat man einen gesicherten Nachweis, dass erst seit dem Ende des 11. Jahrhunderts Pflüge mit einem Streichbrett zum Wenden der Erdschollen eingesetzt wurden.

Die Rekonstruktion von mittelalterlichen Pflügen erweist sich als außerordentlich schwierig, weil hölzerne Konstruktionsteile im Erdreich vergangen sind. Räderpflüge, die dem Bauern das Führen des Pfluges erleichterten und es gestatteten, die Erde tiefer aufzubrechen, sind in Frankreich seit dem 9. Jahrhundert nachgewiesen. Als Zugtiere waren zunächst Ochsen verbreitet. Später verwendeten die Bauern meist Pferde. Wann und inwieweit dies geschehen ist, ist unter Historikern umstritten.

Auch andere Gerätschaften der Bauern wurden im Laufe der Zeit verbessert. Das gilt etwa für die Mähgeräte. Zunächst hat man Sicheln zum Mähen des Getreides eingesetzt. Sensen, die mit ihrem langen Stiel den Bauern die Arbeit erleichterten, blieben bis ins 12. Jahrhundert eher selten. Der Grund war vermutlich, dass beim Sensen zu viele Körner auf den Boden fielen.

Zum Dreschen des Getreides ließ man das Vieh das Korn austreten. Später benutzen die Bauern Dreschflegel.

Für den Transport von landwirtschaftlichen Produkten gab es zwei- oder vierrädrige Wagen. Daneben wurden Waren auch auf Packtieren oder auf den Schultern der Bauern zu den Märkten transportiert.

Die Dreifelderwirtschaft

Zur Zeit der Karolinger hatten die Bauern ihre Felder so bewirtschaftet, dass man sie in einem Jahr bestellte und aberntete, im nächsten Jahr aber ungebrochen „brach“ ließ, damit sich der Boden erholen konnte. Nun bestellten die Bauern ein Drittel des Ackerlandes mit Winterfrucht (Weizen, Dinkel, Roggen), die im Herbst gesät wurde, und ein Drittel mit Sommerfrucht (Hafer, Gerste), für die im Frühjahr das Feld bestellt wurde. Das restliche Drittel blieb brach liegen oder diente als Weide. Auf diese Weise blieb nur noch ein Drittel der Felder unbebaut, sodass größere Erträge erzielt werden konnten.

Diese Art der Bebauung nennt man Dreifelderwirtschaft. Sie erlaubte es den Bauern, ihre Arbeit gleichmäßiger über das Jahr zu verteilen. Ferner verringerte sich die Gefahr von Hungersnöten, denn eine Miss-

M 4 **Ein Schwein wird geschlachtet**
Buchmalerei, um 1520

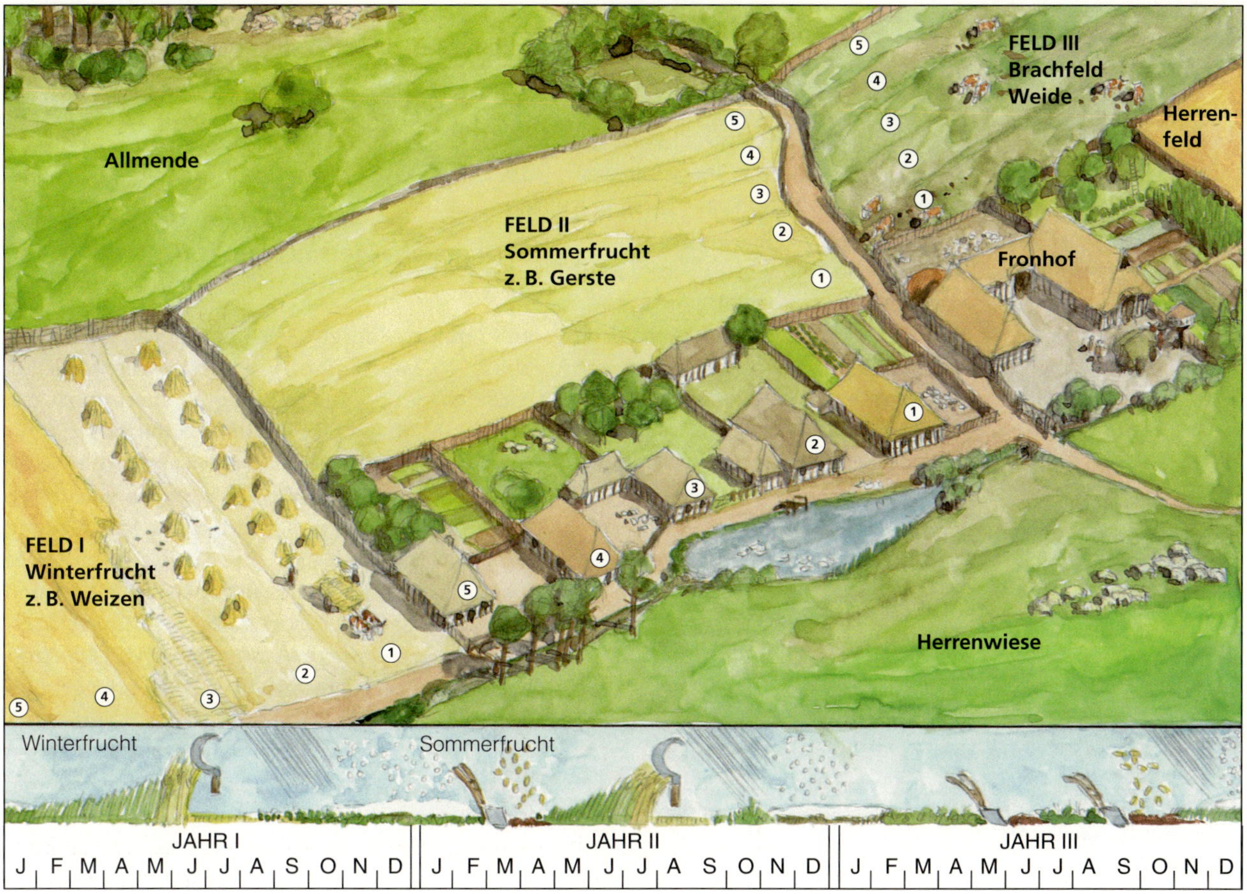

M 5 **Dreifelderwirtschaft**

ernte beim Wintergetreide ließ sich durch eine gute Ernte bei der Sommerfrucht ausgleichen. Aus praktischen Gründen legten die Bauern im Dorf ihre Felder zusammen und bildeten drei Großfelder (Gewanne). Gemeinsam beschlossen sie, was auf den Feldern angebaut werden sollte, legten Zufahrtswege fest und einigten sich über die Erntetermine. Wald- und Wiesenstücke, die der Gemeinde gehörten, durften alle nutzen. Man bezeichnet sie als „Allmende". Das obere Schaubild zeigt, wie die gesamte Nutzfläche eines Dorfs nach dem Prinzip der Dreifelderwirtschaft unter fünf Bauernhöfe aufgeteilt wurde.

Nutztiere

Tiere wurden gehalten, um die Menschen mit Nahrung zu versorgen, Rohstoffe für Kleidung und Gerätschaften zu liefern und als Trag- und Zugtiere. Mit dem Untergang der römischen Kultur, die in den Provinzen eine Blütezeit der Tierzucht gebracht hatte, gingen für mehr als 1 000 Jahre die Kenntnisse über die Zucht vor allem bei Rindern, Schafen und Schweinen verloren. Die Größe der Rinder entwickelte sich deshalb im Mittelalter wieder zurück. Von Seiten der Bauern wurden keine Anstrengungen unternommen, die Tierhaltung zu verbessern. Man erklärt dies mit der Tatsache, dass die Bauern meist von einem Grundherren abhängig waren. Nur im Bereich der Pferdezucht konnte man im Mittelalter das römische Niveau erhalten.

M 6 **Kühe im Mittelalter (vorn) und heute (hinten)**

M 7 Hunger

Eine zeitgenössische Quelle berichtet über das Jahr 1343:

Im Jahr 1343 war in Unterbayern eine solche Teuerung ausgebrochen, dass die Einwohner die Rinden von den Bäumen abschälten. Sie zerrieben dieselben, mischten sie mit viel ebenfalls zerriebenem Heu, machten einen Teig wie zu Brot daraus und aßen ihn; oder sie zerstampften jene Sachen in der Mühle, mengten sie unter abgekochten, mit Wasser und Salz bespritzten Wegerich, verzehrten dies und bezwangen die Qual eines grauenhaft herrschenden Hungers.

Johannes von Winterthur, aus: Auf dem Land. Aus dem mittelalterlichen Leben, Bern 1989, S. 83.

M 8 Essen einfacher Schichten im Mittelalter:

Ein anonymes Lehrgedicht vom Ende des 13. Jahrhunderts berichtet über das Essen von Bauern:

Man befahl Ihnen [den Bauern] als Leibesnahrung
Fleisch und Kraut und Gerstenbrei,
doch ohne Wildbret sollten sie sein,
zum Festtag Hirse, Linsen und Bohnen.
Fisch und Öl ließen sie schön
die Herren essen, das war Sitte.
Nun essen sie mit den Herren mit,
was immer man Gutes finden mag.
Das ist dem Lande ein Hagelschlag.
[...]
Er [der Bauer] sprach: „Meine Gemahlin traut,
leg wenig Fleisch in unser Kraut,
damit der Schinken lange reicht."
Sie sprach: „Lieber Rüeger [Name des Bauern],
hätt ich doch eher dran gedacht,
ich behalte sehr gern das Gut."
Also gab sie nach im Streit.
Des Morgens zur Essenszeit
trug sie ihm das Kraut dann auf.

Siegfried Epperlein, Bäuerliches Leben im Mittelalter, Köln/Weimar/Wien 2003, S. 205 f.

M 9 Mittelalterliche Ernährung

Der Historiker Arno Borst berichtet über die Ernährungsgewohnheiten der einfachen Bevölkerung:

Im 13. Jahrhundert ist Brot kein Leckerbissen mehr wie im 10. Jahrhundert, wo selbst vornehme Mönche nicht jeden Tag Brot bekommen; auch der Arme hat Anspruch auf Brot. Ähnliches gilt für Wein, dessen Qualität freilich fast durchweg bescheiden ist. Brot und Wein sind so verbreitet, weil Rodung und Landesausbau die Vermehrung der Ackerflächen und Weinberge ermöglicht haben; technische Verbesserungen an Mühlen und Keltern tragen dazu ebenso bei wie Transporterleichterungen durch Straßenbau und Marktverflechtung. Trotzdem bestehen noch im Hochmittelalter und in wohlhabenden Häusern die Grundnahrungsmittel aus Brei und Mus. Bestehen bleiben außerdem die sozialen Differenzierungen im Speisezettel; Fleisch ist vornehmen Kreisen vorbehalten, die Wildbret jagen, während Bauern nur einmal im Jahr ihr Schlachtfest mit Schweinefleisch halten und sich sonst mit Pflanzenkost und Milchprodukten begnügen. Von ihren Bestandteilen her gesehen war die mittelalterliche Ernährung, [...] gemischt, doch überwog pflanzliche Nahrung die tierische bei weitem. Bei aller Verbesserung der Quantität blieb die Qualität ziemlich gleich. Wer satt werden wollte, musste viel essen; der Reiche aß nicht besser, sondern mehr.

Arno Borst, Lebensformen im Mittelalter, Frankfurt u.a. 1979, S. 189.

M 10 Einsatz eines Pfluges, Gemälde von 1525

M 11 Agrartechnik

a) Der Historiker Lynn White schreibt über die Bedeutung von Pferden:

Das Pferd war seit seiner Domestikation [Zähmung] von Anbeginn ein Gehilfe für den Krieg. Das erste Geschirr, das Joch, war für Ochsen entwickelt worden, für deren Anatomie es passt. Aber für Pferde ist das Joch denkbar ungeeignet: es schnürt den Hals ein und hemmt die Atmung sowie die Blutzirkulation im Kopf, sodass ein Paar angejochter Pferde kaum mehr als 500 Pfund Gesamtgewicht ziehen kann: eine leichte Karre oder einen Wagen mit zwei Menschen, aber mehr nicht, wenn es über längere Strecken gehen sollte.

Wirksame Methoden zum Anschirren von Pferden wurden entweder in China oder in Zentralasien entwickelt und verbreiteten sich von da westwärts. Die früheste Form, ein an seitlichen Deichseln befestigter Brustgurt, taucht in Europa zum ersten Mal auf einem dem achten Jahrhundert zugeschriebenen irischen Flachrelief auf. Die gebräuchlichere Form des modernen Pferdegeschirrs, ein starres Kumt, das durch Deichseln oder Zugleinen mit der Last verbunden ist, tritt erstmalig auf einer karolingischen Miniatur um 800 in Erscheinung. Mit dem neuen Geschirr [...] konnten Pferde eine vier- bis fünf Mal größere Last ziehen als mit dem herkömmlichen Joch. Nun standen für schwere Feldarbeit und Transporte zum ersten Mal Pferde zur Verfügung. Da sich Pferde überdies viel schneller fortbewegen als Ochsen und an einem Tag etwa doppelt soviel Arbeit leisten, ließ sich durch die Verwendung von Pferden statt Ochsen eine erhebliche Einsparung an menschlicher Arbeitskraft erzielen.

L. White jr., Die Ausbreitung der Technik 500–1500 in: C. M. Cipolla, K. Borchardt (Hg.), a. a. O., S. 95 ff.

b) Der Agrarhistoriker Dieter Hägermann nimmt zu den Aussagen Whites Stellung:

Folgt man einer weitverbreiteten Ansicht, die vor allem auf eine These des amerikanischen Historikers Lynn White junior zurückgeht, so ist die Effizienz des Räderpflugs bereits im Frühmittelalter entscheidend durch den Einsatz des Pferdes als Anspanntier gesteigert worden [...]. Diese zunächst faszinierende These lässt sich indessen weder mit ikonographischem noch sonstigem Quellenmaterial stützen. Es ist vielmehr bekannt, dass es erst der Züchtung schwerer und im Charakter temperierter Pferderassen bedurfte, um den Einsatz der Einhufer als Arbeitstiere auf breiterer Front zu ermöglichen. Außerdem blieben Pferde stets krankheitsempfindlicher als Rinder, ihr Bedarf an qualitativ höherwertiger Nahrung, zumal Hafer, lag beträchtlich über den Ansprüchen der Rinder, die nach ihrer vielfältigen Nutzungsphase noch als Schlachtvieh verbraucht werden konnten. Obendrein ließ sich das nervöse Pferd wesentlich schlechter leiten und lenken als das langsamere Ochsengespann. Was das Frühmittelalter angeht, so zeigen alle einschlägigen Quellen, dass Pferde vor allem als Reittier, gleichsam als bewegliche Waffe des Reiters, der zum Ritter wird.

Propyläen Technikgeschichte Bd. 1, Berlin 1997, S. 397 f.

Aufgaben

1. Fasse mit eigenen Worten zusammen, was du über den bäuerlichen Lebensstandard erfährst.
   → Text
2. a) Beschreibe die rekonstruierten Häuser.
   b) Welche Bautypen kannst du erkennen?
   → Text, M1
3. a) Beschreibe an Hand der Quellen, was du über die Ernährungsweise der Bauern im Mittelalter erfährst.
   b) Vergleiche die damalige Ernährung mit den heutigen Ernährungsgewohnheiten.
   → M7, M8, M9
4. a) Erkläre das Prinzip der Dreifelderwirtschaft.
   b) Welche Vorteile ergeben sich aus der Dreifelderwirtschaft?
   → M5
5. a) Fasse die Kernaussagen der beiden Texte über die Agrartechnik zusammen.
   b) Welche Aussage erscheint dir plausibler? Begründe deine Meinung.
   → M11

M 1 Symbole

Im Lexikon der Symbole finden sich folgende Eintragungen:

a) Hahn, als weitverbreiteter Raubvogel in der Kunst des christl. MA Todes-Symbol.
Hahn, als morgendlicher Künder der Sonne, wegen seines schillernden Gefieders und seines feuerroten Kammes bei vielen Völkern (z. B. bei Syrern, Ägyptern und Griechen) Sonnen- und Feuersymbol. Im Christentum ist der Hahn als Künder des Tages ein Auferstehungssymbol und ein Symbol für die Wiederkunft Christi am Jüngsten Tag. Im heutigen Europa gilt der Hahn meistens als Symbol des Stolzes oder „stolzierenden" übersteigert männlichen Verhaltens.

b) Hund, das wahrscheinlich älteste Haustier des Menschen, gab seit alter Zeit Anlass zu komplexen, oft gegensätzlichen symbolischen Deutungen. In vielen Kulturen steht er im Zusammenhang mit dem Tod. Er bewacht das Totenreich, ist Seelenführer oder Mittler zwischen der Welt der Toten und der Lebenden. Die dem Hund zuerkannte Weisheit ließ ihn in manchen Kulturen (z.B. in Afrika) zum Ahnvater der Zivilisation und zum Überbringer des Feuers an die Menschen werden, auf der anderen Seite war auch die am Hund beobachtete starke Sexualität, die ihn in Zusammenhang mit der Symbolik der Ahnväter und Erzeuger der Menschen brachte. Die noch heute spichwörtliche Treue des Hundes machte ihn zu einem weit verbreiteten Sinnbild der Treue. Negativ erscheint der Hund als Sinnbild der Unreinheit, des Lasters und der Niedrigkeit (z. B. im Alten Testament und im Islam, der ihm aber auch gute Eigenschaften zubilligt), die Wertung des Hundes als erniedrigende Beschimpfung ist in fast allen Kulturen verbreitet. In der mittelalter-

M 2 Das Bauernfest
Daniel Hopfer (um 1470–1536), Augsburg um 1533 oder 1536, zwei Radierungen, 24,6 x 24,8 und 25,8 x 24,9 cm

Das Bild des mittelalterlichen Bauern

Im 16. Jahrhundert waren Abbildungen von Bauern zu einem eigenen Gegenstand der künstlerischen Darstellung geworden. Bedeutende Künstler wie Albrecht Dürer (1471–1528) und Daniel Hopfer (um 1470–1536) schufen Bilder mit diesem offenbar sehr beliebten Motiv.

Städter kauften sie gerne, weil es ihr Überlegenheitsgefühl gegenüber den als roh und ungebildet empfundenen Bauern befriedigte. Möglicherweise spielte auch die heimliche Hinneigung zum freizügigen Verhalten, das die Bauern auf den Bildern zeigten, beim Kauf eine Rolle.

Die Bilder zeichnen sich durch eine Vielzahl genau beobachteter Einzelheiten aus, die Auskunft geben, wie Häuser und Zäune aussahen, welches Geschirr und Besteck man benutzte, welche Kleidung man damals trug. Die Bilder sind jedoch kein genaues Abbild der bäuerlichen Gebräuche. Sie sind aber wichtige Quellen.

Aufgrund von Unterschriften weiß man, dass die Bilder vor allem belehren sollten. Für die Radierung Hopfers ist die Unterschrift verloren gegangen. Bei einem Bild mit ähnlichem Motiv heißt es: „Schaut den dollen Bauern-Hauffen/ lustig hier beysammen sauffen/ wan ist Sontag in der Schenk [...] an Zäunen da sicht man die Früchte des Saufen".

Zu einem sechsteiligen zusammensetzbaren Holzschnitt von Bartel Beham verfasste Hans Sachs (1494–1576) sogar den Schwank „Der pawren tantz, versammelt auß mancherley dörffer". Sowohl die derbe

lichen Kunst erscheint der Hund ambivalent, er kann Symbol des Neides, des Zorns, der Anfechtung durch das Böse sein. Er kann aber auch Glauben und Treue symbolisieren. Ein weißer Hund bedeutet häufig Güte und Frömmigkeit der Person, zu deren Füßen er dargestellt ist, er kann auch Symbol einer guten Ehe sein. Ein hässlicher, zumeist dunkelfarbiger Hund symbolisiert dagegen gelegentlich den Unglauben oder das Heidentum.

c) Katze, ambivalentes Symboltier. In Japan gilt der Anblick einer Katze als böses Omen. In der Kabbala und im Buddhismus steht die Katze symbolisch der Schlange nah. In Ägypten wurde die häusliche, wendige und nützliche Katze als heiliges Tier der Göttin Bastet, der Beschützerin des Hauses, der Mütter und Kinder verehrt. Im Mittelalter galten (vor allem schwarze) Katzen als Hexentiere, besonders der schwarze Kater als Sinnbild des Teufels, der Aberglaube sieht daher in der schwarzen Katze einen Unglücksbringer.

Lexikon der Symbole, hrsg. v. Udo Becker, Freiburg 2001, S.111,134,145.

M 3

Komödie von Sachs als auch die Bilder kritisierten das angeblich lasterhafte und verwerfliche Tun der Bauern. Sie wollten moralisch belehren, um auf das Bessere hinzuweisen.

Doch nicht nur der Text, auch verschiedene Bildelemente verweisen auf die Kritik. Hierbei sind zum einen die Handlungen der dargestellten Personen zu beachten. Zum anderen besitzen Pflanzen oder Tiere einen für das damalige Publikum leicht erkennbaren Symbolgehalt.

Auf dem Bild Hopfers kommen Hunde, eine Katze und ein Hahn mit seinen Hühnern vor. Was diese Bildmotive aussagen sollen, lässt sich mithilfe von Nachschlagewerken klären. Allerdings sind solche Symbole nie eindeutig. Es kommt bei der Deutung darauf an, welche anderen Bildelemente daneben abgebildet sind.

Aufgaben

1. a) Beschreibe die Bilder genau. Was erfährst du über den Hausbau?
   b) Beschreibe die Konstruktion der Zäune. Welche Funktion hatten sie? Beachte die Vielzahl der Zäune.
   c) Beschreibe, wie damals gegessen wurde. Versuche Speisen, Getränke und Geschirr zu identifizieren.
2. a) Wo kommen Hunde auf dem Bild vor? Welche Personen sind in ihrer Nähe abgebildet? Wie würdest du die Hunde als Symbol deuten?
   b) Deute den Symbolgehalt der Katze und des Hahns.

M 1 **Burg Egg (Niederbayern) im 18. Jahrhundert**
Rekonstruktionszeichnung

M 2 **Schloss Egg nach dem Umbau von 1840**
Stich, 19. Jahrhundert

Burgen im Mittelalter

Verzerrte Bilder

Ritterromane und -filme stellen den mittelalterlichen Ritter oft als unabhängigen Adligen in kostbarer Rüstung dar, der sich hilfsbereit verhält und tapfer kämpft. Sein Zuhause ist dann oft eine prachtvolle Burg, in der auch zu Friedenszeiten die Waffen klirren und in der sich zahlreiche Ritter und schöne Burgfräulein aufhalten. Allerdings ist diese Darstellung teilweise fragwürdig.

Gerade unser Bild von mittelalterlichen Wehranlagen wird weniger von Burgen aus dem Mittelalter geprägt, sondern von Bauten, die im 19. Jahrhundert in romantischer Weise wieder auf- oder umgebaut wurden. Außerdem unterschieden sich Burgen in Größe und Ausstattung je nach Macht des Burgherrn und im Verlauf des Mittelalters wandelte sich zudem das Aussehen einer Burg erheblich.

Heute erhaltene Burgen stellen somit nur das Ergebnis einer langen Entwicklung dar, sodass es nicht *die* typische mittelalterliche Burg gibt.

Warum baute man Burgen?

Eine Aufgabe der Burg wird schon im Namen ausgedrückt, in dem „bergen" im Sinn von „schützen" steckt. Denn sie bot der in der Nähe lebenden Bevölkerung Zuflucht bei einem Angriff. Zum Schutz war der Burgherr verpflichtet, weil er als Grundherr über die hörigen Bauern herrschte. Für ihn war die Burg auch als Wirtschaftszentrum wichtig, lebten doch dort nach Ausweis archäologischer Funde Handwerker, deren Produkte auch die Dorfbevölkerung kaufen konnte. Fahrenden Händlern bot sich die Gelegenheit, auf Burgen ihre Waren zu verkaufen.

Ferner diente die Burg als Wohnung des Burgherrn und als solche war sie Herrschaftsmittelpunkt. Hier zog der Grundherr die Abgaben seiner Bauern ein und hier sprach er über sie Recht. Als Machtmittel

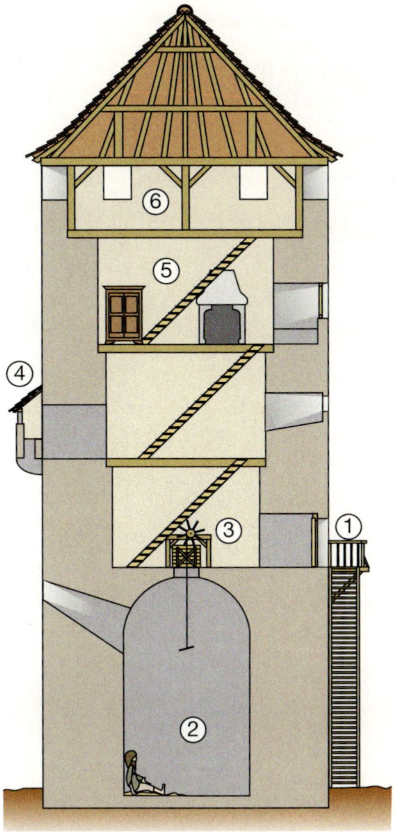

M 3 **Querschnitt durch einen Bergfried**

① Eingang zum Bergfried
② Verlies oder Magazin
③ „Angstloch" (Deckenluke mit Seilwinde ins Verlies)
④ Abtritt
⑤ Wohnraum
⑥ Wächterstube

wurden Burgen seit dem 11. Jahrhundert immer wichtiger, da die Landesherren versuchten ihre Herrschaft auszudehnen. Auf vielen Burgen wurden nun unfreie Dienstmannen – so genannte Ministeriale – eingesetzt. Die Burgen lagen entweder auf Anhöhen, von wo aus man einen guten Überblick über die Umgebung hatte (= Höhenburgen), oder innerhalb eines mächtigen Wassergrabens mitten im Flachland (= Wasserburgen).

Wohnbedingungen in einer Burg

Herzstück jeder Burg war der Bergfried. Er diente nicht nur als Wachturm, sondern bildete im Fall eines Angriffs die letzte Zuflucht für die Belagerten. Deshalb lag in mehreren Metern Höhe der Zugang, zu dem eine einziehbare Leiter führte.

Auf der Burg gab es Probleme bei der Beleuchtung, der Beheizung sowie der Wasserzufuhr. Die Wohnräume waren meist dunkel, weil die Fenster zur besseren Verteidigung oft nur aus Schlitzen bestanden, die im Winter und bei schlechtem Wetter mit Holzläden verschlossen wurden. Reiche Burgherren nahmen stattdessen Pergament, das etwas Licht einließ. Zur Aufhellung der Räume wurden die Wände weiß getüncht. Als Lichtquellen dienten Fackeln, die aber stark rußten. Talglampen wiederum verbreiteten einen ranzigen Geruch. Erst als im Spätmittelalter die Herstellung von Glasscheiben Fortschritte machte, besserte sich die Beleuchtung der Räume.

Im inneren Hof stand das Hauptgebäude der Burg, der Palas, wo die Familie des Burgbesitzers wohnte. Im ersten Stock lag der große Festsaal, zu dem oft eine breite Freitreppe hinaufführte. In großen Burganlagen war dieser Bau mit Wappen, Säulen und Figuren geschmückt. Beheizt waren nur die Räume des Burgherrn und seiner Familie. Man nannte sie „Kemenaten" von lat. caminata = beheizter Raum. Als Heizung diente lange Zeit ein offener Kamin, der jedoch nur den Platz davor erwärmte. Ein Fortschritt war die Verbreitung des Kachelofens im 12. Jh., da er die Wärme länger hielt und besser im Raum verteilte. Große Wandteppiche dienten nicht nur als Schmuck, sondern sollten auch die Kälte abhalten.

Brauchwasser schöpften die Burgbewohner mühsam aus dem Brunnen oder holten es aus der Zisterne, in der Regenwasser gesammelt wurde. Deshalb wusch man sich unregelmäßig und ein Bad bildete das Vorrecht der Adligen. Wurde Trinkwasser aus dem Wasser der Zisterne gewonnen, ließ man es zuvor durch eine Kiesschicht als Filter rinnen. Dennoch blieb der Geschmack schlecht, sodass man Wein und Gewürze beimischte. Der Zimmerboden wurde oft mit Laub und Moos bestreut, um weicher darauf zu gehen und die Kälte zu dämmen. Vor herabfallendem Ungeziefer schützten nachts Himmelbetten, deren Vorhänge zugleich die Kälte abhielten.

Belagerung einer Burg

Wie man bei Belagerungen von Burgen vorging und wie Belagerungsmaschinen aussahen, das zeigen uns Schriften von Fachleuten der Kriegskunst und Bilder aus Handschriften. Belagerungstechniken wurden allerdings erst im 12. Jahrhundert wichtig, als im Zuge der Herrschaftsausdehnung des Adels die Burgen vermehrt Ziele von Angriffen wurden.

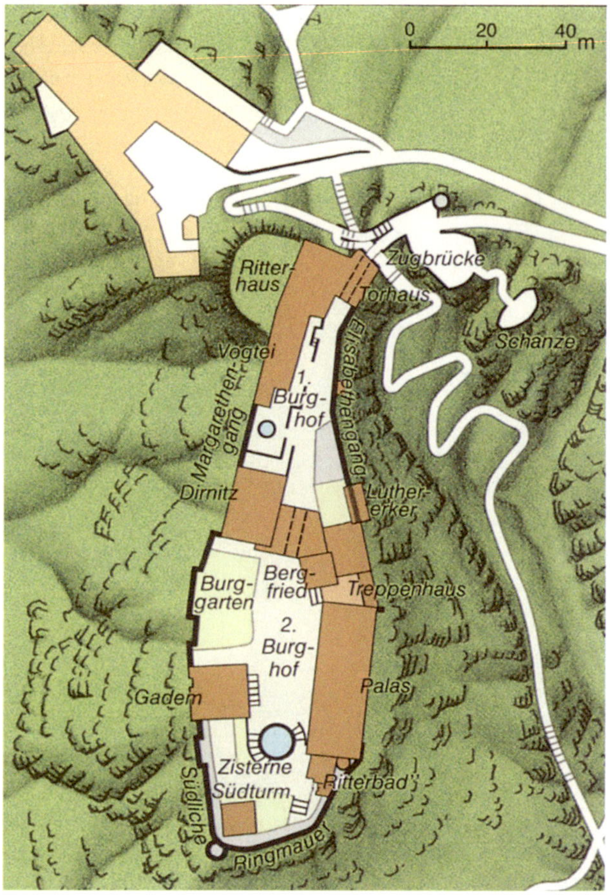

M 4 Luftbild und Grundriss der Wartburg bei Eisenach
Sie wurde 1080 erstmals urkundlich erwähnt und in der Folgezeit ausgebaut und erweitert. Der Palas entstand um 1170. Die Wartburg diente den Landgrafen von Thüringen zur Sicherung ihres Territoriums im Westen. 1211 kam die ungarische Königstochter Elisabeth auf die Burg, 1521/22 übersetzte Martin Luther hier das Neue Testament.

M 5 Tore – Schutz oder Symbol?

Zur möglichen Funktion des Tores einer Burg schreibt ein Burgenforscher:

Wenn das Tor als offenkundige Schwachstelle, als neuralgischer sehr kritischer Punkt jeder Burganlage besonders stark befestigt gewesen sein soll, so verwundert doch, wieso etliche Burgen in Wirklichkeit eher unzulänglich geschützte Tore hatten: keine Zugbrücke, kein Fallgitter, kein Gusserker, keine Schießarten, nicht einmal ein direkt davorliegender Graben, nur ein massives Holztor. Wie vermögen wir so etwas zu erklären? […]
Spätestens jetzt drängt sich die Frage auf, ob denn manche Burgherren in hohem Maße überheblich bzw. manche Baumeister in besonderem Maße dümmlich waren oder ob der Torbau letztlich nicht ein ähnlich repräsentatives Statussymbol gewesen ist wie der Bergfried, fungierte er doch als eigentliche Tür zur Burg.
Auch wenn heutzutage Wohlstand baulich veranschaulicht werden soll, tun viele dies durch eine eindrucksvolle Gesamtarchitektur und durch ein möglichst protziges Gartentor; bei der Gestaltung der Frontfassade des Wohnbaues erfährt die Eingangstür besondere Aufmerksamkeit: sie soll ja dem Besuchenden einen Eindruck davon vermitteln, wessen Gebäude er betritt und wie (bescheiden) sich sein eigener gesellschaftlicher Rang im Vergleich hierzu ausnimmt. Die Außenportale waren damals und sind heute wie damals wesentliche optische Visitenkarten des Hausbesitzers.

Zeune, Joachim, Burgen, Symbole der Macht, Regensburg 1996, S. 46 f.

M 6 Belagerung einer Burg
Die gepanzerten Angreifer nahen mit Axt, Brandfackel und Armbrüsten. Von den Zinnen der Burg prasselt ein Steinhagel auf sie herab. Zu den Verteidigern gehört auch eine Frau. In voller Rüstung, mit Helmzier und Lanze, droht oben der Burgherr, Buchmalerei aus dem 14. Jahrhundert.

M 7 Bericht über die Belagerung einer Burg

Der Möch Aegidius Romanus berichtet inseinem Werk „Über die Herrschaft der Fürsten" aus dem 14. Jahrhundert:

Erstens also werden Festungen durch Minen, d. h. durch unterirdische Gänge bezwungen. Es müssen nämlich die Belagerer heimlich an einer Stelle in die Erde sich graben und vor dieser Stelle ein Zelt oder sonst einen Bau hinsetzen, damit die Belagerer nicht sehen können, wo sie zu graben beginnen. [...]. Dann muss man zuerst die Mauern untergraben und mit Holz absteifen, damit sie nicht sogleich einfallen. Und wenn sie alle Mauern oder den größten Teil derselben so untergruben und unterminirten und sie [die Belagerer] sahen, dass sie durch den blossen Einsturz der Mauern die Festung erobern konnten, dann müssen sie sofort an die die Mauern stützenden Holzsteifen Feuer anlegen, die Mauer ganz oder zum Teil zu Falle bringen und dadurch die Gräben ausfüllen. [...]
Auch die aus den Gängen hinausgeschaffte Erde ist so zu verstecken, dass sie von den Belagerten nicht gesehen wird. Wiederum, sobald das Feuer an die Stützen, welche die Mauern halten, angelegt wird, muss der, welcher dies tut, und die bei ihm sind, sich an einen sicheren Ort zurückziehen, damit sie durch den Einsturz der Mauer nicht verletzt werden. [...]
Wiederum kann man weiter vorgehen und die unterirdischen Gänge so anlegen, dass man durch sie in die belagerte Stadt oder Burg hineingelangt. [...] Und über die durch den Einsturz der Mauern geschaffene Bresche stürmen die übrigen Belagerer in die belagerte Burg oder Stadt aus können sie so erobern.

Schultz, Alwin, Das höfische Leben zur Zeit der Minnesänger, Leipzig 1889, S. 370 f.

Aufgaben

1. Vergleiche den Zustand der Burg Egg vor und nach dem Umbau. Was hat sich verändert?
   → M1, M2
2. a) Suche auf dem Foto die einzelnen Teile einer Burg.
   b) Welche Elemente sind für eine Burg kennzeichnend?
   → M4
3. Wie lässt sich erklären, dass manche Burgen schlecht gesicherte Tore hatten?
   → M5
4. Vergleiche den Text mit dem Bild der Belagerung einer Burg.
   → M6, M7
5. Informiere dich, welche Burgen bzw. Burgruinen es in deiner näheren Umgebung gibt.

M 1 **Turmbau zu Babel**
Buchmalerei, um 1411

Die Erforschung einer Burg

Bei der Besichtigung einer Burg gewinnt man eine Vorstellung von ihren Wohnverhältnissen und den Wehranlagen. Über die Baugeschichte gibt die Bauforschung Auskunft, deren Aufgabe es ist, Bauten zu datieren. Grundlagen sind beispielsweise die Form von Tür- und Fensterrahmen sowie von Säulenkapitellen, aber auch die Art der Gewölbekonstruktionen, da sich all dies im Laufe der Zeit verändert hat. Durch die Untersuchung eingebauter Hölzer und von Putzschichten kann zusätzlich die Abfolge einzelner Bauphasen ermittelt werden.

Zur Datierung von Burgen oder einzelner Bauphasen innerhalb einer Burganlage werden außerdem Zeichen von Steinmetzen herangezogen. Diese waren wahrscheinlich Grundlage für die Abrechnung der Arbeitsleistung eines Steinmetz. Durch die Sammlung gleicher Steinmetzzeichen in einer Burg lässt sich deren ursprünglicher Umfang rekonstruieren, da spätere Um- und Anbauten mit anderen Zeichen versehen sind. Da Steinmetze ihr Zeichen behielten und an verschiedenen Orten tätig waren, sind folglich Bauten mit den identischen Zeichen gleichzeitig entstanden.

Die Bauforschung beschäftigt sich aber auch mit der damaligen Bautechnik und der Bauorganisation, wobei sie sich auf Bilder in Handschriften, Baukostenrechnungen und Funde von Handwerksgeräten stützt. Hinweise geben zudem auch heute noch sichtbare Bauspuren wie Löcher im Mauerwerk, die in regelmäßigen Abständen und parallel in mehreren Reihen übereinander angeordnet sind, oder Vertiefungen an den Außenseiten von Quadern. Man verwendete also neben Standgerüsten auch Ausleggerüste.

Seit dem 12. Jahrhundert kamen auch einige Baumaschinen zum Einsatz, aber dennoch dauerte es lange, bis eine Burg vollendet war. Die Bauzeit hing natürlich auch von der Zugänglichkeit des Bauplatzes und von den finanziellen Mitteln des Bauherrn ab. Immerhin kann man zum Beispiel aus Baurechnungen erschließen, dass beim Bau der Burg Biebelried in Unterfranken, die eine Grundfläche von 2 000 qm hat, etwa 90 Arbeiter neun Jahre lang beschäftigt waren.

M 2 **Quader mit Zangenloch und Steinmetzzeichen**
Rekonstruktionszeichnung

M 3 **Zangenlöcher und Steinmetzzeichen**
Palaswand der Burg Leofels bei Schwäbisch-Hall (links) und Bergfried der Burg Steinsberg

M 4 **Erforschung einer Burg**

Die Burg Bommerheim in der Nähe von Oberursel im Taunus wurde in den Jahren 1988 bis 1991 systematisch erforscht. Dabei erhielt man Aufschlüsse über die Baugeschichte.
Im 11./12. Jahrhundert existierte aber schon ein Wehrbau, der im 13. Jahrhundert einer großzügigen Anlage wich. Diese hatte einen Durchmesser von 35 m und wies eine Mauerstärke von 1,70 m auf. Im 14. Jahrhundert wurde die Burg mehrmals beschädigt, wieder auf- bzw. umgebaut. Um 1382 wurde die Burg endgültig zerstört.
Im Zuge der Ausgrabungen fanden Archäologen eine Reihe von Gegenständen.

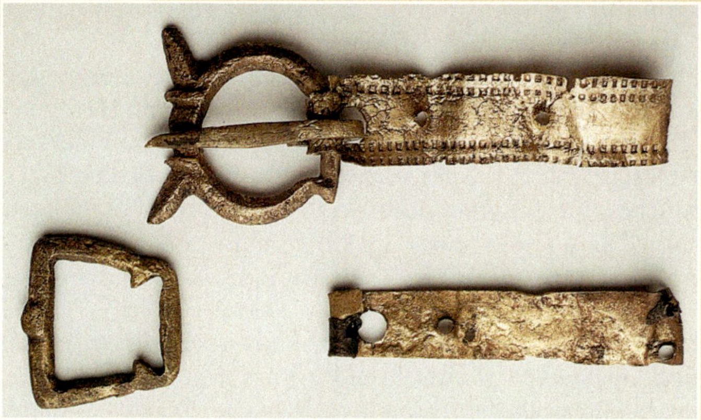

M 5 **Gürtelschnalle aus Bronze**

M 6 **Turnierspitze**

M 7 **Becher aus Glas**

M 8 **Zweiarmiger Leuchter**

M 9 **Kamm**

Aufgaben

1. Über welche Bereiche des Lebens auf einer Burg geben die Fundstücke Auskunft?
2. a) Welche Bauphasen konnten die Archäologen unterscheiden?
   b) Beschreibe anhand der Funde in der Burg die soziale Stellung der Burgherren.
3. Begründe, warum die Buchmalerei als Quelle für die Bautechnik im Mittelalter herangezogen werden kann.

Adel im Mittelalter

M 1 **Aufbruch in den Kampf**
Manuskript aus dem 12. Jahrhundert

König, Herzog, Graf, Freiherr – die Inhaber solcher Titel rechnet man zu einer Gruppe vornehmer und bevorrechtigter Personen, die man zusammenfassend als „Adel“ bezeichnet. Ist heute die Ausübung politischer Macht nicht mehr Adligen vorbehalten, war dies im Mittelalter anders: Besitz und Herrschaft befanden sich weit gehend in ihrer Hand. Denn die Zugehörigkeit zu dieser Gruppe war durch Geburt vorgegeben. Die Kinder von Adligen waren selbst adlig.

Eine Gesellschaft, in der sich die Stellung durch Geburt vererbt, wird Ständegesellschaft genannt. Im Mittelalter verwaltete der Herrscher das Reich mithilfe von Personen, deren Bindung zu ihm unterschiedlich eng war. Durch Heiraten oder verwandtschaftliche Beziehungen bildete sich eine besonders hervorgehobene Gruppe. Aus diesem Kreis von Adligen entwickelten sich später die Fürstenhäuser. Allerdings existierte nicht nur auf Reichsebene ein Adel, sondern auch auf der regionalen und lokalen Ebene.

Sowohl ein reicher und mächtiger Herzog als auch ein verarmter Graf ohne nennenswerten politischen Einfluss werden zum Adel gerechnet. Der Adel war also stark gegliedert. An der Spitze stand der König, dem die hohen Adligen im Rahmen des Lehnswesens verbunden waren. Diese hohen Adligen hatten wiederum Lehnsleute. So entstand ein Netz von persönlichen Abhängigkeiten zwischen dem König, dem hohen und dem niederen Adel.

Die Ministerialen – Aufsteiger des Mittelalters

In einer Ständegesellschaft, wie sie im Mittelalter existierte, ist ein Aufstieg schwer möglich. Gleichwohl kam es immer wieder zu sozialen Veränderungen. Obwohl die Ministerialen ursprünglich Unfreie waren, gelang ihnen im Laufe des Hochmittelalters ein bemerkenswerter Aufstieg. Werner von Bolanden zum Beispiel trug Lehen von 43 Adligen, Klöstern und Kirchen und war selber Lehensherr von fast 140 Vasallen. Im Spätmittelalter gelangten manche in den niederen Adelsstand. Wie kam es dazu?

In den Quellen werden diese Personen unterschiedlich bezeichnet. Zunächst ist die Bezeichnung „servus“ geläufig. Dies betont ihre Unfreiheit und Abhängigkeit. Später finden sich die Begriffe „serviens“, „cliens“ beziehungsweise „ministerialis“. Die Bezeichnung als „Diener“ oder „Dienstmann“ lassen den Dienstgedanken stärker erkennen. Aufgrund dieses Wandels der Bezeichnung und aufgrund der Informationen zu einzelnen Ministerialenfamilien kann man sich ein Bild von dem Aufstieg machen, der sich über viele Generationen hinzog.

Ursprünglich waren die Ministerialen unfrei und versahen im Umfeld ihres Herrn verschiedene Dienste. Im 11. Jahrhundert begannen geistliche und weltliche Herren ihr Herrschaftsgebiet intensiver zu verwalten und gegenüber angrenzenden Herrschaften durch Burgen stärker abzusichern. Sie wählten dafür vertrauenswürdige Dienstmannen aus. Diese übernahmen Hofämter, verwalteten Burgen und leisteten Kriegsdienst als gepanzerte Reiter. Für den Unterhalt von Waffen und Pferden erhielten sie ein Gut zu Lehen. Nach und nach gelang es einer Reihe von ursprünglich unfreien Ministerialen, eine adelsgleiche

Stellung in Form einer eigenen Herrschaft zu erreichen. Sie konnten die Erblichkeit ihrer Lehen durchsetzen und sicherten ihren Besitz durch eigene Burgen.

Ritter und Ritterlichkeit

Die Ritterkultur, die seit dem 12. Jahrhundert an Bedeutung gewann, erleichterte den sozialen Aufstieg. Berittene Kämpfer spielten bei kriegerischen Auseinandersetzungen eine entscheidende Rolle. Die hohen Kosten für die Ausrüstung – Rüstung, Marschpferd und Streitross – konnten sich nur reiche Männer leisten. Dies waren zumeist Adlige. Zunächst wurde nur der berittene Kämpfer – unabhängig von seiner rechtlichen Stellung – als Ritter bezeichnet. Somit galten Ritter nicht generell als Adlige. Dann wurde der Begriff auch für Kaiser, Könige und Herzöge übernommen. Nun bezeichnete er nicht mehr eine Funktion, sondern eine Lebensform, die sich an „ritterlichen“ Werten orientierte. Die Dienstleute sahen sich nun selbst geadelt und es gelang ihnen, ihre niedere Herkunft hinter sich zu lassen.

Adlige Erziehung

Die meisten Kenntnisse über die Erziehung des Adels stammen aus Tugendkatalogen, die vorwiegend von Geistlichen verfasst wurden sowie aus Heldenerzählungen. Berichte über die Erziehung einzelner Personen liegen kaum vor. Inwieweit diese Ideale in die Wirklichkeit umgesetzt wurden, ist daher nicht eindeutig festzustellen.

Es lässt sich für das Spätmittelalter vermuten, dass adlige Kinder ab dem 7. Lebensjahr meist zu Hause als Pagen erzogen wurden. Dabei lernten sie unter anderem Reiten und den Kampf mit hölzernen Übungswaffen, aber auch Anstandsregeln, Tanz und Musizieren. Die Ausbildung in Lesen und Schreiben spielte jedoch kaum eine Rolle. Anschließend schickten die Väter ihre Söhne ab etwa 12–14 Jahren zu anderen Adligen. Dort erhielten die Jugendlichen eine verfeinerte Erziehung. Dazu konnte auch das Erlernen verschiedener Sprachen gehören. Die Heranwachsenden lernten die Jagd mit Hunden und Greifvögeln, den Umgang mit scharfen Waffen. Außerdem mussten sie ihrem Herrn im Kampf und im Turnier beistehen.

„Hövescheit“ ist der Oberbegriff für ein gesittetes Benehmen, und zwar am Fürstenhof, wie der erste Bestandteil des Wortes klar macht. Davon sind übrigens unsere heutigen Wörter „Höflichkeit“ und „hübsch“ abgeleitet. Bestandteil der Erziehung war aber auch das gesittete Verhalten gegenüber der adligen Dame.

Hatte sich der Knappe im Kampf bewährt und zeigte er im Lauf der Jahre gute Manieren, wurde er meist mit etwa 21 Jahren in die Ritterschaft aufgenommen. Diesen feierlichen Akt nennt man „Schwertleite“, da den Knappen das Schwert „umgegürtet“ wurde. Im 14. Jahrhundert wurde sie durch den Ritterschlag ersetzt. Dabei wurde der Hals oder die linke Schulter mit dem Schwert berührt. Danach begann oftmals ein unsichere Zeit, da viele Ritter auf Reisen gingen beziehungsweise Turniere besuchten. Sie mussten einen Dienstherrn finden oder bei Turnieren die Siegespreise gewinnen, denn den Vätern in vielen einfachen Ritterfamilien fehlten schlicht die Mittel, auch die zweiten und dritten Söhne standesgemäß auszustatten oder zu bewaffnen.

M 2 **Schwertleite**
Zeitgenössische Buchmalerei

M 3 Tugendkatalog

In einem so genanten Ritterspiegel wurden die Ideale eines Ritters festgehalten:

Ist der Ritter ein guter Christ und eifrig zum Gottesdienst, so empfängt er mit Freuden und Innigkeit das Schwert aus eines Priesters Hand. Wird er nicht in dieser Weise damit umgürtet, so trägt er es wahrlich mit Schanden, denn er soll allezeit Gott zu Ehren damit fechten für die heilige Christenheit und für die Witwen und Waisen, darum nimmt er den Griff, der dem Kreuze gleicht, in die Hand [...].

Er soll niemanden bekämpfen, der ihm nicht an Leib oder Gut Übles getan hat oder ein Ungläubiger ist. Er soll sich mit seinen Zinsen und Einkünften begnügen, den Untertanen für Frieden sorgen und nicht mit Gewalt über sie herrschen. Er soll die armen Leute nicht berauben, nicht würgen, noch Christen erpressen und bewuchern. Die Ritter sollen ihren Sold nehmen, mit den Fürsten reiten, die Gerechtigkeit lieben und für sie kämpfen. Darum verbietet Christus nicht, das Schwert zu gebrauchen, sondern sagt nur, man soll niemanden zu Unrecht verderben. Der Ritter erhält sein Schwert auch zum Kampf gegen böse Sünden bei Freunden und Feinden [...].

Zu einem vollkommenden Manne gehört, dass er gut reiten, schnell auf- und absitzen, gut traben, rennen und wenden kann und mit Verstand von der Erde etwas aufnehmen. Zum zweiten muss er schwimmen, im Wasser tauchen und sich vom Rücken auf den Bauch und vom Bauch auf den Rücken drehen können. Zum dritten muss er mit Armbrust, Büchse und Bogen schießen können: davon hat er bei Fürsten und Herzögen wohl Nutzen. Zum vierten muss er auf Leitern klettern können, wenn es nötig ist, wie etwa im Kriege, auch an Stangen und Seilen. Zum fünften muss er wohl turnieren können, streiten und stechen und recht und redlich tjostieren [einen Zweikampf – den so genannten Tjost – ausfechten]. Zum sechsten muss er zu Abwehr und Angriff ringen können, auch weit springen und mit der Linken ebensogut fechten wie mit der Rechten. Zum siebenten muss er bei Tische aufwarten können, tanzen und hofieren, auch Schach zu spielen verstehen und alles, was ihm zur Zierde gereicht

Der Ritterspiegel des Johannes Rothe, in: Geschichte in Quellen, hrsg. von Wolfgang Lautemann und Manfred Schlenke, Bd. II, Mittelalter, München 170, S. 450 und 452.

M 4 Wirklichkeit?

Der Geistliche Petrus von Blois in Frankreich schrieb über die Ritter (1204):

Sie plündern und berauben die unbemittelten Diener Christi und [...] sie unterdrücken erbarmungslos die Armen [...] Die im Kampf gegen die Feinde des Kreuzes Christi ihre Kräfte beweisen sollten, die liegen lieber mit ihrer Trunkenheit im Streit, geben sich dem Nichtstun hin, erschlaffen in Völlerei, und durch ihr verderbtes und unanständiges Leben schänden sie den Namen und die Pflichten des Rittertums.[...] Wenn unsere Ritter zuweilen einen Feldzug unternehmen müssen, werden die Lastpferde nicht mit Waffen, sondern mit Wein beladen, nicht mit Lanzen, sondern mit Käse, nicht mit Schwertern, sondern mit Schläuchen, nicht mit Wurfspeeren, sondern mit Bratspießen. Man meint, dass sie zu einem Gelage ziehen, nicht in den Krieg."

Bunke, Joachim, Höfische Kultur. Literatur und Gesellschaft im hohen Mittelalter, Bd. II, München 1986, S. 431f.

M 5 Ritterromantik
Gemälde von Moritz v. Schwind, 19. Jahrhundert

M 6 **Schwertleite**

a) Gottfried von Straßburg schreibt in seinem Werk Tristan:

So waren der vornehme Herr von Parmenien und sein ganzes Gefolge gemeinsam zum Münster gekommen, hatten am Gottesdienst teilgenommen und auch den Segen empfangen, der ihnen zustand. Marke nahm Tristan, seinen Neffen, bei der Hand und legte ihm Schwert und Sporen an. „Sieh Tristan, mein Neffe", sagte er, „jetzt, da mein Schwert gesegnet ist und du Ritter geworden bist, denke nach über ritterliche Werte und über dich und wer du bist. Deine Abkunft und Würde halte dir vor Augen. Sei bescheiden und aufrichtig, wahrhaftig und wohlerzogen. Sei gütig zu den Elenden und stolz zu den Mächtigen. Pflege und verbessere deine äußere Erscheinung. Ehre und liebe alle Frauen, sei freigiebig und zuverlässig, und arbeite immer daran [...]". Damit reichte er ihm den Schild. Er küsste ihn und sagte: „Neffe, nun gehe hin, und Gott in seiner Macht gebe dir Glück in deiner Ritterschaft! Sei immer höfisch, sei immer guten Muts!" [...] Und dann wurde auch nicht länger gewartet: Zweikämpfe und Reiterspiele gab es, da bin ich sicher.

Gottfried von Straßburg, Tristan, 5012–5055

b) Der Mittelalterhistoriker Hans-Werner Götz schreibt in seinem Buch „Leben im Mittelalter":

Der Ritterschlag, die „dubbatio", ein Schlag mit der Hand oder dem Schwert auf den Nacken oder mit der flachen Klinge auf die linke Schulter, den man heute meist mit „Ritterweihe" verbindet, war auch hier Endpunkt einer Entwicklung; er ist in Frankreich schon im 12. Jh. bezeugt, wurde in Deutschland aber erst im 14. Jh. üblich. Zunächst stand die Übergabe der Waffen, die Wehrhaftmachung, im Mittelpunkt, die in Form der Schwertleite, dem feierlichen Umgürten mit dem Schwert vollzogen wurde und in eine Folge zeremonieller Handlungen eingebettet war, die vielfach der Königsweihe entlehnt waren. Die Chronik der Grafen von Anjou berichtet anlässlich der Verlobung Mathildes, der Tochter König Heinrichs I. von England, mit Gottfried, dem Sohn des Grafen von Anjou [...], der Tag habe für Gottfried mit einem Bad (der symbolischen Reinigung) und der Bekleidung mit einem linnenen Untergewand, einer golddurchwirkten Tunika, einem Purpurmantel, Seidenstrümpfen und verzierten Schuhen begonnen; danach erhielt Gottfried vor der versammelten Menge ein doppelt genähtes Kettenhemd, Schuhe aus Eisenringen und Sporen, den Schild mit dem Löwenwappen der Grafen von Anjou, einen edelsteinbesetzten Helm, eine Lanze und ein altes, kostbares Schwert.
Im 12. Jh. trat zu diesen Handlungen eine kirchliche Schwertsegnung hinzu [...]. Im Spätstadium ging der Weihe ein eintägiges Fasten voraus, der künftige Ritter wurde in weiße Gewänder gekleidet, man feierte eine Messe mit Kommunion; danach wurde das Schwert gesegnet, man legte die Ritterrüstung an und nahm den Ritterschlag entgegen. Eine solche Ritterweihe war eine kostspielige Angelegenheit, denn sie war meist mit einem mehrtägigen Fest mit vielen Gästen, teuren Geschenken und Turnieren verbunden. Deshalb legte man gern mehrere Ritterweihen zusammen.

Hans-Werner Götz, Leben im Mittelalter, München 1994, S. 179 f.

Aufgaben

1. Arbeite aus dem Tugendkatalog ideale Eigenschaften eines Ritters heraus. → M1
2. a) Was wirft Pertus von Blois den Rittern vor?
   b) Kann man diesen Vorwürfen ohne weiteres Glauben schenken? Berücksichtige dabei auch den Verfasser. → M2
3. a) Erläutere, welche Vorstellung von einer Burg und vom Ritterleben das Gemälde Moritz von Schwinds ausdrückt.
   b) Entspricht dieses Bild der Wirklichkeit. Vergleiche mit dem Text im Schulbuch. Begründe deine Meinung. → Text, M3
4. a) Beschreibe die bildliche Darstellung einer Schwertleite und nimm dazu die Textquelle zu Hilfe. Worin stimmen beide Quellen überein, worin unterscheiden sie sich?
   b) Vergleiche nun die Ergebnisse aus der Arbeit mit den Quellen mit der wissenschaftlichen Darstellung.
   c) Erläutere den Wert, den die bildliche und literarische Quelle jeweils für die Rekonstruktion des Ablaufs und der Bedeutung der Schwertleite haben. → M2, M4

M 1 **Ritterturnier**
Moderne Ritterfestspiele im bayrischen Ort Kaltenberg

Höfische Kultur

Ritterfeste – heute und damals

Heute finden Ritterfeste an vielen Orten statt. Turniere, Festessen, Musik und verschiedene Attraktionen gehören zu solchen Veranstaltungen. Die heutigen Vorstellungen vom Mittelalter sind von solchen Ritterspielen geprägt. Damals waren solche Feste die Ausnahme und nur reiche Fürsten konnten sie sich leisten. Ihre Burgen waren Zentren der höfischen Kultur. Eine vornehme Gesellschaft feierte gemeinsam Feste, unternahm Jagden, veranstaltete Turniere und ließ sich mit Musik, Gesang und Dichtungen unterhalten. Allerdings lassen sich die heutigen mittelalterlichen Spektakel mit den damaligen Festen nur bedingt vergleichen. Wie verlief also damals ein höfisches Fest?

In mittelalterlichen Heldenerzählungen finden sich ausführliche Beschreibungen. Dabei muss jedoch berücksichtigt werden, dass dort vieles nur Wunschdenken der Dichter war. Bilder in Handschriften, Beschreibungen realer Festlichkeiten, Ausgrabungen auf Burgen und Küchenrechnungen ergänzen und korrigieren das Bild.

Feste des Adels fanden zu besonderen Ereignissen wie Taufe, Hochzeit oder Schwertleite statt. Unter französischem Einfluss wurden sie an den größeren Höfen im 12. Jahrhundert zusehends prunkvoll ausgestaltet. Solche Feste waren auch ein Mittel der Herrschaftsausübung und der Machtdemonstration. Denn hier konnte der Burgherr mit seinen Vasallen beraten, seine Kontakte vertiefen oder auch Heiraten anbahnen. Kostbare Gefäße, südländischer Wein und Gewürze aus dem Ausland demonstrierten den Reichtum des Gastgebers. Zudem bot sich für diesen die Möglichkeit, seine Freigebigkeit – eine wichtige Herrschertugend – unter Beweis zu stellen. Solche Feste wurden im Mittelhochdeutschen als hôchzît bezeichnet, da sie dem Alltag enthoben waren. Heute beschränkt sich der Begriff auf die Feier der Eheschließung.

Das Festessen

Nicht alltäglich war auch das Programm eines solchen Festes, zu dem ein Festmahl mit musikalischer Umrahmung zählte. Diener trugen die bereits gedeckte Tafel herein und setzten sie auf Holzfüße. Nach dem Essen trug man sie als ganzes wieder hinaus: Die „Tafel wurde aufgehoben“ – eine auch heute noch gebräuchliche Redewendung.

Üblich war es, dass mit den Fingern gegessen wurde und mehrere Personen aus einem Becher tranken. Die Pagen schenkten vor allem Wein aus, denn Bier galt als unhöfisches Getränk, erfreute aber dennoch großer Beliebtheit. Wild zählte zu den typischen Festspeisen, da die Jagd ein Vorrecht des Adels war. Auf die Beizjagd ging man mit abgerichteten Falken, auf die Treibjagd mit einer Hundemeute. Die Jagd diente aber nicht nur der Versorgung mit Fleisch. Vielmehr konnten die Teilnehmer einer Jagdgesellschaft Mut und Geschicklichkeit unter Beweis stellen.

Außerdem gab es an der Tafel eine Sitzordnung: Die Rangordnung der Gäste drückte sich dabei durch die Nähe des Sitzplatzes zum Burgherrn aus. Das Festessen spiegelte also die Gesellschaftsordnung wider.

M 2 **Sieg im Turnier**
Buchmalerei, 14. Jahrhundert

Turniere
Sowohl als Training wie auch als unterhaltsames Kampfspiel fanden auf den großen Burgen Ritterturniere statt. Grund für die Teilnahme war jedoch nicht allein die Aussicht auf Siegesruhm und die Gunst der Frauen, die als Zuschauer am Turnier teilnahmen. Es winkte auch handfester materieller Gewinn. So fielen Pferd und Rüstung des Geschlagenen dem Sieger zu. Außerdem konnte sich ein fahrender Ritter mit seiner Kampffertigkeit und Tapferkeit für den Dienst bei einem Herrn empfehlen.

Nachdem die Ritter ihr Quartier in einem Zeltlager vor der Burg aufgeschlagen hatten, lasen Herolde die Namen der Teilnehmer und die Kampfregeln vor. Neben Zweikämpfen fanden auch Gruppenkämpfe statt. Da mit scharfen Waffen gefochten wurde, gab es oft Verletzte und Tote. Erst seit dem 13. Jahrhundert setzte man stumpfe Waffen ein.

Höfische Literatur und Minnedienst
Das Leben der Ritter war das Thema der höfischen Literatur des Mittelalters. In groß angelegten Heldenerzählungen musste ein Ritter gefährliche Abenteuer bestehen und seine ritterlichen Tugenden unter Beweis stellen, bevor ihm am Ende seiner Fahrt Ruhm, Ehre und Anerkennung winkten.

Neben dem christlichen Glauben und dem tapferen Umgang mit dem Schwert zeichnete den Ritter die „Minne“ aus. Dies Wort kann man eigentlich nicht mit „Liebe“ übersetzen. Die Ritter meinten damit die respektvolle Verehrung einer vornehmen, oft verheirateten Dame. Zahlreiche Lieder, die bei Festen vorgetragen wurden, besangen die Minne: Darin zog der fromme Ritter für seine „hêre frouwe“ in den Kampf und bestand unter Einsatz des Lebens zahllose Abenteuer.

M 3 Kampf und Sieg im ritterlichen Turnier
Buchmalerei aus der Manesseschen Liederhandschrift, die Anfang des 14. Jh. entstand. Sie enthält zahlreiche Minnelieder und ist mit 137 farbigen Bildern geschmückt.

M 4 Turniere in der Wissenschaft …

Ein Historiker schreibt über die mittelalterlichen Ritterturniere:

Die ritterliche Turnierkultur kannte nicht nur ein Kampfspiel: In den mittelalterlichen Quellen wird zwischen Turnei, Buhurt, und Tjost unterschieden. Das Turnei war die Simulation des Verbandsgefechts der Panzerreiter und wurde in der Regel zwischen zwei Gruppen ausgetragen. Der Buhurt war dagegen ein Gruppenwettkampf, bei dem es auf reiterisches Geschick ankam. Zur Übung von Paarkämpfen diente der Tjost. Der Begriff Turnier wurde erst seit dem Ausgang des 15. Jahrhunderts allmählich als Oberbegriff üblich. Beim Turnei, dem Turnier im engeren Sinne, simulierte man die Ritterschlacht. Das ging so vor sich: Zwei von Anführern kommandierte Parteien starteten auf ein Signal, meist das Durchschlagen eines Trennseils, fielen vom Trab im den Galopp, gingen in die Carriere (gestreckter Lauf) über, prallten aufeinander, wendeten (tornare!) und wiederholten das Ganze.

Andreas Schlunk/Robert Giersch, Die Ritter. Geschichte – Kultur – Alltagsleben, Stuttgart 2003, S. 68.

M 5 … und in einer Quelle

Eine zeitgenössische Quelle berichtet:

Graf Konrad, Sohn des Markgrafen Dietrich von der Lausitz, wurde bei einer ritterlichen Übung, gewöhnlich Turnier genannt, am 17. November durch einen Lanzenstoß getötet. Dieses verderbliche Spiel hatte in unseren Gegenden damals eine solche Verbreitung gefunden, dass dabei in einem einzigen Jahr sechzehn Ritter ums Leben gekommen waren. Erzbischof Wichmann sprach deshalb über alle den Kirchenbann aus, die sich an einem Turnier beteiligten. Er hielt sich eben in Österreich auf, als er die Nachricht vom Tode des Grafen Konrad erhielt, und sandte sofort Boten, die dessen kirchliches Begräbnis verhindern sollten. Als dann später der Erzbischof […] in der Kirche zu Halle eine Synode abhielt, erschienen daselbst der Vater des toten Grafen und seine Brüder […]; die warfen sich tränenüberströmt mit lautem Wehklagen dem Erzbischof und allen Geistlichen zu Füßen und flehten, man möge den Toten durch die Verweigerung eines christlichen Begräbnisses nicht von der Gemeinschaft der Gläubigen ausschließen.

Chronicon Montis Sereni, (1175), MG SS XXIII, S. 155; hier aus: Geschichte in Quellen, hrsg. von Wolfgang Lautemann und Manfred Schlenke, Bd. II, Mittelalter, Münster S. 453 und 454.

M 6 **Festbankette**

Aus einem modernen Werk über die das ritterliche Alltagsleben:

Das Festessen wurde förmlich zelebriert. Waren alle Speisen vorbereitet und die Gäste versammelt, gab der Gastgeber das Signal zum Beginn. Auf ein Zeichen des Truchsesses trugen die Diener die Tischplatten in die große Halle, setzten sie auf Untergestelle und breiteten die weißen, bis zum Boden reichenden Tischdecken aus. In einigen Burgen tafelte der Burgherr mit den hochgestellten Gästen auf einem Podest – soziale Unterschiede wurden so für alle sichtbar unterstrichen. Bei der Platzwahl galt es streng die Rangordnung einzuhalten – der höhere Status drückte sich ganz augenscheinlich in der größeren Nähe zum Gastgeber aus. Dagegen war die ursprüngliche Trennung nach den Geschlechtern seit dem hohen Mittelalter aufgehoben, in bunter Reihung saßen Frau und Mann zusammen. Kindern und Knechten war dagegen der Zutritt verwehrt.

Bevor man Platz nahm, wuschen sich die Gäste die Hände: Für die meisten genügte ein großes Waschbecken, das alle gemeinsam benutzten, hochgestellten Personen hielten die Pagen Schüssel und Handtuch hin.

Vor sich fand jeder Gast eine dicke Scheibe Schwarzbrot, in besonders vornehmen Burgen nach französischer Sitte eine eigene Serviette, Löffel und einen Becher aus Zinn oder Holz, während Glas- und Silberbecher allenfalls auf dem Tisch des Gastgebers standen […].

M 7 **Festbankette**
Zeitgenösische Miniatur

Suppen und Saucen wurden in Schüsseln serviert, aus denen man gemeinsam aß. Meist war dem Herrn eine Tischdame zugeordnet, mit der er aus einem Becher trank und für die er das Fleisch mit dem Messer in mundgerechte Stücke schnitt. Gabeln im heutigen Sinne kannte man nicht […].

In großen Krügen wurden die Getränke hereingetragen, meist Wein, seltener Bier oder Met. Wer es sich leisten konnte, kredenzte [servierte] seinen Gästen Südwein […].

Mit zunehmenden Weinkonsum lockerten sich die Tischsitten. Schon im frühen 12. Jh. bemühten sich „Anstandsbücher" um die Verbesserung und Verfeinerung des Benehmens bei Tisch.

Andreas Schlunk / Robert Giersch, Die Ritter. Geschichte – Kultur – Alltagsleben, Stuttgart 2003, S. 126 f.

Aufgaben

1. Beschreibe mithilfe des Darstellungstextes die Buchmalerei über den Sieg im Turnier. → M2
2. a) Erkläre anhand der wissenschaftlichen Darstellung die unterschiedlichen Turnierarten.
   b) Welche Turnierart zeigt die Buchmalerei? → M3, M4
3. a) Erläutere, wie die Kirche auf die Turniere reagierte.
   b) Suche Gründe für das Verhalten der Kirche → M5
4. Vergleiche den Text über die Festbankette mit der bildlichen Darstellung. Nenne Gemeinsamkeiten und Unterschiede. → M6, M7

M 1 Die Grabplatte

Die Grabplatte wurde um 1390 aus Sandstein gefertigt. Die lebensgroße Figur stellt Konrad von Bickenbach dar, dessen Familie damals die Homburg bei Würzburg besaß. Die Grabplatte war ursprünglich in der Burgkapelle aufgestellt. Später diente sie einem Bauern als Rückwand für seinen Stall, bevor sie 1860 ins Bayerische Nationalmuseum nach München kam.

M 2 Das Wappen der Familie von Bickenbach

M 3 Die Inschrift

anno dom M CCC L XXXX III ipo die franzisci cof conrad dns in bickenbach
(im Jahr 1393, am Namenstag des Franziskus, starb Konrad von Bickenbach)

M 4 Heraldik

In einem Lexikon findet sich folgende Eintragung:

Heraldik (von französisch science héraldique: Heroldskunde), ursprünglich die vielen Pflichten und Funktionen eines Herolds. Dazu gehörte neben der Aufgabe, bei Ritterturnieren die Waffen zu prüfen, auch das Ersinnen und die Verleihung von Wappenschilden und Wappen. Heutzutage steht der Begriff „Heraldik" für Wappenkunde und Wappenkunst. [...] Schon in der Antike wurden symbolische und ornamentale Formen als Stammes- oder Hoheitszeichen verwendet. Die Römer z. B. verwendeten den Adler und die Franzosen zunächst den Löwen und später die Lilie. Im Zeitalter des Feudalismus, als es für einen Ritter, dessen Gesicht vom Visier seines Helmes verdeckt war, notwendig wurde, auf größere Entfernung erkannt zu werden, begann man damit, auf Schilden und Bannern persönliche Wappenbilder zu tragen. Der ursprüngliche Verwendungszweck des Wappens zur Kennzeichnung von Personen im Kampf entwickelte sich zu einem komplexen System ererbter Kennzeichnung des sozialen Status.

Microsoft Encarta Enzyklopädie 2000

Grabplatten mit Ritterdarstellungen

Geht man heutzutage durch Kirchen oder Kreuzgänge von Klöstern, stößt man immer wieder auf Steinplatten mit der Darstellung von Geistlichen und Adeligen. Die Steinplatten sind im Fußboden oder in den Wänden eingelassen. Dabei handelt es sich um Grabplatten, die ursprünglich die unter dem Fußboden der Kirchen angelegte Grabkammer verschlossen. Deswegen zeigen solche so genannten Epitaphe den Verstorbenen als liegenden Toten, oft mit einem Kissen unter dem Kopf und eng anliegenden Armen. Der Geburtstag ist nie erwähnt, denn aufgrund der jährlichen Gedächtnisfeiern war der Todestag wichtiger.

Solche Grabplatten entstanden erstmals Ende des 11. Jahrhunderts, als Adligen die Bestattung innerhalb der Kirche erlaubt wurde, weil sie die Kirche gestiftet oder unterstützt hatten. Im Verlauf des 14. Jahrhunderts wurden die Grabplatten in die Wände unmittelbar vor den Grabkammern eingelassen.

Solche Grabplatten sind als gegenständliche Quellen interessant. Es lassen sich durch gezielte Fragen viele Informationen entnehmen.

Fragen an gegenständliche Quellen

1. Beschreibung der gegenständlichen Quelle

a) Beschreibe Kleidung und Ausrüstung des Ritters.
b) Beschreibe das Wappen.
c) Vollziehe nach, wie die Inschrift angebracht ist.
d) Welche Teile enthält die Grabplatte darüber hinaus?

2. Bedeutung der einzelnen Elemente

a) Überlege, warum an der Spitze ein Christuskopf angebracht ist.
b) Welche Bedeutung hat der Löwe zu Füßen des Ritters?
c) Warum wird der Todestag, aber nicht der Geburtstag des Ritters genannt?
d) Die beiden Figuren, die das Wappen halten, werden als Herolde gedeutet. Informiere dich über deren Aufgaben.
e) Informiere dich über die Bedeutung des Löwen als Wappentier.

3. Quellenwert des Gegenstandes

a) Welche Informationen über Konrad von Bickenbach enthält die Grabplatte, welche nicht?
b) Erläutere sein Selbstverständnis als Ritter.
c) Überlege, welche Schlüsse auf die religiösen Vorstellungen im Mittelalter aufgrund solcher Grabplatten gezogen werden können.

M 1 Rolandssäule
der Reichsstadt Nordhausen in Thüringen

Die Stadt im Mittelalter

Die Entwicklung der Städte im Mittelalter

Heute lebt die Mehrheit der deutschen Bevölkerung in Städten und die Verstädterung hat viele traditionell ländliche Gebiete verändert.

Im frühen Mittelalter war das anders. Es gab nur wenige Städte, die mit ihren Mauern, Türmen und Kirchen das Umland überragten. Sie bildeten nahezu Fremdkörper in einer landwirtschaftlich geprägten Umwelt. Ab dem 10. Jahrhundert änderte sich das langsam. Alte Römerstädte erwachten zu neuem Leben, besonders wenn ein Bischof dort residierte und seine Pfalz erbaute. Das zog Kaufleute und Handwerker an, die sich dort niederließen. Ähnliches geschah in der Nähe von Burgen oder Klöstern. Auch an Furten und Brücken, wo man Zoll erheben und Handel treiben konnte, entstanden Städte. Solche Märkte genossen besonderen Schutz.

Zu den alten Städten trat später eine Vielzahl neuer Orte, die von weltlichen oder geistlichen Fürsten planmäßig gegründet wurden. Dem adligen Herrn, der eine Stadt gründete, winkte finanzieller Gewinn: er verdiente am Marktzoll, an Gerichtsgebühren oder an Münzen, die hier geschlagen wurden. Zudem trugen Städte dazu bei, eine Region wirtschaftlich zu erschließen und militärisch zu sichern.

Den Schutz der Stadt suchten auch viele Unfreie vom Land, denn wer „über Jahr und Tag" in der Stadt gelebt hatte, durfte von seinem Herrn nicht mehr zurückgefordert werden.

Die zunehmende Geldwirtschaft beschleunigte den Handel und damit das Wachstum der Städte. Im späten Mittelalter gab es in

Einwohnerzahlen europäischer Städte im 15. Jahrhundert

Florenz	95 000	London	30 000	Augsburg	18 000
Venedig	90 000	Lübeck	25 000	Braunschweig	17 000
Paris	80 000	Nürnberg	23 000	Hamburg	14 000
Brügge	50 000	Danzig	20 000	Rostock	12 000
Köln	40 000	Breslau	20 000	Frankfurt/M.	10 000

Deutschland etwa 3 000 Städte, von denen jedoch 2 800 weniger als 1 000 Einwohner besaßen. Nur 25 hatten mehr als 10 000 Einwohner.

Nach und nach gelang es den Bürgern in vielen Städten, den Stadtherrn zu entmachten. Sie verwalteten nun ihre Stadt selbst.

Merkmale einer mittelalterlichen Stadt

Mauer, Wall und Graben bezeichneten auch den Bereich eines besonderen Stadtrechts. Das Stadtrecht unterschied die Bewohner der Stadt, die mit weit gehend gleichen Bürgerrechten ausgestattet waren und den städtischen Frieden genossen, von den Landbewohnern, die dem Recht eines Grundherrn unterstanden. Außerdem herrschte auf dem Lande das Fehderecht, das jedem Freien erlaubte, sein Recht mit der Waffe zu erstreiten.

Die städtische Verfassung, die Freiheit sowie das prinzipielle Recht an der Verwaltung der Stadt lassen die mittelalterlichen Städte als Vor-

M 2 **Nürnberg**
Kolorierter Holzschnitt aus der Weltchronik des Hartmann Schedel, 1493

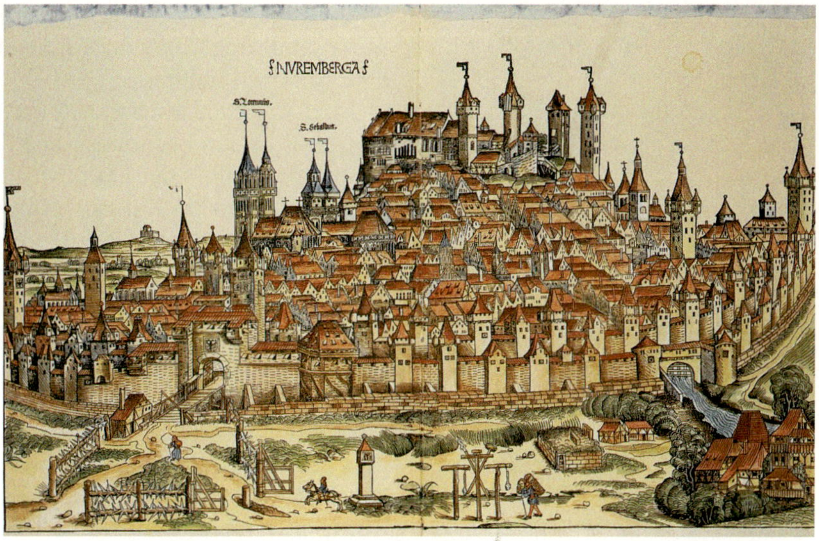

läufer und Wegbereiter unseres Verständnisses von staatsbürgerlichen Freiheiten und Mitspracherechten erscheinen. Modern erscheint auch, dass die mittelalterliche Stadt als Zentrum gewerblicher Produktion eine bunte Vielfalt an Berufen beherbergte und damit die differenzierte Gesellschaft vorwegnahm, wie sie heute existiert.

Im Zentrum der Stadt lag der Markt, auf dem die Waren aus dem Umland und aus der Stadt zum Kauf angeboten wurden.

Gesellschaftliche Gliederung der Stadtbevölkerung

Zwar waren in der Stadt alle Bürger frei und vor Gericht gleich, doch gab es große Unterschiede in der gesellschaftlichen Schichtung. An der Spitze der städtischen Gesellschaft standen die Patrizier. Sie nannten sich auch die „Besseren" oder „Ehrenwerteren". Zahlenmäßig machten sie etwa ein Zehntel der Gesamtbevölkerung aus. Die meisten von ihnen waren reiche Fernhandelskaufleute, freie Grundbesitzer oder Ministeriale. Sie zählten zu den vornehmen, alteingesessenen Familien der Stadt. Sie allein galten als fähig, die politischen Entscheidungen im Rat der Stadt zu fällen. Um das Risiko bei den kostspieligen und gefährlichen Fernhandelsunternehmen zu mindern, schlossen sich die Fernhandelskaufleute in Gilden zusammen. Die Kaufmannsgilden bildeten also eine Art Versicherung bei den Fahrten, die die Kaufleute quer durch Europa von England über Flandern nach Russland oder von Süddeutschland in den Vorderen Orient oder über die Alpen nach Italien unternahmen. Schließlich trug der wirtschaftliche Gewinn dazu bei, Ansehen und Macht der Patrizierfamilien zu stärken. Die Gilde diente auch dazu, die gemeinsamen Interessen der Kaufleute in der Stadt durchzusetzen.

Einen großen Teil der Bürger bildeten die selbstständigen Handwerker: die Schneider, Schuhmacher, Gerber, Zimmerer, Metzger und Angehörige anderer ehrbarer Berufsgruppen. Als zahlenmäßig größte Gruppe der Stadt stellten sie gewissermaßen die Mittelschicht der städtischen Gesellschaft dar. So hatten sie auch die meisten Pflichten für die gemeinschaftliche Sicherung und den Ausbau der Stadt zu

M 3 **Kettenhemdmacher**
Mittelalterliche Buchillustration

M 4 Holzschuhmacher
Buchillustration

übernehmen. Vor allem mussten sie beim Bau der Kirchen, bei der Instandhaltung der Mauern, bei der Verteidigung der Stadt oder beim Feuerlöschen helfen.

Auch die Handwerker schlossen sich jeweils nach Berufszugehörigkeit in Gruppen zusammen: den Zünften. Die Zünfte hatten die Aufgabe, den Einfluss der Handwerker in der Stadt geltend zu machen. Sie übten eine strenge Kontrolle über ihre Mitglieder aus und legten fest, wie viele Meister und Gesellen in der Stadt tätig sein durften. Sie überwachten, dass kein fremder Meister den Einheimischen Konkurrenz machte und die Preise drückte. Weiterhin setzten sie einheitliche Verkaufspreise, Arbeitszeiten und Löhne fest. Sie sicherten aber auch die Qualität der Produkte, sodass der Verbraucher vor denen geschützt wurde, die „ins Handwerk pfuschten“. Das Leben der Handwerker spielte sich zum großen Teil in den Zünften ab. Im Zunfthaus berieten und feierten die Mitglieder. Im Notfall wurden Zunftgenossen sowie deren Witwen und Waisen unterstützt. Im Kriegsfall übernahm eine Zunft die Verteidigung eines Teils der Stadtmauer. Verstorbenen Mitgliedern gedachte man in einer Kirche vor dem eigenen Zunftaltar.

Die städtische Unterschicht hatte im Allgemeinen kein Bürgerrecht und konnte somit nicht an der Politik mitwirken. Sie setzte sich aus Gruppen zusammen, die nur über ein geringes Einkommen verfügten oder wenig angesehene, „unehrliche“, das heißt „unehrenhafte“ Berufe ausübten. Dazu zählte man die Scharfrichter und Abdecker, die Totengräber, die Bader und die fahrenden Spielleute. Zudem rechnete man die Tagelöhner, Dienstboten, Mägde, Bettler, Kranke, Behinderte und

M 5 Augsburg um 1530
Gemälde aus dem 16. Jahrhundert

M 6 **Bettler bitten um eine Gabe**
Altarbild um 1480

Dirnen zur Unterschicht. Heute sind manche Forscher der Meinung, dass durchschnittlich jeder fünfte Einwohner einer Stadt der Unterschicht angehörte. Andere glauben, dass in manchen Städten die Angehörigen der Unterschicht weitaus zahlreicher waren. Derartige Meinungsunterschiede sind dadurch begründet, dass es keine verlässlichen Quellen gibt, da die Angehörigen der Unterschichten keine Steuern zahlten und nur die Steuerlisten verlässliche Auskunft über Zahlen und den Lebensstandard geben können.

Der Kampf um die Stadtherrschaft

Gesellschaftliche und politische Ungleichheit führten zu Spannungen: Warum sollten die Handwerker, die zum Wohlstand der Stadt erheblich beitrugen, nicht auch an wirtschaftlichen und politischen Entscheidungen mitwirken? Warum sollten nur Patrizier den Stadtrat bilden und den Bürgermeister stellen?

Die Spannungen entluden sich in Bürgeraufständen, die oft blutig verliefen. Zuweilen erstürmten die Bürger das Rathaus, vertrieben den alten Rat aus der Stadt oder richteten sogar den Bürgermeister hin. Für das 14. und 15. Jahrhundert haben Historiker etwa 210 Aufstände in mehr als 100 Städten des Reichs gezählt.

Erfolgreich waren die Handwerker besonders in den großen Städten, wo es starke Zünfte gab. Dort gingen die Patrizier auf die Forderungen der Zunftbürger ein und teilten mit ihnen die Sitze im Rat und die städtischen Ämter nach einem genau festgelegten Zahlenschlüssel.

Allerdings bescherte die Teilhabe an der Stadtregierung keine demokratische Mitbestimmung in unserem Sinn. Die Unterschicht blieb genauso ausgeschlossen wie die Frauen. Frauen besaßen Bürgerrechte und konnten als Handwerkerinnen Mitglieder von Zünften sein. Üblicherweise führte eine Handwerkerwitwe nach dem Tod ihres Mannes den Betrieb – teilweise zeitlich beschränkt – allein weiter. Dass die Ehefrau in reichen Kaufmannsfamilien die Bücher führte, die Geschäftspost erledigte oder für ihren abwesenden Mann Geschäfte abschloss, war ebenfalls nichts Ungewöhnliches. Politisch tätig werden konnten Frauen jedoch nicht. Eine Bürgerin, die über genügend finanzielle Mittel verfügte, konnte jedoch einem armen Bürger in ihrer gesellschaftlichen Bedeutung überlegen sein.

Juden – eine Randgruppe in der mittelalterlichen Stadt

In der mittelalterlichen Stadt gab es jedoch auch Gruppierungen, die eine Sonderrolle einnahmen. Sie galten nicht als Bürger und unterstanden einer Sondergerichtsbarkeit. Zu diesen Gruppierungen zählten beispielsweise Geistliche und Juden. Um 1450 lebten zum Beispiel in Nürnberg, das insgesamt etwa 20 000 Einwohner zählte, 446 Geistliche und 150 Juden.

Seit der Spätantike sind jüdische Kaufleute in Europa nachweisbar. Juden wurde eine Tätigkeit als Handwerker oder Bauer zusehends durch christliche Konkurrenten erschwert und durch die christliche Obrigkeit untersagt. So bildeten Geldgeschäfte eine wichtige Einnahmequelle. Da die Zinsnahme zwischen Christen verboten war, holten die Stadtherren Juden in die Städte, um das Geld zu beschaffen, das sie dringend benötigten. Im späten Mittelalter verliehen auch Christen

Geld gegen Zinsen und betrachteten die Juden als Konkurrenten. Schuldner hofften sich durch die Beseitigung der Gläubiger ihrer Schulden entledigen zu können.

Da die Kirche seit Beginn des 13. Jahrhunderts verstärkt darauf drängte, Juden von Christen zu trennen und Kontakte zu verhindern, verschlechterten sich die Beziehungen zusehends. Juden wurden in eigene Wohnbezirke in den Städten gedrängt, die man als „Getto" bezeichnete. Auch die Kleidung von Juden sollte sich von der christlichen unterscheiden. Manchmal mussten Juden einen spitzen Hut, den „Judenhut" tragen. Schließlich gab es Vorurteile über die Ausübung des jüdischen Glaubens, denen die Kirche nicht widersprach. So war beispielsweise die verleumderische Vorstellung verbreitet, die jüdische Religion fordere den Mord christlicher Kinder. Juden, so glaubten viele, seien als Brunnenvergifter schuld an Pestepidemien. All dies führte im 13. und 14. Jahrhundert zu Pogromen, das heißt zur Verfolgung und Tötung von Juden. 1298 kam es zu einer Verfolgungswelle, die 146 fränkische und schwäbische Städte betraf. 1440 vertrieb Augsburg seine jüdischen Einwohner, 1499 folgte Nürnberg, 1519 Regensburg.

Vor dem Hintergrund der jüdischen Verfolgungsgeschichte wird der hohe Stand jüdischer Kultur und Gelehrsamkeit häufig übersehen, der in den mittelalterlichen Städten herrschte. Er lässt sich nur an Hand von Bodenfunden – der Großteil der Bauten und Kultgeräte wurde während der Verfolgungen zerstört – und an Hand von reich bebilderten Handschriften erschließen.

Die Vorstellung von der gettoartigen Abgrenzung der jüdischen Bewohner einer Stadt lässt sich nicht verallgemeinern. Zwar wohnten Juden ursprünglich – ohne christlichen Zwang – in einem Haus oder in einer Gasse ihrer Stadt, oftmals in der Nähe der städtischen Handelsplätze oder des Stadtherren, der ihnen Schutz gewährte. Allerdings lässt sich belegen, dass in manchen Städten Christen noch im Judenviertel Häuser besaßen und dort wohnten.

M 7 Vorzeigen der geweihten Brote, jüdische Miniatur
Das Bild verweist auf die beim Pessachfest durchzuführenden religiösen Handlungen. Das Pessachfest wird im Frühjahr gefeiert. Es erinnert an den Auszug aus Ägypten. An den beiden ersten Abenden des Festes wird im Haus die Geschichte des Auszugs aus Ägypten aus einem besonderen Buch, der Pessach-Haggada, vorgetragen. Ein wesentliches Symbol ist das ungesäuerte Brot, das an die Eile erinnert, mit der die Israeliten aus Ägypten auszogen.

M 8 Luftbild der ehemaligen Reichsstadt Nördlingen
Das innere Oval markiert den Kernbereich der Stadt um 1200, damals lediglich vom „Alten Graben" umflossen. Nach 1327 errichtete die sich ausweitende Stadt einen Mauerring mit 11 Türmen.

M 9 Stadtplan von Nördlingen

1 Rathaus
2 Stadtkirche St. Georg
3 Brot- und Tanzhaus
4 Leihhaus
5 Klöster
6 Gerberhäuser
7 Spital
8 Pferdetränke
9 Kornspeicher
10 Münzhaus
11 Mühle
12 Salz- und Weinspeicher
13 Haus des Deutschen Ordens
14 Stadtmauer mit 5 Toren, 11 Türmen und 2 Bastionen

M 10 Aufstand in Lübeck

Die Chronik der Stadt Lübeck berichtet Folgendes:

Im Jahr 1384 wurde die Stadt Lübeck durch etliche Zünfte verraten. Die Hauptleute waren zwei Knochenhauer, zwei Bäcker und ein Kürschner. Diese hatten sich viele aus den Zünften herausgesucht, die ihnen behilflich sein sollten und zwar hatten sie Folgendes vor: Wenn sich am St. Lambertstag [15. 9.] morgens der ganze Rat versammelte, so sollten vierzig von ihnen aufs Rathaus ziehen und den Rat erschlagen. Am Donnerstag vor St. Lambert wurde der Rat gewarnt, denn Gott wollte nicht zulassen, dass die gute Stadt verraten würde. So wappneten sich die Ratsherren und Kaufleute, ritten in ihrem Harnisch und beschirmten die Stadt.

[Die Anführer des Aufstands wurden ergriffen und hingerichtet.] Danach mussten alle Zünfte einzeln vor den Rat kommen und bei allen Heiligen schwören, dass sie dem Rat und der Stadt treu sein wollten. Den Fleischhauern wurde die Zunft verboten und alle ihre Buden abgebrochen [...].

Die Stadt Lübeck hatte seit vielen Jahren große Schulden. Im Sommer 1403 bat der Rat zwei von den Seinen, sie sollten mit den Bürgern sprechen, wie die Stadt aus den Schulden kommen könne. In St. Katharinen kamen die Bürger und Zünfte zusammen. Einige sagten, sie wollten lieber sterben, als sich eine Abgabe auferlegen zu lassen. Eine Woche nach St. Martin kamen sie wieder zusammen und antworteten, als viele zusammen waren, man wolle und könne überhaupt erst über Hilfe für die Stadt reden, wenn die Eide, die die Zünfte dem Rat geschworen hätten, abgetan würden, sodass sie alle gleichgestellt wären. Dagegen wehrte sich der Rat lange. Zuletzt wurden aus der Gemeinde Bürger beauftragt zwischen dem Rat und den Bürgern zu verhandeln. Diese verlangten, die Eide müssten fort, sie wollten alle eine Art von Leuten sein. Da es nicht anders sein konnte, musste es der Rat zulassen.

Chroniken der deutschen Städte, Lübeck II, nach: Geschichte in Quellen, Mittelalter, München 1978, S. 748 ff.

M 11 Gründungsurkunde von Freiburg (1120)

Die Gründung einer Stadt verhieß den Fürsten Einkünfte an Zoll und Zins. Um Kaufleute anzuziehen versprachen sie besondere Vorrechte und Freiheiten. Ein anschauliches Beispiel bietet die Gründung der Stadt Freiburg durch Herzog Konrad von Zähringen im Jahr 1120:

Es sei den lebenden und zukünftigen Geschlechtern bekannt, dass ich, Konrad, auf meinem eigenen Besitz Freiburg einen Markt errichtet habe im Jahre des Herrn 1120. Nachdem ich Kaufleute der Umgebung zusammengerufen habe, habe ich beschlossen, mit einer Eidgenossenschaft diesen Markt zu begründen und einzurichten. Jedem Kaufmann habe ich ein Grundstück zum Bau eines eigenen Hauses gegeben und bestimmt, dass von jedem dieser Hausgrundstücke jährlich am St.-Martins-Tag mir und meinen Nachfolgern ein Schilling Zins gezahlt werden soll. Jedes Hausgrundstück soll eine Länge von 100 Fuß und eine Breite von 50 Fuß haben.

Es sei bekannt, was ich nach den Wünschen und Bitten der Kaufleute an Privilegien [Vorrechten] festgelegt habe:

1. Ich verspreche all jenen, die zu meinem Markt kommen, Frieden und Schutz. Wenn einer in diesem Bereich beraubt worden ist und er nennt den Räuber, soll er den Schaden ersetzt bekommen.

2. Wenn einer meiner Bürger stirbt, soll seine Frau mit seinen Kindern alles besitzen ohne jeden Einspruch, was er hinterlassen hat. Wenn er aber ohne Frau und Kinder und ohne einen gesetzlichen Erben stirbt, sollen die 24 Kaufleute als Eidgenossen seine Hinterlassenschaft ein Jahr lang in Gebrauch haben. Meldet sich kein Erbberechtigter, soll ein Drittel der Hinterlassenschaft zu Gunsten des Seelenheils des Verstorbenen verwendet werden für die Armen, das zweite zur Befestigung der Stadt oder zum Schmuck des Rathauses, der dritte Teil gehört dem Herzog.

3. Allen Kaufleuten der Stadt erlasse ich den Zoll.

4. Meinen Bürgern will ich keinen anderen Vogt und Priester geben außer den, welchen sie selbst gewählt haben.

5. Wenn ein Streit oder Rechtsfall unter den Bürgern entsteht, soll nicht von mir oder meinem Richter darüber entschieden werden, sondern nach Gewohnheit und Recht aller Kaufleute.

11. Jeder, der in diese Stadt kommt, darf sich hier frei niederlassen, wenn er nicht der Leibeigene irgendeines Herrn ist. Der Herr kann aber seinen Leibeigenen in der Stadt wohnen lassen oder ihn

aus der Stadt wegholen lassen wie er will. Wenn aber ein Leibeigener seinen Herrn verleugnet, kann der Herr mit sieben Zeugen beweisen, dass der Leibeigene ihm gehört. Dann soll der Leibeigene ihm gehorchen. Wer aber über Jahr und Tag in der Stadt gewohnt hat, ohne dass irgendein Herr ihn als Leibeigenen gefordert hat, der genießt von da an sicher die Freiheit.

33. Die Bürger sind nicht verpflichtet, auf einer Kriegsfahrt oder anderen Unternehmungen den Herrn länger als eine Tagesreise weit zu begleiten, sodass sie in der nächsten Nacht wieder in die Stadt zurückgelangen können.

Zit. nach: H. de Buhr, Sozialgefüge und Wirtschaft des Mittelalters am Beispiel der Stadt, Frankfurt/M. 1973, S. 17, bearbeitet

M 12 Abbildung von Juden in der mittelalterlichen Kunst

Um 1505 schuf der Memminger Maler Bernhard Striegel (1465/70–1528) den Mindelheimer Sippenaltar. Hier wird auf 14 Tafeln die Geschichte der heiligen Familie im größeren Rahmen gezeigt. Der Legende nach soll die heilige Anna, die Mutter Marias, in zweiter Ehe mit Kleophas und in dritter Ehe mit Solomas verheiratet gewesen sein. Beiden Ehen entsprossen Kinder u. a. Maria Kleophas und Maria Salome, hierauf bezieht sich auch die Bildumschrift.

Auf der linken Bildhälfte wird Kleophas mit seiner Tochter gezeigt. Kleophas trägt den für die Zeit des Malers typischen Judenhut in Form eines umgekehrten Trichters mit überlanger Spitze.

Aufgaben

1. Stelle die wesentlichen Merkmale einer Stadt stichpunktartig zusammen. → Text
2. Informiere dich über die heutige Einwohnerzahl der in der Tabelle genannten Städte. → Text
3. Beschreibe, welche Funktionen der Stadt sich auf dem Stadtplan von Nördlingen erkennen lassen. → M9
4. Beschreibe, welche Tätigkeiten du erkennen kannst. Versuche die abgebildeten Personen gesellschaftlich einzuordnen. Was erfährst du an Hand des Bildes über die Rolle der Frauen in der spätmittelalterlichen Stadt? → M5
5. Erläutere, warum Juden verfolgt wurden. → Text
6. Erläutere, wie es in Lübeck zum Aufstand kam. Beachte, von wem der Protest ausging und gegen wen er sich richtete. → M10
7. a) Was versprachen sich Fürsten von der planmäßigen Gründung einer Stadt?
   b) Arbeite die Gründungsurkunde Freiburgs abschnittweise durch. Kläre unbekannte Begriffe.
   c) Berichte mit deinen Worten, wie die Gründung Freiburgs erfolgte.
   d) Stelle die Vorrechte und Freiheiten zusammen, mit denen der Herzog Bürger für die planmäßige Gründung Freiburgs anlockte.
   e) Was sagt die Urkunde über den Rechtssatz „Stadtluft macht frei" (vgl. Absatz 11)?
   → M11

Modell der Bevölkerungsentwicklung in Europa

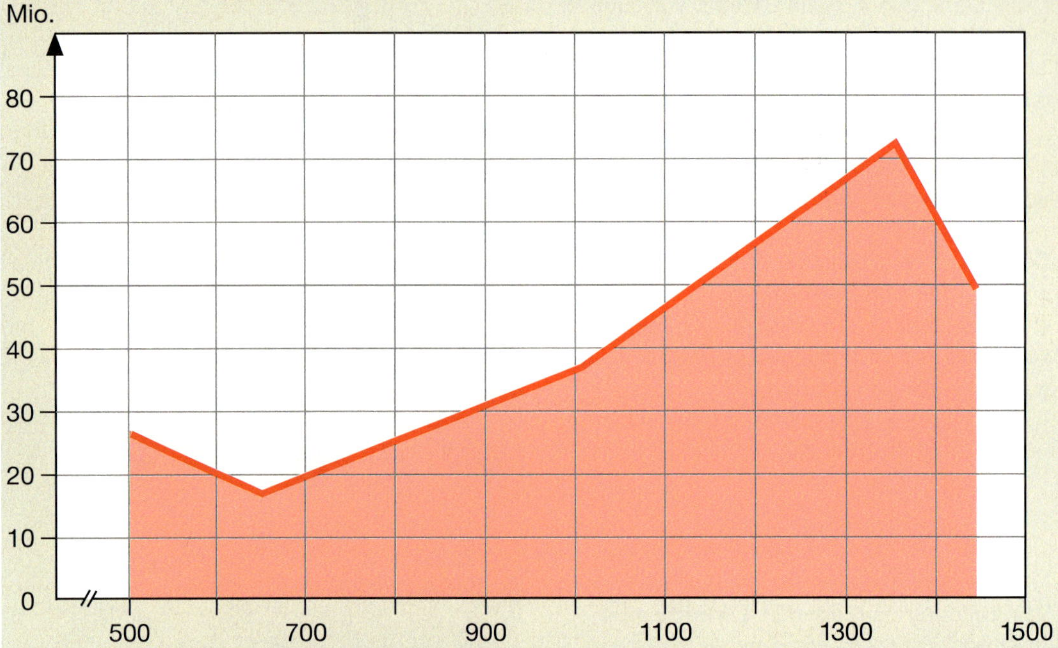

Nach: J.C. Russell, Die Bevölkerung Europas 500-1500, in: C.M. Cipolla/K. Borcherdt (Hg.), Europäische Wirtschaftsgeschichte, Bd. 1, Stuttgart 1983, S. 21.

870G_

M 1

M 2 Bevölkerungsentwicklung

Die Bevölkerungsentwicklung der fränkischen Reichsstädte Windsheim und Schweinfurt hat der Historiker Rudolf Endres untersucht:

a) Windsheim

In Windsheim wurde die letzte Stadterweiterung im Jahre 1428 abgeschlossen. Im Rahmen dieses Mauerringes vollzog sich die Stadtentwicklung bis in das 19. Jahrhundert, wobei noch zwischen einem Kernbereich und einem Vorstadtbereich unterschieden wurde. In den Jahren 1521/22 wurden 281 Häuser in der Außenstadt und 143 in der Innenstadt gezählt, was einer Bevölkerungszahl von etwa 2 500 entsprach, die bis 1618 auf 3 628 Bewohner anwuchs.

Doch wiederum brachte der Dreißigjährige Krieg einen schweren Einbruch in der Stadtentwicklung. 1635 lebten nur noch 50 Bürger in der Reichsstadt, und noch 1675 lag ein Drittel der Stadt öd. 1757 erst zählte man wieder 620 Haushalte oder beim Übergang an Bayern 1803/04 genau 2 706 Einwohner.

b) Schweinfurt

Für Schweinfurt lässt sich der rasche Bevölkerungsanstieg im Laufe des 16. Jahrhunderts besonders gut belegen:

1525 wird die Einwohnerschaft auf 2 500 Personen geschätzt. Im Jahre 1557 zählte die Reichsstadt Schweinfurt 651 Bürger oder geschätzte 3 255 Einwohner und 1610, also nach dem Wiederaufbau des schweren Stadtverderbens von 1585, genau 1023 Bürger oder geschätzte 5 051 Einwohner.

Zwischen 1557 und 1610 hat sich also die Bevölkerung Schweinfurts fast verdoppelt. Doch auch in Schweinfurt bedeutete der Große Krieg [der Dreißigjährige Krieg von 1618 bis 1648] einen tiefen, lange nachhaltenden Einbruch in der Bevölkerungsentwicklung, wenn auch die hohen Verluste durch Pest und Hunger durch Zuzug vom Umlande wieder ausgeglichen werden konnten, sodass 1798 in der Reichsstadt 1317 Bürger oder geschätzte 6 585 Einwohner lebten.

Rudolf Endres, Die soziale Problematik in den kleineren Reichsstädten, in: Reichsstädte in Franken, Aufsätze, Bd 2 Wirtschaft, Gesellschaft und Kultur, hrsg. v. Rainer A. Müller, München 1987, S. 71 f.

Statistiken und Diagramme

Statistiken erfassen zahlenmäßig Zusammenhänge. Sie werden etwa bei naturwissenschaftlichen Forschungen eingesetzt. Man kann sie auch zur Beschreibung historischer Gegebenheiten nutzen. Zu ihrer Veranschaulichung werden sie oft als Diagramme grafisch dargestellt.

Ein anschauliches Beispiel gibt die Statistik über die Bevölkerungsentwicklung in Europa. Da im europäischen Mittelalter keine genauen Aufzeichnungen über Geburt und Tod geführt wurden, liegt allerdings kein verlässliches Zahlenmaterial vor. Die Historiker sind also darauf angewiesen, aufgrund ihres Wissens über die Bevölkerungsentwicklung in Gebieten, in denen sich konkretes Zahlenmaterial erhalten hat, auf die Bevölkerungszahlen anderer Gebiete zu schließen.

Auch die Frage, wie groß einzelne Städte waren, ist unsicher. Im Heiligen Römischen Reich war im 13. Jahrhundert Köln mit vermutlich 14 000 Einwohnern die größte Stadt. 90 bis 95 Prozent aller mittelalterlichen Städte hatten wohl weniger als 2 000 Einwohner. Die Anzahl der Bewohner einer kleinen Reichsstadt wie zum Beispiel Dinkelsbühl lässt sich auf der Grundlage der Steuerliste aus dem Jahr 1437 genauer schätzen: 991 Steuerpflichtige werden aufgeführt, was einer Einwohnerzahl von etwa 4 000 Menschen entsprechen dürfte. Erst für das Jahr 1804 ist die genaue Bevölkerungszahl mit 4970 Personen überliefert.

Fragen an Statistiken

1. Themen der Statistik

a) Welcher Sachverhalt wird im Diagramm dargestellt?
b) Was zeigt in der Grafik die X-Achse, was die Y-Achse an?
c) Welche Bedeutung hat der Doppelstrich auf der X-Achse?
d) Auf welche Gebiete beziehen sich das Diagramm und die beiden Texte? Suche die Städte in einem Atlas.
e) Untersuche, auf welchen Zeitraum sich die jeweiligen Angaben beziehen. Suche Gründe dafür.

2. Darstellungen der Statistik

a) Wandle das Diagramm in eine Tabelle um, in die du unter die Jahreszahlen 500, 600, 700, 800, 900, 1000, 1100, 1200, 1300 und 1400 den entsprechenden Wert notierst.
b) Erstelle aus den Angaben im Text eine entsprechende Tabelle für Windsheim und Schweinfurt.
c) Zeichne ein Diagramm für die Bevölkerungsentwicklung in diesen Städten.

3. Informationsgehalt von Statistiken

a) Prüfe, ob die Angaben in M1 oder in M2 genauer sind.
b) Welche Angaben sind deiner Meinung nach am meisten informativ? Begründe deine Ansicht.
c) Welche Schwierigkeiten gibt es, wenn man genaue Zahlenangaben über die Bevölkerungsgröße einer Stadt herausfinden möchte?
d) Wo finden sich Hinweise auf Ursachen für die Bevölkerungsentwicklung? Lassen sich diese grafisch darstellen?

Köln – Colonia Claudia Ara Aggrippinensium

Die Ursprünge Kölns gehen auf das Jahr 38 v. Chr. zurück. Agrippa, der Freund des Augustus, bot damals dem unterworfenen Stamm der Ubier an, eine Siedlung am linken Rheinufer zu bauen. Er wollte das eroberte Land militärisch sichern und wirtschaftlich erschließen. Eine vorgelagerte Insel bot einem Hafen Platz, die Rheintalstraße sorgte zudem für guten Anschluss an das Reich.

Bevor kaiserliche Landvermesser das Siedlungsgelände abstecken durften, prüften Priester die Leber eines Hasen und Fasans. Waren die Organe der Tiere gesund, dann konnten auch Menschen ohne Gefahr für ihre Gesundheit an diesem Ort leben.

50 n. Chr. erhielt die „Colonia Claudia Ara Aggrippinensium" das Stadtrecht. Die Römer legten Köln nach dem Vorbild römischer Städte an: mit rechtwinkligen, breiten Straßen, einer Stadtmauer, unterirdischer Wasserversorgung und mehrstöckigen Steinhäusern. Etwa 15 000 Menschen, Römer und Germanen aus dem Stamm der Ubier, lebten hier friedlich zusammen. Die germanischen Handwerker übernahmen die Methoden der römischen Handwerkskunst und passten sich dem römischen Geschmack an. Dabei entwickelten sie ihren eigenen Stil. Kölner Gebrauchswaren und Luxusgüter aus Ton, Glas, Metall und Leder waren berühmt.

Viele Zeugnisse aus der Römerzeit sind noch heute in Köln erhalten. Die heutige Haupteinkaufsstraße folgt zum Beispiel dem Lauf der römischen Hauptstraße.

Außerhalb der Stadt gab es eine Stadt für die Toten. Je nach Reichtum ließen sich die Hinterbliebenen bei einem Steinmetz mehr oder weniger aufwändig verzierte Grabsteine anfertigen. Aus den Darstellungen lassen sich Schlüsse auf das Alltagsleben im römischen Germanien ziehen. Auch in anderen ehemals römischen Städten in Deutschland gibt es heute noch viele Überreste zu besichtigen.

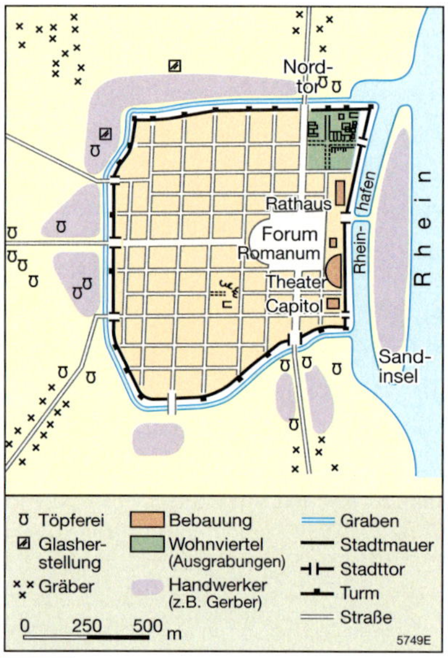

M 1

M 2

① Tempelberg
② Forum Romanum (Marktplatz)
③ Thermen (Badehäuser)
④ Rathaus und Gericht
⑤ Getreidespeicher
⑥ Nordtor
⑦ Lagerhallen
⑧ Aqädukt (Wasserleitung aus der Eifel)
⑨ Stadtmauer
⑩ Ausfallstraßen
⑪ Werkstätten

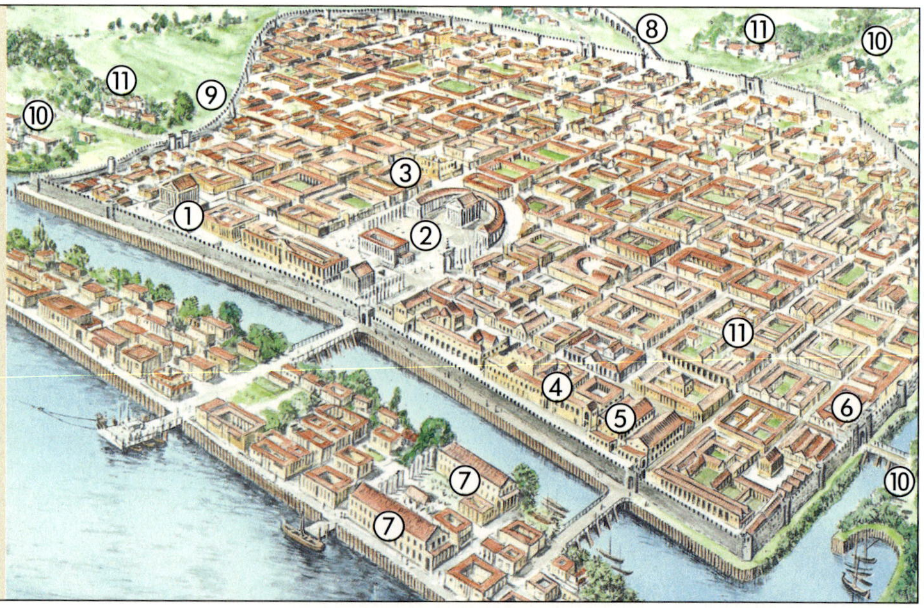

M 3 **Grabstein des Maternus**
Dargestellt sind die Wünsche des Maternus für das Leben nach dem Tode,
2. Jahrhundert n. Chr.
Die Inschrift lautet (ergänzt):
Dis Manibus Caius IVLius MATERNUS
VETeranus EX LEGione I Minervia VIVuS SIBI
ET MARIE MARCELLINAE COIIVGI DULCISSIME
et CASTISSIME OBITAE Fecit

Übersetzung:
Den Totengöttern. Gaius Julius Maternus, Veteran der 1. Legion Minervia, stellte [diesen Stein auf] für sich zu Lebzeiten und für Maria Marcellina, seine liebe und treue Gattin.

M 4 **Torbogen**
Das Nordtor der ältesten römischen Stadtmauer besaß drei Durchgangsbögen und war etwa 30 m breit. Reste des mittleren Bogens sind heute im Römisch-Germanischen Museum in Köln ausgestellt.

Aufgaben

1. a) Beschreibe den Aufbau der römischen Stadt Köln.
   b) Vergleiche mit dem Aufbau einer heutigen Stadt.
   → M1, M2
2. a) Beschreibe, was auf dem Grabstein im Einzelnen zu erkennen ist.
   b) Was erfährst du aus dem Grabstein über das römisch-germanische Alltagsleben?
   → M3
3. a) Erkläre die Buchstabenabfolge CCAA auf dem Steinbogen.
   b) Warum war diese Inschrift auf dem Bogen des Nordtores angebracht?
4. a) Begründe, welcher der beiden Funde interessanter ist.
   b) Ist es deiner Meinung nach sinnvoll, solche Funde im Museum auszustellen?
   → M3, M4

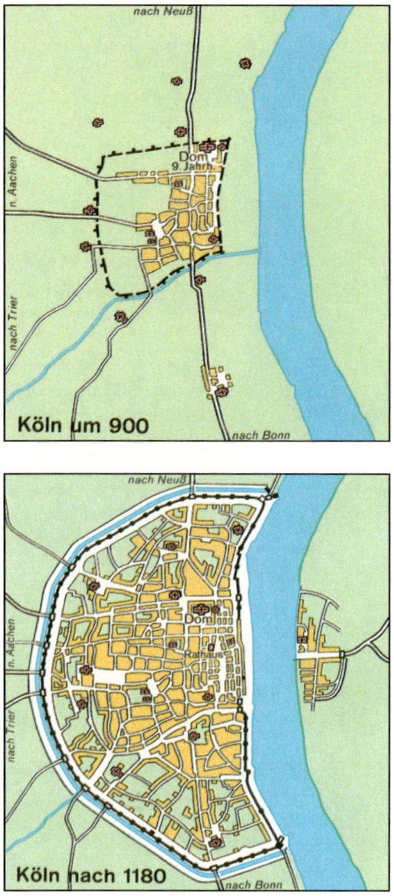

M 5 Köln um 900 und nach 1180
Von der zerfallenen und weit gehend verlassenen Römerstadt zur aufstrebenden Handelsstadt.

Köln – von der Römerstadt zur freien Reichsstadt

Im 5. Jh. löste sich das Weströmische Reich auf und die Grenzverteidigung am Limes brach zusammen. Fränkische Heerscharen verwüsteten linksrheinische Gebiete und besetzten Köln, das nun auch Angehörige eines fränkischen Königshauses beherbergte. In Köln geprägte Goldmünzen des Frankenkönigs Theudebert (534–547) sowie Fürstengräber unter dem späteren Dom zeugen davon.

Der Untergang Westroms und die damit verbundenen kriegerischen Wirren führten zum Niedergang der Römerstädte an Rhein und Donau, ein Schicksal, das auch das alte „Colonia“ teilte. Nur wenige Menschen wohnten in seinen zerstörten Mauern, die Bauten der Römer zerfielen, Straßen und Aquädukte verschwanden. Dass die Stadt nicht völlig unterging, ist den Bischöfen zu verdanken, die in Köln residierten. Unter ihrem Schutz entwickelte sich eine Kaufmannssiedlung, die vor der römischen Stadtmauer am Rhein entstand.

Dank seiner guten Verkehrslage entwickelte sich Köln seit dem 11. Jh. zu einer aufstrebenden Handelsstadt und dehnte sein Stadtgebiet kräftig aus. Es war Gründungsmitglied der Hanse und im Rheinischen Städtebund Vorort für Westfalen und den Niederrhein.

Wie andere Städte des Mittelalters blieb auch Köln nicht von Konflikten zwischen dem Stadtherrn und der Bürgerschaft verschont. Zwar schlug Erzbischof Anno II. noch 1074 einen Aufstand nieder, doch beschworen die Bürger 1112 ihre Selbstständigkeit als Stadtgemeinde und konnten 1288 in der Schlacht bei Worringen ihre endgültige Unabhängigkeit vom Erzbischof erkämpfen. 1475 erhob Kaiser Friedrich III. Köln zur freien Reichsstadt, die mit damals 40 000 Einwohnern Deutschlands größte Stadt war.

Seit dem 13. Jh. wurde Köln von einem Rat reicher Patrizier beherrscht, wogegen sich die Handwerker zunehmend auflehnten. Schließlich kam es zu einem unblutigen Aufstand der Handwerkerzünfte, die die Patrizier vertrieben und 1396 eine für damalige Verhältnisse demokratische städtische Verfassung einführten.

M 6 Stadtansicht von Köln um 1493
Blick auf die Stadt vom Rhein aus. Der seit dem 12. Jh. errichtete Mauerring besaß 11 Tore und 2 Rheinbastionen.

M 7 **Der Aufstand in Köln 1074**

Im 11. Jh. begannen die Kölner Bürger nach größerer Unabhängigkeit zu streben. Das führte zum ersten Aufstand gegen Erzbischof Anno II.:

Der Erzbischof feierte das Osterfest in der Stadt, bei ihm war der Erzbischof von Münster, sein vertrauter Freund.
Als jener abreisen wollte, erhielten die Diener des Erzbischofs den Befehl ein geeignetes Schiff zu beschlagnahmen. Sie entschieden sich für eines, das einem sehr reichen Kaufmann gehörte, ließen die geladenen Waren herausschaffen und befahlen, es für den Erzbischof herzurichten. Als die Knechte des Kaufmanns dies verweigerten, drohten jene mit Gewalt.
Darauf rannten die Knechte zum Schiffseigner. Der hatte einen Sohn und der lief mit vielen jungen Leuten zum Schiff und verjagte die Diener des Erzbischofs. Dann zog der junge Mann in der Stadt herum und streute Reden aus über die Überheblichkeit des Erzbischofs, der oft Widerrechtliches anordne, Unschuldigen ihre Habe wegnehme und die ehrenwertesten Bürger mit unverschämten Worten anfalle.
Es fiel ihm nicht schwer die Menschen aufzuhetzen. Das Volk tobte umsturzlüstern und rief, von teuflischer Raserei hingerissen, die Stadt zu den Waffen. Als am späten Nachmittag zur Wut noch Trunkenheit hinzukam, stürmten sie zum erzbischöflichen Palast, schleuderten Geschosse, warfen Steine und töteten einige Diener.
Währenddessen haben viele den Anstifter dieses Wütens, den Teufel selber, gesehen, wie er mit feurigem Schwert vor dem Volk herlief. Das Volk plünderte die Schätze, zerschlug die Weinfässer und schleppte die Bischofsgewänder fort. [Der Erzbischof konnte nachts durch eine Tür in der Stadtmauer entfliehen.]
Am vierten Tage nach seiner Flucht rückte der Erzbischof, umgeben von einer stattlichen Schar, vor die Stadt. Als die Kölner das sahen und erkannten, dass sie dem Angriff einer so großen Menge weder an der Mauer noch in einer Schlacht standhalten konnten, schickten sie Boten und baten um Frieden.

Lambert von Hersfeld, Annalen, übersetzt von A. Schmidt, Darmstadt 1962, S. 237 ff., überarbeitet und gekürzt

M 8 **Schiff am Kölner Rheinufer**
Frauen geleiten Handelsreisende zu ihren Herbergen, Bildausschnitt vom Kölner Ursula-Schrein, 1489

Aufgaben

1. Was führte zum Niedergang des römischen Köln? → Text
2. Wer sorgte dafür, dass Köln vom endgültigen Untergang verschont blieb? → Text
3. Vergleiche die drei Stadtpläne Kölns von der Römerzeit bis zum Mittelalter. Beschreibe die Veränderungen und begründe sie. → M1, M5
4. a) Wie beurteilst du den Anlass für den Kölner Aufstand von 1074?
   b) Was war der eigentliche Hintergrund für den Gegensatz zwischen dem Kölner Erzbischof und der Bürgerschaft?
   c) Auf welcher Seite steht Lambert von Hersfeld? Begründe!
   → M7
5. Warum kam es in Köln zu Auseinandersetzungen zwischen Handwerkern und Patriziern? → Text

Die Hanse

M 1 **Bremer Hansekogge**
Original aus dem 14. Jahrhundert, ausgestellt im Deutschen Schifffahrtsmuseum Bremerhaven.

Noch heute nennen sich etwa Bremen, Hamburg und Rostock „Hansestädte“. Damit wird einmal die historische Zugehörigkeit zu einem Städtebündnis, der deutschen Hanse, herausgehoben. Zum anderen schwingt in dem Begriff der Stolz auf einen Abschnitt der Geschichte mit, der als besonders erfolgreich und positiv angesehen wird. Inwiefern ist dieser Stolz berechtigt?

Das Wort „Hanse“ bezeichnet zunächst einen Verband von Männern mit gleicher Zielsetzung. Im Laufe der Zeit wurde der Begriff auf Kaufleute bezogen, die sich für ein gemeinsames Fahrtziel zusammenschlossen. Ziel dieser Vereinigung war zunächst der Schutz der Fernhändler vor Raub und Beschlagnahme. Der Begriff „Hanse“ steht aber auch für die Abgaben, die man einer Kaufleutegenossenschaft leisten musste und für das besondere Recht, das die Kaufmannsgesellschaft oder deren Mitglieder beanspruchten.

Im 12. Jahrhundert schlossen sich die deutschen Gotlandfahrer zu einer Hanse zusammen, um den Handel sicherer zu machen und wirtschaftliche Vorteile gegenüber Konkurrenten durchzusetzen. Aus dieser Vereinigung erwuchs die deutsche Hanse, denn andere Kaufmannshansen aus Westfalen, Lübeck oder Gotland kamen hinzu. Weil die Fernkaufleute aufgrund ihres Reichtums und ihres Erfolgs in den Städten die Regierung stellten, ließen sich die Ziele der Kaufleute nicht von den Zielen der Städte trennen. Die deutsche Hanse wandelte sich im Lauf der Zeit von einer Kaufmannshanse zu einer Städtehanse. Ihr gehörten in der Zeit vom 13. bis zum 16. Jahrhundert etwa 200 Städte an. In Nowgorod, Brügge, Bergen und London existierten selbstständige Handelsniederlassungen der Hanse, die Kontore. Ein Kontor war ein eigenes abgeschlossenes Stadtviertel mit Wohnungen, Büros, Versammlungsräumen, Warenspeichern, Hafen und Kirche. Schon vom Äußeren her zeigte sich so die Macht der Hanse.

Die Hanse war nur locker organisiert. Es gab keine gemeinsame Verfassung, keine gemeinsame Flotte oder Finanzordnung. Ein Führungsposition innerhalb der Hanse nahm allerdings Lübeck ein. Hier trafen sich die Vertreter der Hansestädte zu den Hansetagen. Bei diesen Ver-

M 2 **Lübeck – Haupt der Hanse**
Holzschnitt aus der Schedelschen Weltchronik von 1493

M 3 Ein Kaufmann
Bildnis des Lübecker Kaufmanns Hans Sonnenschein, 1534

sammlungen wurden die nötigen Absprachen getroffen: Wann soll im Frühjahr die Fahrtsaison beginnen? Welche Schiffe stehen für die Fahrten zur Verfügung? Welche Stadt hat gegen die gemeinsamen Absprachen verstoßen? Ist es nötig, sie mit Handelssperren zu belegen, sie zu „verhansen"?

Obwohl die Hanse nur ein lockeres Bündnis war, gelang es ihr vor allem im Ostseeraum erheblichen Einfluss geltend zu machen: Die Hanse kontrollierte den Handel, erhob Steuern und führte Kriege. Als der dänische König Waldemar IV. (1340–1375) versuchte, die Vorrechte der Hanse zu beschneiden, entsandte diese ein Heer und eine Flotte, die Dänemark plünderten. Im Frieden von Stralsund erzwang die Hanse 1370 die Bestätigung ihrer Vorrechte und sogar ein Mitspracherecht bei der dänischen Königswahl.

Der Frieden von Stralsund kennzeichnet den Höhepunkt der hansischen Machtentfaltung. Danach begann der Abstieg. Das lag zum einen daran, dass die Hanse nur noch ihre angestammte Machtposition halten konnte. Wagemutige Initiativen fehlten. Die Entstehung von Nationalstaaten in Europa erschwerte zudem den Handel: England förderte eigene Aktivitäten und behinderte die Tätigkeit fremder Kaufleute. Die Niederlande dehnten ihren Handel in die Ostsee erheblich aus und konkurrierten erfolgreich. Kontore mussten geschlossen werden. Im Innern des Deutschen Reichs versuchten die Fürsten, die Städte unter ihre Kontrolle zu bringen, um ihre Territorialstaaten auszubauen. Nach der Entdeckung Amerikas verlagerten sich zudem die Handelswege und der Ostseehandel verlor an Bedeutung.

M 4

M 5 Schadensliste

Im Jahr 1345 sank vor der Maasmündung eine Hamburger Kogge, die von verschiedenen Kaufleuten beladen worden war. Hier ein Auszug aus der Schadensliste:

Hartwich von Verden:
23 Fässchen schwedisches Kupfer, 1 Tonne mit 2540 gemischtem Kleintierpelzwerk, 160 Hermelinfelle.
Heinrich von Hoyginghen:
10 000 Junglämmerfelle, 2 000 Schneehasenfelle, 250 Rehfelle, 40 Hirschfelle, 6 Rindshäute, 6 Elchfelle.
Heinrich Lübbeke:
370 Otterfelle, 275 Wieselfelle, 2 000 Eichhornfelle, 55 Ellen Leinwand, 1 Brustharnisch, 1 Kapuzenmantel, 1 mit Silber eingelegter Dolch, 40 Stück Leder.
Johann von Eckernförde:
10 Tran-Fässer.

Nach: N. Fuchs/W. Goez, Die deutsche Stadt im Mittelalter, München 1977, S. 49 f., gekürzt.

M 7 Schiffbruch eines Bergenfahrers

Text des Bildes: „Mögen die, die sich ausschiffen, zur Beichte gehen! Es bleibt uns nur so wenig Zeit bis zum Tode."
Anonymes Gemälde von 1489, Lübecker Marienkirche

M 6 Leben als Hansekaufmann

Die Historikerin Edith Ennen beschreibt am Beispiel Nowgorods, wie die Kaufleute der Hanse in einem Kontor lebten:

Das Leben der Hansekaufleute in Nowgorod schildern unter anderem sehr anschaulich die Schragen, die Satzungen des Kontors, die in ihrem ältesten Teil aus der Mitte des 13. Jahrhunderts stammen. Sein Mittelpunkt ist die steinerne Peterskirche. Die Kirche, eine echte „Kaufmannskirche", war offensichtlich recht geräumig und besaß eine Art Kreuzgang mit Gewölben. Die Kaufleute benutzten sie nämlich auch als Warenmagazin und Archiv; die St.-Peters-Kiste stand darin mit den Pergamenturkunden und dem Schatz des Kontors, sogar die Gewichte und die Waage wurden über Nacht hier aufbewahrt.
Jeden Abend begab sich ein Kaufmann in die Kirche, um dort zu schlafen beziehungsweise zu wachen. Bei Abreise der Kaufleute wurden die Kirchenschlüssel den russischen Würdenträgern von Nowgorod zur Aufbewahrung in einem versiegelten Behältnis übergeben. Handeln und Kaufschlagen in der Kirche war untersagt. Kein Russe durfte ihr Inneres betreten. Man wollte dem Handelspartner keinen Einblick in das Warenlager des deutschen Handelshofes geben, der die Preisbildung ungünstig hätte beeinflussen können. Vom Olderman des Hofes wurden zwei Kaufleute zu Kirchenvorstehern ernannt. Sie mussten die Kirchenkasse verwalten und für die Bewachung und den Bau der Kirche sorgen.

Edith Ennen, Die europäische Stadt des Mittelalters, Göttingen 1975, S. 184 f.

M 8 **Der rechtliche Status der Hanse**

Antwort der Hanse auf eine Denkschrift des englischen Kronrates, die die Verhaftung von Hansekaufleuten und die Beschlagnahme ihrer Güter rechtfertigen sollte (1469):

[...] Die Hansa Theutonica [Deutsche Hanse] ist [...] ein festes Bündnis (confederacio) von vielen Städten, Orten und Gemeinschaften zu dem Zwecke, dass die Handelsunternehmungen zu Wasser und zu Land den erwünschten und günstigen Erfolg haben und dass ein wirksamer Schutz gegen Seeräuber und Wegelagerer geleistet werde, damit nicht durch deren Nachstellungen die Kaufleute ihrer Güter und ihrer Werte beraubt würden.[...]
Die Hansa Theutonica wird nicht von den Kaufleuten geleitet, sondern jede Stadt und jeder Ort haben ihre eigenen Herren und ihre eigene Obrigkeit, durch die sie regiert werden. Denn die Hansa Theutonica ist, wie schon gezeigt worden ist, nichts anderes als eine Art Bündnis von Städten, das die Städte nicht aus der Rechtshoheit der Herren, die schon früher die Regierung ausübten, herauslöst: Sie sind vielmehr diesen Herren in allen Dingen untertänig wie vorher und werden von ihnen regiert.
Auch hat die Hansa Theutonica kein gemeinsames Siegel und keinen gemeinsamen Rat. Ein Siegel widerspricht nämlich der Sachlage. Sondern wenn wegen notwendiger Geschäfte Briefe im Namen der ganzen Hansa Theutonica geschrieben werden, so besiegelt man diese mit dem Siegel der Stadt, in der sie geschrieben wurden. [...]
Weder die Hansa Theutonica noch irgendeine der Städte hat die Macht, Zusammenkünfte zu berufen und Versammlungen anzuordnen; die Städte der Hanse versammeln sich vielmehr, so oft Fragen zu erörtern sind, durch gegenseitigen Beschluss an einem Ort [...]. Auch kommt bis jetzt keiner Stadt der Hanse die Vorrangstellung zu. [...]

Zit. nach: Ph. Dollinger, Die Hanse, Stuttgart 1976, S. 533 f.

M 9 **Siegel der Stadt Lübeck von 1253/65**
Die Umschrift auf dem Siegel lautet:
Sigillum burgensium de Lubeke.

Aufgaben

1. Erläutere anhand der Karte die Handelswege der Hanse. Nenne die Handelsgüter und ihre Herkunftsländer.
   → M4
2. Nenne neben Hamburg und Bremen weitere Hansestädte.
   → M4
3. Woher könnten die Handelsgüter auf der Schadensliste stammen? Nutze hierzu die Karte.
   → M4, M5
4. a) Beschreibe an Hand des Textes, wie die Kaufleute im Kontor von Nowgorod lebten.
   b) Versuche das Verhältnis der Kaufleute zu den Einwohnern Nowgorods zu erschließen.
   → M6
5. Erarbeite anhand des Textes Zielsetzung und Organisation der Hanse.
   → M8
6. a) Erschließe, indem du die Gestensprache genau analysierst, den Sinn des lateinischen Textes auf dem Siegel.
   b) Welchen Zusammenhang haben Text und Bild mit dem Begriff der Hanse.
   → M10
7. a) Versuche zu einer eigenständigen Wertung zu gelangen: Warum wird die Hanse heute in Deutschland vor allem positiv gewertet?
   b) Kannst du erklären, warum die Geschichte der Hanse von manchen europäischen Nachbarn Deutschlands auch negativ betrachtet wird?

Deutsche Ostsiedlung

M 1 **Das Kloster Zinna**
1174 gegründet, zählte zu den ersten Niederlassungen der Zisterzienser in den neuen Gebieten östlich der Elbe.

Den mittelalterlichen Chronisten war das, was die Historiker später „Ostsiedlung“ nannten, gar nicht aufgefallen. Dass deutsche Ritter, Bauern, Bürger und Mönche in den dünn besiedelten Osten strömten, war eine langsame und meist friedliche Entwicklung, die sich zwischen dem 12. und 14. Jahrhundert vollzog. Zunächst hatten deutsche Fürsten die slawisch-heidnische Bevölkerung östlich der Elbe unterworfen, abgabepflichtig gemacht und taufen lassen. Dann riefen sie deutsche Siedler ins Land, um die meist öden und sumpfigen Gebiete östlich der Elbe und Saale wirtschaftlich zu erschließen.

Danach verlief die Ostsiedlung als ein vertraglich und rechtlich geregelter Vorgang: Landgeber und Siedler wirkten zusammen. Die Fürsten in Osteuropa erkannten, dass ihnen deutsche Siedler bei der Rodung und den Dorfgründungen von Nutzen waren. Sie halfen ihnen, das dünn besiedelte Land zu erschließen. Um die Ansiedlung zu organisieren, beauftragten die osteuropäischen Fürsten Siedlungsunternehmer, die Lokatoren. Diese warben deutsche Bauern und Handwerker an und organisierten ihre Ansiedlung. Für ihre Tätigkeit erhielten die Lokatoren einen größeren Landanteil. Außerdem übernahmen sie das Richter- und Verwaltungsamt des Dorfschulzen, das ihnen weitere Einnahmen sicherte. Die Sage vom „Rattenfänger von Hameln“, der die Jugend der Stadt fortlockte, spielt vermutlich auf die Tätigkeit eines Lokators an.

Die Bauern wurden von den Freiheitsrechten angelockt, die ihnen die Grundherren im Osten versprachen. Für die neuen Siedler galt deutsches Recht, das ihnen die persönliche Freiheit garantierte, ihr Erb- und Besitzrecht wenig einschränkte und Frondienste durch festen Zins ersetzte. Hierdurch erwarben die Siedler eine bessere rechtliche Stellung als in der Heimat. Die ansässige slawische Bevölkerung wurde nicht vertrieben und erreichte bald die gleichen rechtlichen Vorteile wie die Siedler. Elb- und Ostseeslawen verloren allerdings meist ihre eigene Sprache und gingen in der ostdeutschen Mischbevölkerung auf.

Seit dem 12. Jahrhundert erfolgten auch deutsche Stadtgründungen im Osten. Solche Neugründungen wie z.B. Stralsund oder Stettin übernahmen ihr Stadtrecht von so genannten Rechtsvororten, unter denen Lübeck und Magdeburg hervorragten. So entstanden Stadtrechtsfamilien, deren Mitglieder das gleiche Recht hatten.

M 2 **Hermann von Salza**
Hochmeister des Deutschen Ordens von 1209 bis 1239. Er begründete die Landesherrschaft des Ordens in Preußen.

Der Deutsche Orden

Das Wirken des Deutschen Ordens bildete bei der Ostsiedlung im 13. Jahrhundert die Ausnahme. Denn in Preußen und Livland, wo der Orden wirkte, führte er die Erschließung des Landes mit militärischer Unterwerfung und gewaltsamer Missionierung durch. Der Deutsche Orden war um 1200 in Palästina entstanden. Dort hatte er Erfahrung bei der Organisation von Wirtschaft und Verwaltung gesammelt. Hierauf konnte er aufbauen, als der polnische Herzog Konrad von Masowien (1206–1247) nach einem gescheiterten Kreuzzug gegen die heidnischen Pruzzen 1222 die Ordensritter zu Hilfe rief. Der Herzog gab dem Orden den Auftrag zur bewaffneten Mission. Als Gegenleistung überließ er dem Orden das Kulmer Land, das den Kern des Ordensstaates bildete. Dieser wurde aufgrund des politischen Geschicks vom

Hochmeister des Deutschen Ritterordens, Hermann von Salza (1210–1239), sowohl von Kaiser Friedrich II. (1212–1250) als auch vom Papst als Landesherr anerkannt. Durch Zustrom von Siedlern aus dem Reichsgebiet entwickelten sich allmählich 93 Städte und etwa 1400 Dörfer. Neben Getreide lieferte der Ordensstaat vor allem Fisch, Holz, Pelze und Bernstein.

Die Machtposition des Ordensstaates wurde dadurch geschwächt, dass Litauen nach einer dynastischen Verbindung mit Polen freiwillig zum Christentum übertrat. Die eigentliche Aufgabe, die Mission, war damit beendet. Außerdem widersprach die wirtschaftliche Zusammenarbeit des Ordensstaates mit der Hanse den Interessen des Landadels. Dieser suchte Unterstützung beim polnischen Nachbarn. Es kam zu militärischen Auseinandersetzungen, in denen der Deutsche Orden unterlag. Den größten Teil seiner Besitzungen musste er 1466 im Thorner Frieden an Polen abtreten.

M 3

M 4 Gründungsurkunde

Über die Gründung des Dorfes Halteshagen bei Stettin im Jahr 1262 berichtet das Pommersche Urkundenbuch:

Wir, Ritter Gerbord von Köthen, geben bekannt, dass wir mit dem Rate unserer Herren und Freunde dem Johannes Calbe, Konrad von Welpe und seinem Schwager Johannes einen Wald [Hagen] mit Namen Halteshagen zur Besiedlung als Besitz überlassen haben. Wir machen zur Bedingung, dass alle in dem Hagen Ansässigen, die dort Ackerland urbar machen und bestellen, von jeder Hufe einen Schilling und den Fruchtzehnten von den am Hagen liegenden Äckern geben. Von den Sach- und Geldeinkünften fällt die Hälfte an mich, die andere an die drei Besitzer des Hagens, die auch Hagemeister genannt werden. Als besondere Freiheit sichern wir weiter zu: Wer sich im Hagen ansiedeln will, kann dies ungehindert tun und darf für die gefreite Zeit Bier brauen und schenken sowie zum Verkauf Brot backen und Fleisch einschlachten. Ab Martini gewähren wir den Siedlern 10 Freijahre. In diesem Zeitraum bleiben sie Dienst, Zehnt und Zins ledig. Darüber hinaus geben wir dem Rudolf die Mühle des Hagens für jährlich 4 Maß Mahlkorn, sodass er im ersten Jahr ein Maß, im zweiten zwei, im vierten vier Maß zinst. Davon gehört die Hälfte uns, die andere den genannten Lokatoren. Dem Müller überlassen wir drei Joch Land, die man „Hegemorgen" nennt. Was das Gericht anbetrifft, so sollen sich die Häger [Erklärung] ihr Recht an einem Ort holen, wo sie es bequem finden. Außerdem überließen Konrad von Welpe und sein Schwager für den Anteil des Johannes Kalbe eine von ihren Freihufen, und wir fügten eine hinzu, die er frei besitzen soll. Was wir den Siedlern überließen, steht unter Leiherecht. Es erstreckt sich auch auf die Ehefrauen, die männlichen Nachkommen und dann auf die übrige Verwandtschaft.

Pommersches Urkundenbuch II, Nr. 720, zitiert nach: Lautemann/ Schlenke, Geschichte in Quellen, Bd. 2, München 1975, S. 628 f.

M 5 Privileg Kaiser Friedrichs II.

Der Kaiser überträgt dem Deutschen Orden die Herrschaft über das Kulmer Land (1226):

Friedrich II., von Gottes Gnaden Kaiser der Römer, allezeit erhaben, König von Jerusalem und Sizilien. Dazu hat Gott unser Kaisertum hoch über die Könige des Erdkreises gestellt und die Grenzen unserer Herrschaft über verschiedene Zonen der Welt ausgedehnt, auf dass unsere mühevolle Sorgfalt sich auf die Verherrlichung seines Namens in dieser Welt und auf die Verbreitung des Glaubens unter den Heiden richte, wie er denn das Heilige Römische Reich zur Predigt des Evangeliums geschaffen hat, damit wir nicht weniger die Unterwerfung wie die Bekehrung der Heiden erstreben; wir gewähren also die Gnade der Verleihung, durch die rechtgläubige Männer für die Unterwerfung barbarischer Völker und die Besserung des Gottesdienstes beständige, tägliche Mühen auf sich nehmen und Mittel und Leben unablässig einsetzen. Daher wollen wir durch den Wortlaut dieses Schreibens [...] kundtun, dass Bruder Hermann [gemeint ist der Hochmeister Hermann von Salza, 1170-1239], der ehrwürdige Meis-ter des heiligen Hauses vom Spitale St. Mariens der Deutschen zu Jerusalem, unser Getreuer, [...] vor uns dargelegt hat, dass unser ergebener Konrad, Herzog von Masowien und Kujawien, versprochen und angeboten hat, ihn und seine Brüder mit dem so genannten Kulmer Lande zwischen seiner Mark und dem Gebiet der Preußen auszustatten, und zwar so, dass sie die Mühe auf sich nehmen, standhaft in das Preußenland einzudringen und es zu Ehre und Ruhm des wahren Gottes in Besitz zu nehmen. [...] Daher haben wir dem Meister die Vollmacht erteilt, in das Preußenland mit den Kräften des Ordenshauses und mit allen Mitteln einzudringen, und überlassen und bestätigen dem Meister, seinen Nachfolgern und seinem Hause für immer sowohl besagtes Land, das er von dem Herzog gemäß seinem Versprechen erhalten wird, und ein anderes Gebiet, das er ihnen geben wird, wie auch alles Land, das er mit Gottes Zutun in Preußen erobern wird. [...]
Wir fügen ferner aus unserer Gnade hinzu, dass der Meister und seine Nachfolger eben die Gerichtsbarkeit und Obrigkeit in ihren Ländern haben und ausüben, wie es kein Reichsfürst in seinem Lande besser haben kann, dass sie gute Bräuche und Gewohnheiten setzen, Gesetze und Statuten erlassen, durch die sowohl der Glaube der Gläubigen gestärkt wird wie sich alle Untertanen eines ruhigen Friedens erfreuen.

Zit. nach: Geschichte in Quellen, Bd 2, hrsg. von Wolfgang Lautemann und Manfred Schlenke, München 1975, S. 652 f.

M 6 **Die Marienburg, Hauptsitz des Deutschen Ordens in Ostpreußen**

M 7 **Der germanische Ordensstaat**

Lange Zeit wurde die Tätigkeit des Deutschen Ordens von deutschen Historikern verherrlicht. Dies gilt inbesondere für die Zeit der nationalsozialistischen Gewaltherrschaft, wie folgender Auszug aus einem Schulbuch von 1944 belegt:

Getreu dem wehrhaften deutschen Geist waren die Ritter ihren Kaisern auf den Zügen gegen die Türken gefolgt. Unter dem Einfluss der Kirche kam es bei den Kreuzzügen zur Bildung von Ritterorden nach mönchischem Vorbild. Diese Ritterschaften sollten sich ganz dem kirchlichen Dienst widmen. Aber der Deutsche Ritterorden strebte schon bald danach, seine Kräfte zum Wohle des Reiches einzusetzen. Der Kaiser wies ihm eine große Aufgabe zu: Rückgewinnung des deutschen Bodens östlich der Weichsel. Dort war das Land von der Bernsteinküste der Ostsee bis zu den Urwäldern des südlichen Ostpreußens im Besitz der Preußen. Diese baltische Völkerschaft hatte keine slawische, wohl aber oftmals nordische Blutzufuhr erhalten. Harte und lange Kämpfe standen den Deutschrittern bevor, als sie 1230 in Preußen einritten. Von dem polnischen Herzog Konrad von Masovien gegen die Preußen zu Hilfe gerufen, rückten sie unter ihrem Landmeister Herrmann Balk gegen die Weichsel vor. Sie gründeten die Stadt Thorn und gewannen in zehnjährigem Kampfe das Weichselland bis zum Haff und zum Meere. Ihren Gewinn schützten sie durch die Ordensburgen [...]. In Ostpreußen wurden Bauern aus Meißen, Schlesien, Westfalen, Rheinland und Holland angesiedelt, um das Land einzudeutschen. Sie entwickelten sich in der Vermischung mit den rassisch verwandten Preußen zu dem neuen Preußenstamm. Ostpreußen wurde durch ihr Wirken zu einem reichen Bauernland. Fünfzig Jahre lang hatte der Orden um den Besitz des Landes gerungen. Immer mussten die aufständischen Preußen mit scharfem Schwerte bezwungen werden. Aber dann hatten die Deutschherren das Land endgültig und fest in ihrer Hand.

Wilhelm Vonolfen, Erich Piel, Dr. Peter Seifert, Der Weg zum Reich, Deutscher Schulbuchverlag Berlin 1944, S. 62 f.

Aufgaben

1. Erläutere den Verlauf der Ostsiedlung. Nenne die heutigen Länder, in denen im Mittelalter Deutsche siedelten. → Text, M3
2. Erarbeite anhand der Gründungsurkunde, welche Vorteile Siedler und Grundherren aus der Ostsiedlung zogen. → M4
3. Welche Ziele kannst du aus dem Privileg Kaiser Friedrichs II. herauslesen? → M5
4. Versuche zu formulieren, was die Architektur der Marienburg über das Selbstverständnis des Deutschen Ordens aussagt. → M6
5. a) Vergleiche den Schulbuchtext aus der Zeit des Nationalsozialismus mit dem Privileg Friedrichs II. Welche Unterschiede zeigen sich in Hinblick auf die Zielsetzung des Kaisers.
   b) Bewerte mithilfe deiner Ergebnisse den Darstellungstext in diesem Schulbuch.
   → Text, M7

M 1 **Tanzunterricht für Mädchen**
Krug, um 420 v. Chr.

M 2 **Junge mit einem Reifen**
Athener Vasenmalerei, 5. Jh. v. Chr.

Erziehung im alten Griechenland

Kindheit in Athen

Hätten sich im 5. Jahrhundert v. Chr. ein athenischer und ein spartanischer Junge getroffen, so hätten sie über das Leben des jeweils anderen nur staunen können. So unterschiedlich die beiden Staaten waren, so verschieden war auch die Erziehung in Athen und Sparta.

Die Erziehung athenischer Kinder erfolgte innerhalb der Familie. Etwa eine Woche nach der Geburt trug der Vater das Neugeborene um die Feuerstelle und nahm es so symbolisch in die Familie auf. Danach war die Mutter oder eine Amme für die Erziehung verantwortlich. Ab dem siebten Lebensjahr begann der Unterricht. Die Mädchen blieben bei ihrer Mutter und lernten die häuslichen Arbeiten, in vornehmen Familien vielleicht auch Tanzen oder das Spiel auf der Lyra. Bereits mit etwa 15 Jahren suchte der Vater für seine Tochter einen Ehemann, den das Mädchen vor der Hochzeit oft nicht kennenlernte. Anschließend führte sie ein zurückgezogenes Leben.

Bei der Erziehung eines jungen Atheners spielte der Vater eine wichtige Rolle, da der Sohn beruflich und politisch sein Nachfolger werden sollte. Allerdings übernahm der Vater die Erziehung nicht selbst. Er schickte seinen Sohn – meist unter Aufsicht eines Sklaven – zu einem Lehrer, der ihm Rechnen, Lesen und Schreiben beibrachte. In den Werken des Homer, der Ilias und der Odyssee lernte der junge Athener griechische Werte wie Gerechtigkeitssinn, Vaterlandsliebe und Mut kennen. Diese bereiteten ihn auf seine späteren Aufgaben als Mitglied der athenischen Demokratie vor.

Als junger Mann hörte er politische Diskussionen im Haus seines Vaters und nahm als Zuhörer an Volks- oder Ratsversammlungen teil. Außerdem trat er mit 18 Jahren einen zweijährigen Wehrdienst an, der ihn noch enger in die Gemeinschaft der Athener einband. Damit war er für seinen beruflichen und politischen Lebensweg gerüstet.

M 3 **Schulunterricht in Athen,** Bild des Athener Vasenmalers Duris, um 480 v. Chr.
Schulszene mit Lehrern und Schülern sowie vermutlich einem Sklaven am rechten Vasenrand

M 4 **Spartanerin beim Wettlauf**
Spartanerinnen hatten größere Freiheiten als Athenerinnen. Sie wurden nicht beaufsichtigt und durften sich allein in der Öffentlichkeit zeigen. Sport und Abhärtung waren jedoch vorgeschrieben. Bronzefigur, 530 v. Chr.

Erziehung zu einem „spartanischen Leben“
Die Erziehung der jungen Spartaner war völlig auf die Interessen des Staates ausgerichtet: die Jungen sollten später für Sparta kämpfen, die Mädchen für Nachwuchs sorgen und den Haushalt führen. Nicht die Entwicklung von Freiheit und Verantwortlichkeit standen im Zentrum, sondern Unterordnung und Anpassung an den Staat. Daher übernahm der Staat auch einen großen Teil der Erziehung.

Zunächst prüfte eine Ältestenkommission die neugeborenen Kinder auf ihre körperliche Verfassung. Schwache Kinder setzte man im Gebirge aus und nahm nur kräftige in die Gemeinschaft auf. In den ersten sieben Lebensjahren übernahmen die Eltern die Erziehung ihrer Kinder. Im Mittelpunkt standen schon jetzt körperliches Training und unbedingter Gehorsam gegenüber Vater und Mutter.

Mit acht Jahren trennten sich die Wege von Jungen und Mädchen. Die Mädchen blieben im Haus und lernten von ihrer Mutter die Führung eines Haushalts. Daneben trainierten die jungen Spartanerinnen auch ihren Körper, denn schließlich sollten sie später kräftige Kinder zur Welt bringen. Diese Aufgabe übernahmen sie, nachdem sie mit etwa 18 Jahren geheiratet hatten.

Spartanische Jungen sahen ihre Familien nur selten. Vom 8. bis 14. Lebensjahr lebten sie in so genannten „Horden“ unter der Aufsicht junger Spartaner. Zwar lernten sie auch Lesen und Schreiben, doch war die Ausbildung zum Krieger entscheidend. Ständiges Training, der Umgang mit Waffen sowie Wettkämpfe standen im Mittelpunkt. In den folgenden Jahren ging es neben körperlicher Ertüchtigung um die wichtigsten spartanischen Tugenden: Gehorsam, Disziplin und das Ertragen von Strapazen und Schmerz. In diesen Tugenden musste sich ein junger Spartaner bewähren, wenn er ab dem 18. Lebensjahr als „Hordenführer“ oder Soldat dem Staat diente. Während dieser Zeit lebte er in einer Art Kaserne, bis er mit 30 Jahren als spartanischer Vollbürger eine eigene Familie gründen durfte.

M 5 **Sporthalle in Sparta**
Junge Spartaner trainieren unter Aufsicht eines Lehrers, der mit einem Stock für Disziplin sorgt. Versuch einer Rekonstruktion durch einen modernen Zeichner.

M 6 **Der Weg eines Kindes**
Szenen aus dem Leben eines römischen Jungen, Relief aus dem 3. Jh. n. Chr.

Römische Kindheit

Ein neues Familienmitglied

Ein wichtiger Augenblick im Leben eines römischen Kindes war direkt nach der Geburt. Man legte das Neugeborene vor dem Familienvater auf den Boden. Der Vater prüfte, ob es gesund und kräftig war, und hob es dann vom Boden auf. Damit war das Kind in die Familie aufgenommen und erhielt wenige Tage später seinen Namen. Da viele Kinder bereits in den ersten Lebensjahren starben, suchten die Römer ihre Kinder durch Amulette vor Unglück zu bewahren.

In den ersten Jahren lag die Erziehung in den Händen einer Amme oder Sklavin unter Aufsicht der Mutter. Während dieser Zeit spielten römische Kinder ähnlich wie heute. Puppen, Rasseln, Würfel oder Brettspiele waren ebenso bekannt wie Reifenschlagen, Ballspiele oder ein Spielzeugwagen, den eines der Haustiere ziehen musste. Solch wertvolles Spielzeug gab es natürlich nur für Kinder vornehmer Familien. Ärmere Kinder verwendeten Nüsse für verschiedene Spiele oder benutzten kleine Steine und Murmeln für Brett- und Legespiele.

Die junge Römerin

Mit sieben Jahren begann für ein römisches Mädchen die Ausbildung. Es lernte Lesen und Schreiben und verrichtete kleinere häusliche Arbeiten, durch die es auf die Ehe vorbereitet wurde. Von der gesellschaftlichen Stellung der Familie hing es ab, ob das Mädchen bereits jetzt im Laden oder Handwerksbetrieb des Vaters mitarbeiten musste. Als Tochter einer reichen Familie konnte die kleine Römerin gemeinsam mit ihren Freundinnen das Leben der Großstadt genießen, meist von einer eigenen Sklavin begleitet.

Bereits im Alter von 12–14 Jahren galten Römerinnen als heiratsfähig. Oft handelten die Väter schon Jahre vorher die Verlobung und Heirat ihrer Kinder aus.

Am Vortag der Hochzeitsfeier legte die Braut ihre Mädchentracht ab und opferte ihr Spielzeug den Hausgöttern oder der Göttin Vesta. Sie galt als Beschützerin von Haus und Herd. Mit der Heirat begann für die junge Römerin das Leben in der Familie ihres Mannes.

M 7 **Brettspiel aus Stein**
sowie Plättchen, Würfel und Murmeln aus Knochen und Ton zum Spielen

M 8 Römische Schreibgeräte
Vier Bruchstücke hölzerner Schreibtafeln. Sie waren mit Wachs überzogen, in das die Schüler mit einem Griffel schrieben. Zu sehen sind ferner verschiedene Griffel sowie ein Tintenfass aus Ton.

Das römische Schulwesen

Verfolgen wir die Schullaufbahn eines römischen Jungen. Gaius ist der Sohn eines reichen Kaufmanns aus dem Ritterstand. Da sein Vater den Kontakt mit anderen Kindern für wichtig hält, hat Gaius keinen Privatlehrer, sondern besucht eine Schule. Sein Lehrer hat eine kleine Schule, für deren Besuch ihn die Eltern bezahlen.

Der Lehrer ist selbst nicht sehr gebildet, er schreit viel und greift oft zum Stock. Mehr als Lesen und Schreiben sowie etwas Rechnen lernt Gaius in dieser Elementarschule nicht. Er ist froh, als er mit 14 Jahren die Schule verlassen darf, um nun zum „Grammaticus" in den Unterricht zu gehen. Hier lernt er die griechische Sprache und beschäftigt sich mit lateinischer und griechischer Literatur. Gaius hat nur noch wenige Mitschüler, denn der Unterricht beim Grammaticus ist teuer.

Gaius soll einmal die politische Laufbahn einschlagen. Dazu muss er noch die dritte Stufe der römischen Erziehung besuchen: die Rhetorikschule. Hier lernt er die Kunst der Rede und wird in Philosophie, Geschichte und Rechtsprechung unterrichtet. Oft reisen die Rhetorikschüler auch nach Griechenland, wo es berühmte Universitäten gibt.

Der Weg in die Politik

Gaius hat mit seiner Ausbildung gute Chancen, den Weg in die Politik einzuschlagen, wie es sich sein Vater wünscht. Vielleicht wird er eines Tages einen befreundeten Politiker auf das Forum begleiten, um ihm bei seinen Reden zuzuhören und so zu lernen. Außerdem muss er seinen Miltärdienst leisten, wo er in den unteren Rängen des Offizierskorps Erfahrungen sammeln und Kontakte knüpfen kann. Das alles steht ihm als Sohn eines vornehmen Römers offen.

Zunächst aber wird Gaius mit etwa 16 Jahren volljährig. Er hängt sein Amulett am Altar der Hausgötter auf und legt in einer feierlichen Zeremonie seine Kindertoga ab. Durch das Anlegen der weißen Männertoga wird er offiziell zum römischen Bürger.

M 9 Römische Schule
Szenen aus einem Schulzimmer. Das Relief wurde in der Nähe von Trier gefunden, 3. Jh. n. Chr.

Kindheit im Mittelalter

M 10 Gestorbenes Kind
Der Tod fordert von der Mutter das Leben des Kindes, Holzschnitt, 16. Jh.

Die gefährlichen ersten Jahre

Familien hatten im Mittelalter viele Kinder, von denen jedoch höchstens die Hälfte überlebte. Einige starben bei der Geburt, andere im frühen Kindesalter. Meist starben Mutter und Kind an Infektionskrankheiten, die Heilkundige damals nicht bekämpfen konnten. Wenn das Baby die Geburt gut überstanden hatte, wurde es oft einer Amme übergeben, welche die Ernährung und Pflege des Säuglings übernahm.

In den ersten Jahren blieben die Kinder im Elternhaus, wo sie schon kleinere häusliche Arbeiten verrichten mussten. Extra hergestelltes Spielzeug war selten. Meist spielten die Jungen und Mädchen mit alltäglichen Gegenständen oder den Geschwistern.

Kinder als Lehrlinge

Bereits mit sieben Jahren begann für viele Kinder der Ernst des Lebens. Auf dem Land mussten sie Kühe hüten, Schweine zur Mast treiben und im Haus, Garten und auf den Feldern helfen. Andere verließen ihre Familien und arbeiteten in der Stadt als Hausangestellte oder Laufburschen: eine harte Arbeit mit bis zu 12 Stunden am Tag.

Wer aus einer Handwerkerfamilie stammte, begann eine Lehre bei einem Handwerker. An diesen zahlten die Eltern ein Lehrgeld, für das die Jungen bei ihrem Meister wohnen und essen konnten. Dieser war daher auch für die Erziehung seiner Lehrlinge verantwortlich. Der Spruch „Lehrjahre sind keine Herrenjahre" zeigt, dass diese Erziehung oft recht hart sein konnte.

Nach drei bis vier Lehrjahren fertigte der Lehrling sein Gesellenstück und legte eine Prüfung ab. Als junger Handwerksgeselle begab er sich anschließend auf Wanderschaft, um bei anderen Handwerksmeistern zu arbeiten und Erfahrungen zu sammeln. Eine Schulbildung war für die Lehrlinge nicht vorgesehen. Schreiben und Rechnen lernten sie vielleicht von ihrem Meister, soweit es der Beruf erforderte.

M 11 Küche eines Bauernhauses
Die Ärmlichkeit der Verhältnisse auf dem Land vor einigen hundert Jahren ist heute kaum noch vorstellbar. Das Bild stammt aus dem Jahr 1635, doch hatte sich gegenüber dem Mittelalter praktisch nichts geändert.

M 12 **Schulszene**
Miniatur aus dem 15. Jh.

M 13 **Patrizierfrau mit Sohn**
und Dienerin, Buchmalerei, 1532

M 14 **Bauernjunge**
mit verbundenem Gesicht und lumpiger Kleidung, um 1700

Städtische Bildung

Eine umfassende Schulbildung erhielten im Mittelalter nur wenige Kinder. In den Städten bot sich Söhnen reicherer Familien die Möglichkeit eine der städtischen Schulen zu besuchen. Hier lernten die Schüler Lesen, Schreiben und Latein, das für das Studium der Bibel wichtig war und von Kaufleuten für Briefe im internationalen Handel verwendet wurde.

Auch das politische Leben in den Städten erforderte immer häufiger schriftliche Aufzeichnungen. Als künftige Kaufleute lernten die Schüler natürlich Rechnen, für das man zunehmend arabische Zahlen verwendete. Ein wichtiges Unterrichtsfach war außerdem der Chorgesang, denn die Schüler mussten die Gottesdienste in den städtischen Kirchen mit ihrem Gesang begleiten. Der Unterricht begann am frühen Morgen und war recht eintönig. Zudem machten die Lehrer oft von der Rute Gebrauch oder züchtigten die Schüler mit der Hand.

Nur wenige Schüler hatten nach dem Ende ihrer Schulzeit die Möglichkeit, eine der seit dem 13. Jahrhundert in Europa entstehenden Universitäten zu besuchen. Das kostete viel Geld, sodass sich nur Söhne reicher Familien ein Studium an einer Universität leisten konnten.

Für Mädchen war keine Schulbildung vorgesehen. Lediglich reiche Familien und der Adel ließen ihren Töchtern Privatunterricht erteilen. Daher boten Klöster aufgeweckten jungen Frauen eine interessante Alternative. Nonnen lernten nicht nur lesen und schreiben, sondern konnten sich auch mit wissenschaftlicher Forschung beschäftigen.

Der Alltag als Schule

Die meisten Kinder auf dem Lande haben im Mittelalter nie eine Schule gesehen. Für sie war das eigene Dorf die Schule und das einzige Unterrichtsfach lautete: Lernen, in der eigenen Umwelt zu leben und zu überleben! Lehrer waren die Eltern und die anderen Dorfbewohner, deren Leben die Kinder teilten.

Die Kinder wuchsen in sehr ärmlichen Verhältnissen auf. Die Kleidung war einfach, immer wieder geflickt und bereits von den älteren Geschwistern übernommen. Mehrere Kinder teilten sich ein gemeinsames Bett oder Spielzeug, das einfach und selbst angefertigt war.

Um die Familie zu ernähren mussten die Kinder schon sehr früh mitarbeiten. Nur so ließ sich angesichts hoher Abgaben an den Grundherrn und der ständigen Gefahr von Missernten die Versorgung der Familie sichern. Daher waren das Hüten des Viehs, das Sammeln von Beeren oder Holz und die Mithilfe bei der Ernte schon für kleine Jungen und Mädchen selbstverständlich. Für den Besuch einer Schule blieb weder Zeit noch Geld. Eltern behandelten ihre Kinder wie kleine Erwachsene und bestraften jeden Ungehorsam hart. Wurde das Essen knapp, musten auch die Kinder hungern.

Nur selten verließen diese Kinder ihr Dorf. Ein Besuch der Kirche im Nachbarort zu wichtigen Festen galt bereits als aufregendes Unternehmen. Manchmal gab der Pfarrer einer solchen Kirche den Kindern der Dorfhandwerker Unterricht. Da er aber selbst wenig gebildet war und zur Erntezeit kein Unterricht stattfand, lernten die Kinder nur wenig. Der Besuch einer richtigen Schule oder gar einer Universität blieb für Kinder auf dem Lande ein unerfüllbarer Wunschtraum.

M 15 Jugend in Sparta

Der griechische Schriftsteller Plutarch (ca. 50–120 n. Chr.) berichtet über den Alltag spartanischer Jungen in den „Horden":

Als Führer der Gruppe wählten sie denjenigen, der besonders klug und mutig war; auf seine Befehle hörten sie und unterwarfen sich seinen Strafen ... Lesen und Schreiben lernten sie nur soviel, wie sie brauchten; die ganze übrige Erziehung war darauf gerichtet, dass sie pünktlich gehorchen, Strapazen ertragen und im Kampf siegen lernten. Daher verschärften sie bei fortschreitendem Alter das Training, schoren sie bis auf die Haut und gewöhnten sie barfuß zu gehen ...
Sobald sie zwölf Jahre alt waren, gingen sie stets ohne Unterkleidung, bekamen nur einen Mantel im Jahr, waren am ganzen Körper mit Schmutz bedeckt und durften weder baden noch sich salben. Sie schliefen in Gruppen auf Streuschütten aus Schilf. In diesem Alter wählen die Jungen einen Zwanzigjährigen zu ihrem Anführer. Dieser führt Befehl bei den Wettkämpfen und bei den Mahlzeiten müssen sie ihn bedienen. Den Kräftigeren befiehlt er Holz zu holen, den Kleineren Gemüse. Sie müssen es aber stehlen mit größter List und Vorsicht; denn wenn einer erwischt wird, bekommt er Peitschenhiebe ...
Man lehrte die Jungen auch treffend und witzig zu reden und sich so kurz wie möglich auszudrücken. Ihre Lieder hatten Melodien, die Mut und Tatendrang erweckten; es waren meist Lobgesänge auf gefallene Krieger oder Hohngesänge auf Feiglinge.

Plutarch, Lykurg, Kap. 12, übersetzt. v. Konrat Ziegler, gekürzt

M 16 Römische Schule

Um 200 n. Chr. berichtet ein römischer Junge über seinen Schulalltag:

Ich suche meine Schulsachen zusammen und übergebe sie dem Sklaven ... Unterwegs kaufe ich bei einem Bäcker ein kleines Frühstück. An der Schule angekommen, lege ich im Vorzimmer meinen Mantel ab und kämme mich nochmals. Dann betrete ich das Schulzimmer und grüße den Lehrer und die Mitschüler.
Zunächst werden die Hausaufgaben abgefragt: jetzt komme ich an die Reihe. Ich trete vor, strecke die rechte Hand aus und gebe den Text, den ich auswendig lernen sollte, aus dem Gedächtnis wieder. Danach suche ich einen Platz: „Rückt ein bisschen zusammen! Das ist meine Bank. Ich habe sie vorher besetzt."
Mein Sklave reicht mir Wachstafeln und einen Griffel. Ich streiche zunächst mit meinem Griffel die Tafel glatt und schreibe dann etwas nach einer Vorlage ab. Der Lehrer verbessert es, wischt die Fehler aus und läßt mich den Text vorlesen. Anschließend lerne ich einen griechischen Text auswendig und gebe ihn aus dem Gedächtnis wieder. Danach diktiert mir ein Mitschüler etwas.
In der Zwischenzeit sind die Jüngsten der Klasse mit dem Alphabet beschäftigt. Die Fortgeschrittenen in der ersten Bankreihe schreiben ein Diktat. Dann hält der Lehrer ihnen einen Vortrag über Grammatik. Sie machen sich Notizen, denn später werden hierzu einige Fragen gestellt.
Sobald wir mit unseren Aufgaben fertig sind, entlässt uns der Lehrer zum Mittagessen. Ich kehre nach Hause zurück ... Nach dem Händewaschen bekomme ich mein Mittagessen: Weißbrot, Oliven, Käse, trockene Feigen und Nüsse. Dazu trinke ich kaltes Wasser. Nach dem Essen kehre ich zur Schule zurück.

gekürzt und sprachlich vereinfacht nach den „Hermeneuta Pseudodositheana"

M 17 „Lehrjahre sind keine Herrenjahre"

Der Humanist Johannes Butzbach (1478–1526) berichtet über seine Schneiderlehre:

„... wie ich von drei oder vier Uhr morgens bis abends neun oder zehn, bisweilen auch bis elf oder zwölf Uhr, wie ich aber besonders an den höheren Festen ... bis zur Hochmesse in einem fort arbeiten musste, wie ich geplagt wurde mit Wassertragen, mit Hauskehren, Feuerstochern, mit Hin- und Herlaufen ... in und außer der Stadt, mit Schuldeneintreiben und, was mir am meisten verhasst war, mit dem Sammeln, oder richtiger mit dem Stehlen des Wachses von den Leuchtern in der Kirche zum Gebrauch bei dem Geschäfte; wie ich ferner von dem Meister und der Meisterin und den Dienstboten herbe Worte und mitunter noch härtere Schläge, Kälte und Hitze, Hunger und Durst bis zum äußersten zu ertragen hatte: was ich auf solche und mehrfache andere Art für ein Elend ausgehalten habe, das würde kaum in einem großen Buche zu beschreiben sein."

nach: W. Fischer, Quellen zur Geschichte des deutschen Handwerks, Göttingen 1957, S. 25

M 18 **Kinderspiele im Mittelalter**
Ausschnitte aus einem Bild von Pieter Bruegel d.Ä. aus dem Jahr 1559. Bild links: Engeltragen; Steckenpferd; Trommeln und Pfeifen; Bild Mitte: Gassenlaufen; Grad oder Ungrad; Bild rechts: Ins Spundloch rufen; den Reifen schlagen

Aufgaben

1. Ihr seid Jungen und Mädchen aus Athen. Diskutiert die Vor- und Nachteile der athenischen Erziehung. → Text, M1–M3
2. a) Erkläre den Zweck der verschiedenen Vorschriften für die Erziehung der jungen Spartaner und Spartanerinnen.
   b) Welchen Grund hatten die Spartaner für diese Art der Erziehung? Wie beurteilst du sie? → Text, M4, M5, M15
3. a) Erstelle einen Tagesplan für das Leben eines römischen Jungen. → Text, M6–M9, M16
   b) Welcher Gesellschaftsschicht gehört dieser Junge an? Begründe deine Antwort anhand des Quellentextes. → M16, Text
4. Vergleiche die Schulbildung im Mittelalter mit der heutigen. Wo liegen die wichtigsten Unterschiede? → Text, M12
5. Versucht in einem Rollenspiel den Tagesablauf der Kinder im Mittelalter zu spielen. Spielt euren Tagesablauf heute. Bedenkt bei den Rollen, dass im Mittelalter der Vater sehr streng war und dass die Kinder zu gehorchen hatten.
6. a) Erkläre, warum die Lehre des Johannes Butzbach ein solches „Elend" darstellte.
   b) Welche Vorschriften machen eine heutige Lehre weniger „schrecklich"? → M17
7. Erstellt vielleicht in Gruppenarbeit eine große Tabelle, in der ihr das Leben von Kindern und Jugendlichen zu verschiedenen Zeiten und in verschiedenen Ländern vergleicht. Überlegt euch Aspekte, nach denen ihr die Tabelle gliedert (z.B. Familienleben, Schulbildung, Freizeit, Kinderarbeit, Spielzeug usw.).
8. Das Leben vieler Kinder und Jugendlicher im Mittelalter ist vergleichbar mit der Situation in der Dritten Welt heute. Beschafft euch Material hierzu und verfasst einen Bericht. An folgende Organisationen könnt ihr euch wenden:

Terre des hommes
Ruppenkampstr. 11a, 49031 Osnabrück, www.tdh.de

unicef
Höniger Weg 104, 50969 Köln, www.unicef.de

Deutsche Welthungerhilfe
Adenauerallee 134, 53113 Bonn, www.welthungerhilfe.de

Bischöfliches Hilfswerk Misereor e.V.
Mozartstr. 9, 52084 Aachen, www.misereor.de

Diakonisches Werk der EK, „Brot für die Welt"
Staffelbergstr. 76, 70184 Stuttgart, www.brot-für-die-welt.de

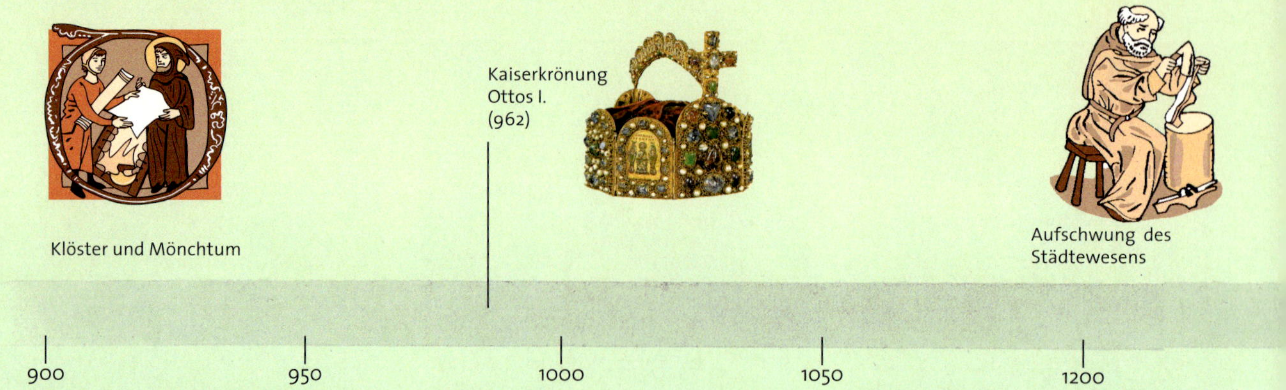

Grundwissen: Zeit

529 Benedikt von Nursia gründet das Kloster Montecassino
seit 8. Jh. Freie Bauern verlieren ihre Selbstständigkeit
seit 11. Jh. Aufstieg der Städte
seit 12. Jh. Entfaltung einer höfischen Ritterkultur

um 570 Geburt Mohammeds
962 Kaiserkrönung Ottos I.
1095 Aufruf Papst Urbans II. zum Kreuzzug
1122 Wormser Konkordat
1356 Goldene Bulle

um 1450 Erfindung des Buchdrucks
1492 Entdeckung Amerikas
1517 Thesen Martin Luthers
1519–1556 Kaiser Karl V.
1520 Reichstag zu Worms
1524/25 Großer Bauernkrieg
1555 Augsburger Religionsfriede
1618–1648 Dreißigjähriger Krieg
1648 Westfälischer Friede

Grundwissen: Begriffe

Kloster
Mönche, Nonnen
Grundherrschaft
Fronarbeit
Hörige
Ritter
Minne(sang)
Bürger
Patrizier
Zunft
Hanse
Ostsiedlung

Kaiser
Papst
Reichsinsignien
Lehnswesen
Investiturstreit
Kreuzzüge
Kurfürsten
Territorium
Landesherr
Islam
Muslime

Neuzeit
Renaissance
Humanismus
Azteken
Inka
Kolonialisierung
Reformation
Protestanten
Wormser Edikt
Gegenreformation
Jesuiten
Konzil von Trient

Grundwissen: Methoden

Umgang mit gegenständlichen Quellen: Grabplatten mit Ritterdarstellungen
Umgang mit Schaubildern: Statistiken und Diagramme

Umgang mit schriftlichen Quellen: die Kreuzzugspredigt Urbans II.

Umgang mit Bildern: Flugblätter als Propagandawaffe

Ritter und höfische Kultur

Veränderungen in der Landwirtschaft

Blütezeit der Hanse

1200 1250 1300 1350 1400

Zusammenfassung

Unter dem gemeinsamen Dach des christlichen Glaubens lebten die Menschen des Mittelalters in einer fest gefügten ständischen Ordnung, die man für gottgewollt hielt. Jeder Mensch gehörte einem Stand an: als Geistlicher, Adliger oder Bauer. Jeder Stand hatte seine Aufgabe in der Gemeinschaft zu erfüllen, sei es durch Gottesdienst, Kampf oder körperliche Arbeit. Erst im späten Mittelalter wurde zunehmend Kritik an dieser scheinbar ewigen, gottgewollten Ordnung laut.

Mönche und Nonnen in den Klöstern lebten nach der Regel „bete und arbeite“, die Benedikt von Nursia als Gründer des ältesten Mönchsordens der Benediktiner verfasst hatte. Das Kloster war zugleich Ort der Andacht und Gelehrsamkeit, Wirtschaftsbetrieb, soziale Einrichtung und politischer Machtfaktor. Eine wichtige Rolle spielten Klöster bei der Ausbreitung des Christentums und der Urbarmachung von Land im Osten. Sie waren Zentren von Wissenschaft, Bildung und Kultur in einer oft noch unwegsamen Landschaft.

Der überwiegende Teil der Bevölkerung bestand aus Bauern. In Abhängigkeit von einem adligen Grundherrn führten sie ein karges Leben, waren unfrei und mussten Abgaben und Frondienste leisten. Das ganze Mittelalter hindurch änderte sich die Lage der Bauern wenig: der Grundherr herrschte über Land und Leute, entschied als Richter und konnte die Bauern sogar zusammen mit dem Land verkaufen. Erst im späten Mittelalter, als die Bevölkerung und damit die Nachfrage nach landwirtschaftlichen Produkten wuchs, hob sich der Lebensstandard der bäuerlichen Bevölkerung.

In dieser Zeit erlebte die höfische Ritterkultur einen Höhepunkt. Die Ritter, die sich als eigener Stand abschlossen, verfolgten das Ideal eines christlichen Kämpfers. Dazu zählten Treue, Tapferkeit und ein christlicher Lebenswandel. Turniere, Ritterdichtung und der höfische Minnesang kennzeichnen diese Epoche.

Ein neues Element in der Gesellschaft des Mittelalters bildeten die Städte, denn Handel und Handwerk errangen zunehmende Bedeutung. Die Stadt verhieß ihren Bürgern Friede und Freiheit und bot die Möglichkeit des sozialen Aufstiegs. Sie erreichte vom Grundherrn allmählich ihre Selbstverwaltung und beim Stadtregiment traten neben die Patrizier die Zünfte der Handwerker.

Dem Städtebund der Hanse gelang es, unter Führung der Stadt Lübeck zu einer wirtschaftlichen und politischen Macht aufzusteigen.

2. Glaube und Herrschaft im Mittelalter

Lehnswesen im Mittelalter, Buchmalerei, 13. Jahrhundert

Christus als Kreuzritter
Illustration aus dem
14. Jahrhundert

Krone des Heiligen Römischen Reichs

Benediktinerabtei Maria Laach
erbaut Mitte des 12. Jahrhunderts

Kaiser Heinrich IV. 1077 in Canossa

Moschee in Cordoba

Europa – heute und damals

Heute besteht Europa aus vielen einzelnen Staaten: Frankreich, Deutschland, Italien, Spanien, Großbritannien und vielen anderen. Damals – um das Jahr 1000 n. Chr. – entwickelten sich erst klar begrenzte Herrschaften, aus denen sich manche der heutigen Staaten langsam bildeten. Auch wenn die Grenzen noch anders verliefen und auch wenn die politischen und sozialen Verhältnisse ganz verschieden waren, lässt sich der Ursprung mancher heute existierender Staaten in der damaligen Zeit finden. Dies gilt zum Beispiel für Frankreich und Deutschland. Daneben gab es aber große Gebiete, in denen es noch keine abgegrenzten Herrschaften gab. In Nordeuropa zum Beispiel lebten Wikinger in lockeren Stammesverbänden.

In der heutigen Wahrnehmung gibt es in Europa trotz aller Unterschiede in Sprache und Kultur gemeinsame Traditionen, die in vielen Ländern wirksam sind. Dazu zählen zum Beispiel die christliche Religion, das Erbe der griechischen und römischen Antike und eine demokratische Staatsverfassung. Damals – um das Jahr 1000 n. Chr. – wurde Europa zwar als eigener Erdteil gesehen, aber noch nicht als einheitlicher politischer und kultureller Raum. Das heutige Europa ist also ganz anders als das damalige, aber aus den damaligen Verhältnissen haben sich die heutigen entwickelt. Die heutigen Gemeinsamkeiten – aber

M 1

auch die Unterschiede – sind nach und nach in einem Jahrhunderte dauernden Prozess entstanden.

Europa um das Jahr 1000

Karl der Große hatte versucht, das Römische Reich auf christlicher Grundlage fortzuführen. Als das Frankenreich zerfiel, entstanden auf seinem Boden neue Staaten. Aber auch in anderen Teilen Europas entwickelten sich verschiedene Herrschaftsgebiete:

- In Frankreich – dem westlichen Teil des Karolingerreichs – übernahm im Jahr 987 die Dynastie der Kapetinger die Macht und behielt sie bis zur Französischen Revolution 1789. Es gelang den französischen Königen, alle großen Adelsfamilien zu entmachten, und einen starken Staat mit der Hauptstadt Paris aufzubauen.
- Im östlichen Teil des Frankenreichs entstand ein deutsches Königreich. Seine Herrscher erneuerten die Tradition des Römischen Reichs und erwarben im Jahr 962 den Kaisertitel. Dieses Heilige Römische Reich reichte bis Italien. Die deutschen Kaiser hatten immer wieder mit gefährlichen Konkurrenten zu kämpfen: mit mächtigen Herzögen in verschiedenen Gebieten des Reichs, mit selbstbewussten Städten in Norditalien und mit dem Oberhaupt der katholischen Kirche, dem Papst.

M 2

- Aus dem Oströmischen Reich war das Kaiserreich Byzanz hervorgegangen. Zwischen ihm und dem deutsch-römischen Kaiserreich herrschte Rivalität.
- In Russland entstand schon früh ein großes Reich mit dem Zentrum Kiew. Zwischen diesem Kiewer Reich, Byzanz und Deutschland bildeten sich Polen, Ungarn und andere kleine Herrschaftsgebiete.
- In Italien – vor allem Süditalien – kämpften verschiedene Mächte um die Vorherrschaft: Byzanz, das deutsche Kaiserreich, arabische Herrscher, später die Normannen. Einfluss gewann auch der Papst und sein weltliches Herrschaftsgebiet: der Kirchenstaat.
- In Spanien und Portugal regierten muslimische Herrscher; nur im Nordteil der Iberischen Halbinsel gab es christliche Herrschaften.
- In England herrschten angelsächsische Könige. Die Eroberung Englands durch den Normannenherzog Wilhelm im Jahr 1066 führte zur Errichtung einer normannischen Königsherrschaft.
- Nordeuropa beherrschten die Wikinger. Ihre Flotten unternahmen verheerende Raubzüge an die Küsten West- und Nordeuropas.

Die Ursprünge von Deutschland und Frankreich

Nach dem Tod Karls des Großen im Jahr 814 konnte sein Nachfolger, Ludwig der Fromme, das Reich noch zusammenhalten. Als er starb, wurde es unter seine drei Söhne geteilt. Streitigkeiten führten jedoch zu einem Krieg um das Erbe, bis man sich im Vertrag von Verdun 843 einigte: Lothar, der Kaiser, erhielt den Mittelteil mit den Hauptstädten Aachen und Rom; Karl der Kahle bekam den Westen und Ludwig der Deutsche den Osten des Frankenreichs.

Der Vertrag von Verdun leitete den endgültigen Zerfall ein. Die Reichsteile West- und Ostfranken entwickelten sich trotz ihres gemein-

M 3 Beispiele für die Architektur im West- und Ostfrankenreich

Das linke Bild zeigt die Kirche in Germigny-des-Prés im Tal der Loire. Die Bischofskirche wurde 806 geweiht und gilt als ein Hauptwerk der karolingischen Baukunst. Rechts ist die Torhalle des Klosters Lorsch (Krs. Bergstraße) zu sehen. Das Kloster wurde 764 gegründet und ist Begräbnisort des ostfränkischen Königs Ludwig des Deutschen.

samen Ursprungs bald auseinander. Während sich im Westen ein altfranzösischer Dialekt durchsetzte, sprach man im Osten althochdeutsch, ein Vorläufer unserer heutigen Sprache.

Aber auch die politischen Verhältnisse unterschieden sich deutlich. Im Westfränkischen Reich – aus dem später Frankreich hervorging – übernahm 987 die Familie der Kapetinger die Herrschaft. Sie verdrängte andere Adelsgeschlechter, errichtete eine Erbmonarchie und blieb für Jahrhunderte an der Macht. So entstand in Frankreich die Ausrichtung auf ein Zentrum, auf Paris.

In Deutschland hingegen, das aus dem Ostfränkischen Reich hervorging, gab es immer wieder neue Herrschergeschlechter aus den verschiedenen Landesteilen. So z. B. aus dem Herzogtum Sachsen die Ottonen, die 919 mit Heinrich I. das deutsche Königtum begründeten. Später die Salier aus dem Herzogtum Franken und die Staufer aus dem Herzogtum Schwaben. Keine dieser Familien konnte sich dauerhaft behaupten, denn Deutschland blieb eine Wahlmonarchie und der Adel spielte eine wichtige Rolle. Die Ausrichtung auf mehrere Zentren prägt daher bis heute die Situation in Deutschland.

Das Mittelreich, das ebenfalls aus der Teilung von Verdun hervorgegangen war, zerfiel bald. Es blieb in den kommenden Jahrhunderten ein ständiges Streitobjekt zwischen Frankreich und Deutschland.

M 4

Die Teilung des Frankenreiches im Vertrag von Verdun (843)

Veränderungen bis 888 (Vertrag von Ribémont 880)

Das Lehnswesen

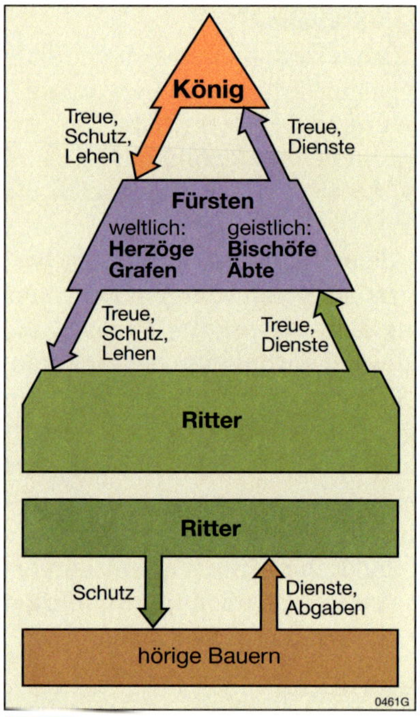

M 1 Lehnspyramide
Das Lehnswesen des Mittelalters lässt sich auch in Form einer solchen Pyramide darstellen.

Die heutigen Redewendungen, jemandem mit „Rat und Tat" zur Seite zu stehen und ihm „Schutz und Schirm" zu bieten, lassen sich bis ins Mittelalter zurückverfolgen. Die Grundherren lebten im Mittelalter nämlich nicht isoliert voneinander, sondern gingen oft ein Lehnsverhältnis ein. Dabei überließ ein Adliger, der Lehnsherr, einem anderen Adligen, dem Lehensmann, Land, das lateinisch „feudum" genannt wurde.

Der Lehnsmann wurde auch als Vasall bezeichnet; dies bedeutete ursprünglich „Knecht". Es handelte sich dabei nicht um eine Schenkung, sondern, wie der Begriff schon sagt, um eine „Leihe". Der Lehnsherr verpflichtete sich außerdem dazu, seinem Lehnsmann eben „Schutz und Schirm" zu gewähren, ihn insbesondere bei einem Angriff zu verteidigen. Umgekehrt musste der Lehnsmann seinem Lehnsherrn mit „Rat und Tat" zur Seite stehen und im Notfall für ihn kämpfen. Wie die meisten anderen Vereinbarungen wurde dieser „Vertrag" durch eine Reihe von symbolischen Handlungen geschlossen.

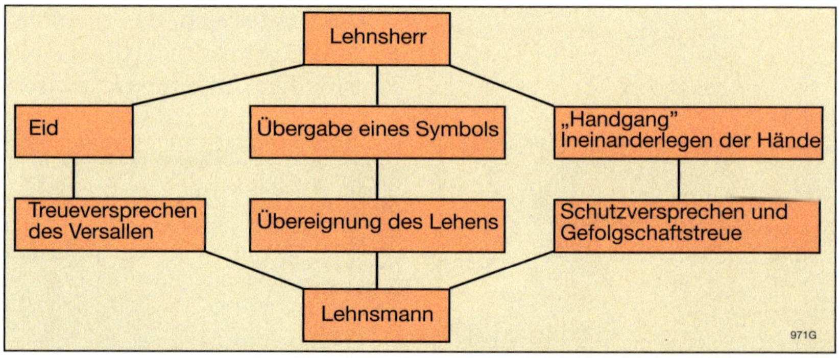

Für beide Seiten bot das Lehnsverhältnis Vorteile. Der Lehnsherr konnte die Teile seines Besitzes, deren Verwaltung ihn als Grundherrn möglicherweise überfordert hätte, zur Steigerung seiner eigenen Macht einsetzen, indem er so seine Gefolgschaft vergrößerte. Der Lehnsmann gewann, wenngleich er sich seinem Herrn formell unterordnete, mit dem überlassenen Land Macht als Grundherr hinzu und hatte einen mächtigen Verbündeten. Außerdem konnte er hoffen, dass auch seine Nachkommen belehnt und das Lehen somit vererbt werden konnte.

Ähnlich wie bei der Grundherrschaft war auch das Lehnswesen durch Gegenseitigkeit gekennzeichnet, aber Lehnsverhältnisse waren nur zwischen Freien möglich, und sie dienten weniger wirtschaftlichen Zwecken, sondern vor allem der Machtsteigerung. Das Lehnswesen zeigt, dass es im Mittelalter einen eigenen Adelsstand gab, der vom Bauernstand strikt getrennt war. Adlige waren Grundherren, die untereinander Lehnsverhältnisse eingehen konnten. Auch die Bischöfe zählten zum Adel und konnten Lehen empfangen und vergeben.

An der Spitze des Adels stand der König als oberster Lehnsherr. Die von ihm belehnten großen Herren – die Kronvasallen – vergaben häufig einen Teil ihrer Besitzungen an Untervasallen. So entstand ein Netz von persönlichen Abhängigkeiten zwischen dem König, dem hohen und dem niederen Adel: das Lehnswesen des Mittelalters.

M 2 **Ein Bilderbuch des Rechts**

Anfang des 13. Jahrhunderts verfasste der Adlige Eike von Repgow ein Rechtsbuch, den so genannten Sachsenspiegel. Es sollte alle wichtigen Rechtsregeln in der sächsischen Heimat des Autors zusammenfassen. Neben dem Text enthält die Handschrift auch Illustrationen für diejenigen, die nicht lesen konnten. Wichtige Elemente des Lehenswesens sind also bildlich dargestellt:

Bilder aus: Der Sachsenspiegel, ausgewählt und erläutert von Walter Koschorreck, 2. Aufl., Frankfurt /M. 1977, S. 41, 43.

a)

Die Bilderhandschrift verwendet eine festgelegte Bildersprache:

- Lilienkrone: Lehnsherr;
- grüne Farbe: adlige Herkunft;
- Fahne, Ährenbüschel, Ast: Symbole für Lehen;
- Ährenbündel im Kreis: Symbol für Anwartschaft auf ein Lehen;
- erhobener Finger: Gelöbnisgebärde.

b)

c)

Aufgaben

1. Erkläre mit eigenen Worten, was Lehnswesen bedeutet. → Text
2. a) Suche auf den Abbildungen die symbolischen Handlungen, die für die Herstellung eines Lehnsverhältnisses notwendig waren, und erläutere sie.
   b) Woran ist die Unterordnung und woran die Gegenseitigkeit des Verhältnisses zwischen Lehnsherr und Lehnsmann erkennbar?
   c) Überlege, weshalb die Figuren auf den Abbildungen manchmal mit drei oder fünf Armen dargestellt sind.
   d) Welche Bedeutung hat die Abbildung eines Lehensmannes zwischen zwei Lehnsherren? → M2
3. Welche Vor- und Nachteile hatte das Lehnswesen bei der Durchführung einer militärischen Aktion? → Text
4. Nenne Beispiele für Vereinbarungen, die auch heute symbolisch und nicht schriftlich getroffen werden.
5. Erläutere den Aufbau der Lehnspyramide. → M1

Königsherrschaft im Mittelalter

Ein Königs-Denkmal

Im Zentrum von Magdeburg befindet sich der so genannte Magdeburger Reiter. Er wurde im 13. Jahrhundert geschaffen und auf dem Alten Markt aufgestellt. Man vermutet, dass die Figur des reitenden Königs Otto I. darstellen soll, der im 10. Jahrhundert regierte. Magdeburg war sein bevorzugter Aufenthaltsort. Dort liegt er auch im Dom begraben. Die einflussreiche Adelsfamilie der Ottonen, aus der er stammte, hatte in der dortigen Gegend ihre Besitzungen. Diese Adelsfamilie stellte den Herzog von Sachsen und konnte sich nach dem Ende der Karolingerherrschaft die Königswürde sichern.

M 1 **Der Magdeburger Reiter**

Wie aber regierte Otto I. als König in der damaligen Zeit? Antworten auf diese Frage finden sich in Büchern, die in jenen Jahren entstanden sind. Immer wieder berichteten nämlich Geistliche, die lesen und schreiben konnten, über die Ereignisse, die sie allerdings selten selbst erlebt hatten. Die von Otto ausgestellten Urkunden geben darüber hinaus Hinweise auf seine Aufenthaltsorte, denn die Könige im Mittelalter waren Reisekönige. Aus dem Inhalt der Urkunden lassen sich Ottos politische Absichten erschließen.

M 2 **Die Ottonen**

Heinrich I. (um 875–936)
Kg. 919

Otto I. (912–973)
Kg. 936; Ks. 962

Otto II. (955–983)
Kg. 961; Ks. 973

Otto III. (980–1002)
Kg. 983; Ks. 996

Heinrich II. (973–1024)
Kg. 1002; Ks. 1014

Der König als oberster Lehnsherr im Reich

Als Begründer des mittelalterlichen Deutschen Reichs gilt Heinrich I. Er einte die mächtigen Stammesherzöge, besiegte 933 die Ungarn an der Unstrut und festigte das Reich. Dass sein Sohn Otto die Nachfolge antrat, war keineswegs selbstverständlich, denn das Reich war ein Wahlkönigtum. Es gelang Heinrich I. jedoch, seinem Sohn noch zu Lebzeiten die Thronfolge zu sichern. So wurde Otto I. 936 in Aachen vom Adel zum König gewählt und anschließend feierlich gekrönt.

Dennoch hatte Otto große Probleme seine Herrschaft im Reich durchzusetzen. Selbst die Königsfamilie stellte sich gegen ihn. So setzte er seinen Bruder Heinrich als Herzog in Bayern ein, weil er sich politische Unterstützung erhoffte. Dieser verbündete sich jedoch mit Ottos Gegnern und musste gewaltsam unterworfen werden.

Das zeigt deutlich: Der König konnte nicht allein regieren. Er blieb auf die Zusammenarbeit mit dem mächtigen Adel, besonders den Herzögen, angewiesen. Um zu gemeinsamen Entscheidungen zu kommen, fanden auf großen Versammlungen, den so genannten Hoftagen, regelmäßig Beratungen statt.

Die Stellung der Herzöge und anderer Adliger war deshalb so stark, weil sie mächtige Grundherren waren. Sie bewirtschafteten einen Teil ihres Besitzes selbst; einen anderen Teil vergaben sie an abhängige und unfreie Bauern, die ihnen dafür Abgaben schuldeten. Daneben hatten sie Vasallen. Dies waren andere Freie, meist Adlige, denen ein Stück Land, das Lehen, leihweise überlassen wurde. Der Lehnsherr war zu Schutz und Schirm verpflichtet und konnte von den Lehnsleuten „Rat und Tat“ verlangen: politische Unterstützung und militärische Hilfe. Otto war als König oberster Lehnsherr im Reich. Seine Lehnsleute versuchten aber möglichst selbstständig zu werden, weshalb sich Otto nicht immer auf sie verlassen konnte.

M 3 **Erzbischof Brun von Köln** (953–965) mit den Abzeichen des Bischofs, des Herzogs und des Kirchengründers. Oben seine Eltern Heinrich I. und Mathilde, unten der besiegte Konrad der Rote.

Die Reichskirche als Stütze der Königsherrschaft

Deshalb suchte Otto Rückhalt bei der Kirche. Die Erzbischöfe und Bischöfe, die oft aus adligen Familien stammten, waren in ihrer Diözese für alle religiösen Fragen zuständig. Sie waren aber nicht nur Geistliche, sondern auch weltliche Grund- und Lehnsherren, hatten also großen politischen Einfluss. Daneben gab es Klöster, an deren Spitze Äbte und Äbtissinen standen, die ebenfalls über großen Besitz verfügten und große Macht besaßen. Die kleineren Kirchen und Pfarreien waren vom jeweiligen Grundherrn abhängig, der für den Bau und Erhalt der Kirche sorgte, den Pfarrer bestellte und bezahlte, ihn aber auch entlassen konnte. Da sie den weltlichen Herren gehörten, bezeichnet man sie als Eigenkirchen.

Als König war Otto nicht nur weltlicher Herrscher, sondern nach damaligem Verständnis von Gott dazu berufen. So beanspruchte er über kirchliche Angelegenheiten zu bestimmen. Er machte die Verbreitung des Christentums zu seinem Anliegen und ließ in Magdeburg ein neues Erzbistum errichten, das sich besonders der Missionierung im Osten widmen sollte.

Außerdem setzte er gezielt Äbte und Bischöfe ein. Durch Schenkungen von Land, durch die Stiftung von Geld und durch die Überlassung von bestimmten Rechten, wie zum Beispiel das Recht, Zoll zu

M 4 Siegel König Ottos I. (936 n. Chr.)
Umschrift:
OTTO D(E)I GR(ATI)A REX
Durchmesser: 5,2 cm

M 5 Siegel Kaiser Ottos I. (um 965 n. Chr.)
Umschrift:
OTTO IMP(ERATOR) AUG(USTUS)
Durchmesser: 6,5 cm

erheben, waren die mächtigen kirchlichen Würdenträger dem König verpflichtet. Er konnte auf ihre Unterstützung vertrauen und ihre Dienste in Anspruch nehmen. So bildete die Kirche eine wichtige Stütze der Herrschaft Ottos und seiner Nachfolger und war ein Gegengewicht zu den mächtigen Adelsfamilien. Ein Beispiel dafür ist Ottos Bruder Brun. Dieser war seit seinem vierten Jahr zum Geistlichen bestimmt und arbeitete später in der Hofkapelle, bevor er Erzbischof von Köln wurde. Als Aufständische versuchten Otto zu stürzen, wurde Brun zusätzlich Herzog von Lothringen und schlug den Aufstand militärisch nieder.

Die Förderung der Kirche hatte für Otto noch einen anderen Vorteil. Da es in der damaligen Zeit keine Hauptstadt und keine feste Residenz gab, war der König mit seinem Gefolge immer unterwegs. Der Herrscher zeigte sich in seinem Königreich und war „vor Ort“ um für Frieden zu sorgen, um Gericht zu halten oder um politische Verhandlungen zu führen. Dies war allerdings sehr aufwändig, da die ständigen Reisen organisiert und alle am Hof Anwesenden versorgt werden mussten. Man schätzt, dass es sich um mehr als 100, bei festlichen Anlässen an die 1000 Personen handeln konnte. Zu diesem Zweck gab es im ganzen Reich Königspfalzen. Neben diesen Pfalzen mussten künftig auch die reich ausgestatteten Klöster und Bischofssitze die kostspielige Aufgabe der königlichen Bewirtung übernehmen.

Wichtige Begleiter waren die Mitglieder der Hofkapelle. Diese Geistlichen waren nicht nur für die Gottesdienste zuständig, sondern auch für die Abfassung von Urkunden und die Reichsverwaltung

Königtum und Kaisertum

Ottos Herrschaft war aber auch von außen bedroht. Die Ungarn unternahmen im 10. Jahrhundert immer wieder Vorstöße nach Mitteleuropa, überfielen Klöster, Burgen und Städte und zogen sich dann wieder zurück. Im Jahr 955 kam es zu einer großen Schlacht auf dem Lechfeld, die Otto gewann. Nach den Erfolgen gegen seine Widersacher im Innern und nach dem Sieg über die Ungarn konnte Otto die Kaiserwürde und damit auch die Herrschaft über Italien beanspruchen. Im Jahr 962 wurde er in Rom vom Papst zum Kaiser gekrönt

Das Königtum erstreckte sich auf die nördlich der Alpen gelegenen Gebiete, während das Kaisertum auch die Herrschaft über Italien und Burgund beanspruchte. Der römische Kaiser sah sich zudem in der Tradition des römischen Weltreichs. Damit geriet Otto in Konkurrenz zu den oströmischen Herrschern in Byzanz, die als Nachfolger der römischen Kaiser diese Stellung für sich in Anspruch nahmen. Die Hochzeit seines Sohnes mit der byzantinischen Prinzessin Theophanu entschärfte diese Spannung ein wenig.

Als Kaiser beanspruchten Otto und seine Nachfolger eine herausgehobene Stellung gegenüber den Königen in anderen Ländern. Die Verbindung von Königs- und Kaiserwürde und die Herrschaft über die Gebiete nördlich und südlich der Alpen blieb in den folgenden Jahrhunderten kennzeichnend für das Heilige Römische Reich, das bis 1806 existierte. Danach gab es keinen römischen Kaiser mehr und seit 1918, dem Ende des Ersten Weltkriegs, ist Deutschland eine Republik.

M 6 Otto – der Reisekönig

Aufgrund der von Otto ausgestellten Urkunden kann man feststellen, an welchen Tagen er sich sicher an welchen Orten aufgehalten hat. Eine solche Aufzeichnung der Reisewege des Königs nennt man Itinerar:

a) Reiseweg im Jahr 937

Datum	Ort	Entfernungen (Beispiele)	
30.12.936	Dahlum		
4.2.937	Allstedt		
21.5.937	Mainz	Mainz – Ingelheim	18 km
30.5.937	Ingelheim	Ingelheim – Werla	396 km
30.6.937	Werla	Werla – Quedlinburg	83 km
2.7.937	Quedlinburg		
8.8.937	Wallhausen		
21.9.937	Magdeburg		
27.9.937	Magdeburg	Magdeburg – Derenburg	68 km
11.10.937	Derenburg	Derenburg – Allstedt	98 km
21.10.937	Allstedt		
20.12.937	Quedlinburg	Quedlinburg – Dahlum	118 km
6.1.937	Dahlum		

Eckhard Müller-Mertens, Die Reichsstruktur im Spiegel der Herrschaftspraxis Ottos des Großen, Berlin 1980, S. 270f.

b) Bevorzugte Aufenthaltsorte

Orte	Anzahl der Aufent-halte	Überlieferte Aufenthalts-dauer in Tagen
Frankfurt	12	226
Magdeburg	22	105
Aachen	8	87
Quedlinburg	17	69
Regensburg	5	57
Nimwegen	3	44
Ingelheim	10	43
Worms	5	26
Köln	7	24
Dahlum	6	22
Memleben	6	14
Erstein	3	13
Mainz	6	12
Derenburg	7	11
Wallhausen	8	10
Allstedt	6	9
Dortmund	5	5
Werla	5	5

Eckhard Müller-Mertens, Die Reichsstruktur im Spiegel der Herrschaftspraxis Ottos des Großen, Berlin 1980, S. 269.

M 7

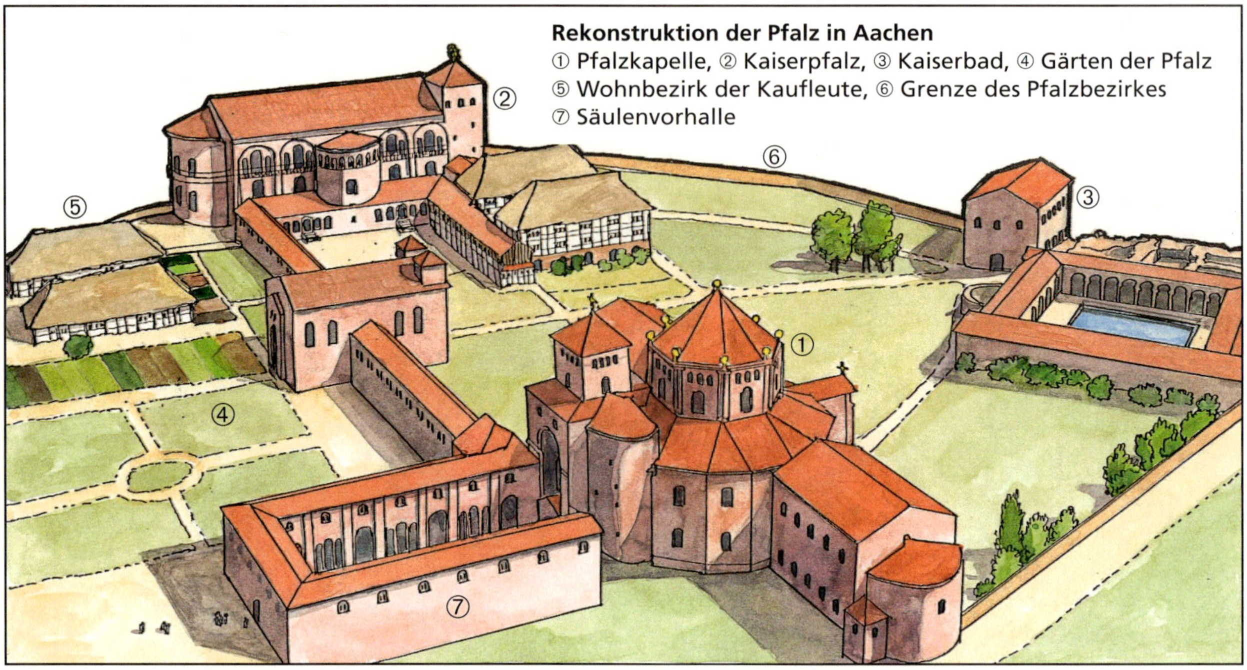

M 8

M 9 Ein „Krönungsbericht"

In seiner „Sachsengeschichte" berichtete der Mönch Widukind aus dem Kloster Corvey an der Weser, der den Ottonen nahe stand, über wichtige Ereignisse im 10. Jahrhundert. Da er die Krönung Ottos I. nicht persönlich miterlebte, beruht sein „Bericht" vermutlich auf der Beobachtung einer späteren Königserhebung:

Nachdem also der Vater des Vaterlandes und der größte wie beste König Heinrich gestorben war, wählte sich das gesamte Volk der Franken und Sachsen seinen Sohn Otto, der bereits vorher vom Vater zum König designiert worden war, als Herrscher aus. Als Ort der allgemeinen Wahl nannte und bestimmte man die Pfalz Aachen. [...]
Und als man dorthin gekommen war, versammelten sich die Herzöge und obersten Grafen mit der übrigen Schar vornehmster Ritter in dem Säulenhof, der mit der Basilika Karls des Großen [Pfalzkapelle] verbunden ist, setzten den neuen Herrscher auf einen dort aufgestellten Thron, huldigten ihm, gelobten ihm Treue, versprachen ihm Unterstützung gegen alle seine Feinde und machten ihn nach ihrem Brauch zum König. Während dies die Herzöge und die übrige Beamtenschaft vollführten, erwartete der Erzbischof mit der gesamten Priesterschaft und dem ganzen Volk im Innern der Basilika den Auftritt des neuen Königs. Als dieser erschien, ging ihm der Erzbischof entgegen, berührte mit seiner Linken die Rechte des Königs, während er selbst in der Rechten den Krummstab trug, bekleidet mit der Albe, geschmückt mit Stola und Messgewand, schritt vor bis in die Mitte des Heiligtums und blieb stehen. Er wandte sich zum Volk um, das ringsumher stand – es waren nämlich in jener Basilika unten und oben umlaufende Säulengänge –, sodass er vom ganzen Volk gesehen werden konnte, und sagte: „Seht, ich bringe euch den von Gott erwählten und von dem mächtigen Herrn Heinrich einst designierten, jetzt aber von allen Fürsten zum König gemachten Otto; wenn euch diese Wahl gefällt, zeigt dies an, indem ihr die rechte Hand zum Himmel emporhebt."
Da streckte das ganze Volk die Rechte in die Höhe und wünschte unter lautem Rufen dem neuen Herrscher viel Glück. Dann schritt der Erzbischof [Hildebert von Mainz] mit dem König, der nach fränkischer Sitte mit einem eng anliegenden Gewand bekleidet war, hinter den Altar, auf dem die königlichen Insignien lagen: das Schwert mit dem Wehrgehänge, der Mantel mit den Spangen, der Stab mit dem Zepter und das Diadem. [...]
Derselbe [Erzbischof von Mainz] aber ging zum Altar, nahm von dort das Schwert mit dem Wehrgehänge auf, wandte sich an den König und sprach: „Nimm dieses Schwert, auf dass du alle

Feinde Christi verjagst, die Heiden und schlechten Christen, da durch Gottes Willen dir alle Macht im Frankenreich übertragen ist, zum unerschütterlichen Frieden für alle Christen".

Dann nahm er die Spangen, legte ihm den Mantel um und sagte: „Durch die bis auf den Boden herabreichenden Zipfel [deines Gewandes] seist du daran erinnert, mit welchem Eifer du im Glauben entbrennen und bis zum Tod für die Sicherung des Friedens eintreten sollst." Darauf nahm er Zepter und Stab und sprach: „Durch diese Abzeichen bist du aufgefordert, mit väterlicher Zucht deine Untertanen zu leiten und in erster Linie den Dienern Gottes, den Witwen und Waisen die Hand des Erbarmens zu reichen; und niemals möge dein Haupt ohne das Öl der Barmherzigkeit sein, auf dass du jetzt und in Zukunft mit ewigem Lohn gekrönt werdest." Auf der Stelle wurde er mit dem heiligen Öl gesalbt und mit dem goldenen Diadem gekrönt von eben den Bischöfen Hildebert und Wigfried [von Köln], und nachdem die rechtmäßige Weihe vollzogen war, wurde er von denselben Bischöfen zum Thron geführt, zu dem man über eine Wendeltreppe hinaufstieg, und er war zwischen zwei Marmorsäulen von wunderbarer Schönheit so aufgestellt, dass er von da aus alle sehen und selbst von allen gesehen werden konnte.

Nachdem man dann das Lob Gottes gesungen und das Messopfer feierlich begangen hatte, ging der König hinunter zur Pfalz, trat an die marmorne, mit königlicher Pracht geschmückte Tafel und nahm mit den Bischöfen und dem ganzen Adel Platz; die Herzöge aber taten Dienst. Der Herzog der Lothringer, Giselbert, zu dessen Machtbereich dieser Ort gehörte, organisierte alles; Eberhard kümmerte sich um den Tisch, der Franke Hermann um die Mundschenken; Arnulf [von Bayern] sorgte für die Ritterschaft sowie für die Wahl und Errichtung des Lagers [...].

Der König aber ehrte danach einen jeden Fürsten freigebig, wie es sich für einen König gehört, mit einem passenden Geschenk und verabschiedete die vielen Leute mit aller Fröhlichkeit.

Widukind von Corvey, Sachsengeschichte, hrsg. v. Ekkehart Rotter u. Bernd Schneidmüller, Stuttgart 1981, S. 105–109.

Aufgaben

1. a) Erläutere, was man unter Lehnswesen und unter Grundherrschaft versteht.
   b) Erkläre die Begriffe „Erzbischof", „Eigenkirche" und „Reichskirche".
   → Text
2. Zeige, auf wen sich Otto bei der Ausübung der Königsherrschaft stützen konnte.
   → Text
3. a) Suche die für das Jahr 937 genannten Orte auf der Karte und fertige eine Kartenskizze an.
   b) Zeichne den Reiseweg Ottos ein. Welche Gebiete des Reiches hat er in diesem Jahr oft, welche selten oder gar nicht besucht?
   c) Errechne mithilfe der genannten Entfernungsangaben, wie viele Kilometer der König mit seinem Gefolge an einem Tag durchschnittlich zurücklegte.
   → M6, M7
4. a) Überlege, warum der König immer wieder die gleichen Orte aufsuchte.
   b) In welchem Teil des Reiches lagen die am meisten besuchten Orte? Suche Gründe für das Reiseverhalten des Königs.
   → Text, M6, M7
5. a) Den Bericht über die Krönung Ottos I. kann man in einzelne Handlungen einteilen. Erstelle eine Tabelle, in die du Ort, Handlung und Bedeutung der Handlung einträgst.
   b) Welche der einzelnen Handlungen gehören zusammen?
   c) Worauf konnte sich Otto berufen, wenn er seine Königsherrschaft rechtfertigte?
   → M9

Die Reichskrone

M 1 Die Herrschaftszeichen der Könige und Kaiser im Reich
Krone, Reichsapfel und Reichszepter, Schatzkammer des Kunsthistorischen Museums in Wien

In der Schatzkammer der Wiener Hofburg wird die Reichskrone aufbewahrt und kann besichtigt werden. Sie ist einer der bekanntesten Gegenstände, die aus dem Mittelalter erhalten geblieben sind, und gilt als eines der wichtigsten Symbole der Kaiserwürde.

Im Mittelalter brachten Insignien, das sind Herrschaftszeichen, die Würde des Herrschers sichtbar zum Ausdruck. Ohne eine Krone konnte auch die Krönung nicht stattfinden und die Herrschaft nicht angetreten werden. Neben der Krone gehörten der Reichsapfel, das Reichszepter, das Reichsschwert, die Heilige Lanze sowie weitere Gegenstände zu so genannten Reichsinsignien. Sie waren Zeichen für die königliche Würde.

Die genaue Entstehungszeit ist umstritten. Allerdings spricht vieles dafür, dass die Krone aus der Zeit der Ottonen stammt. Dass sie für die Kaiserkrönung Ottos I. in Auftrag gegeben wurde, ist denkbar; einige Historiker sind jedoch der Meinung, dass sie für die Kaiserkrönung von Otto II. im Jahr 967 angefertigt wurde. Das Kaiseramt übte er allerdings erst nach dem Tod seines Vaters 973 aus. Die Inschrift des Bügels weist auf Kaiser Konrad II. hin, der 1027 gekrönt wurde. Die Ansicht, die ganze Krone sei erst im 11. Jahrhundert entstanden, wird nur von wenigen Fachleuten geteilt. Trotz dieser unsicheren Datierung ist die Krone von außerordentlicher Bedeutung, nicht nur wegen ihres Alters und ihrer prachtvollen Ausstattung, sondern vor allem deshalb, weil sich daran die mittelalterliche Vorstellung vom Kaisertum ablesen lässt.

M 2 Die Stirnplatte der Krone

M 3 Sprechende Steine

a) Zur Deutung der Stirnplatte werden Vorstellungen herangezogen, die im Mittelalter mit bestimmten Formen und Farben verbunden wurden:

- Grün: Glaube, Hoffnung, das ewige Leben, Christus,
- Blau: Farbe des Himmels […],
- Porphyr [Purpur]: Zustand und Würde der himmlischen Herrschaft […],
- Dreieck: Symbol der Dreifaltigkeit/Trinität [Vater, Sohn, Hl. Geist] […],
- Kreuz: Symbol für Christi Kreuzestod und Auferstehung, das heißt für die Erlösung unter der Christusherrschaft […],
- „X" [Chi]: […] Signum [Zeichen] Christi.

Gunther G. Wolf: Die Wiener Reichskrone, Wien 1995, S. 22.

b) In der Offenbarung des Johannes wird die Vision des Weltuntergangs beschrieben. Ein Engel zeigt Johannes wie ein neues Jerusalem als himmlische Stadt entstehen sollte:

[…] und zeigte mir die heilige Stadt, das Jerusalem, welches von Gott aus dem Himmel herabkam. Sie hatte den Strahlenglanz Gottes. Ihr Glanz war wie der köstlichste Edelstein […]. Die Mauer der Stadt hatte zwölf Grundsteine, auf diesen standen die zwölf Namen der Apostel des Lammes [Christus]. […] Ihre Mauer war aus Jaspis gebaut, die Stadt war reines Gold, wie reiner Kristall. Die Grundsäulen der Mauer waren mit allerlei Edelsteinen geziert.

Apokalypse des Johannes 21, 11 ff.

a)

b)

M 4 **Sprechende Bilder**

Die Bildplatten zeigen biblische Gestalten, ebenso sind drei Inschriften der Bibel entnommen:

a) Abbildung König Salomons:
TIME DOMINVM ET RECEDE A MALO – Fürchte Gott und meide das Unrecht [Sprüche Salomons 3, 7]

b) Abbildung König Davids:
HONOR REGIS IVDICIVM DILIGIT – Der ehrenhafte König liebt den Rechtsspruch [Psalm 99, 4]

c)

d)

c) Abbildung des Propheten Jesaja und des Königs Ezechiel:
ECCE ADICIAM SUPER DIES TVOS XV ANNOS – Wohlan, ich will zu deinen Lebenstagen noch 15 Jahre hinzufügen

d) Abbildung von Christus als Weltenherrscher und zwei Cherubim [Engel, die das Paradies bewachen]:
PER ME REGES REGNANT - Durch mich regieren die Könige [Sprüche Salomons 8, 15]

Aufgaben

1. Auf der Stirnplatte sind ein grünes Dreieck, ein blaues Kreuz und ein purpurfarbenes X zu erkennen. Suche diese Figuren auf der Platte und versuche sie mithilfe der Erläuterung zu deuten.
   → M2, M3
2. Suche Bezüge zwischen dem Bibeltext zum himmlischen Jerusalem und der Krone. Welche Folgerungen lassen sich daraus ziehen?
   → M2, M3
3. a) Informiere dich mithilfe eines Lexikons über die dargestellten Figuren.
   b) Erläutere die einzelnen Sprüche auf den Bildplatten.
   c) Welche Vorstellung von Herrschaft kommt in den Bildplatten zum Ausdruck?
   → M4, Lexikon oder Internet
4. Erläutere, was man unter „Reichsinsignien" versteht. → Text

Theophanu – die landfremde Kaiserin

M 1 **Theophanu und Adelheid**
Die beiden Medaillons auf dem Rand einer Kölner Evangelienhandschrift sind kürzlich als Portraits der Kaiserinnen Theophanu (oben) und Adelheid aus der Zeit ihrer Regentschaft identifiziert worden.

Die Heiratsurkunde der Kaiserin Theophanu ist eine der prächtigsten, die im gesamten Mittelalter im Heiligen Römischen Reich angefertigt worden ist. Sie hält fest, welche Schenkungen der Braut aus Anlass der Hochzeit gemacht wurden. Da Hochzeiten zwischen fürstlichen Häusern damals üblich waren, muss es andere Gründe dafür geben, dass eine so prachtvolle Urkunde ausgestellt wurde. Wer war diese Frau mit dem fremden Namen Theophanu?

Das Leben der Theophanu

Die junge Prinzessin Theophanu wurde am 14. April 972 in Rom mit dem bereits zum Mitkaiser gekrönten Thronfolger Otto II. verheiratet. Sie war damals etwa 13 Jahre alt, sodass sie in den Quellen als „puella“, als Mädchen, bezeichnet wird. Theophanu war eine Nichte des Kaisers des Oströmischen Reiches, der in Byzanz, dem heutigen Istanbul, herrschte. Sie war mit allen wichtigen byzantinischen Familien verwandt. Trotzdem war sie manchen Menschen im Umfeld von Kaiser Otto I. nicht vornehm genug. Sie hätten lieber eine Tochter des vorherigen byzantinischen Kaisers als Braut des Thronfolgers gehabt und wollten Theophanu zurückschicken. Otto I. war diese Heirat aber politisch so wichtig, dass er Byzanz nicht verärgern wollte. Außerdem heißt es, er sei von der Persönlichkeit Theophanus sofort beeindruckt gewesen.

Sie hatte in Byzanz eine Erziehung genossen, die sie dafür bestimmte, einen äußerst einflussreichen Mann zu heiraten und auch selbst Politik zu gestalten, wie es für Frauen aus dem byzantinischen Kaiserhaus durchaus üblich war. Theophanu war sehr gebildet, sie sprach und schrieb Griechisch und Latein und es scheint, als habe sie sich auch mit ihrem Ehemann, den sie nie zuvor gesehen hatte, von Anfang an gut verstanden. Gleichzeitig mit der Hochzeit wurde sie zur Mitkaiserin gekrönt.

Theophanu hatte mit Otto II. fünf Kinder: vier Töchter und einen Sohn, den Thronfolger Otto III. Als ihr Mann 980 starb, war sie 22 Jahre alt. Von den vier Töchtern verstarb eine. Mathilde heiratete einen Adligen. Die beiden ältesten Töchter, Sophie und Adelheid, wurden angesehene und einflussreiche Äbtissinnen. Standesgemäße Heirat und Führung eines Klosters waren übliche Lebenswege für adlige Frauen.

Theophanu und ihr Ehemann Otto konnten die Kinder nicht immer selbst erziehen, denn das Kaiserpaar und später die Kaiserin allein befand sich fortwährend auf Reisen. Der Kaiser und die Kaiserin mussten immer wieder in allen Gebieten des Reiches – von den heutigen Niederlanden bis nach Süditalien – nach dem Rechten sehen und auch selbst Feldzüge gegen ihre Feinde anführen.

Bei den damaligen Reisebedingungen dauerten solche Züge oft Monate oder sogar mehrere Jahre. Waren die Reisen nur kurz oder war es für eine Sache erforderlich, dass der Thronfolger und die anderen kaiserlichen Kinder anwesend waren, nahmen ihre Eltern sie mit. Bei längerer Abwesenheit des Kaiserpaares vertraute man die Kinder einem Bischof, einem Adligen oder einer Äbtissin zur Erziehung an.

Am 25. Juni 991 starb Theophanu in Nimwegen, ob eines natürlichen Todes oder durch Gift, ist nicht belegt. Sie war höchstens 33 Jahre alt.

M 2 **Heiratsurkunde der Theophanu**

Pergament, Länge: 144,5 cm, Breite: 39,5 cm, um 972

Die Urkunde verzeichnet die reichen Schenkungen an die byzantinische Prinzessin Theophanu, die am Ostertag des Jahres 972 in Rom den Sohn Ottos des Großen, Otto II., heiratete. Der Text ist mit Goldtinte auf Purpur geschrieben. Der Purpurgrund ist in der Art kostbarer byzantinischer Seidenstoffe durch kreisrunde Medaillons gegliedert, die mit Darstellungen kämpfender Tiere gefüllt sind: Löwen, die ein Rind schlagen, sowie Greifen mit einem Lamm in den Fängen – beides antike Motive, die sich in dieser Form bis in die altorientalische Kunst zurückverfolgen lassen. Der kostbar wirkende Purpurgrund entspricht dem Wunsch nach höchster Prachtentfaltung, mit der das ottonische Herrscherhaus die byzantinische Prinzessin in Rom empfing.

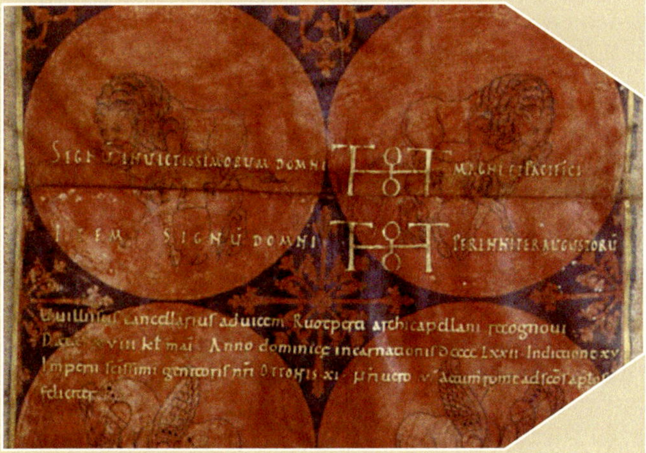

Ausschnittvergrößerung mit dem Monogramm Ottos

M 3 **Lebensdaten der Theophanu**

- geboren wahrscheinlich 959
- Hochzeit mit Otto II. am 14. April 972
- Regentschaftsregierung für Otto III. ab 984
- gestorben in Nimwegen am 15. Juni 991

Theophanu als Regentin

Im byzantinischen Reich hatten Frauen als Kaiserinnen viel Macht und Einfluss. Auch deshalb hat Theophanu nicht gezögert, sich die Regentschaft für ihren nur dreijährigen Sohn Otto III. zu sichern. Das war im Heiligen Römischen Reich durchaus nicht selbstverständlich, wenn es auch seit dem 5. Jahrhundert im Abendland immer wieder Regentinnen gegeben hatte. Normalerweise wurde der nächste männliche Verwandte Vormund beziehungsweise Regent, weshalb Herzog Heinrich der Zänker das königliche Kind in seine Gewalt brachte.

Aber auch der König von Frankreich wollte die Regentschaft. Beide wollten selbst anstelle des Kindes König werden.

Um ihr Ziel zu erreichen, reiste Theophanu von Rom aus sofort zu ihrer Schwiegermutter Adelheid nach Pavia. Dort beriet sie sich mit ihr, sodass beide Frauen gemeinsam das Ziel einer Regentschaft Theophanus für Otto III. verfolgten, obwohl sie sich nie besonders gut verstanden hatten. Dabei half ihnen Erzbischof Willigis von Mainz, dem der Kaiser die Verwaltung des Reichs während seiner Italienaufenthalte anvertraut hatte.

Heinrich der Zänker musste schließlich den jungen Otto III. am 29. Juni 984 an die beiden Kaiserinnen übergeben, weil die Großen des Reichs hinter der Regentschaft der Frauen standen, die durch Kaiserkrönung und Salbung eine sakrale Stellung hatten. Bereits im Juli 985 verdrängte Theophanu ihre Schwiegermutter aber wieder vom Königshof zurück nach Italien; anschließend begab sie sich mit ihrem Sohn auf den traditionellen Königsumritt durch das Reich, wodurch die Rechtmäßigkeit des Königtums Ottos III. symbolisch abgesichert wurde.

Theophanu gelang es, die Ostgrenze des Reichs gegen die Slawen zu sichern, als dort Aufstände ausbrachen. Sie führte dazu sogar selbst ein Heer über die Elbe. Auch die Westgrenze konnte sie festigen. Dadurch erwarb sie sich großes Ansehen. 989/90 unternahm sie allein, ohne ihren Sohn, einen Italienzug, weil sie das ganze Reich für ihn sichern wollte. Ob dies der Ausdruck eines „Regierungsprogramms" war, nämlich die verschiedensprachigen Völker des Reichsgebietes unter dem Dach des Kaisertums (und auch der Kirche) zusammenzufassen, ist umstritten.

Allerdings würdigten schon Theophanus Zeitgenossen und sogar ihre Gegner die außerordentlichen Verdienste, die sie sich um das Reich und um das Kaisertum erworben hatte.

Theophanu – eine Ausnahmeerscheinung?

Theophanu war im Mittelalter eine Ausnahme. Die meisten Frauen lebten als Bäuerinnen oder Mägde auf dem Lande. Über sie ist wenig bekannt, sodass ihr individueller Lebensweg nicht nachvollzogen werden kann. Aber auch über viele adlige Frauen gibt es nur wenige Informationen.

Das Wissen über Theophanu dagegen beruht auf den Urkunden, die sie als Mitkaiserin, zusammen mit ihrem Mann und später auch alleine ausgestellt hat. Weiter haben der Geschichtsschreiber Thietmar von Merseburg und der Biograf ihrer Schwiegermutter Adelheid, Abt Odilo von Cluny, über sie berichtet. Dieser Abt war Theophanu gegenüber allerdings nicht wohlgesonnen.

M 4 **Ein Kaiserpaar**
Elfenbeintäfelchen (entstanden 982/983), vermutlich auf einem Buchdeckel angebracht. Der zusammengekauerte Mann links unten verharrt in der orientalischen Untergebenheitshaltung, der Proskynese.

M 5 Eine Wissenschaftliche Sichtweise

Die Amtsauffassung der Theophanu in der Sichtweise eines modernen Historikers:

In Italien trat Theophanu nicht nur im Auftrag ihres Sohnes auf. Am 2. Januar stellte sie in Rom als divina gratia imperatrix augusta [von göttlicher Gnade erhabene Kaiserin] eine Urkunde aus. Nun war die Rechtslage hier verwickelter, denn die Herrschaft über Rom war nicht ein Teil des Königreichs Italien, das Otto III. geerbt hatte, sondern kaiserliches Vorrecht. Kaiser wurde man aber nicht einfach durch Erbrecht, sondern erst durch die Krönung. Theophanu konnte also nicht einfach im Namen Ottos III. urkunden. Sie war jedoch selber bei ihrer Eheschließung zur Kaiserin gekrönt worden und sah sich nun als regierende Kaiserin. [...] Auf dem Rückweg stellte sie in Ravenna [...] sogar eine Urkunde aus, die mit Theophanius gratia divina imperator augustus [Theophanius durch göttliche Gnade erhabener Kaiser] gezeichnet und auf das achtzehnte Jahr ihrer Herrschaft datiert war. In Ravenna wurde auch in ihrem Auftrag und Namen, iussione domne Theophana imperatricis [im Auftrag der Herrin und Kaiserin Theophanu], Gericht gehalten. Das zeigt, dass Theophanu genug Selbstbewusstsein hatte, um sich als einzige derzeitige Vertreterin des kaiserlichen Purpurs und damit als regierende Kaiserin zu verstehen und zu betätigen. [...]

Der Inhalt des Regierens war ihr wichtiger als die Form, aber im Kaisertum sah sie sich nicht nur als consors [Teilhaberin] ihres Gatten, deren Mandat mit seinem Tod erloschen war, sondern als eigenständige imperatrix [Kaiserin].

Frommer, Hansjörg, Adelheid und Theophanu. Zwei Kaiserinnen des 10. Jahrhunderts. In: Adelheid. Kaiserin und Heilige. 931 bis 999. Impératrice et sainte. 931 à 999. Adélaide. Karlsruhe1999, S. 76/77.

Aufgaben

1. a) Vergleiche, wie Otto II. und Theophanu dargestellt werden. Was bedeutet diese Art der Darstellung?
   b) Wie lässt sich erklären, dass der Künstler byzantinische Bildelemente in seiner Darstellung verwendet hat?
   → M4
2. a) Welche Besonderheit im Selbstverständnis der Theophanu kannst due feststellen?
   → M5, Zeile 16 f. und 20 f.
   b) Charakterisiere Theophanus Regierungsweise.
   → M5
3. Welche Probleme ergeben sich, wenn man das Leben von Frauen im Mittelalter rekonstruieren will?

M 1 Salier

Konrad II. (um 9900–1039), Kg. 1024, Ks. 1027

Heinrich III. (1017–1056), Kg. 1039, Ks. 047

Heinrich IV. (1050–106), Kg. 1056, Ks. 1047

Heinrich V. (um 1081–1125), Kg. 1106, Ks.1111

M 2 **Krönung Heinrichs II.** Die Krönung Heinrichs II. (973–1024) ist Zeugnis kaiserlicher Selbstdarstellung. Die unmittelbare Krönung durch Gott (Christus) verlieh dem Kaiser (König) eine eigene Würde und legitimierte sein Handeln als im Einverständnis mit Gott stehend. Engel reichen die Herrschaftsinsignien Schwert und Lanze, Schutzheilige stützen die Arme, Miniatur für Kaiser Heinrich II., von ihm dem Bamberger Dom gestiftet, um 1004.

Zeitalter der Kirchenreform - der Investiturstreit

Das Schlagwort vom „Canossagang"

Der deutsche Reichskanzler Otto von Bismarck sagte am 14. Mai 1872: „Nach Canossa gehen wir nicht". Er spielte damit auf ein historisches Ereignis an, das sich Ende Januar des Jahres 1077 auf einer italienischen Burg in der Nähe von Modena ereignete. Die Dramatik der Situation war kaum zu überbieten. Sie hat die Nachwelt jedenfalls so sehr beeindruckt, dass man noch heute von einem „Canossagang" spricht, wenn jemand einen schweren und für ihn vielleicht entwürdigenden Gang tun muss.

Das Zeitalter der Kirchenreform als Umbruchszeit

Das 11. und 12. Jahrhundert gilt als Umbruchszeit im Mittelalter. In nahezu allen Bereichen der damaligen Welt vollzogen sich grundlegende Veränderungen. Das gilt für die Gesellschaft, vor allem aber für die Kirche, die damals noch einen ganz anderen Stellenwert im Leben der Menschen hatte, als dies heute der Fall ist.

Zunächst war das Papsttum schwach und auf die Hilfe der weltlichen Könige und Kaiser angewiesen. Im 11. Jahrhundert hatte es jedoch schrittweise an Macht und Unabhängigkeit gewonnen, sodass es im Zeitalter der Kirchenreform den weltlichen Herrschern erstmals gleichberechtigt gegenübertreten konnte.

Das Verhältnis von geistlicher und weltlicher Gewalt

Papst Gelasius I. (492–496) hatte das Verhältnis von geistlicher und weltlicher Gewalt im Jahr 494 n. Chr. erstmals schriftlich festgelegt. Er verlangte, dass die geistliche Gewalt der Bischöfe der weltlichen Gewalt des Kaisers zumindest neben- oder gleichgeordnet sein sollte.

Diese Auffassung änderte sich im Zeitalter der Kirchenreform. Die mächtiger und selbstbewusster gewordene Kirche stellte dem König bzw. Kaiser einen eigenen Herrschaftsanspruch entgegen. In der Hitze des Konflikts zwischen Kaiser und Papst führte das sogar dazu, dass die geistliche Gewalt der weltlichen nicht nur gleich-, sondern sogar übergeordnet sein sollte. Das Verhältnis, wie es Gelasius festgelegt hatte, wurde also geradezu umgekehrt.

„Libertas ecclesiae" oder die Freiheit der Kirche

Die Reform der Kirche, wie sie im 11. Jahrhundert eingeleitet wurde, stand ganz im Zeichen der „Freiheit", die die Kirche für sich erringen wollte. Diese Entwicklung begann mit der Reform des Papsttums, das damals von stadtrömischen Adelsgeschlechtern abhängig war. Der salische König Heinrich III. (1039–1056) hatte diesem Missstand insofern ein Ende gemacht, als er wiederholt mehrere Reformpäpste einsetzte.

Die Papstreform war aber nur Teil einer viel umfassenderen Reform, die nach und nach die ganze Kirche erfasste. Sie war von den Benediktinerklöstern Gorze bei Metz und Cluny in Burgund angestoßen worden. Ursache des Reformverlangens war, dass es in fast allen Bereichen der Kirche Missstände gab. Hinzu kam, dass sich im 11. Jahrhundert die Vorstellung davon, was Kirche sei, änderte. Vor dem Zeitalter der Kirchenreform vertrat man die Auffassung, dass „Mutter Kirche",

M 3 **Kloster Cluny**
Die größte Kirche der Christenheit war 187 m lang, Rekonstruktion.

wie es damals hieß, Kleriker und Laien umfasse, also Geistliche und Weltliche. Jetzt war man der Meinung, dass zur Kirche im eigentlichen Sinne nur noch die Kleriker, aber nicht mehr die Laien zählen sollten.

Der Kampf gegen die Laieninvestitur

Der Streit entzündete sich an einer für das mittelalterliche Kirchenwesen zentralen Einrichtung: der Investitur. Damit ist, im wörtlichen Sinne, zunächst einmal nur die „Einkleidung“ eines Bischofs oder eines Abtes gemeint. Im übertragenen Sinne hat man sich unter diesem Begriff aber die feierliche Einführung eines Bischofs oder eines Abtes in sein geistliches Amt vorzustellen.

An dieser Investitur war auch der König oder Kaiser beteiligt. Sie stellte ein wichtiges Vorrecht des weltlichen Herrschers dar, vergab er doch in diesem Rahmen das Kirchengut beziehungsweise weltliche Herrschaftsrechte. Obgleich der Bischof nach kirchlichem Recht eigentlich durch „Klerus und Volk“ gewählt werden sollte, wurde er aus den genannten Gründen häufig doch durch den Herrscher ernannt. Aus der Gottunmittelbarkeit seines Herrscheramtes leitete der König das Recht zu reformerischen Eingriffen in die Kirche ab. Solange er nicht nur als Laie, sondern auch als Priester galt, war es kein Problem, dass er Bischöfe einsetzte. Galt er aber nur noch als Laie, dann musste der Akt der Investitur als problematisch, ja sogar als Verletzung der „Freiheit der Kirche“ erscheinen.

Wenn man berücksichtigt, dass die Bischofsinvestitur seit den Tagen Karls des Großen ein wichtiges Element königlicher Machtpolitik war, dann wird die Schärfe des ausbrechenden Streites verständlich, als dem König durch die Kirche das Recht auf die Bischofsinvestitur plötzlich bestritten wurde.

M 4 Monogramm und Siegel Heinrichs IV.
Ein solches Siegel war sicher auch auf dem Absetzungsschreiben Heinrichs an Papst Gregor VII. befestigt. Es bestand aus Wachs oder Blei und sollte die Echtheit des königlichen Schreibens beweisen, Anfang 12. Jahrhundert.

Der Ausbruch des Konflikts

Auslöser des Streits war die Ernennung von Bischöfen in Mailand, Fermo und Spoleto durch König Heinrich IV. (1056–1106). Papst Gregor VII. (1073–1085) war im Gegensatz zu seinen Vorgängern nicht mehr bereit, dieses königliche Vorgehen zu akzeptieren. Er forderte von Heinrich IV. die Rücknahme der Entscheidung, was dieser empört zurückwies. Der Streit eskalierte und führte zu einer für das Mittelalter einmaligen Situation: Der König forderte den Papst im Jahr 1076 unmissverständlich zum Rücktritt auf, was dieser Anfang des Jahres 1077 zum Anlass nahm, dem König seinerseits die Leitung des Reichs zu untersagen, alle Untertanen vom Eid, den sie dem König geleistet hatten, zu entbinden und schließlich den Kirchenbann über ihn zu verhängen. Der König war damit exkommuniziert.

Damit war etwas geschehen, was es so bislang noch nie gegeben hatte. Ein Papst hatte es gewagt, einen König nicht nur abzusetzen, sondern auch aus der Kirche auszuschließen. Das Prinzip der Gleichstellung von geistlicher und weltlicher Gewalt, wie es noch Gelasius vertreten hatte, war damit auf den Kopf gestellt. Genau genommen hatte Gregor VII. damit aber nur verwirklicht, was er kurz zuvor bereits in einem Text niedergelegt hatte, den man als „Diktat des Papstes“ (1075) bezeichnet. Denn dort war als Rechtssatz formuliert worden, dass es dem Papst erlaubt sei, Kaiser abzusetzen.

Canossa – die Buße des Königs

Der König konnte dieses Vorgehen nicht akzeptieren. Aber seine Situation war schwierig. Die Reichsbischöfe, die ihn zuvor im Kampf gegen Gregor VII. unterstützt hatten, fielen von ihm ab. Die oppositionellen Fürsten verlangten vom König, sich innerhalb eines Jahres vom Kirchenbann zu lösen, andernfalls würden sie einen neuen König wählen.

M 5 Ruine der Burg Canossa

M 6 Die Canossaszene
Noch zu Lebzeiten der Gräfin Mathilde schrieb Donizo, Mönch des Canossaklosters, eine poetische Vita Mathildis und illustrierte das erst nach ihrem Tod 1115 fertiggestellte und heute in der Vatikanischen Bibliothek verwahrte Exemplar mit einigen Miniaturen. Unter ihnen befindet sich auch die Canossaszene, nämlich der Fußfall Heinrichs IV. vor der Burgherrin Mathilde. Heinrich bittet um Vermittlung in Canossa, links Abt Hugo von Cluny, der Taufpate Heinrichs.

Aus dem Streit um die Bischofsinvestitur war damit eine "Staatsangelegenheit" geworden. Die Herrschaft des Königs selbst stand in Frage. Heinrich beschloss, dem Papst, den die Fürsten als Schiedsrichter nach Deutschland eingeladen hatten, entgegenzuziehen. Der Winter, in dem Heinrich IV. mit seiner Familie über die Alpen nach Oberitalien zog, war hart. Der Papst, der davon ausgehen musste, Heinrich ziehe ihm mit einer Streitmacht entgegen, zog sich auf die Burg Canossa seiner Gönnerin Mathilde von Tuszien zurück. Heinrich aber kam nicht als Kriegsherr, sondern als Büßer. Drei Tage, vom 25. bis zum 28. Januar 1077, soll er barfuß im Büßergewand vor der Burg in der Kälte ausgeharrt haben, bis sich Gregor bereitfand ihm zu verzeihen.

Sieg oder Niederlage?

Die Ereignisse von Canossa beschäftigen die Historiker bis heute. Das liegt nicht zuletzt daran, dass wir nicht genau wissen, was eigentlich passiert ist. Denn die Quellen sind einseitig, da sie aus Sicht der Anhänger des Papstes geschrieben sind. Fest steht: Der Konflikt zwischen König und Papst war vorläufig bereinigt. Heinrich hatte seine Herrschaft gerettet und der Papst konnte nicht umhin, den reuigen Büßer wieder in die Kirche aufzunehmen. Sein Plan, zusammen mit den Fürsten gegen den König vorzugehen, war durch den Alpenübergang Heinrichs gescheitert.

Aber auch Heinrich hatte sich vor dem Papst demütigen müssen. Das zeigen die Bilder, die sich von der Szene erhalten haben. Die Frage, wer in diesem Konflikt der Sieger und wer der Verlierer war, ist daher schwer zu beantworten. Die Antwort hängt nicht zuletzt von der Perspektive ab, die man einnimmt. Betrachtet man die Ereignisse aus dem Blickwinkel rein weltlicher Machtpolitik, so war der König der Sieger, hatte er es doch geschafft, seine Macht wiederherzustellen und zu bewahren. Schaut man indes auf die Stellung eines Königs „von Gottes Gnaden", so hatte sich Heinrich als König demütigen und vor dem Papst erniedrigen müssen. Seine königliche Würde hatte Schaden genommen.

Das Konkordat von Worms 1122

Auf die dramatischen Ereignisse von Canossa folgten bürgerkriegsähnliche Zustände im Reich. Denn die Fürsten hatten an ihrem Plan, einen Gegenkönig zu wählen, trotz der Buße des Königs festgehalten. Am 15. März 1077 war es deshalb in Forchheim zur ersten freien deutschen Königswahl gekommen, aus der Rudolf von Rheinfelden (1077–1080) als Gegenkönig hervorging.

Erst unter Heinrich V. kam es zu einer Einigung. Das Wormser Konkordat vom 23. September 1122 war ein Kompromiss, der von beiden Seiten Zugeständnisse verlangte. Man unterschied den Akt der Investitur in einen geistlichen und einen weltlichen Teil. Für den ersten war der Papst, für den zweiten der König zuständig. Für Deutschland sah die Lösung so aus: Der Abt oder Bischof wurde von den zuständigen Geistlichen zunächst nach kirchenrechtlichen Regeln gewählt. Dann erfolgte die weltliche Investitur mit dem Zepter durch den König, schließlich die geistliche Investitur durch den Papst mit Ring und Stab.

M 7 Leitsätze des Papstes

Auszug aus 27 Leitsätzen von Papst Gregor VII. (1073–1085), die er im Jahre 1075 diktierte:

II. Dass allein der römische Bischof mit Recht „allgemein" genannt wird.
VIII. Dass er allein die kaiserlichen Herrschaftszeichen verwenden kann.
IX. Dass alle Fürsten allein des Papstes Füße küssen.
X. Dass allein sein Name in den Kirchen genannt wird.
XII. Dass es ihm erlaubt ist, Kaiser abzusetzen.
XXVI. Dass nicht für katholisch gilt, wer sich nicht in Übereinstimmung mit der römischen Kirche befindet.

Quellen zum Investiturstreit. Erster Teil: Ausgewählte Briefe Papst Gregors VII. Übers. von Franz-Josef Schmale, Darmstadt 1978, S. 149–151 Nr. 47.

M 8 Der Konflikt zwischen Papst und Kaiser

a) König Heinrich IV. an Papst Gregor VII. am 24. Januar 1076:

Heinrich, nicht durch Anmaßung, sondern durch Gottes gerechte Anordnung König, an Hildebrand, nicht mehr den Papst, sondern den falschen Mönch. Diese Anrede hast du nämlich für die von dir angerichtete Verwirrung verdient [...]. Um nämlich aus vielem nur einiges Wenige und Wichtige zur Sprache zu bringen: du scheutest dich nicht nur nicht, die Lenker der heiligen Kirche, nämlich Erzbischöfe, Bischöfe und Priester, die doch Gesalbte des Herrn sind, anzutasten, nein, wie Knechte, die nicht wissen, was ihr Herr tut, zertratest du sie unter deinen Füßen [...]. Und wir haben dies alles ertragen, während wir uns bemühten, die Stellung des apostolischen Stuhles zu wahren. Aber du hast unsere Demut für Furcht gehalten und dich daher nicht gescheut, dich sogar gegen die uns von Gott verliehene königliche Gewalt zu erheben; du hast zu drohen gewagt, du würdest sie uns nehmen, als ob wir von dir das Königtum empfangen hätten, als ob in deiner und nicht in Gottes Hand Königs- und Kaiserherrschaft lägen. Dieser unser Herr Jesus Christus hat uns zum Königtum, dich aber nicht zur geistlichen Herrschaft berufen. [...] So steige du denn, der du durch diesen Fluch und das Urteil aller unserer Bischöfe und unser eigenes verdammt bist, herab, verlasse den apostolischen Stuhl, den du dir angemaßt hast. [...]
Ich, Heinrich, durch die Gnade Gottes König, sage dir zusammen mit allen meinen Bischöfen: Steige herab, steige herab!

Quellen zur Geschichte Kaiser Heinrichs IV. Die Briefe Heinrichs IV. Neu übers. von Franz-Josef Schmale, Darmstadt 2000, S. 65–69, Nr. 12 (4. Auflage).

b) Gregor VII. am 14. Februar 1076:

Heiliger Petrus, Fürst der Apostel, neige zu mir, ich bitte Dich, gnädig dein Ohr, und höre mich, Deinen Knecht [...]. Du bist mein Zeuge und meine Herrin, die Mutter Gottes, und der heilige Paulus, Dein Bruder, mit allen Heiligen, dass Deine Heilige Römische Kirche mich wider meinen Willen zu ihrer Leitung berufen hat [...]. Und deshalb glaube ich, dass die Christenheit, welche Dir besonders anvertraut ist, mir gehorche. Besonders ist mir an Deiner Statt und durch Deine Gnade von Gott die Gewalt, zu binden und zu lösen im Himmel und auf Erden, anvertraut und verliehen worden. Auf diese Zuversicht also bauend, zur Ehre und zum Schutz Deiner Kirche, widersage ich im Namen des allmächtigen Gottes, kraft Deiner Macht und Gewalt, dem König Heinrich, Kaiser Heinrichs Sohn, der gegen Deine Kirche mit unerhörtem Hochmut sich erhoben hat, die Herrschaft über das gesamte Reich der Deutschen und Italiens und löse alle Christen von dem Band des Eides, welchen sie ihm geleistet haben oder noch leisten werden, und ich untersage jedem, ihm fürder als einem König zu dienen.

Quellen zur Allgemeinen Geschichte des Mittelalters,. hrsg.. von Gottfried Guggenbühl und Otto Weiss, 2., umgearb. Aufl., Zürich 1946, S. 101 f.

M 9 Canossa aus zeitgenössischer Sicht

Der Chronist Lampert von Hersfeld über die Buße des Königs in Canossa im Januar 1077:

Da kam der König, wie ihm befohlen war, und da die Burg von drei Mauern umgeben war, wurde er in den zweiten Mauerring aufgenommen, während sein ganzes Gefolge draußen blieb, und hier stand er nach Ablegung der königlichen Gewänder ohne alle Abzeichen der königlichen Würde, ohne die geringste Pracht zur Schau zu stellen, barfuß und nüchtern vom Morgen bis zum Abend, das Urteil des Papstes erwartend. So verhielt er sich am zweiten, so am dritten Tage. Endlich am vierten Tag wurde er zu ihm vorgelassen, und nach vielen Reden und Gegenreden wurde er schließlich [...] vom Bann losgesprochen.

Lampert von Hersfeld, Annalen. Neu übers. von Adolf Schmidt, Darmstadt [4]2000, S. 407.

M 10 **Canossa**
Wandgemälde von Eduard Schwoiser im Maximilianeum in München aus dem Jahre 1862

M 11 **Wormser Konkordat**

Das Wormser Konkordat vom 23. September 1122 besteht aus zwei Urkunden, in denen der Kaiser Heinrich V. und der Papst Calixtus II. dem jeweils anderen Vertragspartner Folgendes einräumen:

Ich, Heinrich, von Gottes Gnaden erlauchter Kaiser der Römer, überlasse aus Liebe zu Gott und zur Heiligen Römischen Kirche und zu dem Herrn Papste Calixtus und um meines Seelenheils willen Gott und seinen heiligen Aposteln Petrus und Paulus und der Heiligen Katholischen Kirche jede Investitur mit Ring und Stab und gestatte, dass in allen Kirchen meines Königreiches und Kaiserreiches die Wahl auf kanonische Weise stattfinde und die Weihe frei sei. [...]
Ich, Calixtus, Bischof und Knecht der Knechte Gottes, gestatte Dir, meinem lieben Sohn Heinrich, von Gottes Gnaden erlauchtem Kaiser der Römer, dass die Wahlen der Bischöfe und Äbte im deutschen Königreiche, soweit sie dazu gehören, in Deiner Gegenwart stattfinden, aber ohne Simonie oder irgendwelche Gewalttätigkeit, so dass Du, wenn irgendwo zwischen den Parteien Zwietracht entstehen wird, auf des Metropoliten [...] und der Mitbischöfe derselben Provinz Rat oder Entscheid dem verständigeren Teile Zustimmung und Hilfe gewährest. Der Gewählte aber soll von Dir durch das Zepter die Regalien empfangen, und was er daraus Dir rechtlich schuldet, soll er leisten.

Quellen zur Allgemeinen Geschichte des Mittelalters. Hg. von Gottfried Guggenbühl und Otto Weiss, 2., umgearb. Aufl., Zürich 1946, S. 120 f. Nr. 52.

Aufgaben

1. a) Erkläre den Begriff „Investiturstreit".
   b) Begründe, warum diese Bezeichnung nicht angemessen ist.
   → Text
2. a) Welches Selbstverständnis hatten Papsttum und Kaisertum?
   b) Erkläre, wieso es zum Konflikt kommen konnte.
   → Text
3. Benenne Gedanken der Kirchenreform in den Leitsätzen des Papstes Gregor VII.
   → M7
4. a) Stelle in zwei Spalten die Argumente von Heinrich und Gregor gegenüber.
   b) Beurteile den Ton der Auseinandersetzung.
   → M8
5. Vergleiche den Bericht von Lampert von Hersfeld mit dem Gemälde von Eduard Schwoiser zu Canossa.
   → M9, M10
6. Welche Folgen hatte das Wormser Konkordat für den König, die Fürsten, die Reichsbischöfe und den Papst?
   → Text, M11

Wie sich die Menschen des Mittelalters das Verhältnis von Kaiser und Papst vorstellten, zeigt dieses Bild sehr deutlich.

Papst und Kaiser sitzen hier einträchtig nebeneinander. Sie lassen nicht erkennen, dass im 11. Jh. ein erbitterter Streit über die Einsetzung der Bischöfe in ihr geistliches Amt entbrannte. Dahinter stand die grundsätzliche Frage, wen Gott an die Spitze der Christenheit gestellt habe.

Das 1365 in Florenz entstandene Bild zeigt die Rangordnung der von Gott eingesetzten „Hirten" der Christenheit. In der Mitte thronen Papst und Kaiser scheinbar gleichberechtigt nebeneinander, doch ist der Papst so geschickt in eine Nische komponiert, dass er größer wirkt. Links vom Papst folgen die geistlichen Würdenträger, vom Kardinal über Erzbischöfe und Bischöfe bis zu den Mönchen. Rechts vom Kaiser sitzen die Könige und Fürsten, davor stehen reiche Bürger und ganz unten knien die „Kleinen Leute".

Zwei Hunde bewachen zu Füßen von Papst und Kaiser einige Schafe, die die Christenheit symbolisieren.

Nicht zufällig befindet sich das Bild in einer Kirche und benutzt eine Kathedrale als Kulisse. Wäre es im Auftrag des Kaisers gemalt worden, hätte es gewiss anders ausgesehen.

Aufgaben

1. Mit welchen Mitteln stellt der Maler die „Rangordnung" dar? Beschreibe die Anordnung der Personengruppen sowie ihre Rangabzeichen und ihre Kleidung.
2. Papst oder Kaiser – wer hätte nach deiner Meinung die Welt regieren sollen? Begründe bitte!

M 1 Kaiseradler Friedrichs II.
vom Kastell Rocca Ursino in Catania (nach 1239)

Die Zeit der Staufer

Der Adler als Wappentier

Der Adler, der als „Bundesadler“ die Bundesrepublik Deutschland symbolisiert, lässt sich bis ins Mittelalter zurückverfolgen. Da er als „König der Vögel“ galt, wurde er gerne als Wappentier gewählt. Seit dem 12. Jahrhundert, als die Herrscherfamilie der Staufer die Könige und Kaiser stellte, steht er als Zeichen für das Heilige Römische Reich und gilt seitdem als Wappentier Deutschlands.

Die Zeit der Staufer galt lange Zeit als Höhepunkt des mittelalterlichen Kaisertums, weil das Heilige Römische Reich in dieser Zeit in Europa eine besonders große Machtstellung erreicht hatte. Danach kam es jahrzehntelang zu politischem Streit und kriegerischen Auseinandersetzungen, bis ein Herrscher wieder als König und Kaiser allgemein anerkannt war. Diese Zeit bezeichnet man als „Interregnum“, als „Zwischenherrschaft“.

Friedrich Barbarossa und Italien

Der mächtigste und bis heute bekannteste staufische Herrscher war Friedrich I., der wegen seines roten Bartes den italienischen Beinamen „Barbarossa“ erhielt. Als er 1152 zum König gewählt wurde, konkurrierten die Adelsgeschlechter der Staufer und der Welfen um die Königswürde. Friedrich wurde von den Welfen anerkannt, weil seine Mutter Judith aus dieser Familie stammte und weil er sich von Anfang an um einen Ausgleich bemühte. So überließ er seinem welfischen Konkurrenten Heinrich dem Löwen sowohl das Herzogtum Sachsen als auch das Herzogtum Bayern. Heinrich festigte seine Herrschaft in diesen Gebieten. Er stellte das Königtum Friedrichs nicht in Frage, sondern unterstützte lange Zeit aktiv die Reichspolitik.

Der Staufer hingegen versuchte auf seine Weise die Macht zu steigern. Zum einen suchte Friedrich die Reichsrechte gegenüber der Kirche verstärkt zur Geltung zu bringen, sah sich jedoch schon bald in einen Konflikt mit dem Papsttum verstrickt. 1154 war Friedrich in Rom noch zum Kaiser gekrönt worden. Als Papst Hadrian IV., der sich gegen den Kaiser gestellt hatte, 1159 starb, wurden zwei Päpste gewählt.

M 2 Christus krönt Heinrich den Löwen und seine Frau Mathilde
Links hinter Heinrich: seine Eltern Heinrich der Stolze und Gertrud sowie deren Eltern Kaiser Lothar III. und Richenza. Rechts hinter Mathilde ihr Vater, König Heinrich II. von England, und dessen Mutter Mathilde, englische Königin und Witwe Kaiser Heinrichs V. , Buchmalerei aus dem Evangeliar Heinrichs des Löwen.

M 3 **Die Staufer**

Konrad III. 1138–1152

Friedrich I. 1152–1190

Heinrich VI. 1190–1197

Philipp v. Schwaben 1198–1208

Gegenkönig:
Otto IV. (Welfe) 1198–1218

Friedrich II. 1212–1250

Konrad IV. 1250–1254

Friedrich entschied sich für den kaiserfreundlichen Papst Viktor IV. Ihm und seinem Nachfolger Paschalis stand jedoch der kaiserfeindliche Alexander III. gegenüber. Es kam zu einer Kirchenspaltung, zu einem so genannten Schisma, das 18 Jahre lang andauerte.

Zum anderen konnte Friedrich als römischer Kaiser auch die Herrschaft über Nord- und Mittelitalien beanspruchen und versuchte auf dieser Grundlage von den reichen Handelsstädten Oberitaliens Abgaben einzutreiben. Denn diese nahmen stellvertretend Königsrechte, so genannte Regalien, wahr. Dazu zählten Münz-, Zoll-, Markt- und Fischereirechte.

Zunächst konnte Friedrich seine Ansprüche durchsetzen. Dann aber verbündeten sich die lombardischen Städte unter Führung Mailands gegen den Kaiser und gewannen Papst Alexander III. als Verbündeten. Obwohl Barbarossa sechsmal nach Italien zog, gelang es ihm nicht, seine Herrschaft in Italien dauerhaft zu sichern. Als der Kaiser in der Schlacht von Legnano 1176 eine schwere Niederlage erlitt, änderte er seine Politik. Im Frieden von Konstanz kam es 1183 zum Ausgleich mit den Städten Oberitaliens: Sie behielten die Regalien, mussten aber Steuern zahlen. Erst jetzt herrschte Barbarossa unangefochten.

Königsherrschaft in Deutschland

Schließlich versuchte Barbarossa seine Herrschaft auch in Deutschland zu festigen. Er wollte den Besitz des Reiches und des staufischen

M 4

M 5 **Portrait Kaiser Friedrichs I.**
Die vergoldete Bronzebüste ist ein Geschenk des Kaisers an seinen Taufpaten Otto von Cappenberg. Die Mauerzinnen am unteren Rand symbolisieren Rom, Original um 1160.

M 6 Löwenstandbild
Heinrichs des Löwen vor dem Dom in Braunschweig. Im Dom, den er selbst errichten ließ, befindet sich seine Grabstätte.

M 7

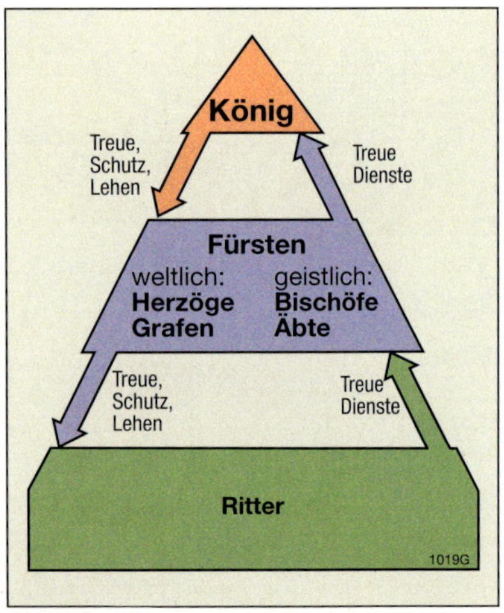

Hauses zu vergrößern und zu einem geschlossenen Territorium ausbauen. Städte waren dabei als wirtschaftliche Zentren, die Geld einbrachten, und als politische Stützpunkte von großer Bedeutung. Zur Verwaltung zog Friedrich Ministerialen heran. Als Unfreie waren diese vom Herrscher abhängig und übten ihr Amt im Gegensatz zu den selbstbewussten Adligen im Sinne ihres Herrn aus. Den Ministerialen gelang es, wegen ihrer Verdienste und der Förderung durch den Herrscher nach und nach eine adlige Stellung zu erreichen.

Heinrich der Löwe hatte Barbarossa 1176 vor der entscheidenden Schlacht bei Legnano seine Unterstützung verweigert. Das führte zum Bruch zwischen beiden Vettern. Als sächsische Gegner den Herzog wegen eines Rechtsbruchs verklagten, wurde Heinrich vor ein Fürstengericht geladen. Als er trotz mehrfacher Aufforderung nicht erschien, verurteilte ihn der Kaiser 1180 wegen Ungehorsams gegen das Reich und Landfriedensbruchs. Die beiden Herzogtümer Sachsen und Bayern wurden ihm aberkannt. Heinrich musste zu seinem Schwiegervater, dem englischen König, ins Exil gehen. Bayern fiel an die Familie der Wittelsbacher, das Herzogtum Sachsen wurde geteilt.

An diesem Konflikt kann man erkennen, dass der König zwar als oberster Lehnsherr anerkannt war, dass aber gleichzeitig eine Verpflichtung bestand, die Lehen wieder zu verleihen. Innerhalb des Lehnswesen entwickelte sich die so genannte Heerschildordnung. Der Rang eines Adligen bemaß sich danach, von wem er Lehen annahm. So ließen sich die obersten Reichsfürsten nur vom König belehnen. Unter ihnen standen die Grafen und freien Herren bis hinunter zu den Ministerialen.

Nachdem Friedrich Barbarossa 1190 auf dem Kreuzzug nach Jerusalem ertrunken war, verlagerten seine Nachfolger Heinrich VI. und Friedrich II. den Schwerpunkt der staufischen Herrschaft immer mehr nach Italien. Dabei wurden auch Süditalien und Sizilien in die staufische Herrschaft einbezogen. Die Abwesenheit der Könige und ihre Verstrickung in italienische Konflikte nutzten die deutschen Fürsten dazu, ihre Herrschaft auf Kosten der Königmacht zu behaupten und sogar noch zu stärken.

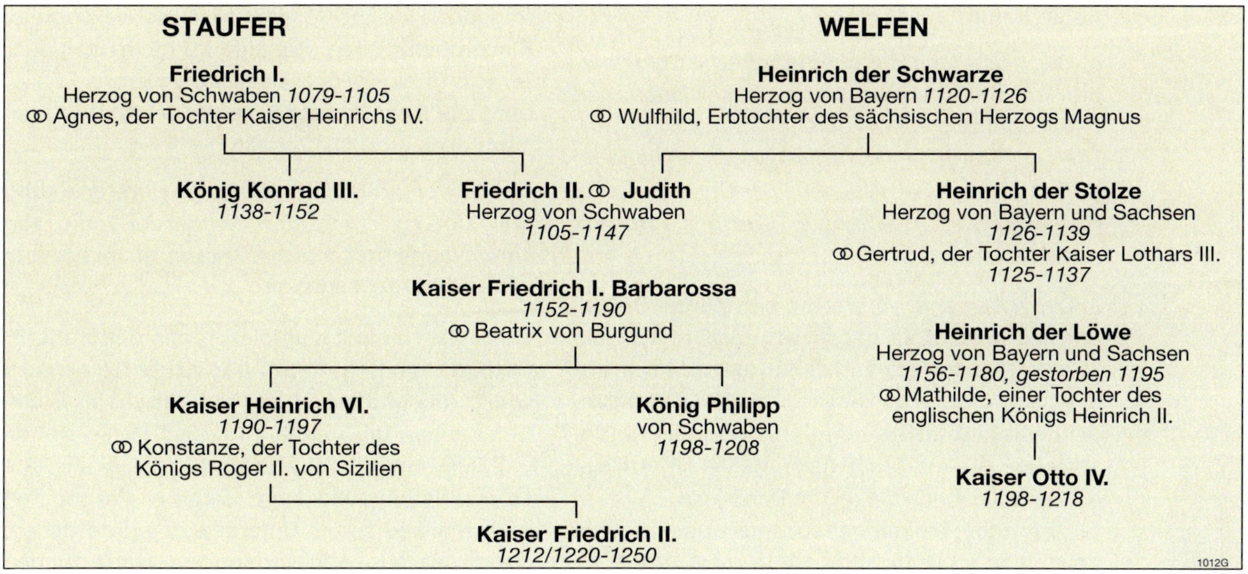

M 8

M 9 Die Begegnung in Chiavenna

Über das Zusammentreffen von Heinrich und Friedrich 1176 wird in den Annalen des Romuald von Salerno berichtet:

Der Kaiser sandte nun dringende Boten nach Deutschland, um das Heer zu verstärken, und vor allem an seinen Vetter Heinrich, den Herzog von Sachsen und Bayern, um ihn zu einer Aussprache in Chiavenna zu laden. Er kam ihm bis hier entgegen und bat ihn dringender, als es der kaiserlichen Majestät ansteht, dem Reiche in seiner gefährlichen Lage zu Hilfe zu kommen. Man sagt sogar, er habe sich ihm zu Füßen geworfen. Aber Herzog Heinrich, der allein die Macht und die Mittel besaß, damals dem Reiche einen wirklichen Dienst zu leisten, forderte dafür Goslar, die reichste Stadt in ganz Sachsen, zum Lehen. Der Kaiser aber hielt es für eine Schande, sich gegen seinen Willen um ein solches Lehen erpressen zu lassen, und stimmte nicht zu, worauf Heinrich ihn in hellem Zorn in der Gefahr verließ und heimkehrte.

Aus der Chronik Ottos von St. Blasien, übers. v. W. Lautemann, in: Geschichte in Quellen, Band 2, München 1975, S. 426.

M 10 Die Verurteilung Heinrichs des Löwen

Über die Vorgänge, die zur Absetzung Heinrichs führten, informiert lediglich eine Urkunde, die Friedrich für Erzbischof Philipp von Köln ausstellte. Dieser erhielt einen Teil des eingezogenen Herzogtums Sachsens. Das Original wurde im Zweiten Weltkrieg vernichtet:

Allen gegenwärtigen wie zukünftigen Getreuen des Reiches tun wir daher kund und zu wissen, dass Heinrich, einst Herzog von Bayern und Westfalen, deswegen, weil er die Freiheit der Kirchen Gottes und das Recht der Edlen des Reiches durch Einnahme ihrer Güter und Minderung ihrer Rechte schwer bedrückt und auf dringende Klage der Fürsten und zahlreicher Edlen dreimal vorgeladen, sich unserem Gericht zu stellen verschmäht hat und wegen dieser Widerspenstigkeit nach dem Gericht der Fürsten und seiner schwäbischen Standesgenossen unserer Acht verfallen ist, weil er sodann weiterhin ohne Unterlass gegen die Kirchen Gottes und die Rechte und Freiheiten der Fürsten und Edlen gewütet hat, wegen des jenen zugefügten Unrechts, der vielfältigen uns bezeigten Missachtung und besonders wegen des offenkundigen Vergehens gegen die Staatsgewalt, nachdem er trotz vorgeschriebener dreimaliger Vorladung zum Verhör weder selbst erschienen ist noch einen Fürsprecher gesandt hat, in Anwendung des Lehnrechts als Nichterschienener abgeurteilt ist, und dass ihm daraufhin sowohl das Herzogtum Bayern und Westfalen samt Engern als auch alle anderen Lehen, die er vom Reiche aus inne hatte, nach einstimmigem Urteil der Fürsten feierlich auf dem in Würzburg abgehaltenen Reichstage abgesprochen und uns zu Recht und Besitz zugesprochen sind.

Deutsche Geschichte in Quellen und Darstellungen, Bd. 1: Frühes und hohes Mittelalter 750–1250, hg. v. Wilfried Hartmann, Stuttgart 1995, S. 366.

M 11 Kampf um Mailand

a) Der Kaiser und die oberitalienische Stadt hatten sich wiederholt bekämpft. Trotz Niederlagen nahm Mailand immer wieder den Kampf auf. Über das Vorgehen Friedrichs gegen Mailand im Jahr 1162 gibt es verschiedene Berichte. Der italienische Geschichtsschreiber Acerbus Morena schreibt:

a) Der Kaiser aber verbrachte den Winter in Lodi und ließ Tag und Nacht Lodesen und Deutsche die Straßen bewachen, auf denen gewöhnlich aus Brescia und Piacenza Lebensmittel für die Mailänder herangeschafft wurden. Und wenn sie welche antrafen, die Marktgut nach Mailand brachten, schlugen sie ihnen die rechte Hand ab.

b) Und da ihre Meinungen so miteinander rangen, neigten sie schließlich fast alle zu dem Urteil, lieber dem Willen des Kaisers zu gehorchen und auf das Glück seiner Güte zu hoffen, als weiterhin im Krieg zu verharren [...]. Am folgenden Donnerstag, am ersten des genannten März, kamen die Konsuln von Mailand [...] und 8 Mailänder Ritter vor den Herrn und durchlauchtesten Kaiser Friedrich in dessen Palast zu Lodi [...] und ergaben sich stellvertretend für die ganze Stadt dem Kaiser. [...] Am folgenden Sonntag [4. 3.] kamen 300 Mailänder Ritter zum Kaiser in den erwähnten Palast, darunter waren 36 Fähnleinträger, die die Fähnlein in die Hände des Kaisers gaben und dessen Füße küssten [...]. Also kommen am folgenden Dienstag etwa 1000 Mann Fußvolk aus Mailand mit ihrem Wagen und mit dem großen Banner und außerdem 94 anderen Wimpeln auf dem Wagen; diese übergaben sie dem Kaiser [...] zum Zeichen für das gesamte Gemeinwesen von Mailand [...]. Am folgenden Mittwoch löste der gütige Kaiser die Mailänder vom Bann und befahl den Konsuln, dass sie nun 114 Ritter zu ihm schicken sollten, damit er auch ihnen 40 Geiseln erhalte, [...] und allem Fußvolk gab er Erlaubnis, nach Hause zurückzukehren.

c) Am folgenden Montag [19. 3.] dann befahl der Kaiser den Mailänder Konsuln, in acht Tagen alle Personen, Männer und Frauen, zum Auszug aus der Stadt Mailand zu veranlassen; dies erfüllten, wenn auch mit Trauer, die Mailänder völlig und begaben sich [...] in andere Städte und Orte der Lombardei. [...] Nach dem Einzug in die Stadt befahl Friedrich die Zerstörung: Sie alle gaben sich bei der Zerstörung solche Mühe, dass sie bis zum folgenden Passionssonntag [1. 4.] so viel von den Mauern abbrachen, wie anfangs niemand glaubte, dass in zwei Monaten zerstört werden könne, und, wie ich wahrhaftig meine, der 40. Teil Mailands blieb nicht zur Zerstörung übrig.

b) In einer „Erzählung über die Unterdrückung und Unterwerfung der Lombardei", die von einem namentlich nicht bekannten Mailänder verfasst wurde, heißt es:

a) Als der Kaiser bis an die Gräben der Stadt ihr Getreide niedergetreten hatte, kehrte er nach Lodi zurück und befahl, dass sie Sechsen von seinen Gefangenen die Augen ausreißen lassen sollten [...]. Dem Suzo des Mizano aber schnitt er die Nase ab und ließ ihm ein Auge, damit er die anderen nach Mailand führe. Unterdessen wurde denen, die von Piacenza oder von sonstwo Waren für den Markt nach Mailand brachten, wenn sie gefangen wurden, die rechte Hand abgeschlagen; an einem Tag wurden 25 amputiert.

b) Nach vielen Streitereien [...] kam es schließlich dahin, dass sie sich Gott und dem Kaiser ergaben in der Hoffnung auf dessen Erbarmen, das alle Fürsten fest versprachen. [...] In der Stadt Lodi übergaben sie sich und die Stadt. Und innerhalb acht Tagen schickten sie 500 Reiter und ebensoviel Fußvolk mit dem Fahnenwagen, Fähnlein und anderen Feldzeichen der Reiter und des Fußvolks zusammen mit den Trompeten zum Kaiser nach Monteghezzone, um alle Würde und alles Recht auf ihn zu übertragen. Er aber behielt die Reiter, den Fahnenwagen, alle Feldzeichen und die Trompeten, das Fußvolk entließ er, und die Reiter schickte er nach Pavia, damit sie dort in Haft gehalten würden.

c) Dann befahl er [Friedrich], die Stadt zu evakuieren und gab dafür acht Tage Zeit. Am 26. März zogen sie also mit ihrer Habe aus der Stadt und verließen sie [...]. Könnte es jemand geben, der die Tränen zurückhalten könnte, wenn er das Weinen und die Trauer und den Schmerz der Männer und Frauen, vor allem der Kranken, der schwangeren Frauen und der Knaben sähe, wie sie hinauszogen und ihre eigenen Feuerstätten zurückließen? [...] Zuerst ließ er alle Häuser anzünden, dann zerstörte er Häuser, Türme und Mauer der Stadt, und das meiste wurde vernichtet, alle Altäre wurden entweiht, die Reliquien vieler Heiliger weggeschleppt.

Italische Quellen über die Taten Friedrichs I. in Italien und der Brief über den Kreuzzug Kaiser Friedrichs I., übs. v. Franz-Josef Schmale, Darmstadt 1986, S. 173–179, S. 275–279.

M 12 **Die Sage von König Rotbart**

Die Gebrüder Grimm haben die Sage über Friedrich Barbarossa aufgezeichnet:

Friedrich Rotbart auf dem Kyffhäuser

Von diesem Kaiser gehen viele Sagen im Schwange. Er soll nicht tot sein, sondern bis zum Jüngsten Tage leben, auch kein rechter Kaiser nach ihm mehr aufkommen. Bis dahin sitzt er verhohlen in dem Berg Kyffhausen und wenn er hervorkommt, wird er seinen Schild hängen an einen dürren Baum, davon wird der Baum grünen und eine bessere Zeit werden. Zuweilen redet er mit den Leuten, die in den Berg kommen, zuweilen lässt er sich auswärts sehen. Gewöhnlich sitzt er auf der Bank an dem runden steinernen Tisch, hält den Kopf in der Hand und schläft, mit dem Haupt nickt er stetig und zwinkert mit den Augen. Der Bart ist ihm groß gewachsen, nach einigen durch den steinernen Tisch, nach andern um den Tisch herum, dergestalt, dass er dreimal um die Rundung reichen muss bis zu seinem Aufwachen, jetzt aber geht er erst zweimal darum.

Deutsche Sagen. Herausgegeben von den Brüdern Grimm. Ausgabe auf der Grundlage der Ersten Auf-lage, hrsg. von Heinz Rölleke, Frankfurt/M. 1994, S. 55 f.

M 13 **Postkarte von 1910**

Aufgaben

1. Stelle dar, wie das Verhältnis zwischen Papst und Kaiser zur Zeit der Staufer war.
   → Text
2. a) Erschließe aus der Stammtafel, weshalb die Staufer und die Welfen jeweils Anspruch auf den Königsthron erheben konnten.
   b) In welchem Verwandtschaftsverhältnis standen Friedrich und Heinrich?
   → M8
3. a) Fasse mit eigenen Worten zusammen, was über das Zusammentreffen von Friedrich und Heinrich in Chiavenna berichtet wird.
   b) Untersuche, ob der Bericht von Romuald objektiv ist oder ob er für eine der beiden Personen Partei ergreift.
   c) Suche Gründe, die für und die gegen das Verhalten Heinrichs des Löwen sprechen. Überlege, welche davon damals von besonderer Bedeutung waren.
   d) Erläutere, mit welcher Begründung der Kaiser Heinrich verurteilt.
   e) Ist deiner Meinung nach das Urteil gerechtfertigt?
   → M9, M10
4. Welche Veränderungen in den politischen Verhältnissen Deutschlands ergaben sich zur Zeit der Staufer?
   → Text
5. a) Erläutere, worum es in den einzelnen Abschnitten in dem Bericht über den Kampf um Mailand geht.
   b) Vergleiche die einzelnen Abschnitte der beiden Berichte miteinander. Suche mögliche Gründe für die Unterschiede.
   c) Untersuche, für welche Seite der jeweilige Geschichtsschreiber Partei ergreift. Begründe dies am Text.
   → M11
6. a) Was wird in der Sage über König Rotbart berichtet?
   b) Welche Erwartungen werden mit der Sage verbunden?
   → M12, M13

Das Heilige Römische Reich im späten Mittelalter

Die Neuordnung der Königswahl

Das Bild unten stammt aus einer Weltchronik von 1493. Es zeigt den Kaiser, dem die sieben Kurfürsten huldigen. Deren Bezeichnung leitet sich vom mittelhochdeutschen Wort „kür“ für „Wahl“ ab. Die Kurfürsten waren es, die seit dem späten Mittelalter den König wählten.

Bei der Bestimmung des Königs waren im Mittelalter zwei Grundsätze wirksam: zum einen der Erbgedanke, das heißt, dass der Sohn oder ein naher männlicher Verwandter die Nachfolge antritt; zum anderen der Wahlgedanke, das heißt, dass der am besten geeignete Kandidat zum Herrscher gewählt wird. Dabei handelte es sich nicht um eine demokratische Wahl im heutigen Sinn, sondern um eine Auswahl besonders Geeigneter aus dem Hochadel. So stellten immer wieder bestimmte Herrscherfamilien wie die Salier, Staufer oder Luxemburger den König. Im Unterschied zu England und Frankreich kam es aber nicht zu einem Erbkönigtum.

Im Jahr 1254 starb Konrad IV., der letzte König aus der Familie der Staufer. In den folgenden Jahrzehnten stellten mehrere Herrscherfamilien, so genannte Dynastien, den König; darunter sogar Ausländer, die sich aber nicht durchsetzen konnten. Immer wieder kam es zu Doppelwahlen: Die beiden Gewählten versuchten dann, sich meist gewaltsam gegen ihren Konkurrenten durchzusetzen. Angesichts dieser Situation wurde 1356 eine Neuregelung der Königswahl beschlossen und in einer berühmten Urkunde verankert. Wegen ihres goldenen Siegels nennt man sie die „Goldene Bulle“.

M 1 Der Kaiser mit den sieben Kurfürsten

Die Weltchronik von 1493 zeigt den Kaiser inmitten der Kurfürsten, die die Zeichen ihrer Ämter tragen. Die drei geistlichen Kurfürsten, die Erzbischöfe von Trier, Köln und Mainz, halten als Erzkanzler Urkunden in der Hand (links vom Kaiser). Die vier weltlichen Kurfürsten üben symbolisch ihre Erzämter aus: Der König von Böhmen war als Erzschenk für die Getränke, der Pfalzgraf bei Rhein als Erztruchsess für die Speisen zuständig. Der Herzog von Sachsen überwachte als Erzmarschall Pferde und Waffen, der Markgraf von Brandenburg als Erzkämmerer die Kasse.

M 2 **Kaiser Karl IV.**
Plastik von Peter Parler im Veitsdom in Prag

Eine entscheidende Rolle spielte dabei Karl IV. Er stammte aus der Herrscherfamilie der Luxemburger, die ihren Besitz enorm vergrößern konnte und nach Erwerb des Königreichs Böhmen zu den mächtigsten Adelsfamilien im Reich zählte. Karl, 1316 geboren, wuchs am französischen Hof auf und war sehr gebildet. Er sprach nicht nur Latein, Französisch, Italienisch und Tschechisch, sondern verfasste auch eine Autobiografie, d.h. eine Selbstdarstellung seines Lebens.

Karl IV. baute Prag zum prächtigen Zentrum seines Königreichs aus, gründete dort eine Universität und errichtete die Karlsbrücke, bis heute ein Wahrzeichen der Stadt. Mit 30 Jahren wurde er zum Gegenkönig gewählt und konnte sich, da sein Widersacher starb, rasch durchsetzen. Um die jahrelangen Konflikte zu beenden, einigte er sich nach seiner Kaiserkrönung in Rom mit den Reichsfürsten auf eine Neuordnung der Königswahl. Diese Bestimmungen wurden in der Goldenen Bulle festgehalten, die damit zu den wichtigsten Grundgesetzen des Heiligen Römischen Reichs zählt.

Neu war die Festlegung auf sieben Kurfürsten: die Erzbischöfe von Mainz, Trier und Köln, der König von Böhmen, der Pfalzgraf bei Rhein, der Herzog von Sachsen und der Markgraf von Brandenburg. Sie allein bestimmten nun in einem genau geregelten Verfahren den König. Die ungerade Zahl der Wähler garantierte ein eindeutiges Ergebnis.

Dass sich gerade diese sieben Fürsten das alleinige Wahlrecht sichern konnten, hat verschiedene Gründe. Manche zählten zu wichtigen Dynastien und vertraten mächtige Herrschaften. Andere versahen seit langer Zeit die so genannten Erzämter in der königlichen Verwaltung und galten daher im Reich als hohe Würdenträger.

Neu war auch, dass künftig die Mehrheit der Stimmen entschied. Das sollte Doppelwahlen verhindern, bei der beide Parteien die „richtige“ Königswahl für sich beanspruchten. Damit auch die weltlichen Kurfürstentümer fortan unteilbar blieben, galt für sie die Erbfolge nach dem Erstgeburtsrecht. Als Ort der Wahl bestimmte die Goldene Bulle Frankfurt am Main, als Krönungsort Aachen.

Ein Mitwirkungsrecht des Papstes bei der Wahl erwähnte die Goldene Bulle nicht. Das hatten ihm die Kurfürsten bereits 1338 bei einer Beratung in Rhense (dem heutigen Rhens am Rhein) verweigert. Der König galt nach Wahl und Krönung als „erwählter römischer Kaiser“.

Die Stellung des Königs

Die Neuregelung der Königswahl zeigt, wie sich die Stellung des Königs im späten Mittelalter veränderte. Im Unterschied zu Frankreich kam es nicht zur Entstehung einer Erbmonarchie mit einem starken Herrscher an der Spitze. Der deutsche König war anerkannt als Friedenswahrer, oberster Lehnsherr, höchster Richter und erster Kriegsherr. Er blieb auch weiterhin Reisekönig, der sein Reich nicht von einer Stadt oder einer festen Residenz aus regierte. Als römischer Kaiser besaß er zudem eine besondere Würde. Er galt nicht nur als weltlicher Herrscher im Reich, sondern als Beschützer der Christenheit.

Da der König aber abhängig von den mächtigen Reichsfürsten war, blieb seine Position vergleichsweise schwach. Nur Mitglieder einflussreicher Dynastien, die selbst ein großes Gebiet beherrschten, konnten künftig auch als Könige machtvoll auftreten.

Dem König standen die Kurfürsten und die übrigen Reichsfürsten gegenüber, die sich als Teil des Heiligen Römischen Reichs betrachteten. Der Herrscher musste sich mit ihnen abstimmen. Aus den seit langem üblichen Hoftagen unter Vorsitz des Königs entwickelten sich regelmäßige Beratungen: die Reichstage. Dort diskutierten die Fürsten des Reichs wichtige Fragen und fassten Beschlüsse.

Der Aufstieg der Landesherren

Innerhalb des Reichs gelang es einigen einflussreichen Dynastien, ihren oft weit verstreuten Besitz zu einem geschlossenen Herrschaftsgebiet auszubauen und dieses Territorium einheitlich zu verwalten und zu regieren. Auf diese Weise entstanden innerhalb des Heiligen Römischen Reichs so genannte Landesherrschaften als Vorformen moderner Staaten. Hier entwickelte sich nach und nach eine ständige Verwaltung. Die Herrscherfamilien der Luxemburger, der Habsburger und der Wittelsbacher waren dabei besonders erfolgreich. Allerdings standen den Landesherren – wie auf der Ebene des Reichs – die Stände gegenüber: Vertreter der Kirche, des Adels, der Städte, manchmal auch der Bauern, die bei wichtigen Entscheidungen befragt wurden und zustimmen mussten. Daraus entwickelten sich regelmäßig tagende Ständeversammlungen, die als Vorformen heutiger Parlamente gelten können.

M 3

M 4 Deutsche Könige im Spätmittelalter

1250–1254	Konrad IV. (Staufer)	1314–1347	Ludwig IV. (Wittelsbach)
1247–1256	Wilhelm von Holland	1314–1330	Friedrich „der Schöne" (Habsburg)
1257–1272	Richard von Cornwall	1346–1378	Karl IV. (Luxemburg)
1257–1284	Alfons von Kastilien	1378–1400	Wenzel (Luxemburg)
1273–1291	Rudolf von Habsburg (Habsburg)	1400–1410	Ruprecht von der Pfalz (Wittelsbach)
1292–1298	Adolf von Nassau	1410–1437	Sigismund (Luxemburg)
1298–1308	Albrecht von Habsburg (Habsburg)	1438–1439	Albrecht II. (Habsburg)
1308–1313	Heinrich VII. (Luxemburg)	1440–1493	Friedrich III. (Habsburg)

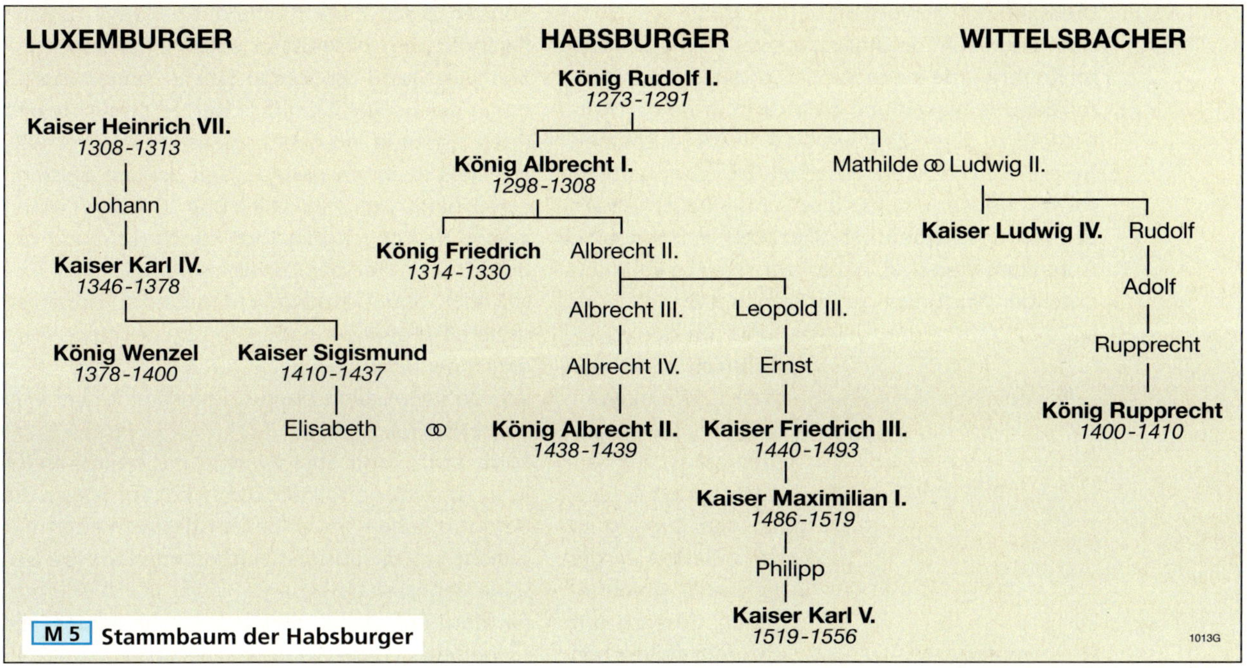

M 5 Stammbaum der Habsburger

M 6 Die Schlacht bei Mühldorf (1322)

Friedrich aber bereitete sich, nachdem er erfahren, dass die Bayern übergesetzt wären, obgleich viele den Rat gaben, in der Richtung gegen den heranziehenden Lupold zurückzuweichen, allzukühn zur Schlacht und schien wider den Willen der Seinigen in königlichen Abzeichen. [...]Die Österreicher stritten tapfer und besonders Friedrich, welcher als der tapferste Streiter von allen galt, und die Reihen der Bayern wankten, sodass jene schon meinten, den Sieg errungen zu haben. Sieh! Da riefen die bayerischen Reiter die weichenden Fußknechte zurück, und von den Pferden steigend gingen sie mit ihnen wieder zum Kampfe vor; darauf kam auch der Burggraf von Nürnberg mit einem Haufen Reiterei unter lautem Rufen herbei. Da flohen die Pfeilschützen der Österreicher und viele mit ihnen wurden gefangen [...]. Endlich wollte ein Knappe Friedrich [...] gefangen nehmen, ohne ihn zu kennen; von ihm befragt, wessen Diener er wäre, antwortete er: „der des Burggrafen"; Friedrich ließ also den Burggrafen rufen, überreichte ihm sein Schwert und gab sich ihm gefangen. Dieser versicherte ihn seines Lebens und stellte ihn dem Bayern vor. Der Bayer grüßte ihn und sprach: „Vetter, es freut uns, Euch hier zu sehen." Jener aber erwiderte in seiner Bestürzung nichts. Obgleich nun viele meinten, man sollte zum Zeichen des Sieges die Nacht auf dem Schlachtfelde zubringen, so wagte Ludwig dies doch nicht aus Furcht vor dem Heere Lupolds. Dieser aber kehrte, nachdem er alles erfahren, mit Betrübnis zurück, voll Verwunderung, dass man den römischen Gegenkönig gefangen und nicht getötet hatte.

Chronik des Matthias von Neuenburg. Übers. von Georg Grandauer, Leipzig 1892, S. 77 f.

M 7 Die Neuordnung der Königswahl

In der Goldenen Bulle von 1356 wurde die Wahl des Königs genau geregelt:

Im Namen der heiligen und unteilbaren Dreifaltigkeit Glück und Segen, Amen. Karl IV. von Gottes Gnaden Römischer Kaiser, zu allen Zeiten Mehrer des Reichs und König von Böhmen, zu ewigem Gedächtnis der Sache. Jedes Reich, das in sich uneins ist, wird veröden; denn seine Fürsten sind Diebsgesellen geworden. [...]
Da wir nun kraft des Amtes, das wir vermöge unserer Kaiserwürde innehaben, den künftigen Gefahren der Uneinigkeit und Zwietracht unter den Kurfürsten, zu deren Zahl wir als König von Böhmen bekanntlich gehören, aus zwei Gründen, nämlich sowohl wegen unseres Kaisertums als auch wegen des von uns ausgeübten Kurrechts, entgegenzutreten gehalten sind, haben wir, um die Einigkeit unter den Kurfürsten zu fördern, um Einhelligkeit bei der Wahl herbeizuführen und um der vorerwähnten schmählichen Uneinigkeit und den mannigfachen, aus ihr erwachsenden Gefahren den Zugang zu verschließen, die hiernach geschriebenen Gesetze auf unserem feierlichen Reichstag zu Nürnberg, im Beisein aller geistlichen und weltlichen Kurfürsten und vor einer zahlreichen Menge anderer Fürsten, Grafen, Freiherren, Herren, Edelleute und Städte, auf dem Kaiserthron, mit den kaiserlichen Infeln, Kleinodien und der Krone geschmückt, nach vorgängiger reiflicher Beratung kraft kaiserlicher Machtvollkommenheit erlassen , aufgestellt und zu bestätigen für gut befunden im Jahre des Herrn 1356, [...] am 10. Januar, im zehnten Jahr unserer Reiche und im ersten unseres Kaisertums. [...]
Nachdem aber die mehrgenannten Kurfürsten oder ihre Gesandten in die Stadt Frankfurt eingezogen sind, sollen sie sogleich bei Anbruch des folgenden Tages in der Kirche des heiligen Apostels Bartholomäus daselbst in vollzähliger Anwesenheit die Messe de Sancto Spiritu singen lassen, damit der Heilige Geist ihre Herzen erleuchte und ihren Verstand mit dem Licht seiner Kraft erfülle, auf dass es ihnen gelinge, mit seinem Beistand einen gerechten; redlichen und tüchtigen Mann zum römischen König und künftigen Kaiser zu wählen zum Heil der Christenheit. [...]
Nachdem aber sie oder die Mehrzahl von ihnen an diesem Ort gewählt haben, muss eine solche Wahl gleich gehalten und geachtet werden, wie wenn sie von ihnen allen ohne Gegenstimme einhellig vollzogen wäre. [...]
Sooft und wann aber künftig das heilige Reich ledig ist, alsdann soll der Erzbischof von Mainz die Befugnis haben, die er bekanntlich von alters her gehabt hat, die übrigen ehgenannten Kurfürsten, seine Genossen bei besagter Wahl, durch Briefe zu berufen, und wenn sie alle oder diejenigen, die teilnehmen können und wollen, sich am Wahltag versammelt haben, soll besagter Erzbischof und kein anderer diese seine Mitkurfürsten einzeln um ihre Stimme befragen in folgender Reihenfolge: Zuerst soll er den Erzbischof von Trier fragen, dem wir die erste Stimme zuerkennen, die ihm wie wir erfahren auch bisher zustand, zweitens den Erzbischof von Köln, dem die Würde und Pflicht zukommt, dem römischen König zuerst die Königskrone aufzusetzen, drittens den König von Böhmen, der unter den weltlichen Kurfürsten vermöge der Hoheit königlicher Würde mit Recht und nach Gebühr den Vorrang behauptet, viertens den Pfalzgrafen bei Rhein, fünftens den Herzog von Sachsen, sechstens den Markgrafen von Brandenburg [...]. Wenn das geschehen ist, sollen ihn seine Mitkurfürsten ihrerseits befragen, damit auch er seinen Willen ausspreche und ihnen seine Stimme kundgebe.

Die Goldene Bulle. Nach König Wenzels Prachthandschrift, 3. Aufl., Dortmund 1989, S. 97 ff.

M 8 Goldene Bulle
Erste Seite der so genannten Goldenen Bulle mit dem anhängenden goldenen Siegel, Original von 1356

M 9 Die Goldene Bulle

Das Goldsiegel hat einen Durchmesser von etwa 60 mm und ist 6 mm hoch.

Vorderseite: Thronender Kaiser mit Zepter und Reichsapfel; Reichsadler und böhmischer Löwe.
Umschrift: KAROLVS QUARTUS DIVINA FAVENTE CLEMENCIA ROMANOR(UM) IMPERATOR SEM(PER) AVGVSTVS ET BOHEMIE REX
Karl IV., durch göttliche Milde Römischer Kaiser, zu allen Zeiten Mehrer des Reiches und König von Böhmen

Rückseite: Bild der Stadt Rom
Umschrift: ROMA CAPVT MVNDI REGIT ORBIS FRENA ROTVNDI; auf dem Portal: AVREA ROMA
Rom, das Haupt der Welt, regiert den Erdkreis; auf dem Portal: Goldenes Rom

Aufgaben

1. a) Zwischen 1254 und 1356 kam es immer wieder zu Doppelwahlen. Errechne, in wie vielen Jahren zwei Könige die Herrschaft beanspruchten.
   b) Stelle zusammen, wie viele Habsburger zwischen 1254 und 1493 den Königstitel trugen und wie viele Luxemburger. Wie lange waren Luxemburger, wie lange waren Habsburger Könige?
   c) Verfolge, wie sich die Herrscherfamilien der Luxemburger und der Habsburger weiterentwickelten.
   d) Weshalb konnten andere Herrscherfamilien nicht oder nur selten Könige stellen?
   → M4, M5
2. a) In welcher Ausrüstung stellte sich Friedrich dem Kampf? Welche Vor- und Nachteile hatte dies?
   b) Wie endete die Schlacht?
   c) Friedrich wurde nach langen Verhandlungen Mitkaiser. Suche Gründe, warum Ludwig sich so verhielt und seinen Gegenspieler nicht tötete.
   → M6
3. Versuche, die ersten Zeilen der Goldenen Bulle im Original zu entziffern.
   → M8
4. a) Welche Gründe gibt die Urkunde für die Notwendigkeit der Neuregelung an?
   b) Weshalb sollten die Kurfürsten zuerst eine Messe besuchen? Suche andere Stellen in der Urkunde, wo von Gott und Religion die Rede ist.
   c) Wer spielte beim Wahlvorgang die entscheidende Rolle?
   d) Begründe, warum die erste und letzte Stimme so wichtig war?
   → M7
5 a) An welchen Stellen der vorausgegangenen Seiten finden sich noch Wappen mit Löwen und Adlern?
   b) Welche Elemente deuten darauf hin, dass es sich um ein Siegel eines Königs des Heiligen Römischen Reiches handelt?
   → M9

Romanik – das Beispiel Speyer

M 1 **Schmuckformen**
am Speyerer Dom

In Speyer am Rhein errichteten die Herrscher aus dem Haus der Salier zwischen 1030 und 1106 einen Dom als Begräbnisstätte für sich und ihre Frauen. Mit 134 m Länge war er eine der größten Kirchen der Christenheit. Dieses Bauwerk kann als Musterbeispiel des romanischen Stils gelten (etwa 900–1200), „Romanisch“ heißt er, weil er überall den gewölbten Bogen der antiken römischen Bauten verwendet: an Türen und Fenstern, als Arkaden über Säulen und Pfeilern, bei den Gewölben und als Schmuck der Wände. Der runde Bogen ist geradezu das Erkennungszeichen der romanischen Baukunst.

Außer dem Bogen übernahmen die Baumeister der Romanik von den Römern auch die Grundform der Kirchen: die Basilika. Basiliken sind große, lang gestreckte Hallen, deren Wände auf Säulen stehen; an beiden Seiten sind schmalere und niedrigere Räume angegliedert. Wegen ihrer Form heißen sie Haupt- und Seitenschiffe. Der Haupteingang kann an der Längsseite oder, wie in Speyer, an der westlichen Schmalseite liegen. Im Osten sind die Basiliken meist mit halbrunden Anbauten, den Apsiden (Sing. = Apsis), abgeschlossen.

Die Innenwände und Holzdecken der romanischen Kirchen waren oft

M 2 **Die große Unterkirche (Krypta)**
Speyerer Dom, heutiger Zustand

reich bemalt. Davon ist nur wenig erhalten geblieben im Gegensatz zum plastischen Schmuck, den die romanischen Steinmetze an den Toren, den Fenstergewänden, an Säulenköpfen (Kapitellen), Friesen und Altären anbrachten. Als Schmuckformen verwendeten sie alles, was sich in Stein hauen ließ, vielfach auch Tiergestalten und Fabelwesen. Den Bauherren und Architekten kam es hauptsächlich darauf an, dass die Kirchen wie überdimensionale Burgen Gottes aussahen und mit ihren Türmen die Fachwerkhäuser der Städte und Dörfer überragten. So wurden in ganz Europa steinerne Kirchen gebaut, von denen noch viele erhalten sind.

M 3 **Blick vom Süden auf den Speyerer Dom,** heutiger Zustand

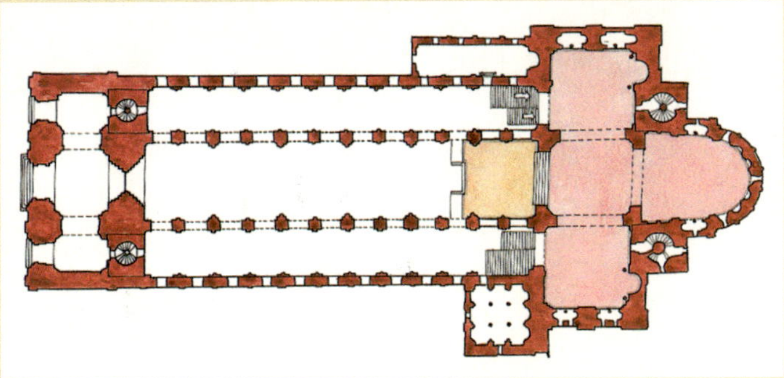

M 4 **Grundriss des Speyerer Doms**

Aufgaben

1. Suche auf den Fotos Merkmale des romanischen Stils.
2. Überlege, warum die Kirchen nach Osten ausgerichtet waren.
3. Erkundige dich über romanische Kirchen in deiner Umgebung oder auch an Urlaubsorten in Europa. Prüfe, ob es sich um Basiliken handelt.
4. Vergleiche das Foto des Speyerer Doms mit dem Grundriss. Wodurch versuchten die Architekten den gewaltigen Eindruck zu steigern?

Gotik – das Beispiel Reims

Der neue gotische Stil wurde seit der Mitte des 12. Jahrhunderts in Frankreich entwickelt und verbreitete sich von dort aus über ganz Europa. Die Kathedrale von Reims in der Champagne, die Krönungskirche der französischen Könige, ist eines der bekanntesten Beispiele für diesen Baustil.

„Gotisch“ war ursprünglich abwertend gemeint. Nach dem Mittelalter empfanden die Menschen nämlich diese Kunst als barbarisch und „unzivilisiert“ wie die Goten. Die Gotik ist jedoch alles andere als barbarisch. Die Kirchenbauten verwirklichen vielmehr ein großes theologisches Programm: Durch die bunten Glasfenster mit Szenen aus der Bibel und den Heiligenlegenden sollte den Menschen in der Kirche die Schönheit Gottes als Licht und Farbe vor Augen treten.

Technisch möglich wurde dieses Bauprogramm erst durch die Einführung des spitzen Bogens, an dem die gotischen Bauten leicht zu erkennen sind. Wie Baumstämme wachsen die Pfeiler bis in die hohen Gewölbe. Die Gewölbe mussten allerdings durch Strebepfeiler abgestützt werden. Die Flächen zwischen diesem Skelett lassen Raum für riesige Fenster. Diese erhielten zur Verstärkung dünne steinerne Stege, das sogenannte Maßwerk. Aber sogar diese technischen Elemente nutzten die Baumeister zu religiösen Aussagen. Hoch auf den Strebepfeilern brachten sie kreuzförmige Blüten an. Und die Formen des Maßwerks nutzten sie als Symbole: zweiteilige Formen symbolisierten die beiden Bücher der Bibel, das Alte und das Neue Testament, dreiteilige die Dreifaltigkeit, vierteilige die vier Evangelisten oder die christlichen Haupttugenden; sechsteilige Fenster symbolisierten die sechs Tage der Schöpfung und zwölfteilige Rosetten waren Sinnbild für die Jünger Jesu oder die zwölf Stämme des Gottesvolkes.

M 1

Großes Rosenfenster der Kathedrale Reims

Maßwerkformen

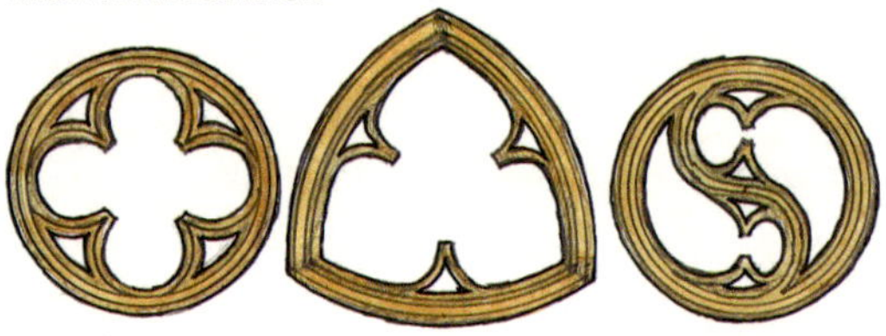

G Gott
E Zwei Engel, die Kronen in den Händen tragen
P Vier Propheten: Jesaja, Jeremia, Hesekiel, Daniel
K Sechs Könige Israels
A Zwölf Apostel
M Tod der Maria, der die Kathedrale geweiht ist (Notre Dame)
W Zwei Engel mit Weihrauchgefäßen

In den 24 Freien Feldern sind musizierende Engel dargestellt.

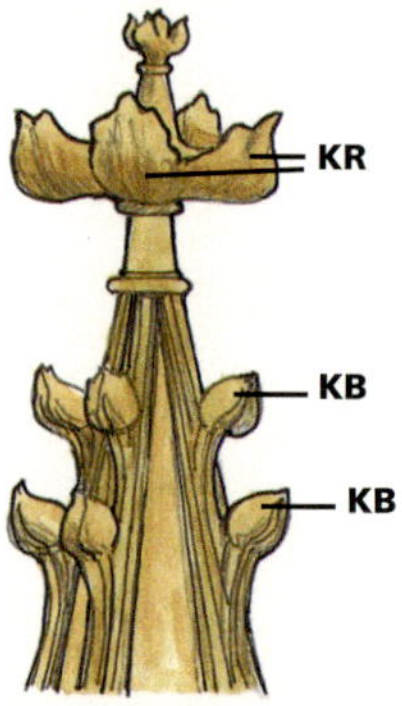

Türmchen (Fiale) mit Krabben (**KB**) und Kreuzblume (**KR**)

M 2 **Wand des Hauptschiffes**
Aufrisszeichnung

M 3 **Fassade der Kathedrale**

M 4 **Hauptschiff der Kathedrale von Reims**

Aufgaben

1. Suche Merkmale des gotischen Stils.
2. Was soll mit der großen Rosette der Westfassade von Reims ausgesagt werden?
3. Besuche eine gotische Kirche in deiner Umgebung. Beschreibe das Bauwerk und informiere dich über das Erbauungsjahr.

M 1 **Die Kaaba in Mekka**
Zentrum der islamischen Welt

Der Islam – eine Weltreligion entsteht

Der Religionsgründer Mohammed

In Deutschland leben über drei Millionen Muslime und weltweit verehren über 1,2 Milliarden Menschen Allah als Gott. Der Islam gehört somit zu den großen Weltreligionen. Seine Entstehung geht auf Mohammed zurück, der für die Muslime der Prophet Allahs ist. Die überlieferten Berichte stellen ihn als Menschen mit Stärken und Schwächen dar und enthalten viele Details über ihn. Sein Lebenslauf stellt sich nach diesen Texten folgendermaßen dar:

Mohammed wurde um 570 n. Chr. in Mekka, einer arabischen Handelsstadt, geboren. Als Vollwaise wuchs er bei Verwandten auf, lebte als Hirte und begleitete seinen Onkel auf Handelsreisen, bevor er sich als Kaufmann in Mekka niederließ und heiratete. Dort verehrten die meisten Menschen viele verschiedene Götter in der Kaaba, einem würfelförmigen Haus, das als Heiligtum galt.

Die Offenbarungen, aus denen Mohammed den Willen Allahs erfuhr, wurden im Koran gesammelt. Darin wird zum Beispiel berichtet, dass er dem Engel Jibrîl (Gabriel) begegnete, der ihm den Willen Allahs offenbarte. In einer Nacht wurde er von ihm auf einem Reittier zuerst auf den Tempelberg in Jerusalem gebracht und erblickte dann auf einer Himmelsreise Allah und die sieben Paradiese.

Vom Glauben an Allah als einzigem Gott überzeugt, begann Mohammed gegen den in Mekka verbreiteten Polytheismus zu predigen. Als er auf Widerstand stieß, siedelte er im Jahr 622 nach Medina über. Diese so genannte Hijra (Hedschra) stellt für die Muslime den Beginn ihrer Zeitrechnung dar, denn in Medina bildete sich die erste muslimische Gemeinschaft und die ersten Moscheen als Andachtsorte für Allah entstanden.

M 2 **Moschee in Kairo mit Minarett und Brunnenhaus**

M 3 **Heilige Schrift**
Eine Koranseite aus dem 16. Jahrhundert

Im Jahr 629 pilgerte Mohammed nach Mekka und beseitigte in der Kaaba alles, was an den früheren Glauben erinnerte. Die Kaaba gilt seitdem als höchstes Heiligtum des Islam und die Pilgerfahrt nach Mekka wurde eine der wichtigsten religiösen Pflichten für Muslime.

In den Jahren bis zu seinem Tod 632 n. Chr. bemühte sich Mohammed um die Verbreitung des Islam. Unter ganz bestimmten Bedingungen konnte auch ein Jihâd (Dschihad), ein heiliger Krieg, erlaubt sein. Aber nicht nur Gewalt, sondern auch die Toleranz gegenüber Andersgläubigen trug dazu bei, dass sich der Islam so schnell und so weit ausbreiten konnte. Der Glaube an Allah als einzigem Gott übte offensichtlich eine große Faszination aus.

Der Glaube der Muslime

Islam bedeutet „Unterwerfung unter Gott". Muslim bedeutet „einer der sich unterwirft". Der Koran enthält Allahs Willen, den er seinem Propheten Mohammed offenbarte, und ist daher das heilige Buch der Muslime. Dabei werden nicht nur der Inhalt, sondern auch das Buch und der Text selbst als heilig betrachtet. Deshalb ist auch die schön gestaltete Schrift und die richtige Betonung beim Sprechen außerordentlich wichtig.

Aufgeteilt ist der Koran in 114 unterschiedlich lange Abschnitte, die so genannten Suren. Der Inhalt ist vielfältig: Es finden sich darin Ereignisse, die auch in der Bibel enthalten sind, wie zum Beispiel die Schöpfungsgeschichte und Berichte über Jesus; es finden sich Aussagen zum Jüngsten Gericht, zu Hölle und Paradies; es finden sich aber auch Rechtsvorschriften. Das ganze Leben eines Muslim und das muslimischer Gemeinschaften soll sich am Koran orientieren.

Da vieles aber nicht eindeutig ist, ist eine Auslegung des Korans notwendig. Diese Aufgabe kann ein Imam, ein Vorbeter in der Moschee, ein Ayatollah, ein Rechtsgelehrter, oder auch ein Kadi, ein Richter, übernehmen. Sie bemühen sich, die Aussagen des Koran auf das Verhalten im Alltag und auf Rechtsfälle anzuwenden. Wegen dieser unterschiedlichen Interpretationen des Koran gibt es auch verschiedene Richtungen im Islam. Gleichwohl sind die so genannten Fünf Säulen des Islam für alle Gläubigen verbindlich.

M 4 **Die Säulen des Islam**

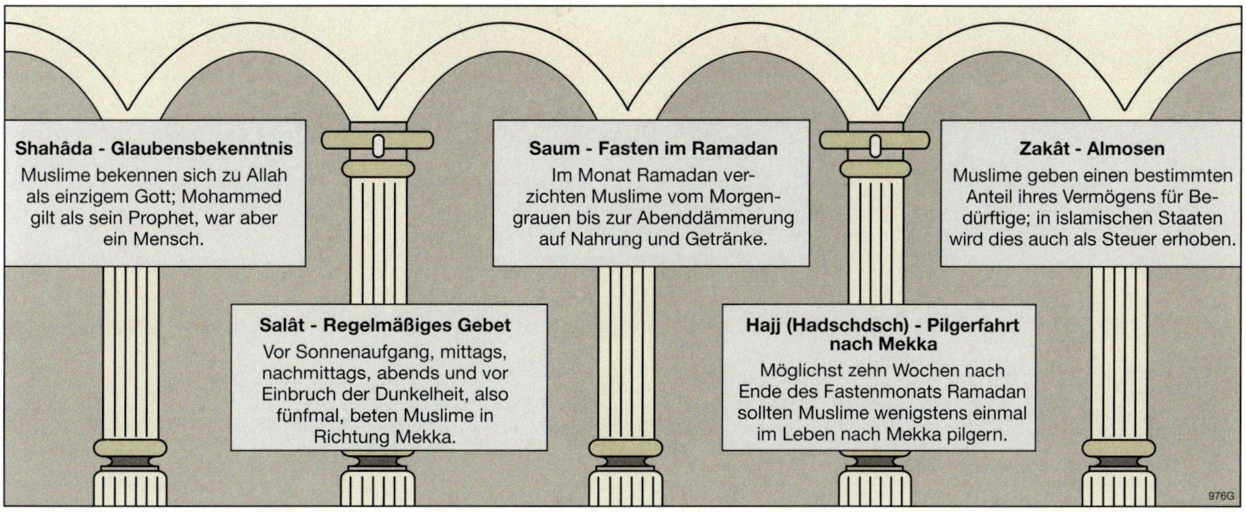

M 5 **Felsendom in Jerusalem**
Er steht auf dem Tempelberg und zählt zu den wichtigsten Heiligtümern des Islam.

Die Ausbreitung des Islam

Nach dem Tod Mohammeds verbreitete sich die neue Religion mit unglaublicher Geschwindigkeit. Mohammeds Nachfolger, die Kalifen (= Stellvertreter), eroberten in wenigen Jahrzehnten das Perserreich, Syrien und Ägypten. Lediglich das Oströmische Reich leistete energischen Widerstand, obwohl die Araber zahlreiche Feldzüge führten, und Konstantinopel mehrfach belagerten.

Jerusalem mit den heiligen Stätten der Christenheit fiel ebenfalls in arabische Hand. Die Stadt galt jedoch auch den Moslems als heilig, denn von hier soll Mohammed in den Himmel aufgestiegen sein und von Allah die Eingebung für seine Botschaft empfangen haben. An dieser Stelle steht heute der 691 erbaute Felsendom mit seiner goldenen Kuppel – ein Hauptheiligtum des Islam.

Ende des 7. Jahrhunderts hatten die Kalifen ein riesiges Reich erobert. Im Osten erstreckte es sich bis an den Indus, im Westen bis an den Atlantik. Im Jahr 711 setzte der Feldherr Tarik nach Spanien über. Er vernichtete das Westgotenreich und machte Spanien für Jahrhunderte zur arabischen Provinz.

Auf den ersten Blick ist es erstaunlich, dass der Islam in so kurzer Zeit einen Siegeslauf antrat. Doch die Glaubenskrieger, die unter der grünen Fahne des Propheten stritten, waren hoch motiviert: Mohammed hatte verkündet, wer im Kampf um den Glauben sterbe, komme ins Paradies. Da sich die Araber als tolerante Herren erwiesen, war der Widerstand schwach. Besonders die Christen galten den Moslems als „Leute des Buchs", die ebenfalls Gottes Offenbarung empfangen hatten, wenn auch in verfälschter Form. Daher durften sie ungehindert ihren Glauben ausüben und hatten lediglich eine Kopfsteuer zu zahlen. Und wer zum Islam übertrat, genoss sofort alle Vorrechte der muslimischen Eroberer, und konnte hohe politische Ämter bekleiden.

M 6

M 7 Löwenhof der Alhambra in Granada
Palast der muslimischen Herrscher, erbaut im 13. Jh.

M 8 Moschee in Córdoba
Große Halle der Hauptmoschee, Baubeginn 785

Islamische Kultur

Die Araber zeigten sich gegenüber den eroberten Völkern meist tolerant und nahmen ihr geistiges Erbe begierig auf. Dass sie einen großen Teil davon an das mittelalterliche Europa weitergaben, ist ihr großes Verdienst. Denn die Übersetzung indischer, persischer und griechischer Werke entfachte einen lebhaften Gedankenaustausch, der auch die Gelehrten des Abendlandes erfasste. Arabische Universitäten und Bibliotheken sammelten das Wissen ihrer Zeit und viele Werke antiker Schriftsteller sind nur deshalb erhalten, weil arabische Gelehrte sie gesammelt und übersetzt haben.

In hohem Ansehen standen Astronomie und Mathematik. So gelangten auch die arabischen Ziffern, die vermutlich aus Indien stammen, über die Araber nach Europa.

Erheblich weiter als in Europa waren die Araber in der Medizin. Fachärzte wie Internisten, Augenärzte und Orthopäden betreuten die Kranken, man kannte bereits die Vollnarkose bei Operationen und es gab Apotheken mit zahlreichen Heilmitteln.

Eine kulturelle Blüte gab es auch in Spanien, das die Araber al-Andalus nannten. In islamischer Zeit erlebte die Landwirtschaft durch den Bau kunstvoller Bewässerungsanlagen und den Anbau neuer Pflanzen (z. B. Reis, Zitrusfrüchte, Pfirsiche, Datteln) einen großen Aufschwung. Glanzvoller Mittelpunkt war die Hauptstadt Córdoba, wo es Moscheen, Bäder, Krankenhäuser, Schulen und Bibliotheken gab. Bedeutende Gelehrte und Dichter waren hier ansässig. Arabische Baumeister errichteten Häuser mit schattigen Innenhöfen und Brunnen, die bis heute Ausdruck einer reichen islamischen Baukunst sind.

M 9 Arzt und Schüler
Das Bild zeigt den griechischen Mediziner Dioskurides in einer arabischen Darstellung von 1229.

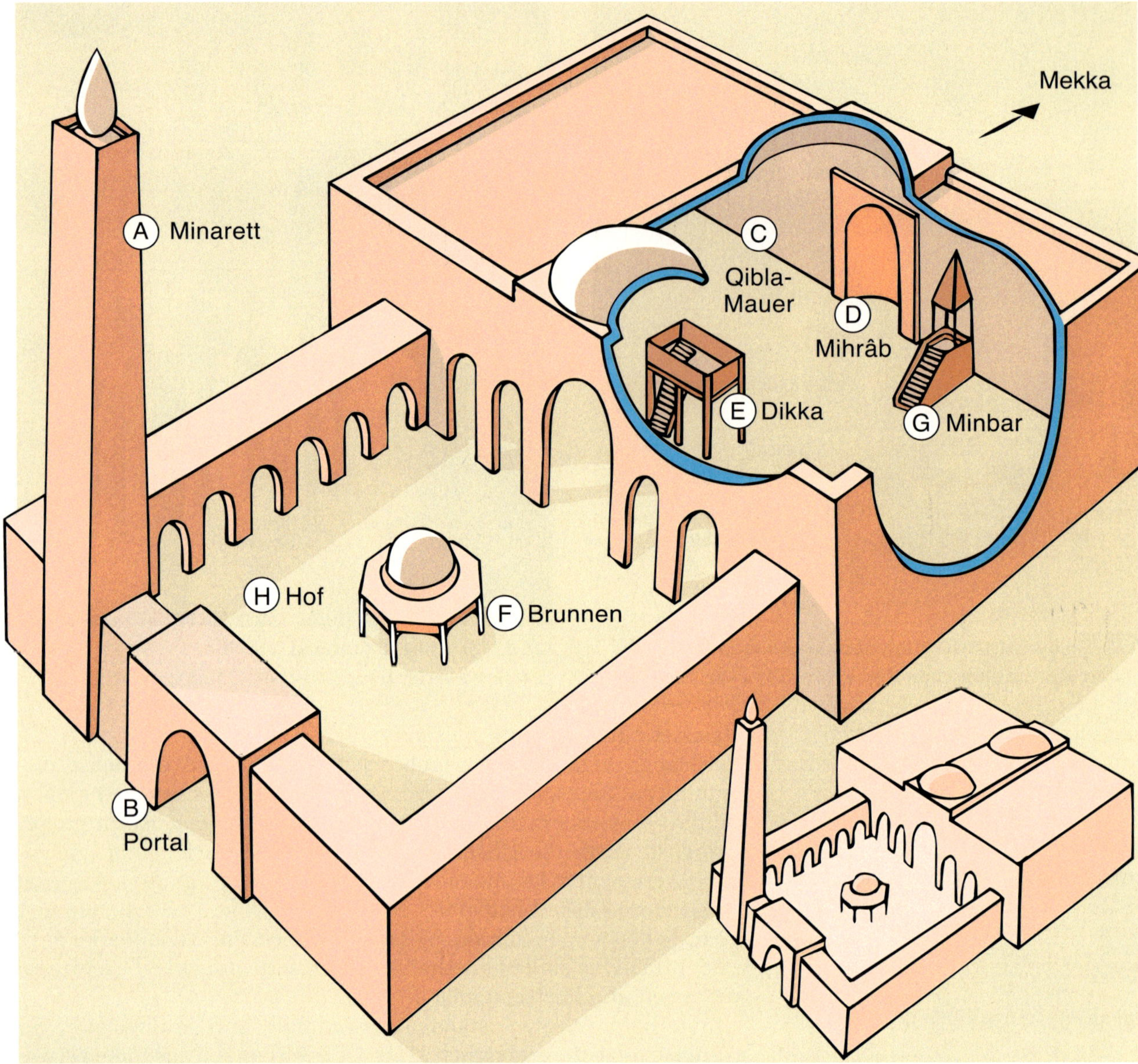

M 10 Eine Moschee
Moscheen sind Andachtsorte für Muslime. Sie finden sich in vielen Ländern und weisen im Hinblick auf Größe, Architektur und Ausstattung große Unterschiede auf. Die Zeichnung enthält wichtige Elemente, die in allen größeren Moscheen unverzichtbar sind: (A) Minarett: Von diesem Turm aus ruft der Muezzin die Gläubigen zum Gebet. (B) Portal: Durch es betreten die Gläubigen den geschützten Bereich der Moschee.(C) Qibla-Mauer: Moscheen sind nach Mekka ausgerichtet.(D) Mihrâb: Die Gebetsnische befindet sich an der Wand, die nach Mekka ausgerichtet ist; vor ihr steht der Imâm, der Vorbeter, während des Gebets. Das Gebet besteht aus einer festgelegten Abfolge von Gebetstexten und Gebetshaltungen, die die Unterwerfung unter Allah zum Ausdruck bringen. Frauen und Männer nehmen getrennte Plätze ein. (E) Dikka: Auf dieser Plattform wird der Gebetsruf vor dem Gebet noch einmal wiederholt. (F) Brunnen: Vor dem Gebet ist eine Reinigung erforderlich; vor dem Betreten des Inneren der Moschee sind die Schuhe auszuziehen. (G) Minbar: Von dieser Kanzel aus wird gepredigt; dies geschieht aber nur im Rahmen des Freitagsgebets und an Festtagen. (H) Hof: Dies ist ein Treffpunkt für Muslime. Mit der Moschee sind oft andere Einrichtungen wie zum Beispiel Schulen verbunden; auch konnten Reisende dort übernachten.

M 11 **Der Beginn des Koran**

Die erste Sure des Koran, die so genannte al-Fatiha, gilt als wichtigste. Sie ist Teil der täglichen Gebete:

Die Öffnende
Geoffenbart zu Mekka
Im Namen Allahs, des Erbarmers, des Barmherzigen! Lob sei Allah, dem Weltenherrn, dem Erbarmer, dem Barmherzigen, dem König am Tag des Gerichts! Dir dienen wir und zu Dir rufen um Hilfe wir; Leite uns den rechten Pfad,
Den Pfad derer, denen Du gnädig bist,
Nicht derer, denen Du zürnst, und nicht der Irrenden.

Der Koran, übersetzt von Max Henning, Stuttgart 1991, S. 510.

M 12 **Das Vaterunser**

Das von Jesus im Rahmen der Bergpredigt aufgestellte Vaterunser, das heute zum Teil in leicht abgewandelter Form im Gottesdienst gesprochen wird, ist im Neuen Testament bei Matthäus 6.9-15 zu finden:

So sollt ihr beten:
Unser Vater im Himmel, dein Name werde geheiligt, dein Reich komme, dein Wille geschehe wie im Himmel, so auf der Erde. Gib uns heute das Brot, das wir brauchen. Und erlass uns unsere Schulden, wie auch wir sie unseren Schuldnern erlassen haben. Und führe uns nicht in Versuchung, sondern rette uns vor dem Bösen. Denn wenn ihr den Menschen ihre Verfehlungen vergebt, dann wird euer himmlischer Vater auch euch vergeben.
Wenn ihr aber den Menschen nicht vergebt, dann wird euch euer Vater eure Verfehlungen auch nicht vergeben.

Die Bibel – Altes und neues Testament – Einheitsübersetzung, Freiburg/Basel/Wien1980, S. 1093 f.

M 13 **Speisegebote**

An verschiedenen Stellen des Koran gibt es Hinweise auf Speisegebote:

Verwehrt hat Er [Allah] euch nur Krepiertes und Blut und Schweinefleisch und das, über dem ein anderer als Allah angerufen ward. Wer aber dazu gezwungen wird, ohne Verlangen danach und ohne sich zu vergehen, auf dem sei keine Sünde; siehe Allah ist verzeihend und barmherzig.
[2. Sure]
Verwehrt ist euch Krepiertes, Blut, Schweinefleisch und das, über dem ein anderer Name als Allahs (beim Schlachten) angerufen ward; das Erwürgte, das Erschlagene, das durch Sturz oder Hörnerstoß Umgekommene, das von reißenden Tieren Gefressene, außer dem, was ihr reinigt, und das auf (Götzen-)Steinen Geschlachtete.
[5. Sure]
O ihr, die ihr glaubt, siehe, der Wein, das Spiel, die Bilder und die Pfeile [ein Losspiel] sind ein Gräuel von Satans Werk. Meidet sie; vielleicht ergeht es euch wohl. [5. Sure]

Der Koran, übersetzt von Max Henning, Stuttgart 1991, S. 27, 48.

Aufgaben

1. a) Welche heutigen Länder liegen im Gebiet, das bis 750 n. Chr. islamisch wurde?
   b) Benutze einen Erdkunde- oder Geschichtsatlas. In welchen Teilen der Welt ist der Islam heute verbreitet? → M6, Atlas
2. a) Sammle Bilder von Moscheen und nenne dort sichtbare typische Merkmale.
   b) Erschließe aus dem Schaubild den Ablauf einer religiösen Feier bei Muslimen.
   c) Suche Unterschiede und Gemeinsamkeiten mit einem christlichen Gottesdienst.
   → Text, M10
3. Vergleiche die erste Sure mit dem Vaterunser.
   → Text, M11, M12
4. a) Vergleiche die Stellung Mohammeds im Islam mit der von Jesus im Christentum.
   b) Erläutere, weshalb es viele Muslime als unpassend empfinden, wenn sie als Mohammedaner bezeichnet werden. → Text
5. a) Welche Speisegebote kann man aus dem Koran ableiten? Verdeutliche dies an Beispielen.
   b) Nenne Gründe für die Speisegebote in der Zeit Mohammeds.
   c) Kennst du andere Speisegebote? Wie werden sie begründet? → M13
6. Erläutere die besonderen Leistungen der islamischen Kultur. → Text, M7–M9

M 1 **Der Graf von Vendôme**
Er trägt noch das Kreuz der Kreuzfahrer auf dem Mantel, als er nach fünfzehnjähriger muslimischer Gefangenschaft zu seiner Frau zurückkehrt, Statue aus dem Franziskanerkloster in Nancy in Lothringen.

Die Kreuzzüge – Krieg im Namen Gottes

Bewaffnete Wallfahrten

Im November 1095 hielt Papst Urban im südfranzösischen Clermont eine folgenreiche Rede. Er rief die Zuhörer auf, das Heilige Grab in Jerusalem aus muslimischer Herrschaft zu befreien. Bereits im März hatte nämlich der byzantinische Kaiser den Papst um Hilfe gegen das Reitervolk der Seldschuken gebeten. Diese hatten Byzanz eine empfindliche Niederlage beigebracht und drohten nun, die Hauptstadt der östlichen Christenheit einzunehmen. Dem byzantinischen Kaiser war nur an militärischer Hilfe gelegen. Papst Urban jedoch stellte den Teilnehmern einer solchen Aktion den Erlass der Sündenstrafen, einen so genannten Ablass, in Aussicht: Er rief zu einem religiös motivierten Kampf auf, der als Bußleistung galt.

Die Resonanz auf die Rede war überwältigend: Es entstand die erste Massenbewegung des Mittelalters. Man glaubte, mit dem Kreuzzug den Willen Gottes zu erfüllen. Die Verpflichtung wollte man durch ein Zeichen ausdrücken. Die „Kreuznahme" hat man sich also ganz konkret vorzustellen. Die Ritter ließen, so wird berichtet, unmittelbar nach Urbans Ansprache Stoffkreuze auf ihren Mänteln und Umhängen befestigen.

Der Begriff „Kreuzzug" ist erst im 13./14. Jahrhundert entstanden, also nicht zeitgenössisch. Die Zeitgenossen stellten vielmehr einen Zusammenhang zur Pilgerfahrt her. Wenn sie von der „vart über mer" oder von der „gotes vart" sprachen, meinten sie damit eine Wallfahrt nach Jerusalem. Dennoch waren die Kreuzfahrer nicht nur Pilger, denn sie führten Waffen mit sich, sodass der Kreuzzug als bewaffnete Wallfahrt ins Heilige Land bezeichnet werden kann.

Ursachen der Kreuzzüge

Für die Teilnehmer konnten verschiedene Gründe ausschlaggebend sein. Das religiöse Motiv war zwar nicht das einzige, das einen Ritter zum Aufbruch ins Heilige Land veranlasste, aber es war ursprünglich wohl das entscheidende. In der damaligen Zeit breitete sich die Gottesfriedensbewegung aus, die dafür sorgte, dass sich die Ritter bei ihren Fehden an gewisse Regeln hielten, die vor allem den Schwachen, den Kirchen und den Geistlichen Schutz bieten sollten. Friedensbrecher mussten verfolgt werden.

So kam es zu einer Verchristlichung der Ritter, die nun eine neue Aufgabe suchten und sie im Kreuzzug fanden. Sie hatten nun die Möglichkeit das Seelenheil durch ritterlichen Kampf zu erlangen. Die unkontrollierten ritterlichen Fehden sollten nicht mehr nach innen, gegen die christlichen Glaubensbrüder, sondern nach außen, gegen den Islam gerichtet werden. Fulcher von Chartres, ein Kreuzzugschronist, fasst diesen Gedanken zusammen indem er sagt, „aus Räubern sollten Soldaten Gottes werden".

Dass der Papst zum Kampf aufrief, zeigte, dass sich das Verhältnis der Kirche zum Krieg gewandelt hatte. Die gewaltsame Durchsetzung des christlichen Glaubens gegenüber den islamischen Mauren in Spanien, die Eroberung des ebenfalls muslimischen Sizilien und andere Ereignisse hatten ein allmähliches Umdenken bewirkt.

M 2 **Christus an der Spitze der Kreuzfahrer**
Die Illustration aus dem 14. Jahrhundert veranschaulicht Auffassungen, die während der Kreuzzüge verbreitet waren.

M 3 **Die Eroberung von Jerusalem 1099**
Historiengemälde von Piloty aus dem 19. Jahrhundert

Die Eroberung Jerusalems

Die Kreuzfahrer brachen 1096 auf. Das Heer bestand vor allem aus französischen und normannischen Rittern. Einer der bedeutendsten Teilnehmer war Herzog Gottfried von Bouillon, die Leitung hatte der Bruder des französischen Königs, Hugo von Vermandois.

Zuvor schon waren einfache Leute zu einem Kreuzzug zusammengeströmt. Angeführt von Fanatikern plünderten sie Judengemeinden in Nordfrankreich und im Rheinland und zogen dann nach Osten. Das Heilige Land erreichten sie nie und gingen vorher zu Grunde.

Nach gewaltigen Strapazen und Ängsten erreichte das Ritterheer schließlich im Jahr 1099 Jerusalem. Bei der Eroberung richteten die Kreuzfahrer unter den rund 20 000 Einwohnern ein schreckliches Blutbad an. Der Rausch des Sieges, religiöser Fanatismus und aufgestaute Entbehrungen werden als Erklärungen genannt. Das ändert jedoch nichts daran, dass die islamische Welt über den Vandalismus christlicher Ritter empört und entsetzt war.

Die Kreuzzugsbewegung erwies sich als nur schwer kontrollierbar. Zwar hatte der Papst zum Kreuzzug aufgerufen und einen päpstlichen Gesandten zur Begleitung des Heers entsandt. Auf das Verhalten der Kreuzfahrer hatte er jedoch nur wenig Einfluss.

Auf den ersten Kreuzzug folgten weitere. Sie führten zur Eroberung der Küstenregion des Vorderen Orients, wo sich mehrere Kreufahrerstaaten in Jerusalem, Antiochia, Edessa und Tripolis bildeten. Militärische Expansion hatte über religiöse Motivation gesiegt

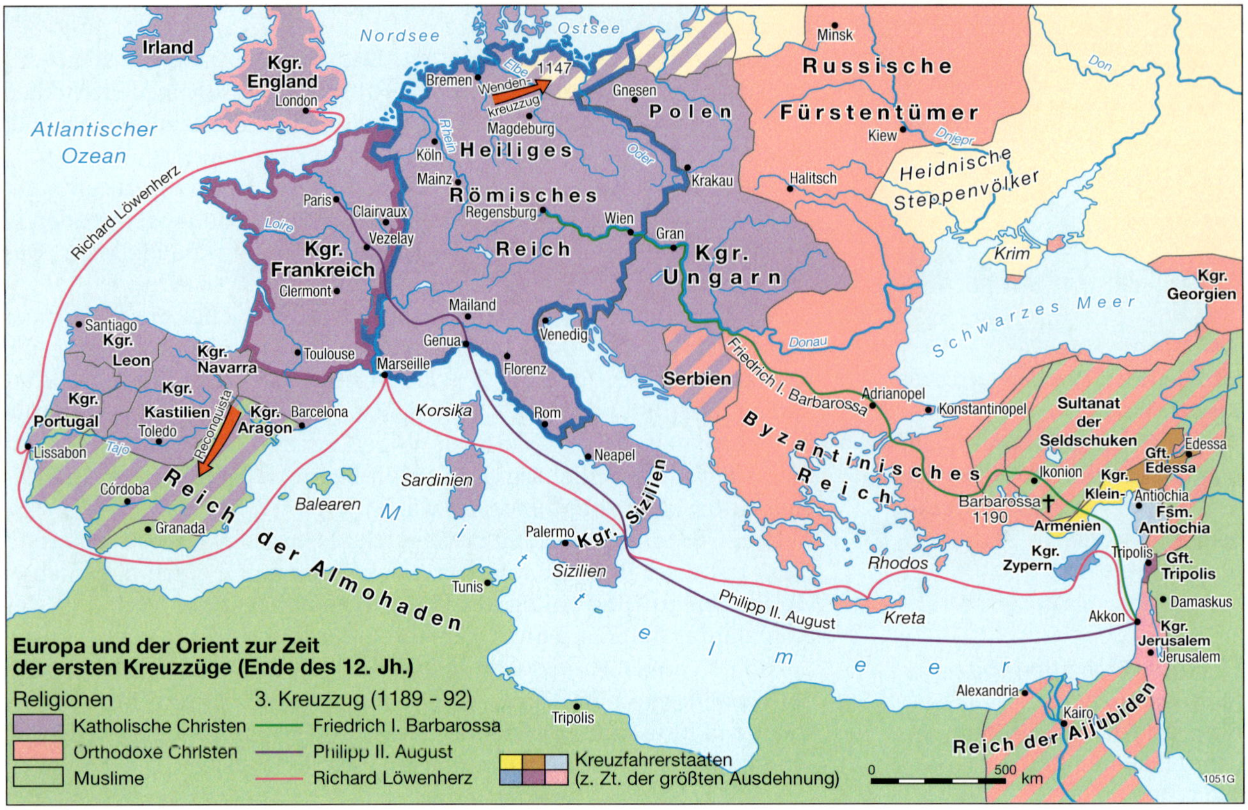

M 4

Die Folgen der Kreuzzüge

Die Kreuzzugsbewegung ist trotz ihrer Anfangserfolge gescheitert, denn die Kreuzfahrer konnten keine langfristige Herrschaft im Heiligen Land begründen. Mit dem Fall der Hafenstadt Akkon ging 1291 der letzte Stützpunkt verloren. Allerdings intensivierte sich der wirtschaftliche und kulturelle Austausch zwischen christlichem Abendland und muslimischem Morgenland. Auch wirkten arabische Technik und Naturwissenschaften auf Europa ein.

M 5 Kreuzritter gehen an Bord
Die Ritter besteigen die Schiffe und lassen Proviant, Waffen und Pferde verladen (zeitgenössische Miniatur).

M 6 Eroberung von Jerusalem in zweifacher Sicht

a) Der Chronist Wilhelm von Tyrus (ca. 1130–1186) berichtet in seiner Kreuzzugsgeschichte auch von der Einnahme Jerusalems am 15. Juli 1099:

Sofort durchzogen der Herzog [Gottfried von Bouillon] und die, welche mit ihm waren, in geschlossenen Gliedern, mit gezückten Schwertern und mit Schildern und Helmen bedeckt, die Straßen und Plätze der Stadt, und streckten alle Feinde, die sie finden konnten, ohne auf Alter oder Rang Rücksicht zu nehmen, mit der Schärfe des Schwertes nieder. Und es lagen überall so viele Geschlagene und solche Haufen abgeschlagener Köpfe umher, dass man keinen anderen Weg oder Durchgang mehr finden konnte als über Leichen. [...] Der größte Teil des Volkes hatte sich nach der Halle des Tempels geflüchtet, weil dieser in einem entlegenen Teil der Stadt stand, auch mit der Mauer, mit Türmen und starken Toren verwahrt war. Diese Flucht brachte ihnen aber keine Rettung, denn sogleich begab sich Herr Tankred mit einem sehr großen Teil des ganzen Heeres dahin. Er brach mit Gewalt in den Tempel ein und machte Unzählige nieder. Er soll auch eine unermessliche Menge von Gold, Silber und Edelsteinen hinweggenommen, nachher jedoch, als der erste Tumult vorüber war, alles an den alten Platz zurückgebracht haben. Sofort gingen auch die übrigen Fürsten, nachdem sie, was ihnen in den übrigen Stadtteilen unter die Hände gekommen war, niedergemacht hatten, nach dem Tempel, hinter dessen Umschanzungen sich das Volk, wie sie gehört, geflüchtet hatte. Sie drangen mit einer Menge von Reitern und Fußgängern hinein, und stießen, ohne Jemanden zu schonen, was sie fanden mit Schwertern nieder und erfüllten alles mit Blut. Es war dies ein gerechtes Urteil Gottes, dass die, welche das Heiligtum des Herrn mit ihren abergläubischen Bräuchen entweiht und dem gläubigen Volke entzogen hatten, es mit ihrem eigenen Blut reinigten und den Frevel mit ihrem Tod sühnen mussten. Schauerlich war es anzusehen, wie überall Erschlagene umherlagen [...] und wie der Boden mit vergossenem Blut ganz überdeckt war. Und nicht nur die verstümmelten Leichname [...] waren ein furchtbarer Anblick, den größten Schauer musste das erregen, dass die Sieger selbst von Kopf bis zu den Füßen mit Blut bedeckt waren. Im Umkreis des Tempels sollen an die zehntausend Feinde umgekommen sein, wobei also die, welche [...] in der Stadt niedergemacht wurden [...] noch nicht gerechnet sind. [...]
Der übrige Teil des Heeres zerstreute sich in der Stadt und zog die, welche sich in engen und verborgenen Gassen, um dem Tod zu entkommen, verborgen hatten, wie das Vieh hervor und stieß sie nieder.

Wilhelm von Tyrus, Geschichte der Kreuzzüge und des Königreichs Jerusalem, übers. von E. und R. Kausler, Stuttgart 1840, S. 200 ff.

b) Der arabische Geschichtsschreiber Ibn al-Atir (1160–1233) berichtet in seinem Hauptwerk, einer Gesamtdarstellung der islamischen Welt, über die Eroberung Jerusalems:

Die Franken wandten sich also gegen Jerusalem, nachdem sie Akkon erfolglos belagert hatten und hielten es nach ihrer Ankunft mehr als vierzig Tage lang eingeschlossen. Sie errichteten zwei Türme, einen davon auf der Seite Zions, aber die Muslime verbrannten ihn und töteten alle, die in ihm waren. Kaum hatten sie ihn verbrannt, als ein Bote mit einem Hilferuf kam: die Stadt sei von der anderen Seite her genommen. Die Franken nahmen sie tatsächlich von der Nordseite, morgens am Freitag, dem [...] [15. Juli 1099]. Die Einwohner wurden ans Schwert geliefert, und die Franken blieben eine Woche in der Stadt, während deren sie die Einwohner mordeten. Eine Gruppe von diesen suchte Schutz in Davids Bethaus , verschanzte sich dort und leistete einige Tage Widerstand. Nachdem die Franken ihnen das Leben zugesichert hatten, ergaben sie sich; die Franken hielten den Vertrag, und sie zogen des Nachts in Richtung Askalon und setzten sich dort fest. In der al-Aqsa Moschee dagegen töteten die Franken mehr als siebzigtausend Muslime, unter ihnen viele Imame, Religionsgelehrte, Fromme und Asketen, die ihr Land verlassen hatten, um in frommer Zurückgezogenheit an diesem heiligen Ort zu leben. Aus dem Felsendom raubten die Franken mehr als vierzig Silberleuchter, von denen jeder über dreitausendsechshundert Drachmen wog, einen großen Silberleuchter im Gewicht von vierzig syrischen Pfund, außerdem von den kleineren Leuchtern einhundertundfünfzig silberne und mehr als zwanzig goldene, und andere unermessliche Beute.

Aus: Die Kreuzzüge aus arabischer Sicht. Aus den arabischen Quellen ausgew. und übers. von Francesco Gabrieli, Zürich – München 1973, S. 49 f.

M 7 **Eroberung Jerusalems aus muslimischer Sicht,** zeitgenössische Abbildung

M 8 **Eroberung Jerusalems aus christlicher Sicht**

M 9 Nachleben der Kreuzzüge

Der Historiker Nikolaus Jaspert schreibt über die Folgen der Kreuzzüge:

Kulturtransfer:
In der Tat lassen sich eine Vielzahl von kulturellen Errungenschaften benennen, die aus der muslimischen Welt Einzug in den lateinischen Westen fanden. Arabische Lehnwörter aus der Welt des Handels wie Bazar, Scheck, Tarif oder Arsenal oder aus den Naturwissenschaften wie Algebra oder Algorithmus lassen sich in diesem Zusammenhang anführen. Künstlerische Errungenschaften [...] sowie Fertigkeiten in der Metall-, Textil-, Keramik- und Lederverarbeitung wurden nachweislich aus der islamischen Welt übernommen. Auch aus muslimischer Sicht lassen sich Transferprozesse erkennen, obwohl die lateinischen Christen den Muslimen in kultureller Hinsicht wenig zu bieten hatten. In der Militärtechnik z. B. führte die Begegnung mit den fremden Kriegern zu wichtigen Neuerungen, von der Einführung gepanzerter Reiter bis zu Veränderungen in der Belagerungstechnik und im Festungsbau. Die konfessionelle Grenze war also durchlässiger als man annehmen könnte.
Doch wie viel von alledem fand über die Kreuzfahrerherrschaften des Vorderen Orients seinen Weg in den Westen? Die Forschung ist sich mittlerweile weit gehend einig, dass in den Kreuzfahrerherrschaften Palästinas und Syriens vergleichsweise wenige derartige Transfervorgänge stattfanden. Andere Kontaktzonen dienten in stärkerem Maße als Einfallstore für fremdes Wissen. Sizilien und Süditalien blieben mehrere Jahrhunderte stark von der Kultur der unterworfenen Muslime geprägt und in vielen islamischen Hafenstädten des Mittelmeeres traten christliche Händler in Kontakt mit den Andersgläubigen und ihrer Kultur [...].

Eigenes und Fremdes:
Die Begegnung mit dem Islam führte dem lateinischen Westen seine Gemeinsamkeit vor Augen [...]. Ebenso, wie eine bislang unbekannte Bündelung von Kräften über bisherige politische Grenzen hinweg den militärischen Erfolg des ersten Kreuzzuges überhaupt erst ermöglichte, wurde die Besiedlung und Verteidigung des Eroberten über fast zwei Jahrhunderte hinweg nur durch immer wieder erneuerte kollektive [gemeinsame] Anstrengungen gewährleistet. So lässt sich wohl konstatieren [feststellen], dass die Begegnung mit andersartigen Kulturen weniger zu einem größeren Verständnis für das Fremde, als vielmehr zu einer genaueren Kenntnis des Eigenen führte – mit allen positiven wie negativen Folgen. Die Kreuzzüge trugen wesentlich zur Selbstfindung sowohl des Christentums als auch des Islam bei.

Nikolaus Jaspert, Die Kreuzzüge, Darmstadt 2003, S. 158 ff.

Aufgaben

1. a) Was versteht man unter „Kreuzzug"?
   b) Nenne Beweggründe der Kreuzfahrer.
   → Text
2. Vergleiche die Schilderungen über die Eroberung von Jerusalem. Nenne Gemeinsamkeiten und Unterschiede.
   → M6
3. a) Woran ist auf den Bildern von der Eroberung Jerusalems erkennbar, ob sie die christliche oder muslimische Sicht wiedergeben?
   b) Erläutere, wie die Kreuzfahrer im Gemälde von Piloty dargestellt werden.
   → M3, M7, M8
4. a) Wie schätzt der Historiker Jaspert die Kreuzzüge im Hinblick auf den Kulturaustausch ein?
   b) Prüfe, ob die Kreuzzüge seiner Meinung nach eher das Verständnis für das Fremde gefördert oder aber die Zusammengehörigkeit der Christen gestärkt haben. Suche Belege im Text.
   → M9
5. a) Informiere dich über weitere Kreuzzüge.
   b) Suche nach Beispielen für die heutige Verwendung des Begriffs „Kreuzzug".

M 1 Kreuzzugspredigt – Version 1

a) Die so genannten Gesta Francorum, die „Taten der Franken", wurde um 1100 von einem unbekannten Kreuzfahrer verfasst. In dieser Quelle wird über die Kreuzzugspredigt Papst Urban II. auf der Synode von Clermont 1095 berichtet:

„Jeder, der seine Seele erretten will, sollte nicht zögern, in aller Demut den Gott gefälligen Weg zu gehen und falls er nicht über genügend Geldmittel verfügt, so wird ihm die göttliche Gnade reichlich davon zuteil werden lassen." Dann fuhr seine Heiligkeit fort: „Ihr Brüder, wir sollten im Namen Christi viel Leid ertragen – Elend, Armut, Nacktheit, Verfolgung, Not, Krankheit, Hunger, Durst und andere Übel mehr, so wie der Herr seinen Jüngern sagt: 'Ihr sollt vieles in meinem Namen erleiden' und 'Fürchte dich nicht, im Angesicht der Menschen Zeugnis von mir abzulegen; wahrlich, ich werde euch Beredsamkeit und Weisheit verleihen'. Und zu guter letzt, 'Großer Lohn wird euch im Himmel zuteil werden'.

The First Crusade. The Chronicle of Fulcher of Chartres and other Source Materials, ed. Edward Peters, Philadelphia 1971, S. 5/6, übers. von Herbert Rogger.

M 3 Aufruf zum Kreuzzug
Auf einer Kirchenversammlung im französischen Clermont ruft Papst Urban II. am 27. November 1095 zur Befreiung der Heiligen Stätten auf, Holzschnitt von 1482.

M 2 Kreuzzugspredigt – Version 2

Der Chronist Robert der Mönch beschrieb zu Beginn des 12. Jahrhunderts die Synode von Clermont, an der er teilgenommen hatte. Sein Bericht beinhaltet auch eine Version der Kreuzzugsrede Urbans II.:

Kein Besitz, keine Haussorge soll euch fesseln. Denn dieses Land, in dem ihr wohnt, ist allenthalben von Meeren und Gebirgszügen umschlossen und von euch beängstigend dicht bevölkert. Es fließt nicht vor Fülle und Wohlstand über und liefert seinen Bauern kaum die bloße Nahrung. Daher kommt es, dass ihr euch gegenseitig beißt und bekämpft, gegeneinander Krieg führt und euch meist gegenseitig verletzt und tötet. Aufhören soll unter euch der Hass, schweigen soll der Zank, ruhen soll der Krieg, einschlafen soll aller Meinungs- und Rechtsstreit! Tretet den Weg zum Heiligen Grab an, nehmt das Land dort dem gottlosen Volk, macht es euch untertan! Gott gab dieses Land in den Besitz der Söhne Israels; die Bibel sagt, dass dort Milch und Honig fließen [2. Buch Moses 3, 8]. Jerusalem ist der Mittelpunkt der Erde, das fruchtbarste aller Länder, als wäre es ein zweites Paradies der Wonne. Der Erlöser der Menschheit hat es durch seine Ankunft verherrlicht, durch seinen Lebenswandel geschmückt, durch sein Leiden geweiht, durch sein Sterben erlöst, durch sein Grab ausgezeichnet. Diese Königsstadt also, in der Erdmitte gelegen, wird jetzt von ihren Feinden gefangengehalten und von denen, die Gott nicht kennen, dem Heidentum versklavt. Sie erbittet und ersehnt Befreiung, sie erfleht unablässig eure Hilfe. Vornehmlich von euch fordert sie Unterstützung, denn euch verlieh Gott, wie wir schon sagten, vor allen Völkern ausgezeichneten Waffenruhm. Schlagt also diesen Weg ein zur Vergebung eurer Sünden; nie verwelkender Ruhm ist euch im Himmelreich gewiss.

Arno Borst, Lebensformen im Mittelalter, Frankfurt a. M./Berlin 1987, S. 319 f.

Die Kreuzzugspredigt Urbans im Spiegel der schriftlichen Quellen

In der französischen Stadt Clermont fand eine Kirchenversammlung statt. Am 27. November 1095 hielt Papst Urban außerhalb der Stadt auf freiem Feld die Predigt. Sie gilt als Auftakt der Kreuzzugsbewegung. Woher weiß man jedoch, was er gesagt hat? Es gibt nämlich keine schriftlichen Aufzeichnungen des Papstes, und es hat auch niemand wörtlich mitgeschrieben.

Allerdings gibt es mehrere nachträglich entstandene Darstellungen. Über das Ereignis berichten:

- ein namentlich nicht bekannter Kreuzfahrer, der wahrscheinlich um 1100 die so genannte Gesta Francorum – „Die Taten der Franken" – verfasste,
- der Mönch Robert v. Reims (gestorben 1120),
- der Erzbischof Balderich von Dol (1045–1130),
- der Geistliche Fulcher von Chartres (geboren 1127).

Robert, Balderich und Fulcher waren mit großer Wahrscheinlichkeit anwesend, als Urban seine Rede hielt; Fulcher nahm sogar am ersten Kreuzzug selbst teil.

Durch das genaue Lesen und den Vergleich der schriftlichen Quellen lässt sich herausfinden, was der Papst – zumindest sinngemäß – gesagt hat. Allerdings ist zu berücksichtigen, dass alle Darstellungen *nach* der erfolgreichen Eroberung von Jerusalem im Jahr 1099 entstanden.

Fragen an schriftliche Quellen

1. Entstehung der Quelle
- a) Wann sind die Quellen entstanden?
- b) Was weiß man über die Autoren?

2. Art der Quelle
- a) Es handelt sich in beiden Fällen um persönliche Berichte. Welche Besonderheit weisen solche Texte auf?

3. Inhalt der Quelle
- a) Fasse die beiden Texte kurz zusammen.
- b) Welche Informationen finden sich in beiden Texten?
- c) An welchen Stellen weichen sie voneinander ab?
- d) Fertige eine Tabelle an und stelle die wichtigen Aussagen der beiden Texte einander gegenüber.

4. Glaubwürdigkeit der Quelle
- a) Überlege, ob die Länge der Darstellung von Robert für oder gegen seine Glaubwürdigkeit spricht?
- b) Welche Folgen konnte die Tatsache der erfolgreichen Eroberung Jerusalems für die Art der Darstellung haben?

5. Bedeutung der Quelle
- a) Welche Aussagen des Papstes lassen sich verlässlich erschließen? An welchen Stellen sind Zweifel angebracht?
- b) Untersuche, ob die Darstellung auf dem Holzschnitt das Ereignis korrekt wiedergibt. Berücksichtige dabei auch die Entstehungszeit des Bildes.

Glaube, Beute oder Land?

Kreuzzüge – nur aus religiösen Gründen?
In der Zeit von 1096 bis 1270 machten sich Tausende von Menschen in sieben Kreuzzügen aus Europa nach Jerusalem auf, um das Heilige Land zu erobern. Dabei hatte keine fremde Macht die Reichsgrenzen angegriffen, kein König musste sein Land verteidigen und es gab auch noch keine Wehrpflicht. Diese Menschen zogen freiwillig nach Palästina um das Heilige Grab zu befreien. Selbst wenn man einräumt, dass die Religion damals einen hohen Stellenwert hatte, stellt sich die Frage, ob es noch andere Ursachen gab.

M 1 **Einige Erklärungsversuche**

a) Der 4. Kreuzzug sollte über die byzantinische Hauptstadt Konstantinopel führen, wo die Kreuzritter auf ihrem Weg ins Heilige Land Zwischenstation machen wollten. Angesichts des Reichtums der Stadt nutzten sie ihren Aufenthalt dazu, die christliche Metropole im Jahr 1204 zu erobern und zu plündern. Ein byzantinischer Hofbeamter berichtet:

Die Feinde schwelgten und prassten und ließen sich zügellos gehen. Sie zogen sich purpurgesäumte Gewänder an und stelzten über die Straßen. Viele setzten auch die von ihnen vergewaltigten Frauen aufs Pferd, darunter manche vornehme Frau, die umhergeschleppt wurde. Den ganzen Tag schwärmten die Eoberer umher, tranken Wein und fraßen.
Ebenso zeigten die Lateiner [katholische Kreuzfahrer aus Frankreich und Italien] die ihrem Volk eigentümliche Goldgier. Sie öffneten die Kaisergräber, plünderten des Nachts sämtliche aus und steckten in ihrer verworfenen Ruchlosigkeit alles, was noch in ihnen war, Goldschmuck, Perlen, strahlende, wertvolle Edelsteine, in ihre Taschen.
Aber sie hatten trotzdem noch immer nicht genug, denn Barbaren kennen nie eine Sättigung in ihrem Streben nach Reichtum. Darum richteten sie begehrliche Blicke auf die ehernen Standbilder und warfen sie in den Schmelzofen. So wurde das viele Erz eingeschmolzen und zu Stateren [hochwertige Münzen] geprägt.

Niketas Choniates, Die Regierungszeit des Alexios Komnenos, zit. nach:Geschichte in Quellen, Bd. 2, München 1975, S. 498, 500, gekürzt

b) Bilanz der Kreuzzüge nach einem Lexikonartikel:

In den Kreuzzügen verband sich der Gedanke der Pilgerfahrt und des Kampfs gegen die „Heiden" mit politischen, kulturellen und wirtschaftlichen Interessen ... Die Handelswege Venedigs und anderer italienischer Stadtstaaten wurden für lange Zeit gesichert.

dtv-Brockhaus Lexikon, Bd. 10, Mannheim 1986, S. 150

c) Der Augenzeuge Guibert von Nogent berichtet vom Kreuzzug:

Arme Leute beschlugen die Hufe ihrer Ochsen nach Art der Pferde mit Eisen, spannten sie vor zweirädrige Karren, luden darauf ihre winzigen Vorräte und ihre kleinen Kinder und zogen sie so hinter sich her; und sobald die Kinder ein Schloss und eine Stadt erblickten, fragten sie eifrig, ob das jenes Jerusalem sei, zu dem sie unterwegs waren.

zit. nach: Régine Pernoud (Hrsg.), Die Kreuzzüge in Augenzeugenberichten, Düsseldorf 1961, S. 28

M 2 **Kreuzritter ermorden Muslime,** Miniatur, 1290

M 3 **Pilger zahlen am Tor zur Grabeskirche in Jerusalem die Pilgersteuer,** Miniatur, 11. Jh.
Bis 1071 konnten Gläubige die Stadt Jerusalem gegen Zahlung dieser Steuer betreten. Nach der Eroberung durch türkische Seldschuken war das nicht mehr möglich, was Papst Urbans Aufruf zur Befreiung Jerusalems auslöste.

d) Ein moderner Historiker berichtet über die Situation des Landadels:

Zusätzlich gingen freie Bauern oder adelige Landbesitzer immer mehr dazu über, das Land einem einzigen Erben oder Pächter weiterzugeben, um die Äcker nicht zu sehr zu zersplittern. Das musste bei den jungen Leuten, die leer ausgingen, zu einer „no-future"-Mentalität führen. Die Zweit- oder Drittgeborenen des Adels konnten die geistliche Laufbahn einschlagen, auf Abenteuer- und Landsuche gehen oder einfach herumlungern. Die Chronisten beklagten zahlreiche Untaten dieser „halbstarken Edelleute".
Dann wurden die Ernten immer schlechter, was teils auf ausgelaugte Böden, teils auf schlimme Dürre- oder Regenjahre zurückzuführen war. Die geschwächten Menschen wurden Opfer von Seuchen und Epidemien.

H. v. Peschke, in: Geschichte mit Pfiff 10/83, Nürnberg, S. 9

Aufgaben

1. Welche Motive einiger Kreuzfahrer offenbart der Bericht aus Konstantinopel? → M1 a)
2. Welche weiteren Gründe entnimmst du dem Lexikonartikel und dem Bildtext zur Grabeskirche? → M1 b), M3
3. Lies die Quelle von Guibert von Nogent, der Augenzeuge der Kreuzzüge war. Was sind das für Leute, die hier nach Jerusalem ziehen? → M1 c)
4. Welche Lebensbedingungen des Landadels schildert der moderne Historiker? Wie sind sie mit der Kreuzzugsidee verbunden? → M1 d)

Zusammenleben von Juden und Christen

Die jüdische Diaspora

Krieg und Fremdherrschaft hatten jüdische Familien schon zur Zeit der Assyrer und Babylonier zur Auswanderung aus Palästina veranlasst. Ein Aufstand gegen die Römer führte 70 n. Chr. zur Eroberung Jerusalems und zur Zerstörung des Tempels. Das bedeutete das Ende eines eigenen jüdischen Staates. Die Juden zerstreuten sich im Römischen Reich und lebten künftig als religiöse Minderheit inmitten anderer Völker in der Fremde. Das bezeichnet man als „Diaspora".

Nach dem Untergang Roms kamen Juden auch nach Deutschland und siedelten seit Karl dem Großen in eigenen Gemeinden vor allem am Rhein. Hier erschlossen sie das dicht besiedelte Rheintal als Absatzmarkt und knüpften als Fernkaufleute ein weit gespanntes Netz von Handelsverbindungen.

M 1

M 2 **Synagoge in Berlin**
Innenraum des jüdischen Gotteshauses

Grundlagen jüdischen Lebens

Für die meisten Juden in der Diaspora bedeutete die Religion Zuflucht und Heimat. Das Leben mit anderen Juden nach den Vorschriften gab ihnen ein Gemeinschaftsgefühl, obwohl der Alltag unter Christen damit schwerer wurde.

Grundlage der Lebensregeln ist die „Thora"; das sind die „Fünf Bücher Mose". Die Propheten und Schriften ergänzen sie zur hebräischen Bibel. Der „Talmud" fasst die mündliche und schriftliche Überlieferung zusammen mit Bestimmungen für alle Lebenslagen: Festzeiten, Sabbat (Ruhetag am Samstag), Ehe, Rechtsvorschriften, Reinheit und Unreinheit von Speisen. Hinzu kamen später die Kommentare der Gelehrten. Bibel und Talmud garantierten das Überleben des jüdischen Volks in der Diaspora. Bis heute werden die Gebote der schriftlichen Lehre diskutiert und von Rabbinern – den Schriftgelehrten und Predigern – für unsere Zeit ausgelegt, damit sie praktizierbar bleiben.

Gotteshaus und Versammlungsort der jüdischen Gemeinde ist die Synagoge. Ihre Räume sind nach Jerusalem ausgerichtet und in einer Wandnische befindet sich der Schrein mit der Thora. Wandmalereien, Mosaiken und Steinreliefs dienen als Ausschmückung.

M 3 **Tafel mit Initialen des Fünften Buch Moses**
Schreiber Chajim, Süddeutschland, um 1300

M 4 **Backen von ungesäuertem Brot (Mazze)**
für das Passahfest, Pergament, Norditalien, um 1450

Juden: Bewandert auf vielen Gebieten

Die jüdische Bevölkerung ist von Nutzen

Juden boten ihren Landesherren große Vorteile, denn sie hatten etwas zu geben, was in ihrer Religion und Geschichte begründet war.

Die Väter legten großen Wert darauf, dass ihre Söhne sich intensiv mit Thora und Talmud beschäftigten. So lernten sie lesen, diskutierten über Rechtsstreitigkeiten und ehrten die Gelehrsamkeit in anderen Ländern. Sie kannten sich aus in den Gesetzen und der Kultur der Staaten, die sie bewohnten und bereisten. Ferner beherrschten sie an Sprachen außer Hebräisch auch Latein und Arabisch. Deshalb waren sie gut einsetzbar in der Verwaltung, handelten mit begehrten Waren aus fernen Ländern und praktizierten oft auch als Ärzte.

Aber nicht alle Juden waren so gebildet und wohlhabend. Viele arbeiteten als Landwirte und Handwerker und waren anfangs in allen Berufen vertreten, wie auch die übrige Bevölkerung.

Die Herrscher erkannten rasch den Nutzen der Juden. Sie gewährten ihnen Religionsfreiheit und stellten die Juden unter ihren Schutz, wofür sie freilich hohe Steuern zahlen mussten.

M 5 Jüdische Handwerker bei der Fertigung von Wandteppichen, Buchmalerei aus Italien, um 1400

M 6 Kaufmannskarawane auf der Seidenstraße nach China
Ausschnitt aus dem Katalanischen Atlas (1375–1377) der aus Mallorca stammenden jüdischen Kartografen Abraham und Jehuda Cresques.

Juden als religiöse Minderheit

Die Vertreter der christlichen Kirche betrachteten ihren Glauben als den einzig wahren. Sie bezeichneten die Juden als verstockt, weil sie sich nicht taufen ließen, und sorgten durch ihren politischen und gesellschaftlichen Einfluss dafür, dass sie immer stärker ausgegrenzt wurden. So setzte sich allmählich für die Juden eine Kleiderordnung durch – ein spitzer Hut oder ein gelber Fleck am Gewand – der ein weit reichendes Berufsverbot folgte. Großhandel, Ackerbau und Handwerk waren ihnen im christlichen Europa des späten Mittelalters meist untersagt. Ihnen blieb als Broterwerb im Wesentlichen der Kleinhandel, die Pfandleihe und die Gewährung von Kredit gegen Zinsen, weil das den Christen verboten war. Davon konnten aber nicht alle Juden leben und den jüdischen Gemeinden ging es wirtschaftlich immer schlechter. Die wenigen, die im Geldgeschäft gut verdienten, unterstützten großzügig arme Gemeindemitglieder.

Religiöse Gemeindetätigkeiten waren unbezahlte Ehrenämter. Angesichts der finanziellen Lage erhielten nunmehr der Rabbiner, der Kantor und der Schochet (Schlachter) ein bescheidenes Gehalt.

Wenn jüdische Familien ausschließlich von den Zinsen für verliehene Gelder lebten und noch dazu hohe Steuern für ihren Schutz zahlten, musste der Zinssatz hoch sein. In Not geratene Menschen empfanden hohe Zinsen als Wucher und verfluchten die Geldverleiher und mit ihnen alle Juden. Ob in der Zeit der Kreuzzüge, beim Ausbruch der Pest, in politisch unsicheren Verhältnissen oder in Wirtschaftskrisen: bei allem, was Menschen damals in Not brachte, verdächtigte man die Juden. Die Schutzherren zeigten sich meist nicht wirklich daran interessiert, ihr Leben zu retten, und die einfache Bevölkerung war aufgehetzt. So kam es zu Verfolgungen und bis Ende des 15. Jahrhunderts zur vorübergehenden Vertreibung aus allen deutschen Städten.

Juden und Christen – das Beispiel Nürnberg

Das Zusammenleben von Juden und Christen hätte beiden Seiten Vorteile bringen können. Doch ging man gegen Juden als Angehörige einer fremden Religion und Lebensweise immer wieder mit Härte vor. Wie das geschah, lässt sich am Beispiel der großen Reichsstadt Nürnbergs gut erkennen. Hier fand 1349 ein blutiges Pogrom statt, wie man derartige Judenverfolgungen mit einem Fremdwort bezeichnet.

Diffamierung, Habgier und Angst vor einer fremden Kultur führten zum Mord an unschuldigen Menschen – ein Tatbestand, der sich in den deutschen Städten des Mittelalters oft wiederholte.

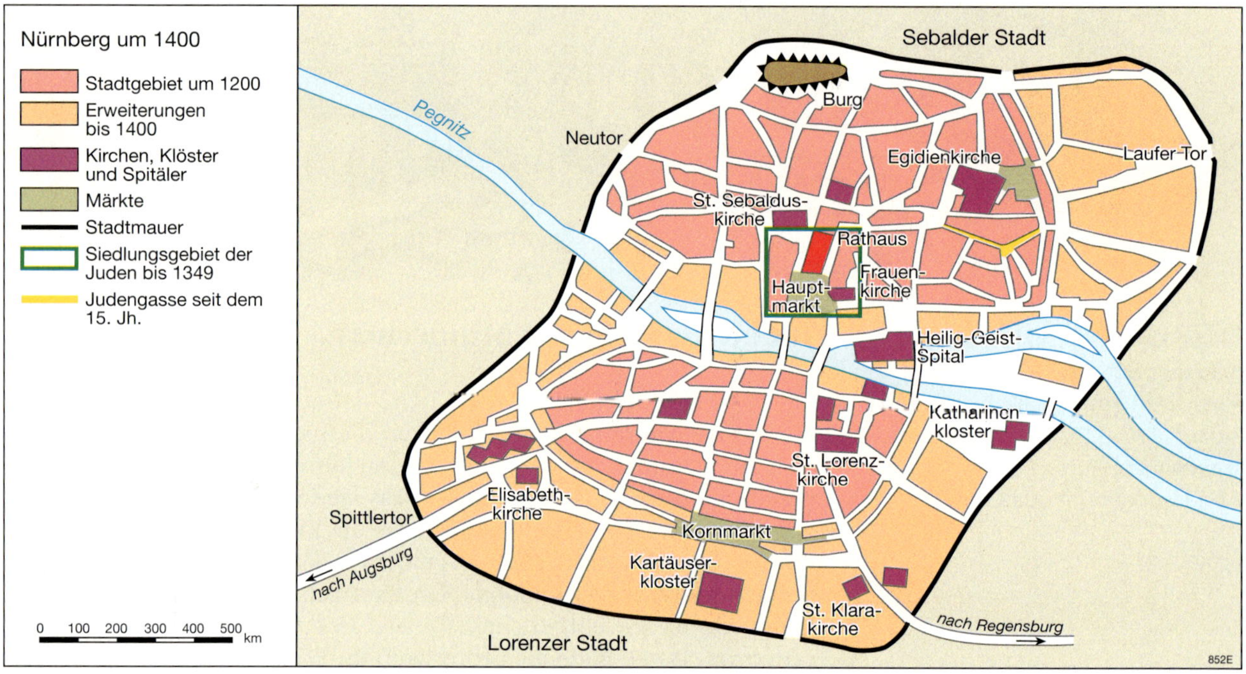

M 7 Stadtplan des mittelalterlichen Nürnberg

Nürnberg nahm im 12. Jahrhundert Juden auf, deren erstes Getto unweit der Pegnitz entstand. Als 1298 in vielen Teilen Deutschlands der unsinnige Vorwurf erhoben wurde, Juden hätten Hostien geschändet, ermordeten auch die Nürnberger Bürger 628 Juden.

1348 vertrieben die Handwerker den Rat der Stadt, bildeten einen neuen und mussten auf viele judenfeindliche Bestrebungen der Bevölkerung reagieren. Der Stadtplan des mittelalterlichen Nürnberg zeigt, wo sich das Getto der Nürnberger Juden damals befand. Es war ein ganz zentrales Stadtviertel in der Nähe des Flusses Pegnitz, wie es der grüne Kasten auf der Karte zeigt.

1298 erstmals verfolgt, wurde die jüdische Bevölkerung Nürnbergs im Jahr 1349 erneut ein Opfer der Volkswut. Die Juden wurden jetzt vertrieben oder getötet, ihr Getto zerstört und an seiner Stelle der Haupt- und Obstmarkt angelegt. An die Stelle der Synagoge trat die Frauenkirche. Als die Juden später zurückkehrten, mussten sie sich in einer Judengasse am Stadtrand ansiedeln.

Wie es zu der Judenverfolgung im Jahr 1349 kam und welche Interessen dahinterstanden, erfährst du auf der nächsten Seite.

Ein Pogrom wird geplant

Im Thronstreit dieser Jahre unterstützten die Nürnberger Handwerker König Karl IV. Sie hatten 1348 die Patrizier vertrieben, die einem Gegenkönig – Ludwig dem Bayern – die Treue hielten. Doch bald versöhnte sich Karl IV. mit den Patriziern und seinem Hauptgegner, dem Markgrafen von Brandenburg. 1349 zog er in Nürnberg ein und verbannte die Anführer der Handwerker aus der Reichsstadt.

Die Juden fühlten sich durch den Vorwurf der Hostienschändung zunehmend schutzlos. Zugleich wurden sie als Verursacher der Pest gebrandmarkt, die Deutschland entvölkerte. Überall im Reich flammte Gewalt gegen jüdische Gemeinden auf, ohne dass der König etwas unternahm. Dennoch kassierte er hohe Schutzzölle. Ein Brief aus dem Jahr 1349 lässt die Absichten des Königs erkennen: Um den Markgrafen als Verbündeten zu gewinnen, sagte er ihm jüdischen Grundbesitz in Nürnberg zu, sobald man dort die Juden „angreife“.

M 8 Jüdischer Arzt und Patient
Der spitze Hut weist den Arzt als Juden aus, Holzschnitt, 1487.

Auch der Stadtrat versprach sich von einer Ausraubung der Juden viel, vor allem weil er die Zusage erhalten hatte, die Nürnberger Bürger würden straffrei bleiben. Die jüdische Gemeinde, die spürte, dass sich etwas gegen sie zusammenbraute, konnte nichts tun. Sie musste die weitere Entwicklung ohnmächtig abwarten.

Der Rat wollte jedoch die Zusage des Königs, dass die Stadt Nürnberg das Getto niederreißen und dort einen neuen Markt anlegen durfte. Der König willigte ein und am 15. Dezember 1349 brach die Verfolgung los. 562 Juden wurden nach Aufzeichnungen des jüdischen Memorbuchs ermordet – etwa ein Drittel der jüdischen Bevölkerung. Bei einer geschätzten Einwohnerzahl Nürnbergs von 18 000 betrug der jüdische Bevölkerungsanteil also etwa 10 %.

Wer hat gemordet? Wer hat sich wie und wohin retten können? Es muss mordlustiger, aufgehetzter Pöbel gewesen sein, der auch Kinder erschlagen hat. Aber hätte es ein Pogrom gegeben, wenn König und Stadtrat die Juden hätten wirklich schützen wollen?

M 9 Verbrennung von Juden
Die Bürger einer Stadt schauen hasserfüllt zu, wie Juden auf einem Scheiterhaufen lebendig verbrannt werden, um 1348.

M 10 Grabstein einer Jüdin
Die Frau kam bei einem Judenpogrom 1348 in Trier ums Leben.

Die Juden als „Sündenböcke“

Als 1349 eine Verfolgungswelle über die Juden hereinbrach, litt Europa unter der Pest, und man suchte nach einem Schuldigen. So ließ der Graf von Savoyen eine Anzahl Juden in der Gegend von Genf so lange foltern, bis sie „gestanden“ Brunnen vergiftet zu haben. Zum göttlichen Strafgericht, als das der „Schwarze Tod“ galt, war damit als Sündenbock „der Jude“ gefunden worden.

Am Ende solcher Verfolgungen rief man die Juden häufig zurück, da sie für das städtische Wirtschaftsleben unentbehrlich waren. Auch nach Nürnberg kehrten viele Familien zurück. Gegen hohe Steuern sicherte man ihnen erneut Schutz im Namen des Königs zu, zwang sie aber auf die Rückzahlung verliehener Darlehen zu verzichten.

Östlich des enteigneten Gettos erhielten sie ein neues Wohngebiet zugewiesen, das bis heute den Namen Judengasse trägt (vgl. Stadtplan M 7). Auch Nürnberg konnte nicht völlig auf Juden verzichten, da Christen noch immer kein Geld gegen Zinsen verleihen durften. Aber ihr Leben wurde ständig schwieriger. Immer wieder versuchte man unrechtmäßig und gewaltsam an ihr Vermögen zu kommen.

Im Jahr 1498 erlaubte Kaiser Maximilian der Stadt Nürnberg die Errichtung von Wechselbanken. Nur ein Jahr später wurden die Juden erneut vertrieben und ihr Vermögen eingezogen.

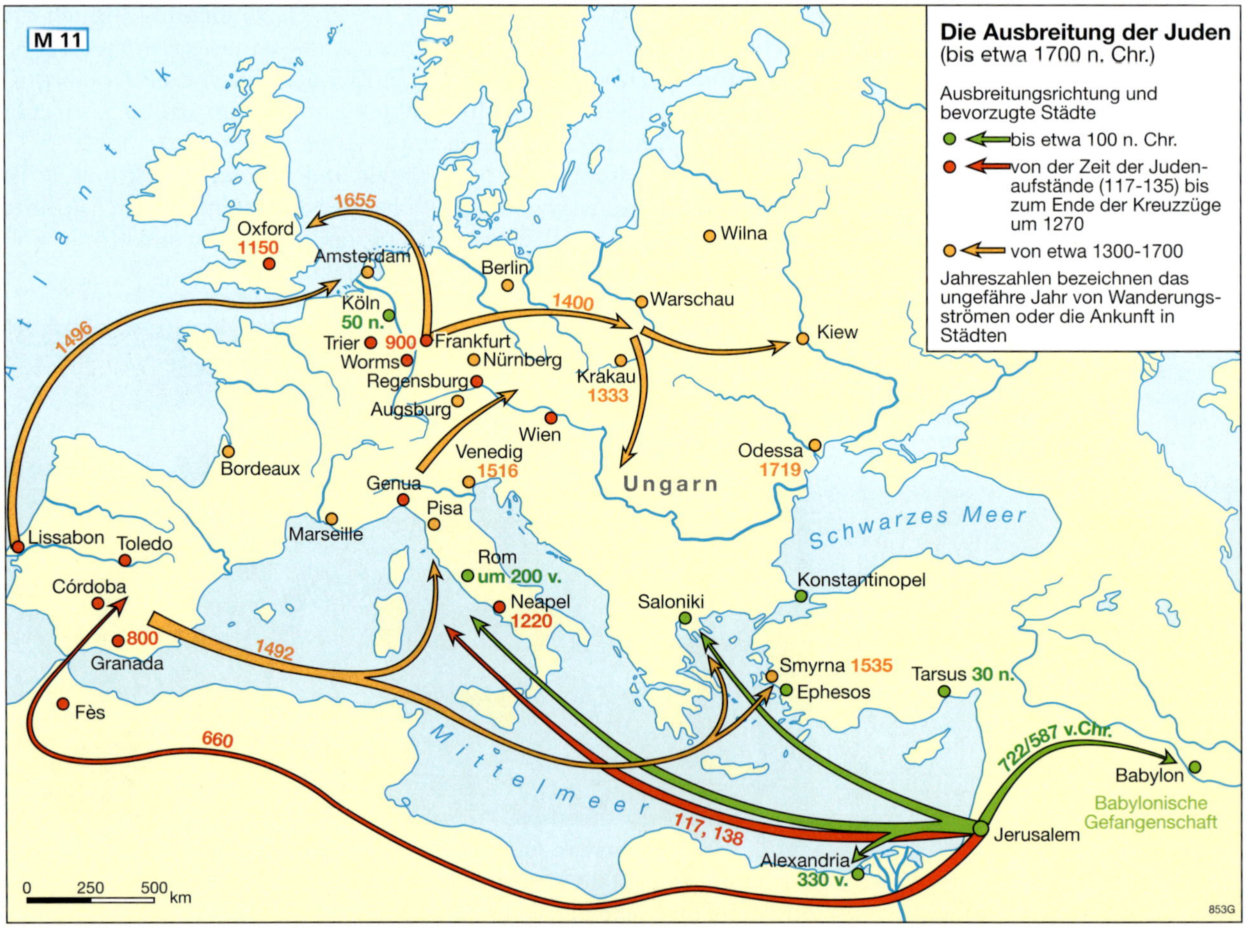

M 12 Nürnberger Pogrom von 1349

Die drei kurzen Quellen sollen einen kleinen Einblick in die Stimmung und die Hintergründe der Judenverfolgung in Nürnberg geben:

a) Anordnung des Rats der Reichsstadt Nürnberg:

Romer Schneider ist die Stadt verboten 5 Jahr, weil er gern einen Auflauf hätt gemacht an die Juden. Amboz Meister ist die Stadt 1 Jahr verboten, weil er von den Juden übel geredt hat.

nach:Juden in Nürnberg. Geschichte der jüdischen Mitbürger vom Mittelalter bis zur Gegenwart, Hrsg. Stadt Nürnberg, 1993, S. 9

b) Brief vom 27. Juni 1349 von König Karl IV. an den Markgrafen von Brandenburg:

Wir Karl, von Gottes Gnaden Römischer König, ... tun kund öffentlich mit diesem Brief, dass wir dem hochgeborenen Fürsten Ludwig, Markgrafen zu Brandenburg, mit diesem Brief folgendes geben: Der besten Judenhäuser drei in der Stadt Nürnberg, die er auswählt, wann die Juden daselbst nun demnächst werden angegriffen.

nach: Juden in Nürnberg, a.a.O., S. 10

c) Memorbuch der jüdischen Gemeinde

Gott möge der Seelen der Märtyrer, welche in Nürnberg erschlagen und verbrannt wurden, gedenken: Rabbi Joseph, Sohn Rabbi Jechiels Hakohen, seine Frau Chandlin und seine Tochter, Rabbi Jechiel Hakohen, seine Frau Jutta und seine drei Kinder ...

nach: Juden in Nürnberg, a.a.O., S. 12

M 13 Judenpogrom in Erfurt 1349

Der Verfolgungswelle im Jahr 1349 waren die Juden schutzlos ausgeliefert. Die Flucht in eine andere Stadt bot keine Lösung, da die Volkswut die meisten Städte des Reichs erfasste. Der folgende Bericht stammt aus kirchlicher Quelle:

Im selben Jahr [1349] wurden die Juden in Erfurt entgegen dem Willen des Rates von der Bürgergemeinde erschlagen, hundert oder mehr. Die anderen aber haben sich, als sie sahen, dass sie den Händen der Christen nicht entkommen konnten, in ihren eigenen Häusern verbrannt. Mögen sie in der Hölle ruhn! Man sagt auch, sie hätten in Erfurt die Brunnen vergiftet und auch die Heringe, sodass niemand in den Fasten davon essen wollte. Ob sie recht haben, weiß ich nicht. Eher glaube ich, der Angfang ihres Unglücks war das unendlich viele Geld, das Ritter, Bürger und Bauern ihnen schuldeten.

3. Fortsetzung der Chronica St. Petri Erfordensis moderna, bearbeitet von G. Möncke, Darmstadt 1982, S. 199, gekürzt

M 14 Überfall auf das Frankfurter Getto 1614
Um Schulden bei Juden zu tilgen, plünderten die Bürger das Getto.

M 15 Jüdische Fernkaufleute

Die Juden zählten zu den Pionieren des Fernhandels. Nach dem Untergang des Römischen Reichs bauten sie ein weit gespanntes Handelsnetz auf, wie der Bericht aus Mesopotamien aus dem 9. Jahrhundert zeigt:

Dies ist nun der Weg der „Radaniten" genannten jüdischen Kaufleute ... Sie reisen von West nach Ost und wieder zurück, bald zu Lande, bald zu Wasser. Vom Westen bringen sie Eunuchen, Sklavinnen, Knaben, Seide, Pelzwerk und Schwerter mit sich. Sie schiffen sich im Lande der Franken, am Gestade des Westmeers [Küste Südfrankreichs] ein, um sich nach Faram [Pelusium, Hafenstadt im Nildelta] zu begeben; dort verladen sie ihre Waren auf die Höcker der Kamele und nehmen den Landweg nach Kulsum [Suez], eine Reise, die fünf Tage in Anspruch nimmt.
Aus Kulsum schlagen sie den Wasserweg über das Ostmeer [Rotes Meer] nach Aldschar und Dschidda [Arabien] ein und reisen dann weiter nach Sind [Westpakistan], Indien und China.
Auf dem Rückweg führen sie Moschus, Aloe, Kampfer, Zimt und andere Erzeugnisse des Morgenlandes mit sich, kehren nach Kulsum zurück, dann nach Faram, von wo aus sie wiederum das Westmeer überqueren. Manche nehmen den Weg nach Konstantinopel, um dort ihre Waren abzusetzen, während andere direkt in das Land der Franken zurückkehren.

aus dem Ende des 9. Jh. in Mesopotamien verfassten „Buch der Straßen und Königreiche", nach: W. Keller, Und sie wurden verstreut unter alle Völker, München 1977, S. 184 f.

M 16 Siebenarmiger Leuchter
Darstellung nach dem Vorbild aus dem Tempel in Jerusalem, Tonscherbe, Trier, 3. Jh. n. Chr.

M 17 Römischer Triumphzug mit dem siebenarmigen Leuchter, Relief vom Titusbogen
Die Zerstörung des Jerusalemer Tempels durch die Römer 70 n. Chr. ist ein Symbol für die Zerstreuung der Juden in alle Welt. Kaiser Titus führte den siebenarmigen Leuchter – ein religiöses Wahrzeichen der Juden – im Triumphzug durch Rom. Noch heute geht kein frommer Jude durch den römischen Titusbogen.

M 18 **Privileg für die Juden von Speyer**

Die Juden des Rheinlands erlebten im 11. Jahrhundert eine große Blüte. Das Judenprivileg, das Kaiser Heinrich IV. 1090 ausstellte, konnte jedoch auch die Juden von Speyer nicht vor den Verfolgungen der Kreuzfahrerscharen schützen:

Daher befehlen und wollen wir mit königlicher Weisung unserer Hoheit, dass hinfort niemand, der unter unserer königlichen Gewalt mit irgendeiner Würde oder irgendeinem Amt bekleidet ist, ... ihnen etwas fortzunehmen wage von ihren Sachen, die sie zu erblichem Recht besitzen, seien es Hausstätten, Häuser, Gärten, Weinberge, Äcker, Sklaven oder sonst irgend etwas Bewegliches oder Unbewegliches. Wenn jemand entgegen diesem Erlass ihnen irgendeine Gewalt antut, so soll er gezwungen werden, zum Schatze unseres Palastes oder zur Kammer des Bischofs ein Pfund Gold zu entrichten und die den Juden fortgenommene Sache doppelt zu ersetzen.

Sie sollen auch die unbeschränkte Fähigkeit haben, ... im Umfang unseres Reiches frei und friedlich herumzureisen, ihr Geschäft und Warenhandel zu betreiben, zu kaufen und zu verkaufen, und niemand soll von ihnen Zoll fordern oder irgendeine öffentliche oder private Abgabe nehmen.

Niemand maße sich an, ihre Söhne und Töchter gegen deren Willen zu taufen; wer sie unter Zwang ... tauft, soll 12 Pfund Gold zum Schatze des Königs oder des Bischofs entrichten.

Privileg Heinrichs IV. v. 16. Februar 1090, nach: Deutsche Geschichte in Quellen und Darstellung, Bd. 1, Stuttgart 1995, S. 314 f.

M 19 **Beraubung von Juden**
gekennzeichnet durch einen gelben Ring

M 20 **Verleihung eines Schutzbriefes an die Juden**
durch Kaiser Heinrich VII. (reg. 1308–1313)

Aufgaben

1. Wo konzentrierten sich jüdische Gemeinden in Deutschland? Was war die Ursache dafür? → M1
2. Erläutere einige wichtige Grundlagen der jüdischen Religion. → Text
3. Erkläre den Begriff „Diaspora". → Text
4. Worin siehst du Ursachen und Hintergründe der Judenverfogung? → Text, M12–M14, M19
5. Verfolge auf einer Atlaskarte den Zug jüdischer Kaufleute. Womit wurde gehandelt? → M6, M15
6. a) Nenne Ursachen, die zum Nürnberger Pogrom im Jahr 1349 führten. → Text, M12
   b) Wer hatte davon Vorteile? → Text, M12
7. Im 14. und 15. Jahrhundert kam es in ganz Europa zu Judenverfolgungen. Ermittle anhand der Karte, in welche Länder und Regionen die meisten Juden auswanderten. → M11
8. Welche Privilegien gewährte König Heinrich IV. den Juden von Speyer? Wie beurteilst du die Wirksamkeit solcher Privilegien im Alltag? → M18
9. Informiert euch, ob es in eurem Wohnort oder der nächsten größeren Stadt Zeugnisse jüdischer Geschichte gibt. Verfasst einen Bericht darüber.

Ausbreitung des Islam

Lehnswesen

Kaiserkrönung Ottos I. (962)

600 700 800 900 1000

Grundwissen: Zeit

529 Benedikt von Nursia gründet das Kloster Montecassino
seit 8. Jh. Freie Bauern verlieren ihre Selbstständigkeit
seit 11. Jh. Aufstieg der Städte
seit 12. Jh. Entfaltung einer höfischen Ritterkultur

um 570 Geburt Mohammeds
962 Kaiserkrönung Ottos I.
1095 Aufruf Papst Urbans II. zum Kreuzzug
1122 Wormser Konkordat
1356 Goldene Bulle

um 1450 Erfindung des Buchdrucks
1492 Entdeckung Amerikas
1517 Thesen Martin Luthers
1519–1556 Kaiser Karl V.
1520 Reichstag zu Worms
1524/25 Großer Bauernkrieg
1555 Augsburger Religionsfriede
1618–1648 Dreißigjähriger Krieg
1648 Westfälischer Friede

Grundwissen: Begriffe

Kloster
Mönche, Nonnen
Grundherrschaft
Fronarbeit
Hörige
Ritter
Minne(sang)
Bürger
Patrizier
Zunft
Hanse
Ostsiedlung

Kaiser
Papst
Reichsinsignien
Lehnswesen
Investiturstreit
Kreuzzüge
Kurfürsten
Territorium
Landesherr
Islam
Muslime

Neuzeit
Renaissance
Humanismus
Azteken
Inka
Kolonialisierung
Reformation
Protestanten
Wormser Edikt
Gegenreformation
Jesuiten
Konzil von Trient

Grundwissen: Methoden

Umgang mit gegenständlichen Quellen: Grabplatten mit Ritterdarstellungen
Umgang mit Schaubildern: Statistiken und Diagramme

Umgang mit schriftlichen Quellen: die Kreuzzugspredigt Urbans II.

Umgang mit Bildern: Flugblätter als Propagandawaffe

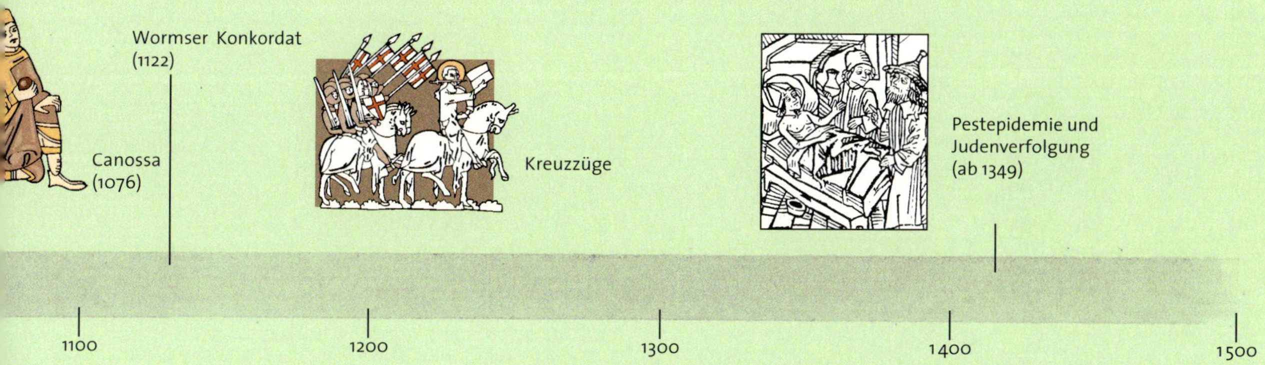

Zusammenfassung

Im 10. Jahrhundert hatten sich aus dem zerfallenen Frankenreich verschiedene Staaten herausgebildet. Während im Westen Frankreich entstand, ging aus dem Ostteil das Deutsche Reich des Mittelalters hervor. Im Jahr 962 ließ sich der deutsche König Otto I. vom Papst zum Kaiser krönen und erneuerte damit das römische Kaisertum Karls des Großen. Das Heilige Römische Reich, wie der Name nun lautete, erstreckte sich von Mitteleuropa bis nach Italien. Es umfasste viele Völker und war kein Nationalstaat, wie wir ihn heute kennen.

Als wichtigste Form der politischen Ordnung bildete sich in dieser Zeit das Lehnswesen heraus, dessen wirtschaftliche Grundlage die Grundherrschaft war.

Papst und Kaiser verkörperten im Mittelalter die geistliche und weltliche Gewalt. War der Papst zunächst vom Kaiser abhängig, wuchs später seine Unabhängigkeit durch die Kirchenreform. Der Investiturstreit zwischen Papst und Kaisern aus der Herrscherfamilie der Salier entzündete sich an der Einsetzung der Bischöfe in ihr Amt. Es handelte sich jedoch um eine grundsätzliche Auseinandersetzung um den Einfluss von geistlicher und weltlicher Macht im Mittelalter. Beigelegt wurde der Streit erst 1122 durch das Wormser Konkordat.

Im 12. und 13. Jahrhundert gelang es den Herrschern aus dem Haus der Staufer ihre Königsmacht zu festigen und ihre welfischen Gegner in Deutschland auszuschalten. Die Macht der Reichsfürsten, die ihre Rechte zu wahren wussten, konnten sie jedoch nicht beseitigen. Das Reich zerfiel bald in zahlreiche Territorien, deren Landesherren große Selbstständigkeit erlangten. Die Wahl des Kaisers schließlich erfolgte durch die 7 Kurfürsten, die ihren Einfluss in der Goldenen Bulle nachhaltig verankerten.

Zu Beginn des 7. Jahrhunderts stiftete Mohammed eine neue Religion, deren Glaubensgrundlage der Koran bildete. Der Islam breitete sich rasch in Vorderasien, Nordafrika und Spanien aus, das zur blühenden arabischen Provinz wurde. Von hier aus wirkten später arabische Wissenschaft und Kultur auf das Abendland ein.

Ausgelöst durch einen Aufruf Papst Urbans II. im Jahr 1095 entstand eine Kreuzzugsbewegung. Christliche Ritterheere zogen ins Heilige Land, eroberten Jerusalem und errichteten in Palästina eine Reihe von Kreuzfahrerstaaten. Das Land ließ sich jedoch nicht auf Dauer gegen die benachbarten muslimischen Herrscher halten.

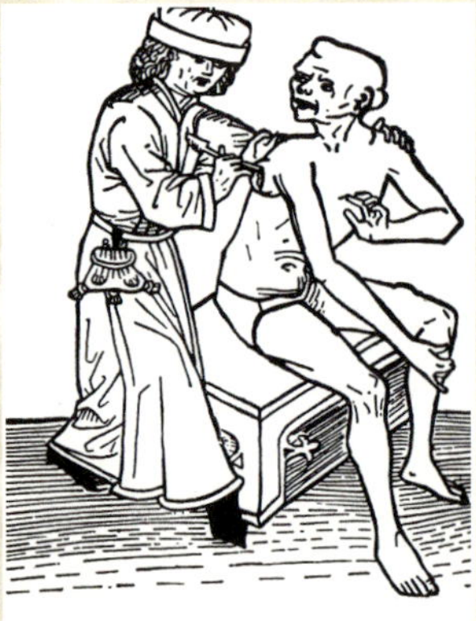

Ein Arzt schneidet Pestbeulen auf
Holzschnitt von 1480

Die Stadt Florenz

Jakob Fugger im Augsburger Kontor
Miniatur von 1520

Der Buchdrucker
Holzschnitt von 1568

1350 n. Chr | 1380 | 1410 | 1440 | 1470 | 1500 | 1530 | 1560 | 1590 | 1620 | 1650.

Martin Luther
Zeitgenössisches Gemälde

Am Ortseingang

Landung der Spanier auf Hispaniola
Stich von 1594

Plünderung eines Dorfes
Stich um 1630

M 1 **Deichbruch**
bei der Sturmflut 1962

Katastrophen verändern das Leben der Menschen

Klimaveränderungen im späten Mittelalter

In den letzten Jahren nimmt in den Medien die Berichterstattung über ein sich immer schneller veränderndes Klima auf der Welt zu. Anlass dafür sind starke Überschwemmungen, langandauernde Trocken- und Hitzeperioden sowie große Unwetter.

Eine vergleichbare Erscheinung begegnet Historikern, wenn sie Quellen aus dem beginnenden 14. Jahrhundert lesen. Hier finden sich gehäuft Meldungen über Stürme, Hochwasser und Dürre.

Heute versuchen Historiker und Meteorologen gemeinsam, die Ursachen für die veränderte Wetterlage in der Vergangenheit zu erforschen. Da es die heute übliche Wetterbeobachtung nach wissenschaftlichen Kriterien noch nicht gab, können Daten über das mittelalterliche Klima nur über Umwege und nur sehr lückenhaft gewonnen werden. Auch wenn die Informationen von den Wissenschaftlern unterschiedlich interpretiert werden, scheint festzustehen, dass das Klima in Europa ab 1300 zunehmend von Extremen, also von hohen oder niedrigen Temperaturen sowie großen oder geringen Niederschlagsmengen geprägt war.

Klarer sieht man bei den Folgen dieser Entwicklung. Klimatische Extremereignisse führten zum Rückgang der Ernteerträge. In der bäuerlichen Gesellschaft des Spätmittelalters hatte das Hungersnöte zur Folge. Unter- und Mangelernährung schwächte die Menschen und machte sie anfälliger für Krankheiten. Darüber berichten Quellen aus der damaligen Zeit.

Massiv verschärft wurde diese problematische Situation in Europa, als ab 1347 in Europa eine Infektionskrankheit auftrat, gegen die es kein Gegenmittel gab: die Pest.

M 2 **Hochwasser**
Zeichnung von 1651

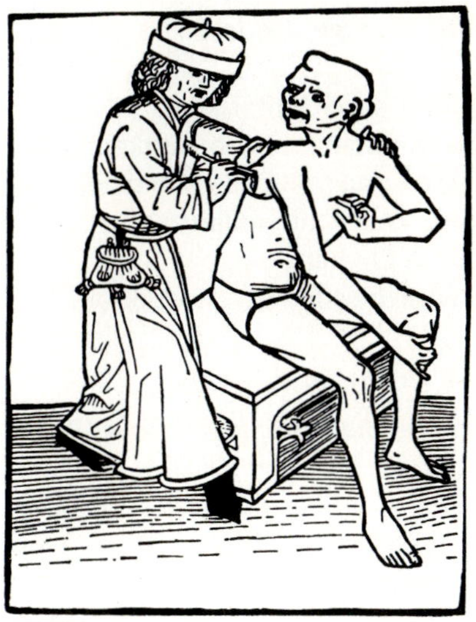

M 3 **Arzt schneidet Pestbeulen auf,** Holzschnitt von 1480

Der „schwarze Tod" in Europa

Schon im 6. Jahrhundert n. Chr. hatte es auf dem Kontinent vermutlich eine Pestwelle gegeben. Danach war die Krankheit in Europa aber nicht mehr aufgetreten. 1347 schleppten Händler die Pest von der Schwarzmeerküste nach Süditalien ein. Verantwortlich für die Verbreitung war die Hausratte, die sowohl auf Schiffen als auch in den damaligen Städten stark verbreitet war. Über die Flöhe dieser Ratten, die auch den Menschen befielen, infizierte sich die Bevölkerung mit dem Pestbazillus. Begünstigt wurde die Verbreitung der Krankheit durch schlechte hygienische Verhältnisse.

Die Pest trat in zwei Varianten auf. Bei der Beulenpest kam es zunächst zu einem massiven Fieberanstieg, dann schwollen die Lymphdrüsen unter der Achsel, am Hals und an der Leiste stark an. Dies waren die blau-schwärzlichen Pestbeulen, von denen die Bezeichnung „schwarzer Tod" herrührt. Während 50 bis 80 Prozent der an Beulenpest Erkrankten starben, betrug die Sterblichkeit der an Lungenpest infizierten annähernd 100 Prozent.

Wie viele Opfer die Pestepidemien des 14. Jh. gefordert haben, lässt sich nicht genau sagen. Wissenschaftler schätzen, dass die Gesamtbevölkerung Europas vor dem Auftreten der Pest um 1340 etwa 73 Millionen Menschen betrug und bis 1450 auf etwa 53 Millionen zurückging. Der Bevölkerungsrückgang führte dazu, dass bislang besiedelte Gebiete verlassen wurden. Man spricht von „Wüstungen".

Das Auftauchen der Pest hatte bei den Menschen den Eindruck verstärkt, dass ein Strafgericht Gottes niedergehe. Es galt also, den Zorn Gottes wieder zu beschwichtigen. Dies sollte durch verstärkte persönliche Buße und eine strikte Befolgung religiöser Vorschriften geschehen. Es kam aber auch zu Pogromen gegen die jüdische Bevölkerung, die man zum Sündenbock für alle Schwierigkeiten machte. Das Gefühl, in einer problematischen, krisenhaften Zeit zu leben, in der man sich auf althergebrachte Sicherheiten nicht mehr verlassen konnte, breitete sich aus.

M 4

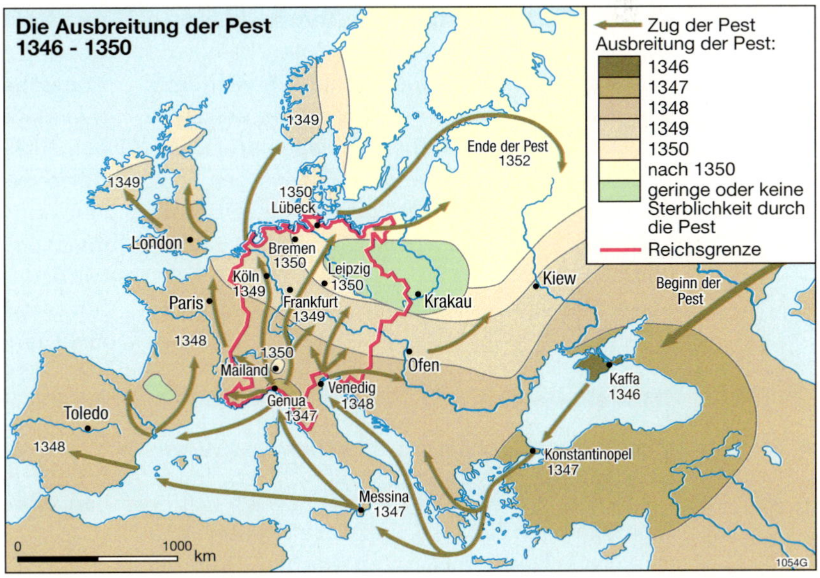

M 5 **Bericht über das Wetter**

Der Autor Rüdiger Glaser stellt in seiner modernen „Klimageschichte Mitteleuropas" die in den Quellen überlieferten Informationen zum Klima seit 1300 zusammen:

1301 folgte [...] ein heißer Sommer, doch schon im nächsten Jahr schlug das Pendel wieder in die entgegengesetzte Richtung: 1302 wurde es kalt und am 12. August gab es schwere Überschwemmungen am Rhein [...]. 1304 folgte ein Jahrhundertsommer mit extremer Trockenheit. Weil diese das ganze Jahr über anhielt und das Wasser fehlte, konnte nicht gemahlen werden. Donau und Rhein hatten sehr niedrige Wasserstände und auf dem Rhein konnten keine beladenen Schiffe mehr verkehren. Die Donau konnte beinahe trockenen Fußes gequert werden, der Rhein an vielen Stellen ebenso. Die Ernte konnte sehr früh eingebracht werden, bereits Ende Juni wurde neue Gerste verkauft und am 1. Juli wurden im Elsass reife Trauben gesehen. Kein Mensch erinnerte sich an eine so frühe Ernte. Ganz anders verhielt es sich 1305, als in einem trockenen Jahr der Sommer zu kühl war und die Ernte missriet. 1310 folgte ein kalter und nasser Sommer, in dem die Ernte erneut schlecht ausfiel und es zu Teuerungen kam. Nach andauernden Regenfällen traten im Juli Flüsse, wie die Neiße, über die Ufer. Die Menschen sprachen schon von einem „Sündfluss". Besonders die Trauben reiften in der stürmischen und regnerischen Witterung nicht, in manchen Regionen wurden sie gar nicht gelesen. [...]
1338 sahen sich die Menschen mit geradezu biblischen Plagen konfrontiert: Heuschrecken fielen in Europa ein. Sie zogen aus dem Osten kommend über Bayern, Schwaben in Richtung Rheingebiet und machten sich gefräßig über Teile der Ernte her. Erst durch einen frühen Schneeeinbruch Mitte Oktober wurde ihnen der Garaus gemacht. Allerdings wurden durch den Schneeeinbruch auch die Trauben geschädigt und viele Bäume erlitten Schneebruch.

Glaser, Rüdiger, Klimageschichte Mitteleuropas, Darmstadt 2001, S.64 f.

M 6 **Hungersnot**

In der Chronik der bayerischen Stadt Bad Windsheim heißt es zum Jahr 1315:

Sahe man zwen Cometen, und war ein nasser Sommer, große hungersnot, so an etlichen orten die leüt gezwungen, das Sie allerleyß, hund, pferd, und dieb von Galgen gefreßen, und galt zumß hoff in Waitlandß ein Schöffel korns 32 fl. und weilen es sonsten den ganzen Sommer über geregnet, sint weit und breit, den Menschen, Viehe, und Getraid, durch die anlauffente Waßer, großer schaden geschehen.

Chronik von Bad Windsheim, Stadtarchiv Bad Windsheim.

M 7 **Die Pest**

Eine Nachricht über die Pestepidemie von 1348 in Florenz erhalten wir von dem Dichter Giovanni Boccaccio. In seiner Geschichtensammlung „Decameron" erzählt er, wie eine Gruppe Florentiner Bürger wegen der Pest die Stadt verließ und sich durch das Erzählen von Geschichten unterhält:

Schweigen wollen wir davon, dass ein Bürger dem anderen aus dem Wege ging [...] und dass die Verwandten einander nur zu seltenen Malen oder nie oder nur von weitem sahen, aber diese Heimsuchung hatte in den Herzen der Männer und der Frauen einen solchen Schauder erregt, dass ein Bruder den anderen verließ [...]; und was gewichtiger und schier unglaublich ist, sogar die Väter und die Mütter scheuten sich, nach ihren Kindern zu sehen und sie zu pflegen, als ob sie nicht die ihrigen gewesen wären. [...].
Die Leute starben nämlich, nicht nur ohne dass sie viel Frauen um sich gehabt hätten, sondern es waren auch gar manche, die ohne Zeugen aus diesem Leben schieden, und den wenigsten wurden die mitleidigen Klagen und die bitteren Tränen ihrer Verwandten gewährt; dafür gab es nunmehr Gelächter und Scherze und geselligen Jubel [...]. Abgesehen von den Burgflecken, wo es in kleinerem Maßstabe ebenso war wie in der Stadt, starben auch in den zerstreuten Weilern und in den Dörfern die elenden, armen Bauern und ihre Familien, ohne dass sich ein Arzt um sie bemüht oder ihnen ein Wärter beigestanden hätte. [...] Darum wurden sie geradeso wie die Städter in ihren Sitten ausschweifend und kümmerten sich nicht mehr um ihr Eigentum oder ihre Arbeit; anstatt wegen der künftigen Frucht, ihres Viehs oder ihrer Äcker und ihrer früheren Mühe nach dem Rechten zu sehen, trachteten sie, als ob sie an jedem Tage [...] den Tod erwartet hätten, mit allen ihren Sinnen, alles zu verzehren, was sie vorfanden.

Giovanni de Boccacio, Das Dekameron, Erster Band, Frankfurt/M. 1972, S. 14–18.

M 8

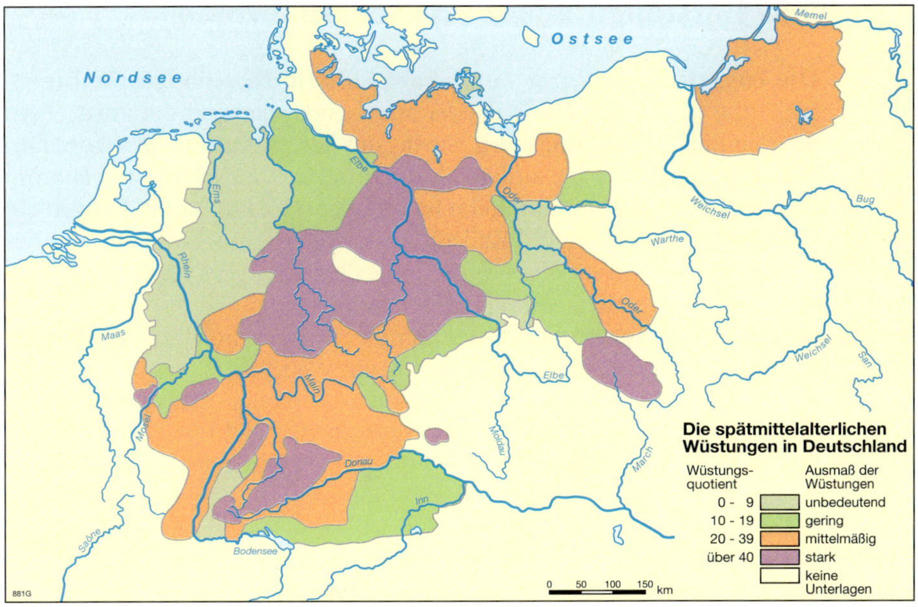

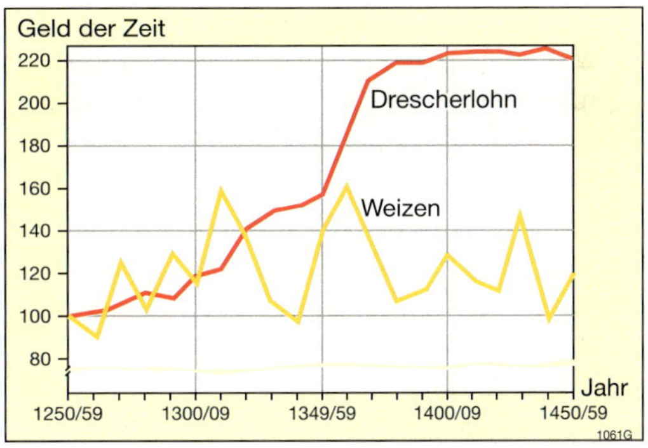

M 9 Löhne und Preise

Entwicklung des Weizenpreises und des Lohns für einen Landarbeiter, der schwere Tätigkeiten verrichtet, über zwei Jahrhunderte hinweg. Die Angaben gelten für England, da man hier von einer verlässlichen Datenbasis ausgehen kann.

Nach: W. Abel, Die Wüstungen des ausgehenden Mittelalters, S.105.

Aufgaben

1. a) Welche Klimaphänomene waren im 14. Jahrhundert besonders auffällig, wie unterscheiden sie sich von einem normalen, gemäßigten Klima?
   b) Zeige die Unterschiede zwischen den damaligen und den heutigen Erklärungen auf.
   → M5
2. a) Zähle die Folgen des verregneten Jahres 1315 für die Menschen in Bad Windsheim auf. Warum ist der Preis für Korn in der Quelle gesondert genannt?
   b) Erläutere, wie sich das Jahr 1315 auf die Situation im Jahre 1316 ausgewirkt hat, selbst wenn in diesem Jahr normales Wetter herrschte.
   → M6
3. Halte fest, wie die Pestepidemie in Florenz das Verhalten der Menschen veränderte. Erkläre, welche Beweggründe es für dieses Verhalten gab und versuche es aus heutiger Sicht zu beurteilen.
   → M7
4. a) Beschreibe, wie sich die Besiedlung Deutschlands im Spätmittelalter entwickelt hat.
   b) Erkläre die in der Karte dargestellte Situation.
   → M8
5. Suche Erklärungen für die Schwankungen der Weizenpreise und für den Anstieg des Arbeitslohnes ab 1358/59. Welche wirtschaftlichen Folgen hatte dies für die Produzenten von Weizen und für die Arbeiter?
   → M9

M 1 **Jakob Fugger der Ältere** (1399–1469). Diese Zeichnung befindet sich in einem Buch des 17. Jahrhunderts, sie dürfte also wenig Ähnlichkeit mit dem wirklichen Jakob Fugger haben. Dargestellt wird er als typisch reicher Augsburger Bürger.

M 2 **Jakob Fugger der Reiche** (1459–1525). Dieses zu Lebzeiten Jakobs angefertigte Bild bietet eine realistische Darstellung des Kaufmanns. Der Künstler Albrecht Dürer zählt zu den berühmtesten deutschen Malern.

Das Entstehen neuer Wirtschaftsformen

Die Fugger in Augsburg – eine beispielhafte Familiengeschichte
1367 zog der Weber Hans Fugger aus dem Umland in die aufstrebende freie Reichsstadt Augsburg. Sie lag am Schnittpunkt wichtiger Handelswege und war besonders durch ihre Tuchproduktion bekannt. Damit begann eine erstaunliche Familiengeschichte: Jakob Fugger, ein Enkel von Hans, starb 1525 als einer der vermögendsten Männer Europas. 1519 hatte er bei der Wahl des Habsburgers Karl zum Kaiser den Großteil der Bestechungsgelder finanziert.

Diese Erfolgsgeschichte einer Handwerkerfamilie wäre schon unter heutigen Umständen erstaunlich, für die Welt um 1500 stellt sie aber etwas Außerordentliches dar. Dass ein einfacher Augsburger Kaufmann zum begehrten Ansprechpartner für die wichtigsten Adelsfamilien Europas wurde, ihnen seine Bedingungen diktieren konnte und die Weltpolitik der damaligen Zeit beeinflusste, stellte die mittelalterliche Ständeordnung in Frage.

Grundlagen des Geschäfts waren der Tuchhandel und die Tuchproduktion. Dabei bediente man sich des so genannten Verlagswesens. Das heißt, dass die Fugger den Webern die Rohstoffe für ihre Produktion lieferten („vorlegten“) und das fertige Tuch zu einem Festpreis abkauften. Das weit verzweigte Netz von Niederlassungen des fuggerischen Handelshauses ermöglichte den Verkauf der Stoffe in ganz Europa.

Dazu kamen aber Geschäftszweige, die wesentlich mehr Gewinn abwarfen. Durch neue Abbaumethoden im Bereich des Bergbaus konnte wesentlich mehr Metall gefördert werden. Silber wurde benötigt, um den steigenden Bedarf an Münzgeld zu befriedigen. Blei und Kupfer waren für die steigende Produktion von neuen Waffen unabdingbar. Jakob Fugger beherrschte sowohl den Abbau als auch den Handel mit diesen Metallen in Europa.

Noch einträglicher waren aber seine Geldgeschäfte. Mit Geschick und dem nötigen Maß an Geheimhaltung gelang es ihm, immer dort

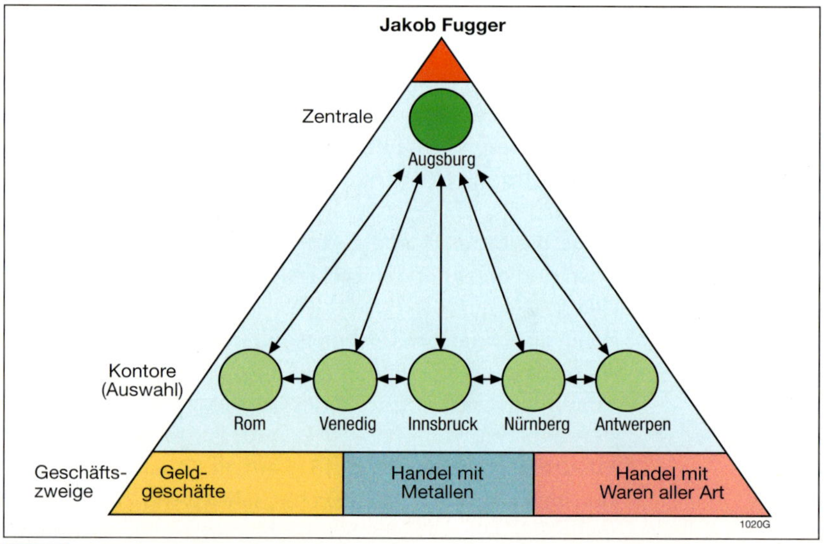

M 3 **Aufbau eines frühkapitalistischen Unternehmens,** Schaubild

M 4 Jakob Fugger mit seinem Buchhalter Matthäus Schwarz im Augsburger Kontor. Der Aktenschrank zeigt einige wichtige Handelsniederlassungen, Miniatur von 1520.

Kredite zu geben, wo es am gewinnbringendsten war. Außerdem konnte er die Verwaltung großer Geldsummen an sich bringen, die er dann wieder als Kredite einsetzte. Jakob Fugger ließ das Geld für die Firma arbeiten. Er benutzte die so genannte „doppelte Buchführung“, die ursprünglich aus Norditalien stammte und im Grundsatz noch heute gültig ist. Dabei werden Ausgaben und Einnahmen zur besseren Kontrolle zwei Mal getrennt aufgeführt.

Der so genannte Frühkapitalismus

Der Aufstieg der Fugger ist nur ein, wenn auch herausragendes Beispiel für die Entwicklung großer Handels- und Bankhäuser. Ein halbes Jahrhundert früher hatte im italienischen Florenz die bürgerliche Familie der Medici ebenfalls ein riesiges Vermögen angehäuft. Aus ihr gingen später sogar Fürsten von europäischem Rang und Päpste hervor.

„Ich will Gewinn machen, solange ich lebe“, ist ein wichtiger von Jakob Fugger überlieferter Satz. Er zeigt, dass sich die Einstellungen im Wirtschaftsleben änderten. Die Hauptaufgabe war nun die Vermehrung des eigenen Vermögens. Das erwirtschaftete Geld wurde wieder in die Unternehmen investiert, anstatt es zu verbrauchen. Für die Wirtschaftsweise der Fugger und Medici prägte die Geschichtswissenschaft den Begriff „Frühkapitalismus“. Kapitalismus bedeutet die Anhäufung und Vermehrung großer Geldsummen durch konsequentes Profitstreben. Dies bedeutete die Überwindung der wirtschaftlichen Vorstellungen des Mittelalters, stieß jedoch schon damals auf den Widerspruch bekannter Zeitgenossen wie z. B. Martin Luther.

M 5

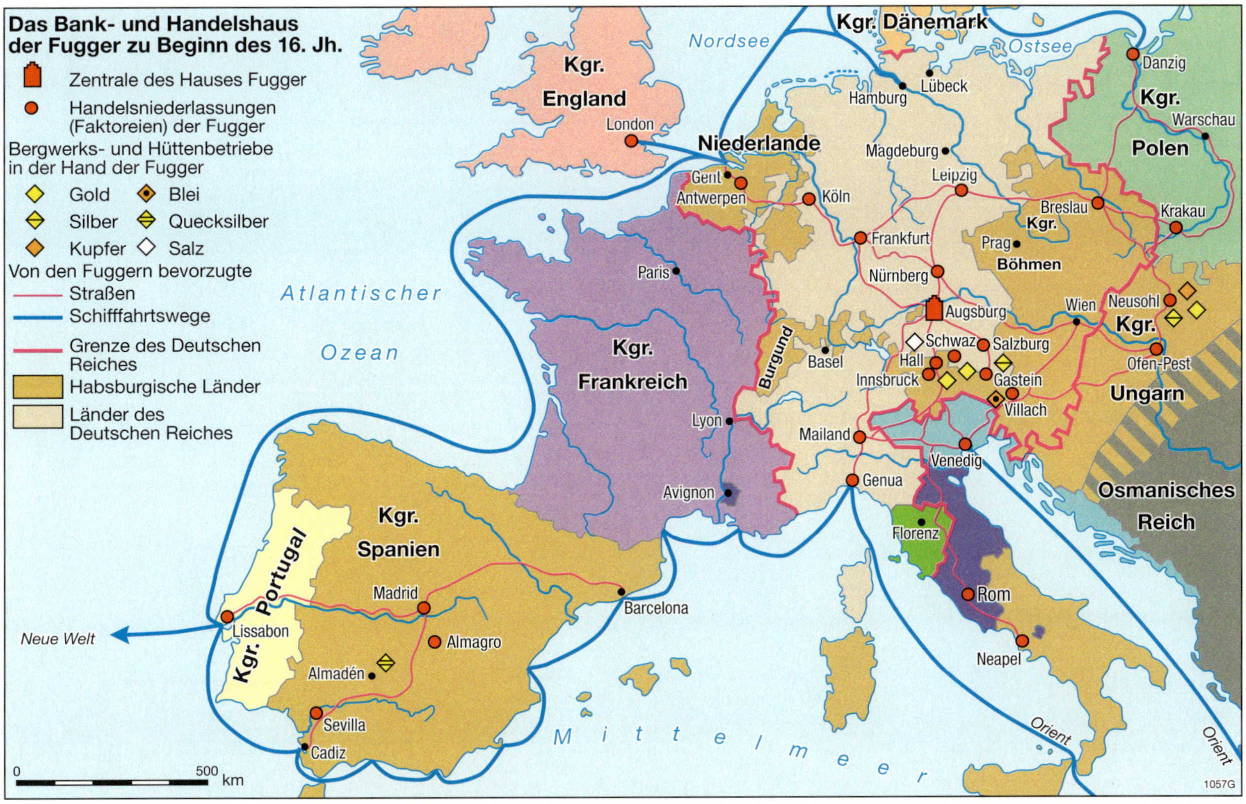

M 6 **Aufstellung des Vermögens**
Vom Nachfolger Jakob Fuggers, Anton Fugger, 1527 eigenhändig erstelltes Abschlussblatt.

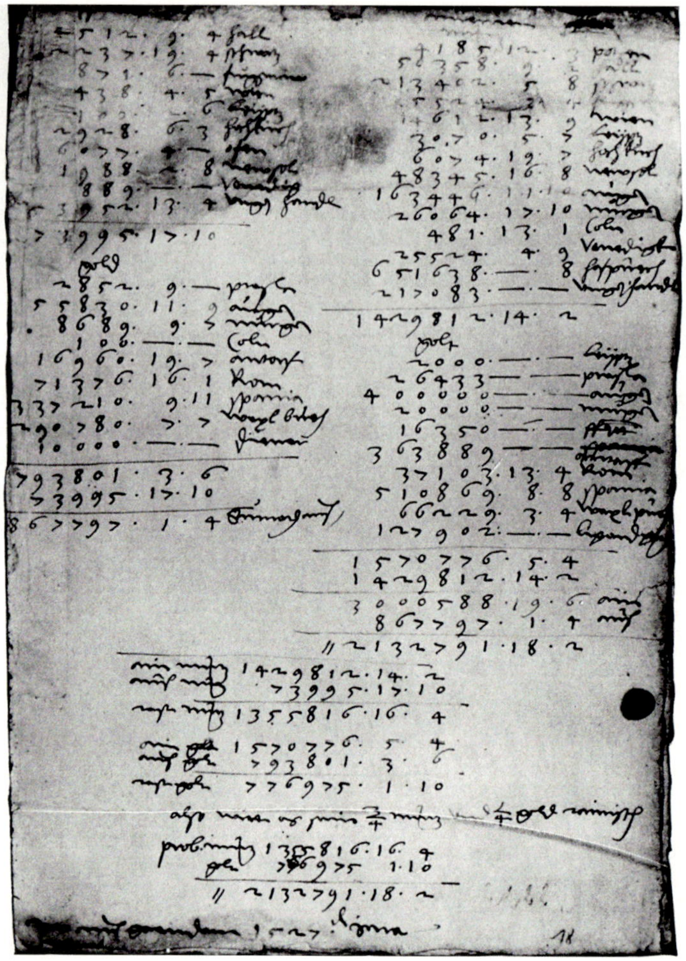

M 7 Die Aufstellung ist von Historikern vereinfacht und vorsichtig ergänzt worden

Guthaben	**Gulden**
Bergwerke und Bergwerksanteile	270.000
Immobilien (unbewegliche Habe)	150.000
Waren (u.a. Kupfer, Seide, Silber, Messing)	380.000
Bargeld	50.000
Außenstände (an die Fugger zu zahlen, davon ca. 65% von den Habsburgern)	1.650.000
Guthaben von Gesellschaftern (Familienmitglieder)	430.000
Laufende Geschäfte	70.000
Summe	3.000.000
Passiva (noch von den Fuggern zu zahlen)	870.000
Gesamtvermögen	2.130.000
Anlagekapital im Jahre 1511	197.000
Gewinn von 1511 bis 1527	1.933.000

M 8 Zwei Meinungen über Jakob Fugger

a) Eine Chronik um 1500 berichtet:

Kaiser, Könige, Fürsten und Herren haben zu ihm ihre Botschaft geschickt. Der Papst hat ihn als seinen lieben Sohn begrüßt, die Kardinäle sind vor ihm aufgestanden. Alle Kaufleute der Welt haben ihn einen erleuchteten Mann genannt, und die Heiden sind ob ihn verwundert. Er ist eine Zierde des ganzen deutschen Landes.

Zit. nach: Propyläen Geschichte Europas, Bd. 1, Frankfurt 1975, S. 227.

b) 1526 fordern Bauern in Tirol, das sich unter habsburgischer Herrschaft befindet und reich an Bodenschätzen ist, Folgendes:

Alle Schmelzhütten, Bergwerke, Erz, Silber, Kupfer […], sofern es dem Adel und ausländischen Kaufleuten und Gesellschaften wie der Fuggerischen […] gehört, sollen […] eingezogen werden. Denn sie [Adel und Gesellschaften] haben ihre Berechtigung nach Billigkeit verwirkt, weil sie sie mit unrechtem Wucher erlangt haben: Geld zum Vergießen menschlichen Blutes; desgleichen haben sie dem gemeinen Mann und Arbeiter seinen Lohn mit Betrug und schlechter überteuerter Ware gezahlt und ihn damit zwei Mal mehr belastet […] alle Kaufmannsware in ihre Hand gebracht und die Preise erhöht und so die ganze Welt mit ihrem unchristlichen Wucher beschwert und sich dadurch ihre fürstlichen Vermögen verschafft, was nun billig bestraft und abgestellt werden sollte.

Michael Gaismaiers Landesordnung 1525, in: Günther Franz, Quellen zur Geschichte des Bauernkriegs, S. 289 f.

M 9 Jahreseinkommen einiger Berufsgruppen zu Beginn des 16. Jahrhunderts in Deutschland

Dienstmädchen	3–5 Gulden
Hausknechte	6–7 Gulden
Tagelöhner[1]	20 Gulden
niedere Geistliche	20–40 Gulden
Landsknechte	48 Gulden
Professoren	50–150 Gulden
hohe städtische Beamte	150–250 Gulden

[1] Ein Tagelöhnerhaushalt benötigte jährlich 14 Gulden für Lebensmittel
H. Lutz, Das Ringen um deutsche Einheit und kirchliche Erneuerung, Berlin – Frankfurt – Wien, 1983, S. 60.

Aufgaben

1. Beschreibe anhand des Schaubildes, wie ein frühkapitalistisches Unternehmen aufgebaut war und welche Geschäftszweige es gab. Verwende auch den Schulbuchtext und die Karte. → Text, M3, M5
2. Worin liegt das Besondere an einem frühkapitalistischen Unternehmen? Wo siehst du Gemeinsamkeiten, wo Unterschiede zu einem modernen Betrieb? → M3
3. Vergleiche die originale Aufstellung mit der des Historikers. Wieso müssen Historiker solche Vereinfachungen herstellen? → M6, M7
4. Bei welchen Geschäftstätigkeiten flossen dem Unternehmen Gewinne zu? In welchen Positionen verbargen sich Probleme? → M6, M7
5. Die Gesamtaufstellung ist ein gutes Beispiel für den typisch kapitalistischen Grundsatz, dass Geld nicht liegen bleiben dürfe, sondern arbeiten müsse. Erkläre diesen Grundsatz an Beispielen. → M7
6. Vergleiche den Gewinn der Fugger 1511–1527 mit dem Jahreseinkommen verschiedener Berufsgruppen. Wie groß ist der fuggerische Reichtum einzuschätzen? → M7, M9
7. a) Welche Meinung über die Fugger wird in den Quellen geäußert? Wie wird diese Meinung jeweils begründet?
   b) Welche der Meinungen trifft deiner Ansicht nach zu? Begründe deine Meinung.
   → M8

M 1 **„Steinbüchse" in fahrbarer Schutzhütte**
Miniatur in der 1405 vollendeten „Bellifortis – Handschrift" des Konrad Kyeser von Eichstätt

Erfindungen verändern die mittelalterliche Welt

Erfindungen und ihre Folgen – das Beispiel des Pulvers
Die mechanische Uhr, das Fernrohr zur Himmelsbeobachtung und die Entwicklung eines modernen Kompass waren wichtige Erfindungen im späten Mittelalter. Die Erfinder nutzten dabei oftmals ältere Erkenntnisse und Techniken, sogar aus anderen Kulturkreisen wie dem islamischen oder chinesischen. Manche dieser technischen Neuerungen hatten Folgen, die das Zusammenleben der Menschen und die gesellschaftliche Ordnung des Mittelalters grundsätzlich veränderten.

Mischt man Holzkohle, Salpeter und Schwefel in einem bestimmten Verhältnis und bringt dieses Gemenge zum Brennen, dann explodiert es. Diese Erkenntnis war seit etwa 1050 in China vorhanden und wurde dazu genutzt, Feuerwerkskörper zu bauen und leicht explosive Brandsätze mit Pfeilen zu verschießen. Relativ schnell gelangte dieses Wissen über den islamischen Kulturkreis nach Europa, wo man im Jahr 1267 ein erstes Pulverrezept nachweisen kann. Die wesentliche technische Erfindung der Europäer bestand darin, dass sie die durch die Pulverexplosion entstehende Kraft nutzten, ein Geschoss mit hoher Geschwindigkeit in eine bestimmte Richtung zu schleudern. Dazu benötigte man eine Röhre, in der man zunächst die Pulverladung und dann das Geschoss deponierte. Der altgriechische Begriff für Röhre ist „canun". Eine Art von Kanonen kann man in Europa bereits in der ersten Hälfte des 14. Jahrhunderts nachweisen.

Sowohl die Herstellung als auch die Handhabung der Kanonen war für die Menschen etwas völlig Neues. Immer wieder wurden neue Techniken ausprobiert und so manche Schusswaffe riss ihren Konstrukteur bei der ersten Verwendung in den Tod. Die Geschütze wurden zur Belagerung von Städten und Burgen eingesetzt. Da die mittelalterlichen Mauern für einen derartigen Beschuss nicht gebaut waren, hielten sie einem Angriff mit Kanonen im Allgemeinen nicht stand und

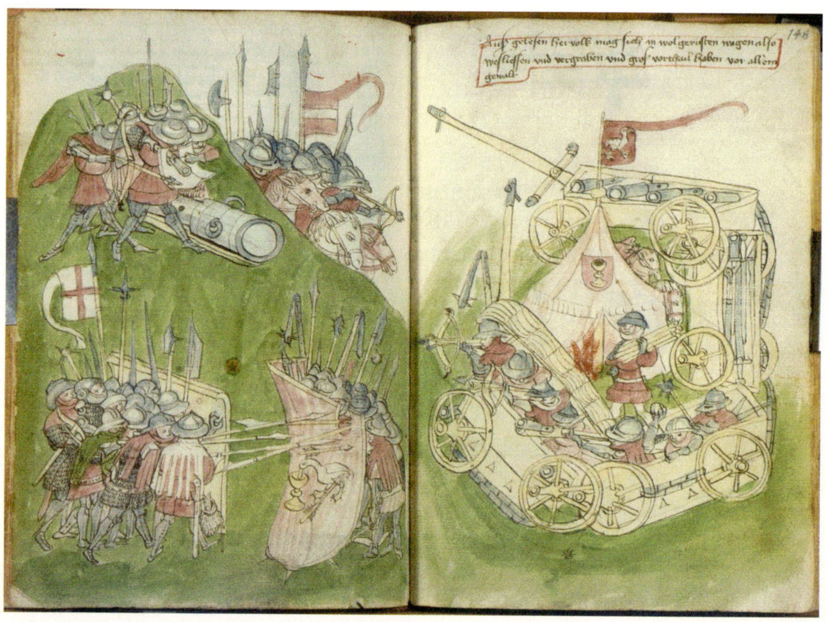

M 2 **Gefecht um 1450**
Darstellung fast aller um die Mitte des 15. Jahrhunderts gebräuchlichen Waffen, Miniatur um 1450

stürzten ein. In der offenen Feldschlacht spielten die Geschütze jedoch erst allmählich eine größere Rolle.

Die aufkommende Verwendung von Schusswaffen und Kanonen beendete das Zeitalter der reinen Ritterheere und der Burgen. Um so wichtiger wurden an speziellen Waffen ausgebildete, sich diszipliniert verhaltende Fußsoldaten, die so genannten Landsknechte. Derartigen Einheiten konnten die schwerfälligen und gepanzerten Ritter nur wenig entgegensetzen.

Im späten Mittelalter hatten die Ritter ihre Bedeutung als kämpfende Truppe eingebüßt. Wirtschaftliche Not war häufig die Folge. Zahlreiche Ritter verlegten sich daher auf den Straßenraub, überfielen Kaufmannszüge und versuchten so ihre materielle Lebensgrundlage zu sichern. Wenn diese Raubritter in die Gefangenschaft des Landesherrn gerieten oder Abgesandten der Handelsstädte in die Hände fielen, wurden sie mit dem Tode bestraft und ihre Burgen zerstört.

Die Erfindung des Buchdrucks

Als im Jahre 1999 eine Gruppe amerikanischer Wissenschaftler die wichtigste Persönlichkeit des zweiten Jahrtausends nach Christus küren sollte, fiel ihre Wahl auf einen Deutschen: Johannes Gutenberg. Von diesem Mann, der eigentlich Johannes Gensfleisch hieß – Gutenberg war der Name seines Geburtshauses – ist allerdings nur sehr wenig bekannt, da wir kaum Quellen über ihn besitzen. Geboren wurde er zwischen 1399 und 1405 in Mainz und stammte aus einer Handwerkerfamilie. Offensichtlich erlernte er das Handwerk des Goldschmieds, lebte einige Zeit in Straßburg und hielt sich zwischen 1448 und 1457 in Mainz auf. 1468 starb er in seiner Heimatstadt, der genaue Ort seines Grabes ist unbekannt.

Um 1450 erfand er den Buchdruck mit beweglichen Lettern. Zwar gab es in China eine ähnliche Technik schon früher, in unserem Kulturkreis

M 3 Buchdruckerwerkstatt um 1499

Zu sehen sind das Setzen der Lettern mithilfe des Setzkastens, im Hintergrund das Einfärben der fertigen Druckplatte, der eigentliche Druckvorgang sowie der Buchverkauf nebenan. Die einzelnen Buchstaben wurden aus Blei gegossen und sortiert. Setzer fügten sie zu einzelnen Worten zusammen und gestalteten ganze Seiten. Die Skelette stellen den Tod dar und sollen darauf hinweisen, dass dieser dem Menschen unvorbereitet überall begegnen kann, Stich von 1499.

M 4 Mittelalterliche Bibelseite

M 5 Gutenberg-Bibel (um 1454)

1,1-23 LUKAS 1154

DAS VORWORT: 1,1-4

1 Schon viele haben es unternommen, einen Bericht über all das abzufassen, was sich unter uns ereignet und erfüllt hat. 2 Dabei hielten sie sich an die Überlieferung derer, die von Anfang an Augenzeugen und Diener des Wortes waren. 3 Nun habe auch ich mich entschlossen, allem von Grund auf sorgfältig nachzugehen, um es für dich, hochverehrter Theophilus, der Reihe nach aufzuschreiben. 4 So kannst du dich von der Zuverlässigkeit der Lehre überzeugen, in der du unterwiesen wurdest.

DIE VORGESCHICHTE: 1,5 – 2,52

Die Verheißung der Geburt des Täufers: 1,5-25
5 Zur Zeit des Herodes, des Königs von Judäa, lebte ein Priester namens Zacharias, der zur Priesterklasse Abija gehörte. Seine Frau stammte aus dem Geschlecht Aarons; sie hieß Elisabet. 6 Beide lebten so, wie es in den Augen Gottes recht ist, und hielten sich in allem streng an die Gebote und Vorschriften des Herrn. 7 Sie hatten keine Kinder, denn Elisabet war unfruchtbar, und beide waren schon in vorgerücktem Alter.
8 Eines Tages, als seine Priesterklasse wieder an der Reihe war und er beim Gottesdienst mitzuwirken hatte, 9 wurde, wie nach der Priesterordnung üblich, das Los geworfen, und Zacharias fiel die Aufgabe zu, im Tempel des Herrn das Rauchopfer darzubringen. 10 Während er nun zur festgelegten Zeit das Opfer darbrachte, stand das ganze Volk draußen und betete. 11 Da erschien dem Zacharias ein Engel des Herrn; er stand auf der rechten Seite des Rauchopferaltars. 12 Als Zacharias ihn sah, erschrak er, und es befiel ihn Furcht. 13 Der Engel aber sagte zu ihm: Fürchte dich nicht, Zacharias! Dein Gebet *ist erhört worden. Deine Frau* Elisabet *wird dir einen Sohn gebären; dem sollst du den Namen* Johannes *geben.* 14 Große Freude wird dich erfüllen, und auch viele andere werden sich über seine Geburt freuen. 15 Denn er wird groß sein vor dem Herrn. *Wein und andere berauschende Getränke wird er nicht trinken,* und schon im Mutterleib wird er vom Heiligen Geist erfüllt sein. 16 Viele Israeliten wird er zum Herrn, ihrem Gott, bekehren. 17 Er wird mit dem Geist und mit der Kraft des Elija dem Herrn vorangehen, um *das Herz der Väter wieder den Kindern zuzuwenden* und die Ungehorsamen zur Gerechtigkeit zu führen und so das Volk für den Herrn bereit zu machen. 18 Zacharias sagte zu dem Engel: Woran soll ich erkennen, daß das wahr ist? Ich bin ein alter Mann, und auch meine Frau ist in vorgerücktem Alter. 19 Der Engel erwiderte ihm: Ich bin Gabriel, der vor Gott steht, und ich bin gesandt worden, um mit dir zu reden und dir diese frohe Botschaft zu bringen. 20 Aber weil du meinen Worten nicht geglaubt hast, die in Erfüllung gehen, wenn die Zeit dafür da ist, sollst du stumm sein und nicht mehr reden können, bis zu dem Tag, an dem all das eintrifft. 21 Inzwischen wartete das Volk auf Zacharias und wunderte sich, daß er so lange im Tempel blieb. 22 Als er dann herauskam, konnte er nicht mit ihnen sprechen. Da merkten sie, daß er im Tempel eine Erscheinung gehabt hatte. Er gab ihnen nur Zeichen mit der Hand und blieb stumm.
23 Als die Tage seines Dienstes (im Tem-

1,3 Der »hochverehrte Theophilus«, ein vornehmer Heidenchrist, wird nur hier und Apg 1,1 erwähnt.
1,5 – 2,52 In den beiden ersten Kapiteln hat Lukas neben alten christlichen Überlieferungen auch Traditionen der Johannesjünger übernommen. Johannes dem Täufer stellt er Jesus als den Größeren, den Messias, den Sohn des Allerhöchsten gegenüber. – Die Hymnen enthalten altes liturgisches Überlieferungsgut (1,46-55; 1,68-79; 2,29-32).
1,5 Herodes der Große herrschte als Vasallenkönig der Römer von 40 bis 4 v. Chr. über Palästina.
Die Gruppe Abija war die achte Dienstklasse oder Wochenabteilung der 24 priesterl. Dienstordnungen (vgl. 1 Chr 24,10), die zwei- bis dreimal jährlich je eine Woche im Tempel Dienst taten. Die einzelnen Dienste bestimmte das Los.
1,9 Das Rauchopfer im Heiligtum eröffnete den Opferdienst am Morgen; das Brandopfer am Nachmittag (gegen 3 Uhr) schloß ihn ab.
1,22 Am Schluß des Opferdienstes wurde das Volk vom Priester gesegnet.

M 6 Gedruckte Bibelseite (heute)

war diese aber vor Gutenberg unbekannt. Hier waren Bücher immer noch sehr teure Güter, da sie auf wertvollem Pergament per Hand mühevoll abgeschrieben werden mussten. Bücher gab es deshalb nur in wenigen Exemplaren zumeist in Klosterbibliotheken.

Schon vor Gutenberg wurde mit dem Druck von Büchern experimentiert. Zunächst schnitzte man eine gesamte Buchseite in Holz und druckte sie dann, wodurch zwar schnell viele Exemplare hergestellt werden konnten. Ein neues Werk anzufertigen, dauerte aber sehr lang. Durch die von Gutenberg entwickelte Technik wurde es nun möglich, in kurzer Zeit große Mengen zu drucken. Wichtig ist in diesem Zusammenhang auch, dass mit dem schon seit längerer Zeit produzierten Papier als Schreib- und Druckgrundlage ein gegenüber dem Pergament äußerst billiger Beschreibstoff zur Verfügung stand.

Zunächst blieb Gutenberg allerdings noch ganz in der mittelalterlichen Tradition. Sein erstes Druckwerk war die Bibel, die er nach Art der alten Handschriften kostbar ausmalen ließ. Von den etwa 180 produzierten Exemplaren sind heute noch 48 erhalten.

So begabt Gutenberg als Erfinder war, so schlecht scheint er als Geschäftsmann gewesen zu sein. Während sich der Buchdruck sehr schnell in ganz Europa verbreitete, konnte er oftmals seine Schulden nicht bezahlen und lebte in ärmlichen Verhältnissen.

Die Folgen der Erfindung

Seit etwa 1480 wandten sich die Buchdrucker von der ausschließlichen Herstellung teurer Bücher, die nur einen kleinen Kundenkreis interessierten, ab. Es entstanden nun Druckwerke der unterschiedlichsten Art, von Formularen über Grammatiken und Schulbüchern bis zu Romanen und Erzählungen sowie neueste wissenschaftliche und technische Abhandlungen. Wichtig wurden auch einzelne Blätter, die unterschiedlichste Nachrichten über politische Ereignisse oder Naturkatastrophen verbreiteten und meist mit drastischen Abbildungen versehen waren – so genannte Flugschriften oder auch „newe Zeitung“, was man mit „neueste Nachrichten“ übersetzen kann. Solche Blätter wurden auch dazu benutzt, eine bestimmte politische Meinung zu äußern oder eigene religiöse Ansichten zu verbreiten. Zudem trennte sich der handwerkliche Bereich des Buchdrucks von dem unternehmerischen des Verlegers. Dieser bestimmte, was gedruckt wurde und sorgte für einen möglichst großräumigen Verkauf der von ihm verlegten Bücher.

Binnen weniger Jahrzehnte veränderte sich das Leben der Menschen, die des Lesens mächtig waren, ganz erheblich. Viele Wissenschaftler und Gelehrte bekamen nun leichter Zugang zu Werken, die sie sonst ihr ganzes Leben nicht zu Gesicht bekommen hätten. Sie konnten diese nutzen und die entsprechenden Kenntnisse verwerten. Zudem erschienen ihre eigenen Forschungsergebnisse schnell und erschwinglich in Buchform, sodass andere wiederum darauf aufbauen konnten. Je schneller Wissenschaftler aber Erkenntnisse anderer aufnehmen, verarbeiten und ihre eigenen Ergebnisse weitergeben konnten, desto schneller kam es zu wissenschaftlichem und technischem Fortschritt. Die Erfindung des Buchdrucks leitete eine derartige Phase ein.

Ähnliches galt auch für die Bereiche Politik und Religion. Flugschriften informierten die Menschen schnell über Ereignisse und Ansichten. Die Zeitgenossen konnten sich nun ihre eigene Meinung bilden und waren nicht mehr darauf angewiesen, das zu glauben, was die Kirche oder die weltliche Obrigkeit sagte. Auch stellte sich sehr schnell heraus, dass man kritische Meinungen, waren sie einmal gedruckt, nur schwer unterdrücken konnte. Denn es war nicht möglich, alle vorhandenen Exemplare zu vernichten.

Dies sind nur einige Beispiele dafür, wie sehr der Buchdruck die mittelalterliche Welt veränderte. Viele Entwicklungen in Wissenschaft, Kirche, Staat oder Gesellschaft hätten so nicht stattgefunden, wäre das Medium Buch nicht für viele Menschen verfügbar geworden. Auch für die Geschichtswissenschaft beginnt hier ein neuer Abschnitt, denn ab diesem Zeitpunkt sind wesentlich mehr schriftliche Quellen überliefert, sodass der Kenntnisstand über den Ablauf der Ereignisse ganz erheblich gestiegen ist.

Gutenbergs Erfindung hat also ein neues Zeitalter eingeleitet, das bis heute andauert. Erst in jüngster Zeit hat mit der Erfindung des Computers und des Internets möglicherweise eine ähnlich weit reichende Veränderung ihren Anfang genommen wie diejenige, die durch die Entwicklung des Buchdrucks angestoßen wurde.

M 7

Die Verbreitung des Buchdrucks

M 8 Herstellung eines Buches
Holzschnitte von Jost Amman, Texte von Hans Sachs, 1568

Der Papyrer.

Ich brauch Hadern zu meiner Mül
Dran treibt mirs Rad deß wassers viel/
Daß mir die zschnitn Hadern nelt/
Das zeug wirt in wasser einquelt/
Drauß mach ich Pogn auff dē filtz bring/
Durch preß das wasser darauß zwing.
Denn henck ichs auff/laß drucken wern/
Schneweiß vnd glatt / so hat mans gern.

Der Schrifftgiesser.

Ich geuß die Schrifft zu der Druckrey
Gemacht auß Wißmat/Zin vnd Bley/
Die kan ich auch gerecht justiern/
Die Buchstaben zusammn ordniern
Lateinisch vnd Teutscher Geschrifft
Was auch die Griechisch Sprach antrifft
Mit Versalen/ Puncten vnd Zügn
Daß sie zu der Truckrey sich fügen.

Der Buchdrucker.

Ich bin geschicket mit der preß
So ich aufftrag den Firniß reß/
So bald mein dienr den bengel zuckt/
So ist ein bogn papyrs gedruckt.
Da durch kombt manche Kunst an tag/
Die man leichtlich bekommen mag.
Vor zeiten hat man die bücher gschribn/
Zu Meintz die Kunst ward erstlich triebn.

Der Buchbinder.

Ich bind allerley Bücher ein/
Geistlich vnd Weltlich/groß vnd klein/
In Perment oder Bretter nur
Vnd beschlags mit guter Clausur
Vnd Spangen/vnd stempff sie zur zier/
Ich sie auch im anfang planier/
Etlich vergüld ich auff dem schnitt/
Da verdien ich viel geldes mit.

M 9 Zwei Stellungnahmen zum Buchdruck

a) Papst Alexander VI. nahm in einer päpstlichen Bulle (Urkunde) aus dem Jahr 1501 Stellung zum Buchdruck:

Da wir erkannt haben, dass durch die Buchdruckerkunst sehr viele Bücher in verschiedenen Teilen der Welt [...] gedruckt worden sind, die viele Irrtümer und der christlichen Religion feindliche Lehren enthalten, verbieten wir [...] allen Buchdruckern [...], in Zukunft Bücher zu drucken, ohne vorher eine ausdrückliche Erlaubnis der Bischöfe oder ihrer Stellvertreter erhalten zu haben. Diesen machen wir zur Pflicht, das zu Druckende sorgfältig zu prüfen und darauf zu achten, dass nichts gedruckt wird, was dem Glauben widerspricht, gottlos oder ärgerniserregend ist.

Bulle „Inter multiplices" Papst Alexanders VI., 1501; bearbeitet nach: Richard Loening, Über Zensur und Preßfreiheit, in: Deutsche Rundschau, 1891, S. 445.

b) Erasmus von Rotterdam, ein bedeutender Gelehrter des beginnenden 16. Jahrhunderts, schrieb im Jahr 1516:

Leidenschaftlich rücke ich von denen ab, die nicht wollen, dass die heiligen Schriften in die Volkssprache übertragen und auch von Laien gelesen werden, als ob Christus so verwickelt gelehrt hätte, dass er kaum von einer Hand voll Theologen verstanden werden könne, und als ob man die christliche Religion dadurch schützen könne, dass sie unbekannt bleibt. Es mag angehen, dass Könige ihre Geheimnisse verheimlichen, aber Christus will mit Nachdruck, dass seine Geheimnisse unter das Volk gebracht werden. Ich würde wünschen, dass alle Weiblein das Evangelium lesen, auch dass sie die Paulinischen Briefe lesen. Wären doch diese in die Sprachen aller Völker übertragen, damit sie nicht nur von den Schotten und Iberern, sondern auch von den Türken und Sarazenen gelesen und verstanden werden könnten.

Erasmus von Rotterdam, Ausgewählte Schriften, hrsg. von Werner Welzig, 3. Bd., Darmstadt 1967, S. 15.

M 10 Faszination Computer

Der Autor Jochen Hörisch schreibt 2001 in seiner Mediengeschichte zur Überlegenheit des Computers gegenüber dem Medium Buch Folgendes:

Die anhaltende Faszination von Computern und Internet [...] ist schnell zu erklären. Können Computer und Internet doch (fast) „alles": rechnen sowieso, aber eben auch schreiben, zeichnen, verwalten, Kalkulationen und Tabellen erstellen, Musik komponieren, Weltmeister im Schachspiel besiegen, Filme und Fotos speichern und verarbeiten, an Termine erinnern, immaterielle Güter wie Software, Musik, Texte, Daten transportieren und und und. Dabei sprechen sie allen tradierten [überlieferten] Raum- und Zeitgrenzen Hohn. Denn sie prozedieren [arbeiten] mit atemberaubender Geschwindigkeit und halten auf kleinsten Raum Datenspeicher bereit, die Verlegern von Lexika entweder schlaflose Nächte bereiten oder sie schnell auf die Idee bringen, ihre 20-bändigen Wissensfreunde auch in Form einer CD beziehungsweise DVD beziehungsweise [...] gleich im Internet anzubieten.

Hörisch, Jochen, Der Sinn und die Sinne, eine Geschichte der Medien, Frankfurt/M. 2001, S. 381 f.

Aufgaben

1. a) Beschreibe anhand der Abbildungen, wie im 16. Jahrhundert ein Buch hergestellt wurde.
   b) Nenne die Vorteile des Buchdruckes gegenüber der mittelalterlichen Herstellungsweise eines Buches. → M8
2. Versuche, die alten Texte zu lesen und ins heutige Deutsch zu übersetzen. → M8
3. a) Welche Verfügung trifft der Papst und wie begründet er sie? Beurteile seine Entscheidung.
   b) Fasse die Aussagen von Erasmus mit eigenen Worten zusammen. Nimm dazu Stellung.
   → M9
4. a) Stelle die Vor- und Nachteile von Computer und Internet zusammen.
   b) Welche Zukunft siehst du für das Medium Buch. Begründe deine Meinung.
   → M10

Der Beginn einer „neuen Zeit“

Die mittelalterliche Vorstellungswelt gerät ins Wanken
Darstellungen des großen Weltgerichts Gottes befinden sich in vielen Kirchen. Daraus lassen sich die Vorstellungen der Menschen im Mittelalter erschließen, wie die Welt für sie geordnet war und welche Rolle der Mensch in ihr spielte: Beim Weltuntergang kommt es zum Jüngsten Gericht. Die Toten stehen auf, und Gott entscheidet, wer in die Hölle und wer in den Himmel kommt. Gott hatte die Welt erschaffen und herrschte über sie. Der Mensch hatte sich dieser göttlichen Ordnung zu fügen. Schicksalsschläge galten oft als Strafe, Erfolge als Gnade Gottes. Auch die soziale Ordnung, die Einteilung in Stände, die gesellschaftliche Stellung, ja der gesamte Lebenslauf des Einzelnen erschien als gottgegeben. Die Überschreitung der Standesschranken galt als Sünde. Den geistlichen und weltlichen Herren war man Gehorsam schuldig. Große Hoffnungen richteten sich auf das Leben nach dem Tod: Das Paradies konnte durch ein Leben nach Gottes Geboten im Diesseits erreicht werden.

Seit der Mitte des 14. Jahrhunderts gibt es Hinweise, dass dieses mittelalterliche Weltbild allmählich ins Wanken geriet. Die Darstellungen auf Gemälden gehorchten nicht mehr den überlieferten mittelalterlichen Mustern. Bei der Errichtung von Gebäuden distanzierte man sich von der mittelalterlichen Bauweise. Wissenschaftler stellten bei ihren

M 1 **Das Jüngste Gericht**
Gemälde von Stefan Lochner, 1435

M 2 Erschaffung Adams durch Gott
Ausschnitt aus einem Deckenfresko Michelangelos in der Sixtinischen Kapelle im Vatikan, entstanden 1508–1512

Forschungen die als unveränderlich geltenden mittelalterlichen Erkenntnisse in Frage und in den Texten von Schriftstellern und Philosophen wurden neuartige Gedanken formuliert.

Gemeinsam ist diesen Bestrebungen eine veränderte Vorstellung von der Rolle des Menschen in der Welt. Aus dem Wesen, das sich klaglos einer unveränderlichen göttlichen Ordnung fügen muss, wird ein Mensch, den Gott ins Zentrum der Schöpfung stellt. Er besitzt daher eine eigenständige Individualität und eine unverwechselbare Würde. Die gesellschaftliche Ordnung geht vom Menschen aus und hat auf seine Bedürfnisse Rücksicht zu nehmen. Der Einzelne hat die Aufgabe mithilfe seines Verstandes und seiner Gefühle die Welt selbstständig zu erfassen und neue Erkenntnisse zu gewinnen. Nicht mehr die göttliche Ordnung, sondern der einzelne Mensch als Geschöpf Gottes erscheint als Maß aller Dinge.

Die Antike als Vorbild - Renaissance und Humanismus

Die Vertreter der neuen Geisteshaltung beriefen sich auf die Schriften der antiken Philosophen und orientierten sich an der Kunst der alten Griechen und Römer. Mit Begeisterung studierten Architekten die Ruinen des alten Rom und die Bildhauer die wenigen noch erhalten gebliebenen Statuen und erhoben sie zu Vorbildern für ihre eigenen Bauten und Kunstwerke.

Die Werke antiker Autoren wurden neu gelesen und zur Grundlage eigener Studien gemacht. Aus dem islamischen Kulturraum und aus dem Oströmischen Reich kamen neue Erkenntnisse nach Europa. Der Buchdruck verbreitete nicht nur die alten Schriften, sondern auch die neuen Gedanken in Europa.

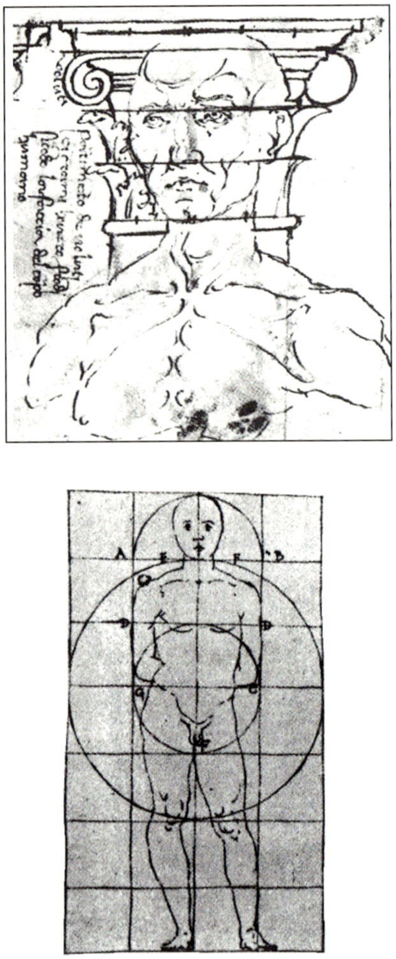

M 3 Studien
Grundrisskonstruktion und Proportionsstudie des Renaissance-Architekten Franceso di Giorgio.

Die neue Zeit erschien als Wiedergeburt der Antike, italienisch „rinascitá“, französisch „Renaissance“. Dieser Begriff hat sich für das neue Denken sowie die neue Kunst und Kultur eingebürgert, die sich von der zweiten Hälfte des 14. Jahrhunderts bis ins 16. Jahrhundert hinein in Europa ausbreiteten.

Auch in der eigenen Ausbildung orientierten sich die Gelehrten an antiken Vorbildern. So sprach der römische Schriftsteller und Politiker Cicero im 1. Jahrhundert v. Chr. von „studia humanitatis“, das heißt von Fähigkeiten, die man erwerben muss, um sich zu einem Menschen im eigentlichen Sinn auszubilden. Dazu gehören Rhetorik, Geschichte, Dichtkunst, Philosophie und im weiteren Sinne auch die Naturwissenschaften. Eine derart umfassende Bildung erstrebten auch die Gelehrten der Renaissance. Sie bezeichneten sich selbst als „Humanisten“ und wollten das Ideal eines freien Menschen verwirklichen, der seine Fähigkeiten entfaltet und kirchliche Zwänge abstreift.

Der Maler, Bildhauer und Architekt Michelangelo (1475–1564) schuf Kunstwerke, die bis heute als außergewöhnlich gelten. Leonardo da Vinci (1452–1519), der Maler der weltberühmten „Mona Lisa“, war zugleich Forscher und Erfinder. Seine Kenntnisse beruhten auf der genauen Beobachtung der Natur. In seinen Notizen finden sich Skizzen von Fluggeräten, Unterseebooten und Maschinengewehren, die er zu bauen beabsichtigte. Einer der bedeutendsten humanistischen Philosophen war der Gelehrte Erasmus von Rotterdam (1466–1536), der die Zeitgenossen durch sein universelles Wissen beeindruckte.

Das neue humanistische Menschenbild der Renaissance setzte in Europa ungeheure geistige Kräfte frei. Sowohl in den Künsten als auch in den Naturwissenschaften kam es zu Entdeckungen, Erfindungen und Entwicklungen, die bis heute grundlegend sind. So verwendeten die Maler in ihren Bildern die Zentralperspektive und erzeugten eine neuartige, für uns heute selbstverständliche Raumwirkung. Genaue Studien der menschlichen Proportionen ermöglichten eine wirklichkeitsgetreue Darstellung der Figuren.

Florenz als Stadt der Renaissance

Eine Vorreiterrolle nahm dabei die Stadt Florenz in der Toskana ein. Dort förderte die vornehme Herrscherfamilie der Medici diese neuen Strömungen. Viele bedeutende Kunstwerke Europas befinden sich deshalb in dieser Stadt. Florenz und andere Handelsstädte wie Mailand und Venedig verdankten ihren Reichtum, ihre Macht und ihre Kultur dem Fleiß, dem Selbstvertrauen und der Gelehrsamkeit ihrer Bürger. Gerade diese Städte hatten aber auch enge Handelskontakte zur arabischen Welt und kamen so mit einer anderen Kultur in Kontakt. Vermittelt durch islamische Wissenschaftler, aber auch durch Gelehrte aus dem alten Oströmischen Reich öffnete sich für die Bewohner der italienischen Handelsstädte der Weg zu neuen Erkenntnissen. Allerdings blieben diese Strömungen zunächst auf einen kleinen Bereich von Gebildeten beschränkt.

Ein „neues Weltbild“

Da die neuen Erkenntnisse oft im Widerspruch zu den Jahrhunderte alten mittelalterlichen Vorstellungen standen, fiel es der Kirche schwer,

M 4 Blick auf Florenz
Die Kuppel des Doms erbaute der berühmte Renaissance-Architekt Filippo Brunelleschi (1376–1445).

M 5 Nikolaus Kopernikus
(1473–1543) stammte aus Thorn an der Weichsel. Er studierte in Krakau und in Italien Theologie, Jura, Mathematik, Medizin, Astronomie.

sie zu akzeptieren. Dies lag auch daran, dass sich die neuen Wissenschaftler ganz anderer Methoden der Erkenntnisfindung bedienten.

Ein Beispiel dafür war die Auseinandersetzung darüber, ob sich die Sonne um die Erde oder die Erde um die Sonne dreht. Bereits in der Antike wurde die Ansicht vertreten, dass die Sonne im Mittelpunkt des Planetensystems stehe und sich die Erde um sie dreht. Im Lauf der Jahrhunderte setzte sich allerdings die Lehre des griechischen Astronomen Ptolemäus durch. Die Erde bildete demnach den Mittelpunkt des Universums, um die sich alle anderen Himmelskörper drehten. Seine Ansicht setzte sich vermutlich auch deshalb durch, weil einige Bibelstellen in diesem Sinne gedeutet werden konnten. Der Mensch als Krone der göttlichen Schöpfung musste demnach im Zentrum dieser Schöpfung leben. So wurde das ptolemäische Weltbild im Mittelalter zur unumstößlichen göttlichen Wahrheit. Daran zu zweifeln bedeutete, die gesamte christliche Lehre in Frage zu stellen.

Als erster wagte dies der Astronom und Mathematiker Nikolaus Kopernikus (1473–1543). Er unternahm systematische Himmelsbeobachtungen und stellte eigene Berechnungen an. Sein Ergebnis war, dass die Sonne im Mittelpunkt des Planetensystems stehen müsse.

Noch konnte man das nach seinem Entdecker benannte kopernikanische Weltbild aber als reine Theorie abtun, da ein letzter Beweis fehlte. Diesen erbrachte der Italiener Galileo Galilei (1564–1642), der mithilfe eines neu entwickelten Fernrohrs die Erkenntnisse von Kopernikus durch Beobachtungen am Nachthimmel bestätigte. Nun reagierten die kirchlichen Autoritäten mit Gegenmaßnahmen. Die Schriften Galileis wurden als Ketzerei verboten, er selbst kam vor die Inquisition und wurde unter Androhung der Folter gezwungen, seine Aussagen zu widerrufen. Der Buchdruck sowie die einfache Nachprüfbarkeit von Galileis Beobachtungen trugen aber dazu bei, dass das kopernikanische Weltbild auf Dauer nicht unterdrückt werden konnte. Die Erkenntnisse eines einzelnen Menschen hatten so über die Autorität der mittelalterlichen Kirche gesiegt. 1992 hob die katholische Kirche das damalige Urteil gegen Galilei förmlich auf.

M 6 Der Mensch in der Welt

a) 1452 schreibt der italienische Gesandte und Geschichtswissenschaftler Gianozzo Manetti Folgendes:

Die Welt ist wohl von Gott erschaffen, aber der Mensch hat sie verwandelt und verbessert. Denn alles, was uns umgibt, ist unser eigenes Werk, das Werk der Menschen; alle Wohnstätten, alle Schlösser, alle Gebäude auf der ganzen Welt [...]. Von uns sind die Gemälde, die Skulpturen; von uns kommen der Handel, die Wissenschaften und politischen Systeme. Von uns kommen alle Erfindungen und alle Arten von Sprache und Literaturen.

Zit. nach: Hale, John R., Fürsten, Künstler, Humanisten, Reinbek bei Hamburg 1973, S. 26.

b) 1486 verfasst der italienische Gelehrte Giovanni Pico della Mirandola eine Rede „Über die Würde des Menschen", die er zu seinen Lebzeiten weder gehalten noch veröffentlicht hat. In dem vorliegenden Ausschnitt spricht Gott zu Adam:

Keinen bestimmten Platz habe ich dir zugewiesen, auch keine bestimmte äußere Erscheinung und auch nicht irgendeine besondere Gabe habe ich dir verliehen, Adam, damit du den Platz, das Aussehen und alle die Gaben, die du dir selber wünschst, nach deinem eigenen Willen und Entschluss erhalten und besitzen kannst.
Die fest umrissene Natur der übrigen Geschöpfe entfaltet sich nur innerhalb der von mir vorgeschriebenen Gesetze. Du wirst von allen Einschränkungen frei nach deinem eigenen freien Willen, dem ich dich überlassen habe, dir selbst deine Natur bestimmen. In die Mitte der Welt habe ich dich gestellt, damit du von da aus bequemer alles ringsum betrachten kannst, was es auf der Welt gibt [...]. Du kannst nach unten hin ins Tierische entarten, du kannst aus eigenem Willen wiedergeboren werden nach oben in das Göttliche.

Mirandola, Giovanni Pico della, Oratio de hominis dignitate/ Rede über die Würde des Menschen, hrsg. und übers. von Gerd von der Gönna, Stuttgart 1997, S. 9.

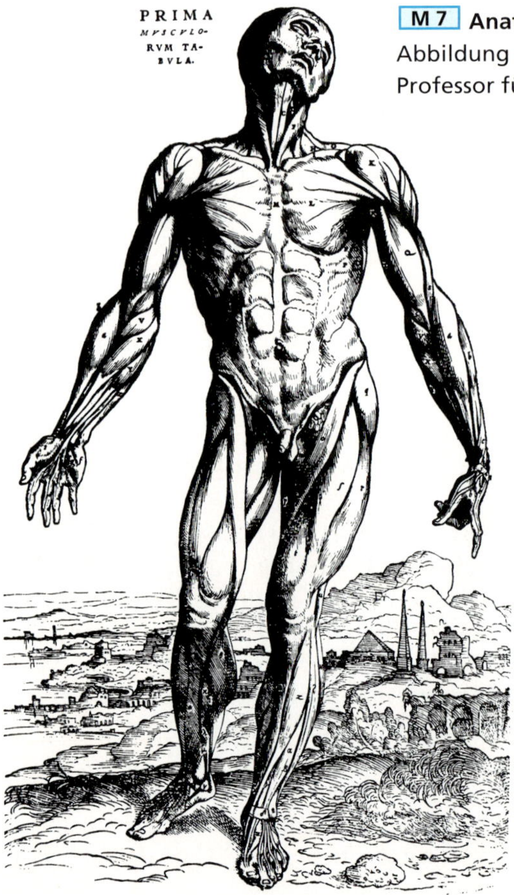

M 7 Anatomie

Abbildung aus einem Buch des berühmten Arztes Andreas Vesalius, Professor für Anatomie, aus dem Jahr 1543

M 8 Sektion einer Leiche

Galileo Galilei (1564–1642) berichtet über eine Sektion zu wissenschaftlichen Zwecken:

Diesen Tag nun geschah es, dass man den Ursprung und den Ausgangspunkt der Nerven aufsuchte, welches eine berühmte Streitfrage zwischen den Ärzten ist. Als nun der Anatom zeigte, wie der Hauptstamm der Nerven, vom Gehirn ausgehend, den Nacken entlangzieht, sich durch das Rückgrat erstreckt und durch den ganzen Körper verzweigt, wendete er sich an einen Edelmann mit der Frage, ob er nun zufrieden sei und sich überzeugt habe, dass die Nerven im Gehirn ihren Ursprung nehmen und nicht im Herzen. Worauf dieser erwiderte: Ihr habt mir das alles so klar, so augenfällig gezeigt, – stünde nicht der Text des Aristoteles entgegen, der deutlich besagt, der Nervenursprung liege im Herzen, man sähe sich zu dem Zugeständnis gezwungen, dass Ihr Recht habt.

Galileo Galilei, Dialog über die beiden hauptsächlichsten Weltsysteme, in: K. Vorländer, Philosophie d. Renaissance, Reinbek 1965, S. 251 f.

M 9 Madonna mit dem Jesuskind
Um 1260 in Lucca bei Florenz für den Altarraum einer Kirche entstanden, unbekannter Künstler.

M 10 Madonna mit dem Jesuskind
Filippo Lippi, 1465, Geschenk für den Herzog von Florenz, der es in seinem Palazzo ausstellen ließ. Als Modelle dienten dem Maler Filippo Lippi seine Frau und sein Sohn.

Aufgaben

1. a) Beschreibe das mittelalterliche Weltbild anhand des Gemäldes von Stefan Lochner.
   b) Welche Elemete des neuen Weltbildes finden sich in dem Gemälde aus der Sixtinischen Kapelle?
   → Text, M1, M2
2. a) Fasse die wesentlichen Aussagen der beiden Quellen thesenartig zusammen.
   b) In welchen Punkten unterscheiden sich die Ansichten Manettis und Pico della Mirandolas vom mittelalterlichen Menschenbild?
   c) Welche Aussagen haben für dich persönlich bis heute Gültigkeit?
   → M6
3. a) Welches wissenschaftliche Interesse wird in der Abbildung von Versalius deutlich?
   b) Wie kann man dieses Interesse erklären?
   c) Inwiefern ist diese Studie auch für die heutigen Menschen wichtig?
   → M7
4. a) Verdeutliche, welcher wissenschaftlichen Vorgehensweise jeweils der Anatom und der Edelmann folgen.
   b) Welche Methode hältst du für die richtige? Begründe deine Meinung.
   → M8
5 a) Vergleiche die beiden Gemälde und zeige alle Unterscheide auf.
   b) Welche Entwicklungen vom Menschen- und Weltbild lassen sich erschließen?
   → M9, M10

Europa entdeckt die Welt

M 1 Eine Kompassrose
Schon seit dem 12. Jahrhundert hatten die Seefahrer einen Magnetkompass an Bord, Holzschnitt um 1550.

Auf der Suche nach neuen Handelswegen

Die Inselgruppe, auf der Christoph Kolumbus 1492 erstmals den amerikanischen Kontinent betrat, heißt heute Westindische Inseln. Dies erinnert daran, dass er keine neue Welt suchte, sondern einen neuen Weg nach Indien. 1453 hatten nämlich die Türken Konstantinopel erobert. Sie beherrschten damit das östliche Mittelmeer und kontrollierten den gesamten Handel zwischen Europa und dem fernen Osten. Die Preise für Gewürze, Seide, Parfüm und viele andere Luxuswaren aus Indien und China stiegen erheblich. Während die großen Handelsstädte am Mittelmeer dieser Entwicklung hilflos gegenüberstanden, gewannen andere bislang weniger wichtige Regionen Europas dadurch an Bedeutung. Schon vor 1450 hatte man von Portugal aus begonnen, entlang der westafrikanischen Küste mit Schiffen in Richtung Süden vorzustoßen. Gelänge es, so die damalige Überlegung, Afrika zu umrunden und dann in Richtung Osten nach Indien zu segeln, könnte der osmanische Zwischenhandel umgangen werden. Die Suche nach einem neuen Handelsweg nach Indien war damit eröffnet.

Die Voraussetzungen der Entdeckungsfahrten

Kaum vorstellbar sind die beginnenden Entdeckungsfahrten ohne das neue Menschenbild der Renaissance. Wagemut und Vertrauen in die eigenen Fähigkeiten waren Voraussetzungen für die gefahrvollen Fahrten in unbekannte Regionen der Erde. Eine große Rolle spielte aber auch

M 2

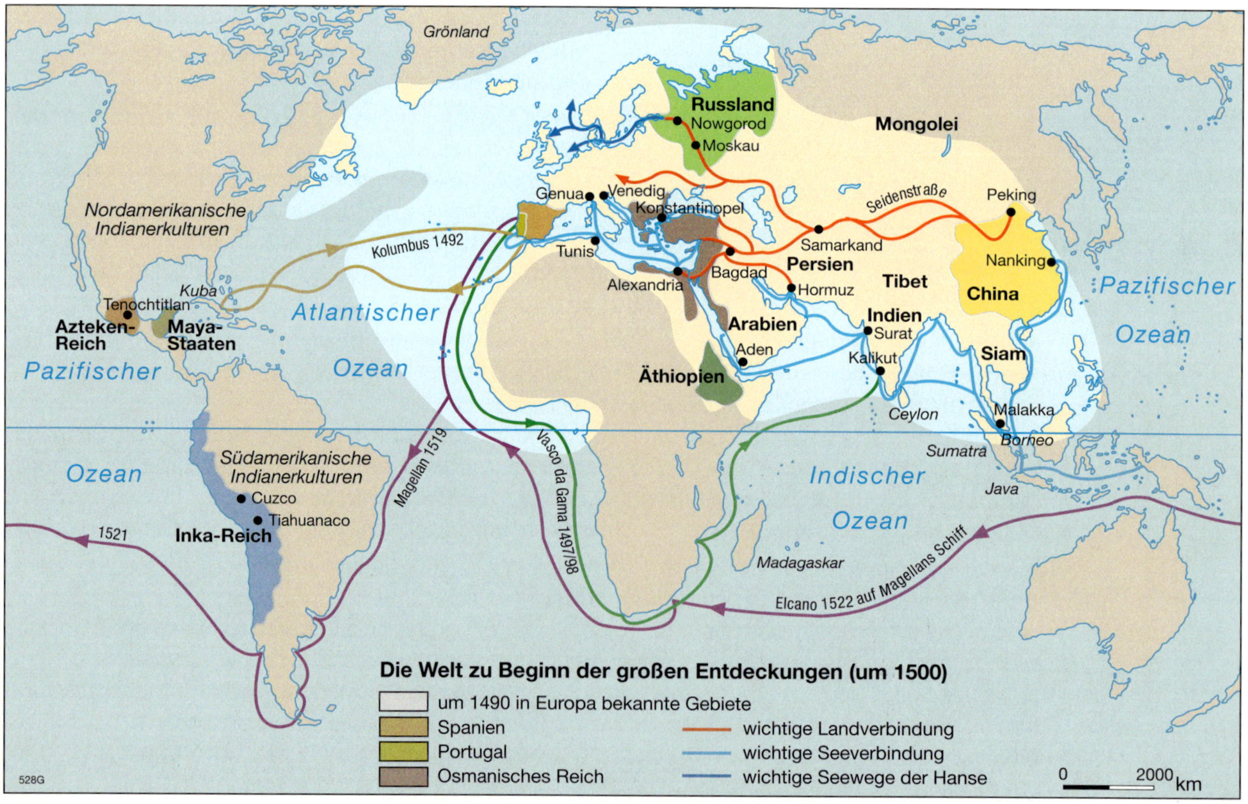

M 3 Ein Seeungeheuer greift an
Holzschnitt von 1539

M 4 Christoph Kolumbus (1451–1506)
Es gibt kein einziges zeitgenössisches Porträt von Kolumbus. Dieses Bild kommt den schriftlichen Beschreibungen, die wir besitzen, am nächsten.

die neue wissenschaftliche Vorgehensweise. Entfernungen wurden gemessen und die entdeckten Gebiete kartografisch erfasst. Besonders wichtig wurde die Erkenntnis, dass die Erde keine Scheibe, sondern eine Kugel ist. Aber auch technische Neuerungen trugen wesentlich zum Erfolg der Entdeckungsreisen bei. Die Möglichkeiten zur Orientierung auf hoher See wurden immer besser. Der Kompass ermöglichte es, die eingeschlagene Richtung ohne sichtbaren Orientierungspunkt genau einzuhalten.

Die Erfolge der portugiesischen Entdeckungsreisen blieben nicht aus. 1487 umrundete Bartolomão Diaz das „Kap der guten Hoffnung", die Südspitze Afrikas, und 1498 erreichte Vasco da Gama Indien auf der Ostroute. Eine der größten Leistungen der Seefahrt stellt die erste Umseglung der Welt durch Fernando Magellan von 1519 bis 1522 dar, wobei nach dem Tod des Kapitäns auf den Philippinen sein Vertrauter Elcano die Expedition zu Ende führte.

Die Entdeckung Amerikas 1492

Kolumbus war nicht der erste Europäer auf dem amerikanischen Kontinent. Bereits die Wikinger, so ist heute bekannt, erreichten um 1000 n. Chr. über Island und die Südspitze Grönlands Nordamerika. Aber es war den Wikingern weder bewusst, dass sie einen „neuen" Kontinent entdeckt hatten, noch nahm man in Europa von ihren Fahrten Notiz. Selbst bei den Wikingern gerieten sie schnell in Vergessenheit. Die Reise von Kolumbus war also das folgenreiche historische Ereignis.

Kolumbus, 1451 als Sohn einer Handwerkerfamilie in Genua geboren, war ausgebildeter Kapitän und Navigationsexperte. Ausgehend von der Überzeugung, die Welt sei eine Kugel, glaubte er Indien zu erreichen, wenn er von Europa aus immer in Richtung Westen segelte. Kolumbus nutzte dabei die Karten des Geografen Toscanelli. Dieser hatte die Entfernung zwischen der Westküste Europas und der Ostküste Asiens auf etwa 4400 km veranschlagt. Tatsächlich beträgt sie mehr als als 18000 km. Die Portugiesen, die eine Südroute verfolgten, sahen in Kolumbus einen Angeber und lehnten seinen Plan ab. In Spanien wollte man zunächst den Krieg gegen die Araber siegreich beenden, sodass Kolumbus das spanische Königspaar erst 1492 für seinen Plan gewinnen konnte. Er sollte für Spanien neue Rohstoff- und Goldquellen erschließen und die fremden Völker zum Christentum bekehren. Dafür erhielt er drei Schiffe, die am 3. August 1492 den Hafen Palos im Süden Spaniens verließen.

Am 6. September segelten die „Santa Maria", die „Nina" und die „Pinta" von den Kanarischen Inseln in Richtung Westen. Am 12. Oktober, die Mannschaft stand wegen der scheinbar aussichtslosen Lage kurz vor einer Meuterei, kam endlich Land in Sicht: die kleine, südwestlich von Florida gelegene Insel Guanahani, die Kolumbus San Salvador, das heißt „Heiliger Erlöser", nannte.

Kolumbus blieb bis 1493 in der Inselwelt der Karibik, die er für einen Teil Indiens hielt. Die Ureinwohner, die er antraf, nannte er deswegen auch Indianer. Noch drei Mal wagte Kolumbus die Fahrt von Spanien nach Westen, bis er 1506 starb. Dass er einen völlig neuen Kontinent entdeckt hatte, war ihm zeitlebens nicht bewusst. Der aus Florenz stammende Amerigo Vespucci (1451–1512), der selbst einige Fahrten

M 5 Landung der Spanier auf der Insel Hispaniola
Der Zeichner Theodor de Bry fertigte dieses Bild zwei Jahre nach der Entdeckung an, Stich aus dem Jahre 1594.

M 6 Die Santa Maria
Diese Darstellung zeigt, wie eine zeitgenössische Karavelle aussah, Druck aus dem Jahr 1493.

zum neuen Kontinent unternahm, erkannte wohl als einer der Ersten, dass es sich um eine „neue Welt" handelte. Sein Vorname bürgerte sich allmählich als Bezeichnung für den neuen Kontinent ein: Amerika.

Folgen der Entdeckungsreisen – der europäische Kolonialismus
Innerhalb von 100 Jahren hatten die Europäer durch die Entdeckungsreisen ihre Kenntnisse über die Welt radikal erweitert. Das christliche Abendland kam in Kontakt mit bislang fremden Kulturen. Ein wichtiger Grund für die Entdeckungsreisen war die Suche nach Gewinn durch Ausbeutung der entdeckten Gebiete. Dazu kam ein Gefühl der Überlegenheit, da sich die Europäer als Christen im Besitz des einzig richtigen Glaubens wähnten. Die Menschen anderer Kulturkreise galten als zu bekehrende Heiden. Aufgrund ihrer Feuerwaffen und der modernen Schiffstechnik waren die Europäer den einheimischen Kulturen tatsächlich militärisch überlegen.

Wie groß das europäische Selbstbewusstsein war, zeigt der Vertrag von Tordesillas, in dem die Spanier und Portugiesen 1494 – kaum zwei Jahre nach der Fahrt des Kolumbus – unter Vermittlung des Papstes die Welt unter sich aufteilten. Ihr Vormachtsanspruch wurde aber sehr schnell von anderen europäischen Nationen wie den Engländern, Niederländern und Franzosen in Frage gestellt, die sich ebenfalls an der Aufteilung der Welt beteiligen wollten.

Schnell siedelten sich Europäer an den Küsten der entdeckten Regionen an und gründeten so genannte Kolonien. Blieb der Widerstand der einheimischen Kultur stark genug wie zum Beispiel in Indien, China oder Japan, so beschränkte man sich darauf, von dort aus Handel zu treiben. War die Gegenwehr aber schwach, so weitete man die Kolonien aus. Die wohl schwerwiegendsten Veränderungen ereigneten sich in Süd- und Mittelamerika, wo praktisch ein ganzer Kontinent in den Machtbereich der Spanier und Portugiesen geriet.

Es entwickelte sich allmählich eine Weltordnung, in der viele Gebiete der Erde vom Zentrum Europa aus beherrscht oder beeinflusst wurden. Dies blieb so bis ins 20. Jahrhundert.

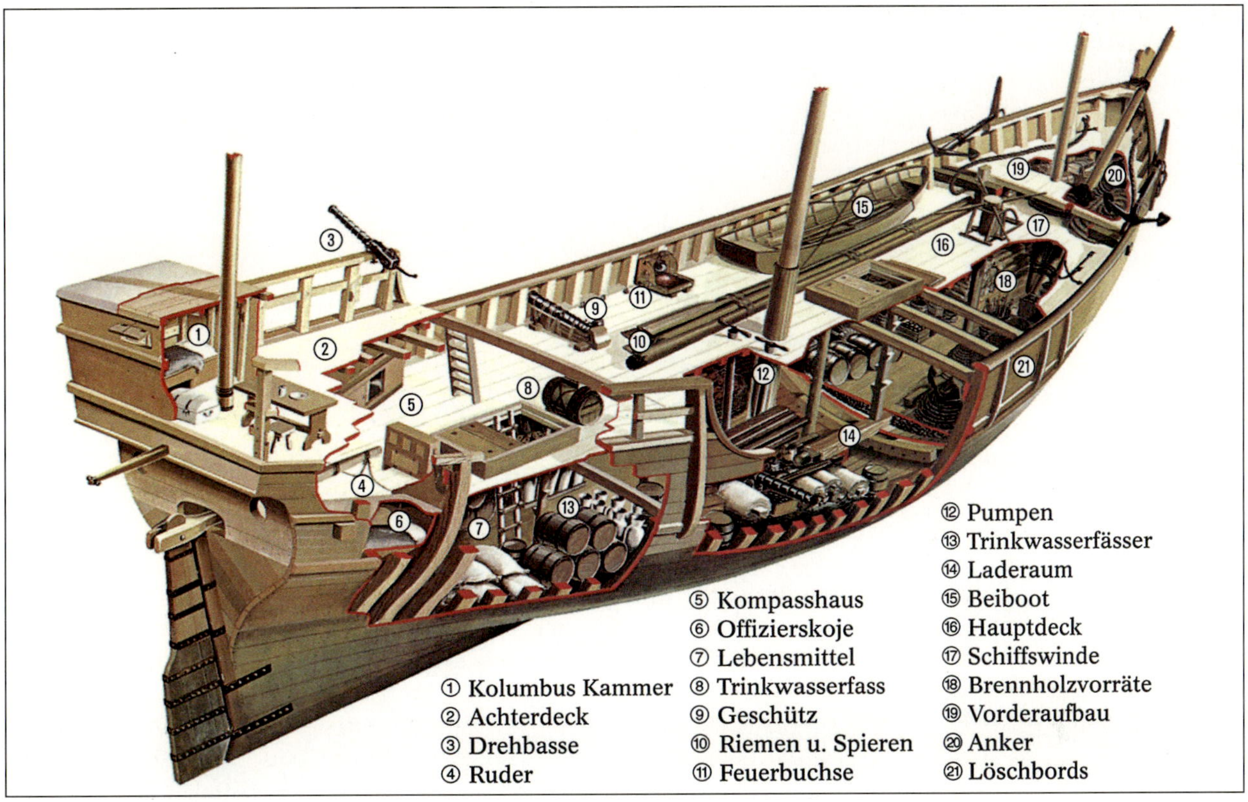

M 7 **Die Nina**

Die Nina war 21 Meter lang und bis zu 7 Meter breit. Ihr fast 3 Meter breiter Laderaum konnte 51 Tonnen Fracht aufnehmen. Auf der Nina kehrte Kolumbus nach Spanien zurück, nachdem die Santa Maria gestrandet war, Rekonstruktion.

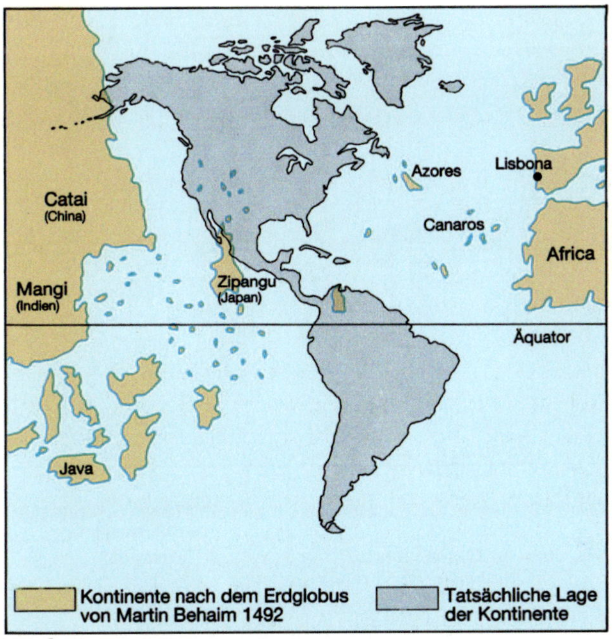

M 8 **Asien, Europa und die neue Welt**

M 9 **Winde und Meeresströmungen**

M 10

Kolonialreiche und Überseehandel um 1700

Besitzungen

- Spanien
- Portugal
- Frankreich
- England
- Niederlande
- Russland
- Osmanisches Reich

1549 Jahr der Besitznahme, bei Orten Jahr der Gründung oder Erwerbung

Wichtiger Seehandelsweg

Wichtige Handelswaren

- Gewürze (Zimt, Nelken, Pfeffer, Muskat)
- Drogen
- Tee

M 11 **Dreieckshandel**
Das Geschäft der europäischen Sklavenhändler bestand aus dem „Dreieckshandel", an dem afrikanische Sklavenfänger und die spanischen Kolonien in Amerika beteiligt waren. Zwischen 1500 und 1870 wurden über 10 Millionen schwarze Sklaven nach Amerika verschleppt.

Aufgaben

1. a) Ordne den europäischen Mächten ihre jeweiligen Kolonialgebiete bzw. Handelsstützpunkte zu. Wo lagen die Zentren ihrer Kolonialreiche?
   b) Benenne die Haupthandelsgüter.
   c) Auf dem Atlantik fand unter Leitung der Europäer ein so genannter Dreieckshandel statt. Erkläre anhand der Karten, was darunter zu verstehen ist.
   d) Wie wirkte sich der Erwerb von Kolonien auf die Stellung der einzelnen europäischen Staaten aus?
   → M10, M11
2. Kläre mithilfe des Internets oder eines Lexikons die Begriffe „Weltwirtschaft" und „Globalisierung". Kann man diese Begriffe auf die Situation um 1700 übertragen?

① Weltmeer, ② Hand Christi, ③ Kopf Christi,
④ Füße Christi, ⑤ Jerusalem im Zentrum, ⑥ Paradies im Osten

M 1 Ebstorfer Weltkarte,
entstanden um 1235 als Altarbild im Kloster Ebstorf bei Lüneburg, Größe: etwa 3,5 m^2

M 2 Weltkarte des Martin Waldseemüller aus dem Jahr 1507
großformatiger Druck, der sich bereits im Jahr 1507 etwa tausend Mal verkaufte und in hohen Auflagen nachgedruckt wurde.

Karten zeigen die Veränderung des Weltbilds

Die neuen Vorstellungen, die sich die Europäer von der Gestalt der Welt machten, zeigen ganz eindeutig, welche Veränderungen im Wissen und Bewusstsein der Menschen am Übergang zwischen Mittelalter und Neuzeit vor sich gegangen sind. Beispielhaft lässt sich das verdeutlichen, indem man zwei berühmte Karten aus Deutschland miteinander vergleicht: die Ebstorfer Weltkarte von 1235 und die Weltkarte des Martin Waldseemüller von 1507.

Aufgaben

1. Vergleiche die beiden Karten miteinander. Folgende Leitfragen können dabei helfen:
   a) Welche Form oder Gestalt hat die Erde jeweils?
   b) Welche Himmelsrichtungen entsprechen jeweils oben und unten bzw. links und rechts auf der Karte?
   c) Wie viele Erdteile sind jeweils eingezeichnet?
   d) Welche Erdteile entsprechen jeweils in etwa der heute tatsächlich ermittelten Form? Inwiefern entspricht die jeweilige Karte unseren heutigen geografischen Vorstellungen?
   e) Welcher Ort bzw. welche Region liegt jeweils im Zentrum der Karte? Welche Gründe könnte es dafür geben?
   f) Welche Art von Wissen braucht man, um die Ebstorfer Weltkarte und die Karte von Waldseemüller zeichnen zu können?
2. Erläutere, warum die Ebstorfer Weltkarte dem mittelalterlichen und die Karte von Waldseemüller dem neuzeitlichen Denken entspricht.
3. Sind die Verfasser der Ebstorfer Weltkarte weniger klug gewesen als Martin Waldseemüller? Begründe deine Meinung.

M 1 **Montezuma**
Der aztekische Herrscher Montezuma im Gewand des aztekischen Adels. Er trägt am Rücken die königliche Standarte aus den Schwanzfedern des Quetzal-Vogels, der dem Gott Quetzalcoatl geweiht war, zeitgenössische Darstellung.

Europa erobert die Welt

Das Reich der Azteken

Im heutigen Mexiko existierte zur Zeit von Kolumbus die hoch entwickelte Kultur der Azteken. Diese hatten in den Jahrhunderten zuvor ihre Nachbarvölker unterworfen, lebten in einer streng hierarchischen Gesellschaft unter Führung eines Königs und besaßen hervorragende technische und organisatorische Fähigkeiten. Ihre Hauptstadt Tenochtitlan lag an der Stelle des heutigen Zentrums von Mexico-City. Sie zählte mit ihren 300 000 Einwohnern zu den größten Städten der Welt. Wie die ersten Europäer erstaunt erwähnten, war sie im Hinblick auf Sauberkeit und Großzügigkeit der Bauten den europäischen Siedlungen weit überlegen.

Der Spanier Hernando Cortez (1485–1547) drang 1517 mit 500 Soldaten in das Gebiet der Azteken ein. Ohne Auftrag der spanischen Krone hoffte er in den noch unentdeckten Gebieten Reichtum und Macht zu gewinnen. So trat er mit seinen Leuten von Anfang an rücksichtslos und brutal als Eroberer (span. conquistador) auf. Sein Trupp von Glücksrittern traf nun auf den tief verunsicherten aztekischen Herrscher Montezuma. Denn laut einem alten aztekischen Mythos sollte der aztekische Gott Quetzalcoatl, der vor langer Zeit vertrieben worden war, von Osten zurückkehren. Das Aussehen der hellhäutigen Spanier sowie ihre Feuerwaffen, Rüstungen und Pferde – dies alles war

M 2 **Tenochtitlan**
Lageplan der Stadt und des Tempelbezirks inmitten des Texcoco-Sees. Dies ist wohl der einzige authentische Plan der 1521 völlig zerstörten Stadt, Nürnberg 1524.

M 3 Tenochtitlan
Rekonstruktionszeichnung

den Azteken völlig unbekannt – verstärkten zunächst noch den Eindruck, dass es sich hier um Götter handle.
Während Montezuma die spanischen Eindringlinge ehrenvoll in seiner Hauptstadt empfing, waren die Spanier von Anfang an auf die Unterwerfung der Azteken aus. Ihre Gier wurde durch die für europäische Augen unglaublichen Goldschätze der Aztekenherrscher verstärkt. Geschickt nutzte Cortez den Friedenswillen Montezumas aus, schloss Bündnisse mit den von den Azteken unterworfenen Indianerstämmen und überrumpelte den König mit seinem schnellen und brutalen Vorgehen. Als es zu kriegerischen Auseinandersetzungen kam, gelang es, die Azteken durch die Wirkung der Feuerwaffen völlig zu entmutigen.

Der Untergang der aztekischen Kultur
Rücksichtslos begann nun die Unterdrückung und Ausbeutung der einheimischen Bevölkerung. Viele aztekische Kunstwerke wurden wegen ihres Edelmetallgehalts eingeschmolzen. Die Indios mussten unter unmenschlichen Bedingungen Zwangsarbeit leisten und ihre Religion wurde als barbarisches Heidentum radikal bekämpft. Binnen weniger Jahrzehnte ging so die aztekische Kultur zugrunde. Die Zerstörung war so gründlich, dass selbst heute – nach intensiven Forschungen von Archäologen und Historikern – nur relativ wenig über diese interessante Hochkultur bekannt ist.

Ein ganz ähnliches Schicksal ereilte einige Jahre später das Reich und die Kultur der Inka an der Pazifikküste Südamerikas. An die Stelle der Indianerkulturen traten von Spaniern und Portugiesen beherrschte Kolonialreiche.

Auf diese Weise verbreiteten sich die spanische und portugiesische Sprache, das Christentum und die europäische Kultur in Süd- und Mittelamerika. Man spricht daher von der „Europäisierung“ der Welt. Diese hat aber, da die Kolonien von den Europäern ausgebeutet wurden, negative Auswirkungen bis heute.

Erst im 19. Jahrhundert erlangten die meisten süd- und mittelamerikanischen Staaten ihre Unabhängigkeit.

M 4 Goldene Göttermaske
aus Mexiko, etwa 800–1500 n. Chr.

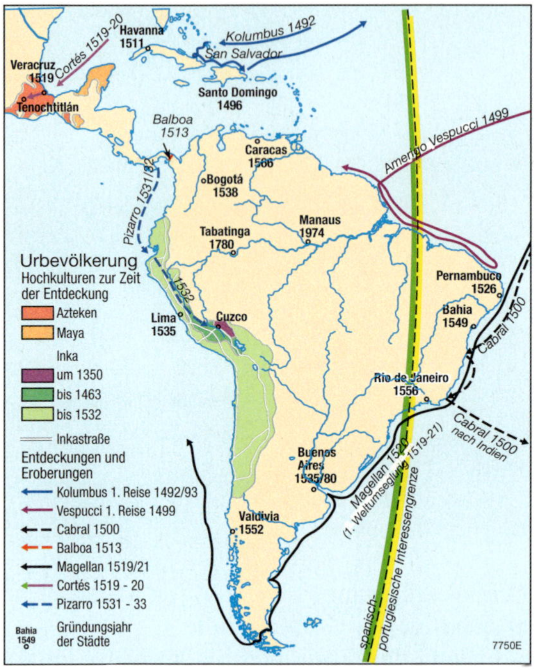

M 5 **Hochkulturen in Mittel- und Südamerika** zur Zeit der Entdeckungen und Eroberungen

M 6 Welche Rechte haben Indios?

a) Der spanische Gelehrte Juan Ginès de Sepulveda nimmt in seinem Werk „Democrates alter" von 1545 Stellung zur Situation in Mittel- und Südamerika:

Alles dies folgt aus den Gesetzen Gottes und der Natur. Beide fordern, dass das Perfekte und Starke über das weniger Perfekte und Schwache regiert [...]. Der Mann herrscht über die Frau, der Erwachsene über das Kind, der Vater über seine Kinder [...]. Und so ist es auch mit den barbarischen und unmenschlichen Völkern [den Indios], die kein geordnetes Staatswesen und keine Friedensordnung kennen. Deshalb ist es gerecht und mit den Naturgesetzen im Einklang, dass sich solche Völker den Regeln kultivierter und menschlicherer Fürsten und Nationen unterwerfen. Dank ihrer Tugenden und der praktischen Weisheit ihrer Gesetze können die letzteren die Barbarei besiegen und diese Völker lehren, ein menschliches und tugendhaftes Leben zu führen. Und wenn sie diese Regeln ablehnen, darf man sie ihnen mit Waffengewalt aufzwingen. Ein solcher Krieg ist nach den Naturgesetzen gerecht [...]. Da dies hier der Fall ist, kannst du gut verstehen [...], dass die Spanier völlig zu Recht über die Barbaren der Neuen Welt herrschen [...] die, was Weisheit, Intelligenz, Tugend und Menschlichkeit betrifft, den Spaniern in gleicher Weise untergeordnet sind wie Kinder den Erwachsenen und die Frau dem Mann. Zwischen ihnen besteht der gleiche Unterschied wie zwischen grausamen, wilden Völkern und den allerbarmherzigsten Nationen [...] sozusagen wie zwischen Affen und Menschen.

J.G. Sepulveda, Democrates alter, zitiert nach: Dor-Ner, Zvi, Kolumbus und das Zeitalter der Entdeckungen, Köln 1991, S. 236.

b) Der Dominikanermönch Bartolomé de las Casas berichtet in seinem Werk „Historia de las Indias" von der Predigt eines Geistlichen vor der spanischen Bevölkerung auf einer karibischen Insel:

Als der Sonntag gekommen war und die Zeit der Predigt, stieg der besagte Pater Antonio de Montesinos auf die Kanzel [...] und sagte Folgendes: „Ich bin hier hinaufgestiegen, damit ihr sie kennen lernt, ich, die Stimme Christi in der Wüste dieser Insel; deshalb ziemt es euch, aufmerksam zu sein, nicht einfach nur aufmerksam, sondern mit ganzem Herzen und all euren Sinnen sollt ihr mir zuhören. [...] Sagt, mit welcher Berechtigung und mit welchem Recht haltet ihr diese Indios in so grausamer und schrecklicher Sklaverei? Was ermächtigt euch, so verabscheuungswürdige Kriege gegen diese Menschen zu führen, die friedlich und ruhig in ihrem eigenen Lande lebten, Kriege, in denen ihr unendlich viele von ihnen mit nie gehörtem Mord und Zerstörung vernichtet habt? Warum haltet ihr sie so unterdrückt und erschöpft, ohne ihnen etwas zu essen zu geben, noch ihre Krankheiten zu heilen, die sie wegen dem Übermaß an Arbeit befallen, das ihr ihnen auferlegt; und sie sterben euch weg, oder besser, ihr tötet sie, nur um jeden Tag Gold herauszupressen und zu erhalten? Und was kümmert euch, wer sie im Glauben unterweist, damit sie ihren Gott kennen lernen, getauft werden und die Messe hören, die Feiertage und die Sonntage einhalten? Sind sie keine Menschen? Haben sie keine Vernunft begabten Seelen? Seid ihr nicht verpflichtet, sie zu lieben wie euch selbst? Versteht ihr dies nicht? Fühlt ihr dies nicht? Wie könnt ihr in so tiefem Schlaf befangen sein? Seid dessen gewiss, dass ihr euch ebenso wenig retten könnt wie die Mauren oder Türken, die den Glauben an Jesus Christus nicht haben oder nicht annehmen wollen."

B. de las Casas, Historia de las Indias, zitiert nach: Emir Rodriguez Monegal (Hg.), Die Neue Welt, Chroniken Lateinamerikas von Kolumbus bis zu den Unabhängigkeitskriegen, S. 97 f.

M 7 Bilanz

a) Der Historiker Wolfgang Reinhard schreibt in seiner „Kleinen Geschichte des Kolonialismus" (1996):

Seit […] 1552 ist es üblich, die Entdeckung Amerikas und des Seewegs nach Indien für das wichtigste Ereignis der Menschheitsgeschichte zu erklären. […] Die europäische Expansion kann in der Tat den Anspruch erheben, die vielen Welten der Menschen letztendlich zu der einen Welt gemacht zu haben, in der wir heute leben. Deswegen erscheint es auch unmöglich, ältere Welt- und Universalgeschichte anders als aus europäischer Perspektive zu schreiben. Alles andere müsste zu einer bloßen Addition von Regional- oder Nationalgeschichten werden. Gewiss, eine solche Perspektive ist eurozentrisch, aber das ist in diesem Fall nicht zu vermeiden, weil die Sache selbst eurozentrisch ist. Das lässt sich deswegen vertreten, weil damit keine Wertung verbunden ist. Es ist nicht beabsichtigt […] festzustellen, dass Europa seine Sache in der Geschichte gut gemacht hat. Wir können nämlich streng genommen gar nicht wissen, wie es sich damit verhält! […]
[Es] ist unmöglich, wissenschaftliche, d.h. nachprüfbare Aussagen darüber zu machen, ob der europäische Kolonialismus für die Welt als Ganze oder auch nur einen Teil von ihr gut oder schlecht gewesen ist, selbst wenn völliges Einvernehmen darüber bestünde, was man jeweils für gut oder schlecht halten soll. Selbst für ein offensichtlich negativ zu beurteilendes Phänomen wie den Handel der Europäer mit afrikanischen Sklaven wurden aus nüchterner wirtschafts- und sozialhistorischer Perspektive mögliche positive Gesichtspunkte ausgemacht wie Entlastung Afrikas von überschüssiger Bevölkerung und die relativ bessere Ernährung in Teilen Amerikas.

Wolfgang Reinhard, Kleine Geschichte des Kolonialismus, Stuttgart 1996, S. 338 f.

M 8 Logo gegen die 500-Jahr-Feier der Entdeckung Amerikas 1992

b) Der aus Uruguay stammende Journalist Eduardo Galeano schreibt in seinem 1971 erstmals erschienenen Buch „Die offenen Adern Lateinamerikas":

Lateinamerika ist die Region der offenen Adern. Von der Entdeckung bis in unsere Tage hat sich alles zuerst in europäisches, nachher in nordamerikanisches Kapital verwandelt und als solches hat es sich in fernen Machtzentren angehäuft und häuft sich weiter an. Alles: die Schätze der Natur und die [Struktur] jedes Ortes sind von auswärts durch seine Eingliederung in [ein] weltumfassendes Getriebe […] bestimmt worden. Jedem ist eine Funktion zugewiesen worden und zwar immer zugunsten der Entwicklung der jeweiligen ausländischen Metropole. Die Kette der aufeinander folgenden Abhängigkeiten, die weit mehr als zwei Glieder hat, ist ins Unendliche gewachsen.

Eduardo Galeano, Die offenen Adern Lateinamerikas, Die Geschichte eines Kontinents von der Entdeckung bis zur Gegenwart, 1983 (4. Auflage), S. 11.

Aufgaben

1. Zähle mithilfe der Karte die Veränderungen auf, die sich durch die Entdeckung Amerikas für Süd- und Mittelamerika, aber auch für Europa ergeben haben.
   → M5
2. a) Wie begründet de Sepulveda die spanische Herrschaft?
   b) Was wirft de las Casas den Spaniern vor und wie begründet er seine Vorwürfe?
   c) Erarbeite deine eigene, persönliche Position zu diesen Aussagen und begründe deine Meinung.
   → M6
3. Vergleiche die beiden Texte über die Bilanz des Kolonialismus. Welcher Meinung stimmst du zu? Begründe deine Meinung.
   → M7

Aztekische Menschenopfer

M 1 Aztekische Darstellung eines Menschenopfers
Von den Azteken selbst sind nur wenige bildliche Darstellungen ihres Götterkults erhalten geblieben, 16. Jahrhundert.

Die Europäer des 16. Jahrhunderts mussten sich mit völlig fremden Kulturen auseinandersetzen. Die Unterschiede reichten von der Hautfarbe der Menschen über die Kleidung und Ernährung bis zu gesellschftlichen und religiösen Vorstellungen.

Die Europäer entwickelten schnell ein Bewusstsein der Überlegenheit gegenüber den Indios. Das Christentum galt als allein wahre Religion. Nichtchristen waren für die Eroberer gottlose Heiden, die man zu ihrem eigenen Besten bekehren musste. Die militärtechnische Überlegenheit der Europäer schien deren kulturelle Vorrangstellung deutlich zu belegen. Schließlich beseitigte die Möglichkeit, in den neuen Ländern gewaltige Profite zu erzielen, die letzten Skrupel. Man betrachtete die einheimische Bevölkerung als minderwertig und fühlte sich daher berechtigt sie rücksichtslos auszubeuten.

Als besonders fremdartig erschien den Europäern der Brauch der Menschenopfer. Im Zentrum des Götterkults der Azteken stand deren Praxis, dem Gott Quetzalcoatl an bestimmten Festtagen Menschenopfer darzubringen. Die Opferstätten befanden sich auf der Spitze der Stufenpyramiden, die zu Ehren dieser Gottheit errichtet wurden. Die Vorstellungen, die die Azteken mit ihrem Opferkult verbanden, sind bis heute weit gehend ungeklärt.

M 2 Europäische Darstellung eines Menschenopfers aus dem Jahr 1601
Kupferstich von De Bry

M 3 **Menschenopfer**

a) Ein namentlich nicht bekanntes Mitglied aus Cortez Eroberungstruppe berichtet in einem Reisebericht über die Menschenopfer Folgendes:

Bei den Menschenopfern verfuhr man auf folgende Weise. Die Unglücklichen, die man hierzu bestimmt hatte, wurden festlich aufgeputzt und unter großer Feierlichkeit und Freudenlärm durch alle Straßen und Plätze herumgeführt. Unterwegs vertraute ihnen jeder, der ihnen begegnete, seine Wünsche und Bedürfnisse an, damit sie solche dem Gott vortrügen, vor dessen Thron sie doch nun kommen sollten, um ihre Erfüllung zu bewirken. Dafür reichte man ihnen etwas zu essen oder machte ihnen sonst ein Geschenk, sodass sie von diesem Umzuge durch die Stadt eine Menge Sachen in den Tempel brachten, die alsdann den Oberpriestern zufielen.

Nach der Rückkehr stellte man Feste und Tänze an, wobei den armen Schlachtopfern aufs Neue alle mögliche Ehre widerfuhr. War auch diese Freude vorbei, so entkleidete der Oberpriester einen nach dem anderen und führte jeden einzeln auf die Plattform des Tempels, wo vor den Türmen ein steinernes Götzenbild stand. Hier wurde der Unglückliche auf den Rücken gelegt und mit Händen und Füßen festgebunden. Man fing von Neuem an, um ihn herumzutanzen und ihm allerlei Aufträge an den Gott mitzugeben.

Endlich trat der Opferpriester, der kein geringes Ansehen unter den übrigen Pfaffen genoss, herbei, schlitzte den Ärmsten mit einem scharfen Messer von Stein die Brust auf, wobei er vorher und danach kreuzartige Zeichen machte, riss ihm das noch warme und zuckende Herz heraus und reichte es dem Oberpriester dar. Dieser drückte das blutige Herz an den Mund des Götzen, spritzte einige Tropfen gegen die Sonne oder, wenn es Nacht war, gegen die Sterne, sprengte auch den übrigen Götzen Blut in den Mund und bestrich schließlich das Türgesims der Kapelle des Hauptgötzen.

War diese heilige Handlung vorbei, so verbrannte man das Herz und bewahrte die Asche davon als Reliquie. Desgleichen wurden auch gewisse andere Körperteile des Schlachtopfers verbrannt und die Asche gleichfalls, jedoch von der ersten abgesondert, aufgehoben. [...] Die Frömmigkeit der Indianer ging bis zum Wahnwitz. Es geschah nicht selten, dass sich Leute freiwillig zur Opferung anboten.

Eva Michels-Schwarz/Uwe Schwarz (Hg.), Die Ankunft der weißen Götter, Stuttgart, Wien 1989, S.125 f.

b) Im Jahr 1524 führten im Auftrag des Papstes Franziskanermönche mit aztekischen Vornehmen und Priestern zum Zweck ihrer Missionierung Diskussionen über die Religion durch. Der spanische Mönch Bernardino de Sahagun hat die Aussagen der Azteken aufgezeichnet:

Ihr sagtet zu uns, dass wir nicht kennen den Herrn des Mit und Bei, den Herrn des Himmels und der Erden. Ihr sagtet, dass nicht wahre Götter unsere Götter sind. Es ist ein neues unerhörtes Wort, was ihr sprachet, und darüber sind wir bestürzt, daran nehmen wir Ärgernis. Denn unsere Erzeuger, die zu sein, die zu leben gekommen waren auf Erden, nicht so sprachen sie. Sie gaben uns ihre Sitte, sie glaubten an sie, sie dienten, sie erwiesen Ehrfurcht den Göttern. Sie lehrten uns insgesamt das, womit gedient wird, was in Ehren zu halten ist: so essen wir vor ihnen Erde, so zapfen wir uns Blut ab, so büßen wir [...] und so veranstalten wir Menschenopfer. Sie sagten: Es sind die Götter, durch die alles lebt, sie erwiesen uns Gnade. Wann? wo? Noch die Zeit der Nacht war es. Und sie sagten: Es sind sie, die uns geben unseren Unterhalt und insgesamt Trank und Speise, die Lebensmittel, Maiskörner, Bohnen, Melden, Salbei. Sie sind es, die wir bitten um Wasser und Regen, wodurch es gedeiht auf der Erde.

Sterbende Götter und christliche Heilsbotschaft. Wechselreden indianischer Vornehmer und spanischer Glaubensapostel in Mexiko 1524. Spanischer und mexikanischer Text mit deutschen Übersetzungen von Walter Lehmann, Stuttgart 1949.

Aufgaben

1. Welche Einstellung kommt in den beiden von Spaniern verfassten Quellen bezüglich der religiösen Praxis der Azteken zum Ausdruck? Welche Vorurteile gegenüber den Azteken könnten sich aus dieser Sichtweise ergeben?
2. Was wirkt für dich in den Quellen fremd und unverständlich? Versuche dir Unverständliches zu deuten.
3. Fasse die Einstellung der Spanier und die Einstellung der Azteken jeweils zusammen. Überlege dann, ob es zwischen diesen beiden Einstellungen Kompromissmöglichkeiten gibt.
4. Prüfe, in welchen Bereichen und mit welchen Kulturen es heute zu vergleichbaren Konflikten kommen könnte.

Reformation und Kirchenspaltung

M 1 **Am Ortseingang**
Fotografie von 2003

In vielen Ortschaften leben heute katholische und evangelische Christen nebeneinander und besuchen die Messe bzw. den Gottesdienst. Diese Glaubensspaltung nahm ihren Ausgang zu Beginn des 16. Jahrhunderts und führte zu unterschiedlichen Konfessionen. Das zeigte sich in verschiedenen Formen des Gottesdienstes, in getrennten Schulen und in Heiratsverboten. Wie kam es dazu?

Kritik am Zustand der Kirche

Aus schriftlichen und bildlichen Quellen lässt sich erschließen, dass sich seit dem 14. Jahrhundert die Kritik am Zustand der Kirche häufte:

- Man klagte über mangelhafte Ausbildung der Pfarrer. Nur wenige hatten ein Theologiestudium absolviert und viele vernachlässigten ihre geistlichen Aufgaben.
- Auch die Lebensführung der Geistlichen bot Anlass zur Kritik. Manche Priester führten ein ausschweifendes Leben, in vielen Klöstern ließ die Ordnung zu wünschen übrig; Päpste, Bischöfe und Äbte pflegten oft einen luxuriösen Lebensstil.
- Ärger erregte der hohe Geldbedarf der Kirche. Besonders für den Neubau der Peterskirche in Rom benötigte Papst Leo X. große Geldsummen, die er im Jahr 1515 durch einen Ablass aufbringen wollte. Solche Ablassbriefe konnten Gläubige kaufen. Sie erlangten dadurch den Erlass von Sündenstrafen, die nach kirchlicher Lehre im Diesseits oder Jenseits abzubüßen waren. Der Ablasshandel bildete daher eine sprudelnde Einnahmequelle für die Kirche.

Da die Kirche den von Sündenangst gepeinigten Menschen wenig half, machten sie eigene religiöse Anstrengungen für ihr Seelenheil. Viele unternahmen Wallfahrten, andere stifteten kostbare Altäre oder unterstützten Arme und Alte. Volksprediger zogen durch das Land und hatten großen Zulauf. Doch hatte die Volksfrömmigkeit auch ihre bedenklichen Seiten, denn der Glaube an Hexen, Dämonen und Geister war weit verbreitet.

Enttäuscht von der Kirche wandten sich daher viele Leute Martin Luther zu, als dieser Kirche und Papst heftig kritisierte.

M 2 **Ein Spottbild**
Während Hochmut, Ausschweifung und Habgier den Mönch am Gängelband halten, stopft ihm ein Bauer die Bibel in den Mund. Die Armut droht mit der Faust, Holzschnitt von 1521.

M 3 **Martin Luther (1483–1546)**
Gemälde von Lukas Cranach d. Ä.

M 4 **Ulrich Zwingli (1484–1531)**
Gemälde von Hans Asper von1531

M 5 **Johann Calvin (1509–1564)**
Gemälde von 1555

Das reformatorische Dreigestirn: Luther - Zwingli - Calvin

Die herausragende Gestalt der Reformation war Martin Luther, der 1483 in Eisleben (Thüringen) geboren wurde. Nachdem er bei einem schweren Gewitter gelobt hatte Mönch zu werden, trat er in das Augustinerkloster der Stadt Erfurt ein. Dort begann er ein Theologiestudium, wurde bald Priester und 1512 Professor für Theologie in Wittenberg. Luther hatte wie viele seiner Zeitgenossen große Angst um sein Seelenheil. Er fühlte sich als Sünder und fragte sich, wie die Gnade Gottes zu erreichen sei. Nach Auffassung der Kirche konnten sich die Menschen dieser Gnade vor allem durch „gute Werke" wie Almosen oder Stiftungen versichern.

Nach umfangreichem Bibelstudium kam Luther zu der Überzeugung, dass der sündige Mensch nicht durch gute Werke, sondern nur durch den Glauben der Gnade Gottes teilhaftig werden könne. Daher bekämpfte er den Ablasshandel, der kein Ersatz für echten Glauben und die persönliche Buße sein könne. Auch vertrat er die Ansicht, die Kirche bedürfe keines irdischen Hauptes, da ihr Haupt Jesus Christus sei.

Als Luther am 31. Oktober 1517 seine berühmten Thesen gegen den Ablasshandel in Wittenberg veröffentlichte, begann der folgenreiche Konflikt mit der katholischen Kirche.

Ulrich Zwingli

Der Schweizer Ulrich Zwingli (1484–1531) war ein Bauernsohn. Er studierte unter anderem Theologie und ging dann als Priester nach Zürich, wo er Anhänger der Lehre Luthers wurde. Seine Glaubensvorstellungen zeigten jedoch deutliche Unterschiede. Zwar stellte auch Zwingli das Evangelium ins Zentrum des Glaubens und wandte sich gegen die Heiligenverehrung. Doch verschwanden aus den Kirchen Kruzifixe, Bilder und Altäre, da er sie nicht für biblisch begründet hielt. Ferner war er der Überzeugung, dass Brot und Wein beim Abendmahl nicht mit der realen Gegenwart Christi verbunden seien. Zwinglis Lehre verbreitete sich besonders in der Schweiz und in Süddeutschland.

Johann Calvin

Der Franzose Johann Calvin (1509–1564) bekannte sich nach dem Studium der Rechte zur Reformation und musste deshalb von Paris in die Schweiz flüchten. Dort ließ er sich in Genf nieder, wo er als evangelischer Prediger wirkte. Sein Ziel war es, das gesamte Leben im Sinn der Reformation umzugestalten. Zu diesem Zweck arbeitete er eine strenge Gemeindeordnung aus. So war es unter Strafe verboten Gasthäuser zu besuchen, Karten zu spielen, zu tanzen oder weltliche Lieder zu singen. Außerdem wurden alle Bilder aus den Kirchen verbannt.

Doch nicht nur darin bestand eine Distanz zwischen Calvin und Luther. So waren die Calvinisten von der Vorherbestimmung (Prädestination) überzeugt. Gott habe, so glaubten sie, jeden Menschen von Geburt an entweder zum Heil oder zum Verderben bestimmt. Erfolg im Leben oder Beruf sei das sichtbare Zeichen seiner Gnade.

Verbreitung fand Calvins Lehre besonders in Frankreich, wo man seine Anhänger „Hugenotten" nannte, und in England, wo sie „Puritaner" hießen. Nach 1620 wanderten viele von ihnen als Glaubensflüchtlinge nach Nordamerika aus, wo sie die künftige Entwicklung bestimmten.

M 6 **„Ohne Ablass von Rom kann man wohl selig werden"**
Kritik am Handel mit Ablasszetteln. Unter dem Kreuz steht die Ablasskiste. Der Mönch verliest die päpstliche Ablassbulle, Holzschnitt von 1520.

M 7 Eine Ablasspredigt

Die Predigt des Ablasskrämers Johann Tetzel:

Du Priester, du Edler, du Kaufmann, du Weib, Jungfrau, du Verheiratete, du Jüngling, du Greis, gehe doch hinein in deine Kirche [...] besuche das allerheiligste Kreuz, das für dich aufgerichtet ist, das immer schreiet und dich ruft.
[...] Bedenke, dass du auf dem tobenden Meer dieser Welt, in so viel Sturm und Gefahr bist, und nicht weißt, ob du zum Hafen des Heils kommen könntest. [...]
Du sollst wissen, dass wer beichtet und in Reue Almosen in den Kasten legt, wie ihm der Beichtvater räth, vollkommene Vergebung aller seiner Sünden habe, und wenn er sowohl nach der Beichte als dem gehaltenen Jubeljahr täglich das Kreuz und die Altäre besucht, den Ablass erlangen wird, [...] Was steht ihr also müßig? Laufet alle nach dem Heil eurer Seele. [...]
Höret ihr nicht die Stimme eurer schreienden todten Eltern und anderer, die da sagen: Erbarmet, erbarmet euch doch meiner etc., weil die Hand Gottes uns berührt hat. Wir sind in schweren Strafen und Pein, davon ihr uns mit wenigen Almosen erretten könntet, und doch nicht wollt. Thut die Ohren auf, weil der Vater zu dem Sohn, und die Mutter zur Tochter etc. schreiet: [...] Wir haben euch gezeuget, ernährt, erzogen und euch unser zeitlich Gut gelassen; warum seid ihr denn so grausam und hart, dass, da ihr uns jetzt mit leichter Mühe erretten könntet, ihr doch nicht wollt; und lasset uns in Flammen liegen, dass wir so langsam zu der uns verheißenen Herrlichkeit kommen. Ihr könnt ja Beichtzettel haben, kraft deren ihr im Leben und in der Todesstunde einmal [...] volle Erlassung der Strafen, die den Sünden gebühren, erlangen könnet.

Walter Köhler, Dokumente zum Ablassstreit von 1517, Tübingen[2] 1934, S. 125 f.

M 8 Thesen gegen den Ablass

Aus den Thesen Martin Luthers vom 31. Oktober 1517:

Aus Liebe zur Wahrheit und dem Eifer, sie zu ermitteln, soll über das Nachstehende in Wittenberg disputiert werden. [...]
21. Daher irren all die Ablassprediger, welche erklären, dass der Mensch durch den Ablass des Papstes von jeder Strafe los und frei werde. [...]
24. Folglich wird der größte Teil des Volkes betrogen, wenn man ihm schlankweg mit hohen Worten verspricht, es sei die Strafe los.
27. Man predigt Menschenlehre, wenn man sagt: sobald das Geld im Kasten klingt, entflieht die Seele [dem Fegefeuer].
28. Das ist gewiss, dass Gewinn und Habgier zunehmen können, wenn das Geld im Kasten klingt; ob die Kirche mit ihrer Fürbitte Erfolg hat, steht dagegen bei Gott. [...]
32. Wer glaubt, durch Ablassbriefe seines Heils sicher zu sein, wird auf ewig mit seinen Lehrmeistern verdammt werden. [...]
36. Jeder Christ, der wahrhaft Reue empfindet, hat einen Anspruch auf vollkommenen Erlass von Strafe und Schuld, auch ohne Ablassbrief. [...]
45. Man soll die Christen lehren: Wer einen Bedürftigen sieht und ihm nicht hilft, und statt dessen sein Geld für Ablass gibt, der hat sich nicht des Papstes Ablass, sondern Gottes Zorn erworben. [...]
67. Den Ablass, den die Ablassprediger als „größte Gnade" ausschreien, kann man insofern tatsächlich dafür ansehen, als er ein großes Geschäft bedeutet.

E. Büssem, M. Neher (Hg.), Arbeitsbuch Geschichte, Neuzeit 1, Quellen, München 1977, S. 1.

M 9

Alte Lehre	Neue Lehre
Vermittlung der Gnade Gottes durch die Kirche in Form der Spendung von Sakramenten und Gewährung von Ablass und durch „gute Werke"	Vermittlung von Gnade nicht durch „gute Werke" oder Kirche, sondern nur durch den Glauben → Hinfälligkeit von Askese, Mönchtum und Priestertum
Unterscheidung zwischen Geistlichen und Laien	Keine Unterscheidung zwischen Geistlichen und Laien → Hinfälligkeit des Sakraments der Priesterweihe, aufgrund der direkten Beziehung zu Gott: Fähigkeit eines jeden zum Verständnis der Bibel, zur Predigt und Taufe, Wahl und Abwahl eines Predigers durch die Gemeinde
Alleinige päpstliche Autorität bezüglich der Auslegung der Heiligen Schrift	Irrtumsfähigkeit von Päpsten und Konzilien
Betonung der Heiligen Schrift und der Tradition (zusätzliche Glaubenssätze von Päpsten und Bischöfen) als Glaubensgrundlage	Heilige Schrift in ihrem urspr. Wortlaut als alleinige Glaubensgrundlage: deswegen nur zwei Sakramente statt sieben: Taufe, Abendmahl

M 10 Ein Propagandaflugblatt

„Unterschied zwischen der waren Religion Christi und falschen Abgöttischen lehr des Antichrists in den fürnemsten stücken" ist die Überschrift dieses kolorierten Holzschnitts aus der Zeit um 1544 – ein Propagandaflugblatt der Lutheraner.

Aufgaben

1. Nenne die Kritikpunkte, die gegen die Kirche vorgebracht wurden. → Text, M2
2. Nenne die wichtigsten Grundsätze der reformatorischen Richtungen von Luther, Zwingli und Calvin. → Text
3. a) Erkläre den Begriff „Ablass".
   b) Wie versuchte Tetzel, die Menschen zum Erwerb von Ablässen zu überzeugen?
   c) Welche Argumente führte Luther gegen den Ablasshandel an? → Text, M6–M8
4. a) Beschreibe, was auf den beiden Hälften des Bildes dargestellt ist.
   b) Woran ist erkennbar, dass es sich um ein Propagandaflugblatt der Reformatoren handelt?
   c) Erkläre, wie das Verhältnis zu Gott auf den beiden Hälften des Bildes dargestellt ist.
   → M10

M 1 Das siebenhäuptige Papsttier

Der Druck des Holzschnitts erfolgte 1530 in der Werkstatt des Nürnberger Druckers Wolf Resch. Die Kolorierung erfolgte nachträglich. Der Text „Das siebenhauptig pabstier Appocalipsis" stammt von Hans Sachs, Größe des Originals 32,2 x 22,9 cm.

Folgender Text steht im Original unter der Abbildung:

Schauet an das siben heubtig tier
Gantz eben der gstalt und manier
Wie Johannes gesehen hat
Ein tier an des meres gestat
Das hat siben ungeleicher haubt
Eben wie diß pabstier gelaubt
Die waren all gekrönt bedeut
Die blatten der gaistlichen leut
Das thier das het auch schen horen
Deut der gastlig gwalt un rumoren
Das thier trüg Gottes lesterung
Bedeut ir verfürische zung
Das thier was aim pardel geleich
Bedeut des Bapst mordische reich
Das auch hinricht durch tiranney
Alles was im entgegen sey
Auch so hat das thier peren füß
Deut das das Evangeli süß
Ist von dem bastum undertretten
Verschart/verdecket un zerknetten
Das thier het auch ains löwen mund
Bedeut deß bapstum weiten schlund
Den doch gar nie erfüllen thetten
Aples/pallium noch annatten
Bann/opfer/peicht/stifft zu Gotsdienst
Land und leut Königreich rent un zinst
Das es alles hat in sich verschlunden
Das thier entpfieng ain tödlich wunden
Deut das Doctor Martin hat geschriben
Das bapstum tödlich wund gehieben
Wie dem otten des Herren mund
Gott geb das es gar gee zu grund Amen.

M 2 Offenbarungen des Johannis

Der Text des Flugblattes bezieht sich auf einen Bibelauszug. In der Offenbarung des Johannes werden der Weltuntergang und das Jüngste Gericht in einer Vision geschildert:

Und ich sah: Ein Tier stieg aus dem Meer, mit zehn Hörnern und sieben Köpfen. An seinen Hörnern trug es zehn Diademe und auf seinen Köpfen Namen, die eine Gotteslästerung waren. Das Tier, das ich sah, glich einem Panther, seine Füße waren wie die Tatzen eines Bären und sein Maul wie das Maul eines Löwen. Und der Drache hatte ihm seine Gewalt übergeben, seinen Thron und seine große Macht. Einer seiner Köpfe sah aus wie tödlich verwundet.

Offenbarung des Johannes, 13,1 f.

Worterklärungen

gestat – Strand, Ufer; blatten – Glatze, Tonsur; horen – Hörner; gastlich – geistlich; rumoren – Lärm, Toben; pardel – Panther; peren – Bären; bastum – Papstum; Aples – Ablässe, peicht – Beichte; rent, zinst – Geldeinnahmen; otten – Warten oder Atem; gee – gehen möge; Regnum diabol – Reich des Teufels; Stifft zu Gotsdienst – gegen eine Spende bestellte Messen; Pallium – Binde des Erzbischofs; anatten – Abgabe der Bischöfe nach Rom

Flugblätter als Propagandawaffe

M 3 **Luther – des Teufels Dudelsack**
Flugblatt von 1521

Dass das reformatorische Gedankengut vom abgelegenen Wittenberg seinen Weg in das gesamte Reich und sogar darüber hinaus fand, hängt mit dem Buchdruck zusammen. Eine besondere Rolle spielten die Flugblätter. Im Gegensatz zu den mehrblättrigen Flugschriften handelt es sich dabei um Einblattdrucke mit Bilddarstellungen (Holzschnitt oder Kupferstich), die seit der zweiten Hälfte des 15. Jahrhunderts hergestellt wurden. Sie waren kostengünstig zu produzieren und ebenso günstig zu verkaufen, da das reformatorische Gedankengut auf fruchtbaren Boden fiel und die Nachfrage nach solchen Flugschriften groß war.

Schon allein aufgrund der geringen Zahl an Lesekundigen waren die Flugblätter auch für Leseunkundige gemacht. Allerdings ebenso für Lesekundige, da die Bilder den Text näher erläutern und umgekehrt. Zudem erfuhren Leseunkundige den Inhalt nicht nur über das Bild. Die Texte auf Flugblättern wurden auch öffentlich vorgelesen und diskutiert. Sie hingen aber auch an Rathaus- und Kirchentüren, in Wirtsstuben und an Wänden oder Schränken in Privatwohnungen.

Die Bilder auf den Flugblättern überzeichnen häufig Körper- und Charaktereigenschaften und stellen Sachverhalte in überspitzter oder ironischer Form dar. Heute würden wir solche Darstellungen als Karikaturen bezeichnen.

Da Flugblätter aus vergänglichem Material bestehen, von Hand zu Hand weitergereicht und damit schnell abgenutzt wurden, existieren heutzutage von einem Flugblatt oft nur noch wenige Exemplare. Dass zumindest diese überliefert sind, verdanken wir der Sammelleidenschaft städtischer Oberschichten und fürstlicher Bibliotheken.

Fragen an bildliche Quellen

1. Entstehung des Bildes

a) Was erfährst du in der Bildunterschrift (M1) über die Entstehungszeit und den Entstehungsort?
b) Suche – zum Beispiel im Internet, in Lexika – weitere Informationen über den Künstler.
c) Ordne die Entstehungszeit historisch ein.

2. Beschreibung des Bildes

a) Aus welchen Teilen besteht das Flugblatt?
b) Benenne, was im Einzelnen auf dem Bild dargestellt ist.

3. Deutung des Bildes

a) Versuche, die Bedeutung der einzelnen Bestandteile zu erklären.
b) Woran erinnert die Truhe mit Kreuz und Flamme?
c) In der Mitte des Kreuzes hängt ein gesiegelter Brief mit der Aufschrift "Umb gelt ein sack vol ablas." Was bedeutet dieser Brief? Was will der Künstler damit aussagen, dass er ihn an dieser Stelle platziert hat?
d) Lies den Bibelauszug und vergleiche ihn mit dem Text auf dem Flugblatt. Wie deutet der Autor des Textes auf dem Flugblatt die einzelnen Merkmale des in der Bibel beschriebenen Tieres?
e) Welches Thema hat das Flugblatt?
f) Ordne das Flugblatt aufgrund deiner Analyse einer Glaubensrichtung in Deutschland des 16. Jahrhunderts zu.
g) Erläutere, welches Ziel der Künstler mit diesem Flugblatt verfolgte.

Der Bauernkrieg

M 1 **Schlacht bei Frankenhausen**
Panoramabild des Malers Werner Tübke; Ausschnitt aus einem 123 m langen Bildfries zum großen Bauernkrieg, der 1983–87 entstand. Das Gemälde ist in einem eigens dafür erbauten Gebäude untergebracht, dem Panorama-Museum Frankenhausen (Thüringen).

Die Situation der Bauern

Eine Anhöhe über dem thüringischen Ort Frankenhausen heißt heute noch „Schlachtberg", die dazu gehörige Bergflanke „Blutrinne". Dies erinnert an die Schlacht von Frankenhausen. Sie war der Höhe- und Endpunkt des so genannten Bauernkrieges. Von ungefähr 6000 Bauern wurden am 15. Mai 1525 etwa 5000 niedergemetzelt. Was waren die Gründe für den Aufruhr der Bauern?

Im 15. Jahrhundert verschärfte sich die Situation für die Bauern. Die Grundherren versuchten, ihre Herrschaft auszudehnen und die Selbstverwaltung der Bauern einzuschränken. Dazu gehörte die Beschneidung der bäuerlichen Nutzrechte an der Allmende, Verbote für den Fischfang und die Nutzung des Waldes für die Eichelmast der Schweine. Denn die Herren reservierten den Wald für die eigene Jagd und den ertragreichen Holzverkauf. Außerdem versuchten die Grundherren, die Dorfgerichte zu beseitigen, wo die Bauern ihre Streitigkeiten regelten. Die steigenden Bevölkerungszahlen führten zu innerdörflichen Spannungen, da sich die Zahl kaum überlebensfähiger Kleinbauern mehrte und die Größe der Familien stieg.

M 2 **Thomas Müntzer (1490–1525)**
Das Bild von 1608 zeigt den revolutionären Theologen als Pfarrer in Allstedt (Thüringen).

Bauernaufstände

Deshalb kam es seit Anfang des 15. Jahrhunderts zu Bauernaufständen, die ihren Höhepunkt 1524/25 erreichten. Die im Vergleich zu früheren Aufständen überregionale Ausdehnung hatte ihre Ursache in den reformatorischen Predigten: So wie für die Reformatoren wurde auch für die Bauern das Neue Testament, in der sie ihre Forderungen bestätigt fanden, der Maßstab für eine gerechte Gesellschaftsordnung. Sie beriefen sich seitdem auf das „Göttliche Recht". Der Aufstand gegen die Herren wurde damit zum Kampf für das Evangelium.

Der Bauernkrieg nahm seinen Ausgang in Südwestdeutschland. Die Bauern fassten ihre wichtigsten Forderungen in den so genannten „Zwölf Artikeln" zusammen. Dass die Bauern eine eigenständige Meinung hatten und politisch dachten, zeigen aber auch ihre Entwürfe für Landesverfassungen, die von der Beibehaltung der Ständegesellschaft mit größerer Mitsprache bis hin zu einer ständelosen Gesellschaft reichten.

Nach erfolglosen Verhandlungen kam es zu gewalttätigen Auseinandersetzungen. Die Bauern hatten sich in „Haufen" zusammengefunden und bewaffnet. Um die militärische Schlagkraft zu erhöhen und Aktionen besser zu koordinieren, schlossen oftmals mehrere Haufen Bündnisse.

Die Rolle Luthers

Martin Luther distanzierte sich nach anfänglichen Sympathien von den Aufständischen. Anders hingegen Thomas Müntzer – ebenfalls Reformator, aber Gegner Luthers – der die Bauern Thüringens im Aufstand unterstützte, um die Feinde des Evangeliums zu vernichten und die Grundlage für das kommende Reich Gottes auf Erden zu schaffen. Nach der Schlacht von Frankenhausen wurde er hingerichtet.

Die Obrigkeit wiederum rüstete in Gestalt des Schwäbischen Bundes auf und zeigte sich kompromisslos. Bei den Bauern setzten sich die Radikalen durch, was zur Zerstörung zahlreicher Burgen, Schlösser und Klöster führte. Die Söldnerheere des Schwäbischen Bundes richteten aufgrund ihrer Überlegenheit (Reiter, Artillerie) unter den Bauernhaufen Blutbäder an. Im Herbst 1525 hatten die Fürsten den Aufstand niedergeschlagen und die Anführer hingerichtet. 300 Jahre lang waren die Bauern weiter zu einem harten Leben in Unfreiheit verurteilt. Sie hatten keine Kraft, sich noch einmal zu erheben.

M 3 **Das Ende**
Gefangene Bauern werden abgeführt, zeitgenössischer Holzschnitt.

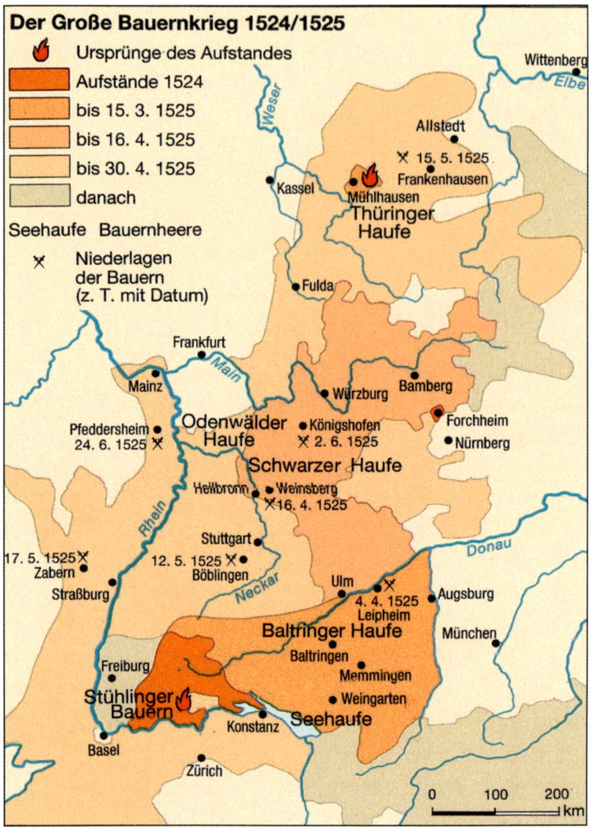

M 4

M 5 Die Zwölf Artikel (1525)

Der Kürschnergeselle Sebastian Lotzer und der Prediger Christoph Schappeler verfassten im Februar 1525 folgendes Dokument:

Dem christlichen Leser Fried und Gnade Gottes durch Christum. […]

Der erste Artikel

Zum Ersten ist unser demütig Bitt und Begehr, auch unser aller Wille und Meinung, dass wir nun fürderhin Gewalt und Macht haben wollen, dass die ganze Gemeinde ihren Pfarrer selbst erwählen […] soll; auch Gewalt haben, den selbigen wieder abzusetzen, wenn er sich ungebührlich verhalten sollte. […]

Der andere Artikel

Zum andern, nachdem der rechte [Getreide] Zehnt auferlegt ist im Alten Testament und im Neuen vollkommen erfüllt: nichtsdestoweniger wollen wir den rechten Korn-Zehnt gern geben, doch wie sich's gebührt. […]

Den kleinen [Fleisch] Zehnten wollen wir gar nicht geben. Denn Gott der Herr hat das Vieh dem Menschen abgabenfrei erschaffen. Das erachten wir für einen ungebührlichen Zehnten, den die Menschen ersonnen haben. Darum wollen wir ihn nicht weiter geben.

Der dritte Artikel

Zum Dritten ist der Brauch gewesen, dass man bisher behauptet hat, wir seien Eigenleute, was zum Erbarmen ist, in Anbetracht dessen, dass uns Christus alle mit seinem kostbaren Blutvergießen erlöst und loskauft hat – den Hirten ebenso wie den Höchsten, keinen ausgenommen. Darum ergibt sich aus der Schrift, dass wir frei sind, und deshalb wollen wir's sein.

Nicht, dass wir völlig frei sein und keine Obrigkeit haben wollen: das lehrt uns Gott nicht. […]

Der vierte Artikel

Zum Vierten ist bisher im Brauch gewesen, dass kein Untertan die Befugnis gehabt hat, das Wildbret, Geflügel oder Fische in fließendem Wasser zu fangen – was uns gar nicht ziemlich und brüderlich dünkt, vielmehr eigennützig und dem Wort Gottes nicht gemäß. […]

Der fünfte Artikel

Zum Fünften sind wir auch beschwert der Holznutzung halben. Denn unsere Herrschaften haben sich die Wälder alle allein zugeeignet, und wenn der Bauer etwas bedarf, muss er's ums doppelte Geld kaufen. Hier ist unsere Meinung: was es an Waldungen gibt – mögen sie Geistliche oder Weltliche innehaben –, das soll, wenn jene sie nicht gekauft haben, der ganzen Gemeinde wieder anheimfallen. […]

Der sechste Artikel

Zum Sechsten fühlen wir uns hart beschwert der Dienste halben, welche von Tag zu Tag gemehrt werden und täglich zunehmen. […]

Der zehnte Artikel

Zum Zehnten sind wir damit beschwert, dass etliche Herren zugeeignet haben Wiesen, desgleichen Äcker, die der Gemeinde zugehören. […]

Beschluss

Zum Zwölften ist unser Beschluss und unsere endgültige Meinung: Wenn einer oder mehr Artikel allhier aufgestellt sein sollten, die dem Worte Gottes nicht gemäß – wie wir denn nicht vermeinen –: dieselbigen Artikel wolle man uns aufgrund des Wortes Gottes als ungebührlich erweisen, so wollten wir davon abstehen, wenn man uns den Nachweis mit Begründung aus der Schrift führt. […]

Der Friede Christi sei mit uns allen.

G. Franz (Hg.), Quellen zur Geschichte des Bauernkriegs, Darmstadt 1963, S. 102 ff.

M 6 Stellungnahmen zum Bauernaufstand

a) In seiner Schrift „Wider die räuberischen und mörderischen Rotten der Bauern" von Anfang Mai 1525 schrieb Martin Luther:

Dreierlei gräuliche Sünden wider Gott und Menschen laden diese Bauern auf sich, weswegen sie den Tod verdient haben an Leib und Seele mannigfältig.

Zum Ersten, dass sie ihrer Obrigkeit Treu und Huld geschworen haben, untertänig und gehorsam zu sein, wie solches Gott gebietet [...]. Weil sie aber diesen Gehorsam mutwillig und mit Frevel brechen und dazu sich wider ihre Herren setzen, haben sie damit Leib und Seele verwirkt, wie die treulosen, meineidigen, lügenhaften, ungehorsamen Buben und Bösewichter zu tun pflegen. [...]

Zum Andern, dass sie Aufruhr anrichten, rauben und plündern mit Frevel Klöster und Schlösser, die nicht ihnen gehören, womit sie, als die öffentlichen Straßenräuber und Mörder, allein wohl zwiefältig den Tod an Leib und Seele verdienen [...]. Denn Aufruhr ist nicht ein einfacher Mord, sondern wie ein großes Feuer, das ein Land anzündet und verwüstet. So bringt Aufruhr mit sich ein Land voll Mordes, Blutvergießens und macht Witwen und Waisen und zerstört alles, wie das allergrößte Unglück. [...].

Zum Dritten, dass sie solche schreckliche, greuliche Sünde mit dem Evangelium decken, nennen sich christliche Brüder, nehmen Eid und Huld und zwingen die Leute zu solchen Gräueln mit ihnen [sich] zu halten. Womit sie die allergrößten Gotteslästerer und Schänder seines heiligen Namens werden und ehren und dienen [auf diese Weise] dem Teufel unter dem Schein des Evangeliums. Daran haben sie wohl zehnmal den Tod verdient an Leib und Seele [...].

Zit. nach: G. Wehr (Hg.) Thomas Müntzer, Schriften und Briefe, Frankfurt/M. 1973, S. 206 ff.

b) Thomas Müntzer, revolutionärer Theologe, trat als Gegenspieler von Luther auf (1524):

Sieh zu, die Grundsuppe des Wuchers, der Dieberei und Räuberei sind unsere Herren und Fürsten; [sie] nehmen alle Kreaturen als Eigentum: die Fische im Wasser, die Vögel in der Luft, das Gewächs auf Erden muss alles ihrer sein, Jes. 5. Darüber lassen sie dann Gottes Gebot ausgehen unter die Armen und sprechen: Gott hat geboten, du sollst nicht stehlen; es [hilft] ihnen aber nicht. So sie nun alle Menschen [nötigen], den armen Ackersmann, Handwerksmann und alles, was da lebt, schinden und schaben, Micha 3, und wenn [einer] sich dann am Allergeringsten vergreift, so muss er hängen. Da sagt dann der Doktor Lügner [gemeint ist Luther] [auch noch]: Amen. [Dabei] machen die Herren das selber, dass ihnen der arme Mann feind wird. Die Ursache des Aufruhrs wollen sie nicht wegtun, wie kann es [auf] die Dauer gut werden? Wenn ich das sage, muss ich aufrührerisch sein, wohlan!

Zit. nach: G. Wehr (Hg.) Thomas Müntzer, Schriften und Briefe, Frankfurt/M. 1973, S. 130 f.

Aufgaben

1. a) Nenne die Gründe für die Unzufriedenheit der Bauern.
   b) Welche Bedeutung hatte die Reformation für die Bauern?
   → Text
2. a) In welchen heutigen Bundesländern bzw. Staaten Europas fand der Bauernkrieg statt?
   b) Suche Gründe dafür, dass Südwestdeutschland einen Schwerpunkt bildete.
   → Text, M4
3. a) Erstelle eine Liste mit zwei Spalten. Schreibe links die Nummer und rechts stichpunktartig den Inhalt der Forderung.
   b) Fasse die Forderungen in Gruppen zusammen.
   c) Suche Textstellen, an denen sich die Bauern auf das „göttliche Recht" berufen.
   → M5
4. a) Welche Position nahm Martin Luther gegenüber den Bauernaufständen ein und wie begründete er sie?
   b) Vergleiche die Position Luthers mit der Haltung von Thomas Müntzer.
   c) Formuliere eine eigene Stellungnahme zum Bauernkrieg.
   → M6, Text

Reformation und Politik

M 1 **Kurfürst Johann Friedrich der Weise von Sachsen**
im Kreise der Wittenberger Reformatoren, Gemälde von Lucas Cranach

Der Streit um Luther weitet sich aus

Nachdem Luther seine Thesen gegen den Ablasshandel veröffentlicht hatte, weitete sich der Konflikt schnell aus. Aus einer religiösen Streitfrage wurde ein politischer Konflikt. Luther wurde bereits 1518 in Augsburg von Kardinal Cajetan verhört, widerrief seine Auffassungen allerdings nicht. Die päpstliche Bannandrohungsbulle, das heißt die Drohung mit dem Ausschluss aus der Kirchengemeinschaft, verbrannte er 1520. In diesem Jahr verfasste Luther seine großen reformatorischen Schriften „An den christlichen Adel deutscher Nation", „Von der Freiheit eines Christenmenschen" und „Von der babylonischen Gefangenschaft der Kirche". Darin begründete und verschärfte er seine Kritik an der Kirche und am Papst.
Auf dem Reichstag in Worms 1521 verweigerte Luther vor Kaiser Karl V. und den Reichsfürsten erneut den Widerruf. Nach Abreise aller Fürsten erließ der Kaiser daher das Wormser Edikt, das über Luther die Reichsacht verhängte. Er wurde für vogelfrei erklärt, die Verbreitung und der Besitz seiner Schriften wurden verboten. Der Landesherr des Reformators, Kurfürst Friedrich der Weise von Sachsen, ließ ihn nach der Abfahrt von Worms zum Schein überfallen und auf die Wartburg bringen, um ihn zu schützen. Dort übersetzte Luther, als „Junker Jörg" verkleidet, das Neue Testament ins Deutsche. 1522 kehrte Luther schließlich nach Wittenberg zurück und setzte seine Arbeit als Professor für Theologie fort. 1546 starb er in Eisleben.

Eine Reihe von Landesherren schloss sich der neuen Lehre an. Die Gründe waren vielfältig. Neben der religiösen Überzeugung spielten auch machtpolitische Überlegungen eine Rolle. So konnten die Fürsten durch die Einführung der Reformation ihre Eigenständigkeit gegenüber dem Kaiser betonen. Außerdem führte die Aufhebung der Klöster zu finanziellem Gewinn. Neben Sachsen, der Kurpfalz und Hessen bekannten sich auch viele Städte zur Reformation. Bayern blieb neben anderen süd- und westdeutschen Gebieten katholisch. Die Einführung der neuen Lehre in vielen Territorien verstärkte den Konflikt zwischen Kaiser und Fürsten um die ständische Selbstständigkeit.

M 2 **Karl V. (1500–1558)**
Das Gemälde zeigt den Kaiser etwa zur Zeit des Wormser Reichstags von 1521.

Die Rolle des Kaisers und der Fürsten

Kaiser Karl V. aus der Dynastie der Habsburger verfügte über eine enorme Machtfülle. Neben der römisch-deutschen Kaiserwürde gebot er noch über Spanien, Österreich, die Niederlande, Böhmen, Süditalien sowie die überseeischen Besitzungen in Amerika.

Im Heiligen Römischen Reich belastete Karls Machtkonzentration das Verhältnis zu den Reichsständen, da diese eine Machtverschiebung zu ihren Ungunsten befürchteten.

In religiösen Belangen verstand sich Karl als Bewahrer der alten katholischen Lehre. In Luthers Haltung sah er nur eine Abweichung von der wahren Lehre, die unterdrückt werden müsse. Dies machte Karl in Worms 1521 unmissverständlich deutlich, als er Luther mit der Reichsacht belegte. Aber seine harte Haltung gegenüber der neuen Lehre wich immer wieder einer Politik des Ausgleichs, um mit einem befriedeten Reich im Rücken Auseinandersetzungen in anderen Teilen

M 3

Europas fortsetzen zu können. Der erste Schritt in diese Richtung erfolgte auf dem Reichstag von Speyer 1526. Dieser hielt fest, dass sich jeder Reichsstand in Religionsangelegenheiten bis zu einem Konzil zur Wiederherstellung der kirchlichen Einheit so verhalten soll, wie er es vor Gott und dem Kaiser verantworten kann. Infolge dieser Atempause entstanden die evangelischen Stadt- und Landeskirchen.

1529 protestierten die evangelischen Landesherren auf dem Reichstag zu Speyer gegen einen Beschluss der Katholiken. Dieser sah vor, dass sie sich in Glaubensfragen der Mehrheit beugen müssten. Die evangelischen Fürsten begründeten ihre Haltung damit, dass jeder Herrscher vor Gott verantwortlich sei und deswegen in Glaubensangelegenheiten zu nichts gezwungen werden dürfe. Die Bezeichnung „Protestanten" leitet sich von diesem Ereignis ab. Aus Angst vor einem Angriff der Altgläubigen gründeten die evangelischen Landesfürsten den Schmalkaldischen Bund. Er förderte die weitere Ausbreitung der Reformation nach 1530.

Beständigster Widersacher Karls war der französische König Franz I., der die Umklammerung seines Landes durch den Habsburger als große Gefahr betrachtete. Aus diesem Grund kam es immer wieder zu Kriegen gegen den französischen König, was die Abwesenheit des Kaisers in Deutschland zur Folge hatte. Dies begünstigte die Ausbreitung der Reformation.

Auch der Abwehrkampf gegen den Vorstoß der Türken in Südosteuropa kam der neuen Lehre zugute, da sich der Kaiser die finanzielle Unterstützung der evangelischen Reichsstände durch Gewährung eines zeitlich befristeten Religionsfriedens erkaufen musste.

Erst als Karl V. mit dem französichen König Franz I. Frieden und einen Waffenstillstand mit den Türken geschlossen hatte, wandte er sich

M 4 **Karl V. als Sieger**
über den Schmalkaldischen Bund, Gemälde von Tizian 1548

M 5 **Glaubensflüchtlinge**
Der Augsburger Religionsfriede hatte weit reichende Folgen. Noch 1731 wurden protestantische Bauern aus Salzburg vertrieben. Sie fanden als Glaubensflüchtlinge eine neue Heimat in Brandenburg-Preußen, 18. Jahrhundert.

1546 mit Waffengewalt gegen den Protestantismus. In der Schlacht bei Mühlberg an der Elbe erlitten die im Schmalkaldischen Bund zusammengeschlossenen protestantischen Fürsten und Reichsstädte 1547 eine schwere Niederlage. Ihr Anführer, Kurfürst Johann Friedrich von Sachsen, geriet in Gefangenschaft und musste die Kurwürde seinem protestantischen Vetter Herzog Moritz von Sachsen überlassen, der auf die Seite des katholischen Kaisers gewechselt war.

Karl V. hatte den Höhepunkt seiner Macht erreicht und darin lag auch der Grund seines Scheiterns. Die deutschen Fürsten fürchteten um ihre Unabhängigkeit, verschworen sich gegen den Kaiser und suchten sogar Hilfe bei Frankreich. 1552 rückten französische Truppen in Lothringen und aufständische deutsche Fürsten in Tirol ein. Karl V. entkam nur knapp einer Gefangennahme und dankte 1556 resigniert ab. Er zog sich in das spanische Kloster San Yuste zurück, wo er zwei Jahre später starb. Ferdinand, sein Bruder und Nachfolger, erreichte auf dem Augsburger Reichstag 1555 einen Ausgleich zwischen den Reichsständen und dem Kaiser: den Augsburger Religionsfrieden.

Der Augsburger Religionsfrieden von 1555 und die Folgen
Auf dem Reichstag in Augsburg 1555 einigten sich Kaiser und Reichsstände auf folgende Punkte:
- Das lutherische Bekenntnis wird neben dem katholischen anerkannt. Andere Bekenntnisse sind ausgeschlossen.
- Nur Fürsten und Reichsstände haben das Recht zur freien Konfessionswahl und zur Bestimmung der Konfession ihrer Untertanen; geistliche Fürsten durften mit ihren Untertanen nicht konvertieren, um die katholische Mehrheit im Reichstag und Kurkolleg nicht zu gefährden.
- Die evangelische und katholische Religionsausübung wird in gemischt-konfessionellen Reichsständen garantiert.
- Wenn ein Fürst die Konfession wechselt, müssen ihm alle Untertanen folgen. Wollen sie das nicht, können sie in ein anderes Land ihrer Konfession auswandern.

Die Folge war eine dauerhafte Glaubensspaltung in Deutschland. Die katholischen und evangelischen Gebiete unterschieden sich nicht nur in ihrer religiösen Ausrichtung. Da die Religion damals das Leben der Menschen entscheidend bestimmte, waren die Auswirkungen auch im Alltag spürbar. Es gab unterschiedliche Formen von Frömmigkeit, zum Teil andere kirchliche Feiertage, konfessionell getrennte Schulen, ja sogar unterschiedliche Baustile.

Auf evangelischer Seite entstand bereits 1530 mit der so genannten „Confessio Augustana“, die maßgeblich von Luthers Weggefährten Philipp Melanchthon verfasst worden war, eine eigene Theologie. Die Entstehung der evangelischen Landeskirchen setzte dann verstärkt nach dem Augsburger Religionsfrieden (1555) ein.

Der Augsburger Religionsfriede verhinderte nicht die steigende Zahl religiöser Streitigkeiten. Ein großes Problem blieb der Calvinismus, der nicht Teil der Augsburger Vereinbarung und somit illegal war. 1608 kam es zur Gründung der protestantischen Union, die katholische Seite antwortete darauf mit der Gründung der Liga. Diese Bündnisse zeigen, wie sehr beide Seiten eine militärische Auseinandersetzung für wahrscheinlich hielten.

Die Gegenreformation

Die rasche Ausbreitung der Lehre Luthers veranlasste die alte Kirche zu einem Richtungswechsel. Sie leitete längst überfällige Reformen ein und verankerte ihre Glaubensgrundsätze in eindeutiger und verbindlicher Form. Diese innere Erneuerung der katholischen Kirche und ihr Bestreben, an Protestanten verlorene Gebiete zurückzugewinnen, bezeichnet man als „Gegenreformation". Sie wurde eingeleitet durch das Konzil von Trient und vorangetrieben durch die Jesuiten.

Das Konzil von Trient

Karl V. hatte immer wieder ein Konzil gefordert, das die verlorene Einheit der Christenheit wiederherstellen sollte. Die Protestanten lehnten jedoch eine Teilnahme ab, da sie mit einer Leitung durch päpstliche Gesandte nicht einverstanden waren. So versammelten sich nur katholische Bischöfe, als der Papst im Jahr 1545 das Konzil in die Bischofsstadt Trient einberief.

In Trient grenzten die Bischöfe den katholischen Glauben gegen die reformatorischen Lehren ab. Als Glaubensgrundlage galten die Tradition der Kirche und die Lehren der Kirchenväter, und nicht nur die Bibel, wie Luther sagte. Im Gegensatz zu Luther stellte das Konzil fest, dass nicht allein der Glaube, sondern auch die „guten Werke" eines Christen zu dessen Seligkeit notwendig seien. In Glaubensfragen war die Kirche unfehlbar und Beschlüsse von Konzilen oder Päpsten sollten gültig für die ganze Kirche sein. Die Verehrung der Heiligen und Reliquien, die Luther ablehnte, empfahlen die Konzilsväter nachdrücklich. Latein wurde zur Kirchensprache erklärt, womit Bibellektüre und Gottesdienst in der Volkssprache entfielen.

Mit anderen Beschlüssen suchte die Kirche immer wieder kritisierte Missstände zu beheben. So mussten die Bistümer Seminare für die Ausbildung von Priestern eröffnen, den Geistlichen wurde strengste Disziplin auferlegt, die Pflichten der Bischöfe wurden genauer festgelegt. Die Autorität des Papstes bestätigte das Konzil nachdrücklich.

M 6 Das Konzil von Trient
Die Konzilsväter, die mit mehrjähriger Unterbrechung 18 Jahre tagten, sitzen hier im Halbrund. Vor dem Kreuz sitzen der Protokollführer und der Abgesandte des Kaisers. Die weiße Taube im Hintergrund symbolisiert den Heiligen Geist, der die Versammlung erfüllen sollte.

M 7 **Ignatius von Loyola (um 1491–1556).** Die Umschrift auf dem Porträt lautet: „Ignatius von Loyola, Bannerträger, Lehrer und erster Generalpräses der Gesellschaft Jesu".

Der Jesuitenorden

Besonderen Anteil an der Erneuerung der katholischen Kirche hatte Ignatius von Loyola (1491–1556). Er stammte aus einer alten baskischen Familie, wurde spanischer Offizier und mit 26 Jahren schwer verwundet. Wie Luther durchlebte er eine tiefe Glaubenskrise, kam jedoch anders als der Reformator zu der Überzeugung, dass nur die bedingungslose Unterwerfung unter die Gebote der katholischen Kirche die ewige Verdammnis abwehren könne.

Ignatius wurde Priester und gründete mit einigen Gefährten die „Gesellschaft Jesu", die der Papst 1540 als geistlichen Orden bestätigte. Aus der Gemeinschaft entwickelte sich bald eine geistige Elite von 16 000 Jesuiten aus vielen Ländern. Sie verstanden sich als „Soldaten Christi" und lebten nicht in klösterlicher Abgeschiedenheit, sondern suchten den Kontakt zu Menschen. Ihren Vorgesetzten gegenüber waren sie zu bedingungslosem Gehorsam verpflichtet. Strenge geistliche Übungen förderten die Konzentration und schulten die Willens- und Glaubenskräfte der Ordensbrüder.

Ihre Hauptaufgabe sahen die Jesuiten darin, zum protestantischen Glauben übergetretene Menschen für die katholische Kirche zurückzugewinnen. Sie beriefen gute Priester, die zerfallene Gemeinden erneuerten, und warben in den Städten für ihren Glauben. Besondere Aufmerksamkeit schenkten die Jesuiten der Erziehung und gründeten Gymnasien und Kollegien. Dort zogen sie eine neue Schicht junger Leute heran, die der katholischen Kirche treu ergeben waren. Ferner wirkten sie an katholischen Fürstenhöfen als Beichtväter und Erzieher und erlangten als Berater großen politischen Einfluss. Das Wirken der Jesuiten erstreckte sich bis nach Asien und Südamerika, wo sie durch Mission für die Ausbreitung des katholischen Glaubens sorgten.

M 8

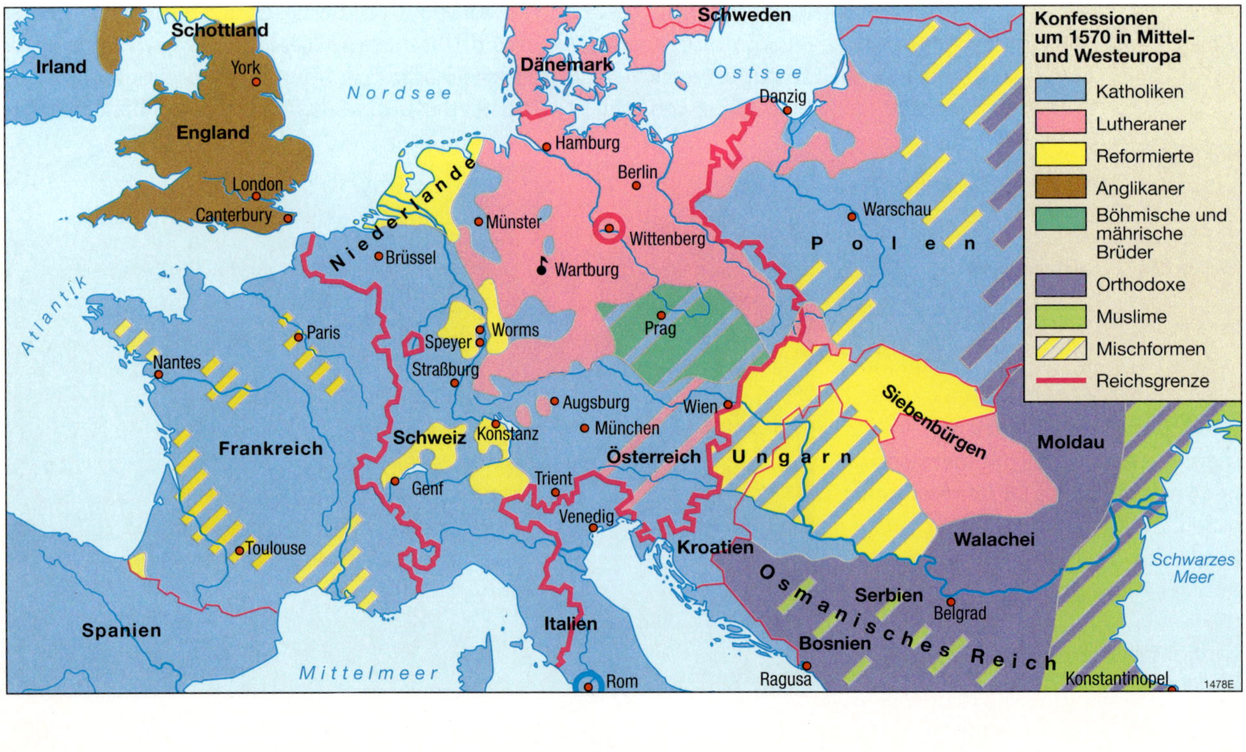

M 9 Luther auf dem Reichstag zu Worms 1521
Historiengemälde von Anton von Werner (1843–1915)

M 10 Luthers Rede in Worms

Nach Zusicherung freien Geleites reiste Luther von Wittenberg nach Worms, wo er am 16. April 1521 eintraf. Am 17. April stand Luther erstmals vor dem Kaiser Karl V. und den Reichsständen. Der Leiter der bischöflichen Gerichtsbehörde, Johannes Eck, fragte ihn, ob er zum Widerruf des Inhalts seiner Schriften bereit sei. Nach einer Bedenkzeit trug Luther am 18. April seine Antwort vor, deren Überlieferung vermutlich auf seinen eigenen Bericht zurückgeht:

Darauf entgegnete ich: „Weil Eure geheiligte Majestät und Eure Herrlichkeiten es verlangen, so will ich eine schlichte Antwort geben, die weder Hörner noch Zähne hat: Es sei denn, dass ich durch das Zeugnis der Heiligen Schrift oder vernünftige Gründe überwunden werde – denn weder dem Papst, noch den Konzilien allein vermag ich zu glauben, da es feststeht, dass sie wiederholt geirrt und sich selbst widersprochen haben –, so halte ich mich überwunden durch die Schrift, auf die ich mich gestützt, so ist mein Gewissen im Gotteswort gefangen, und darum kann und will ich nichts widerrufen, weil gegen das Gewissen zu handeln gefährlich ist. Gott helf mir! Amen."

Zit. nach: Deutsche Geschichte in Quellen und Darstellung, Bd.3, hrsg. von Ulrich Köpf, Stuttgart 2001, S. 175

M 11 Der Kaiser in Worms 1521

Am folgenden Tag (19. April) ließ der Kaiser vor den Kurfürsten und vielen Fürsten eine feierliche Erklärung verlesen, in der er seine Haltung gegenüber Luther begründete – zuerst französisch, sodann in deutscher Übersetzung:

Wie ihr wisst, stamme ich von den allerchristlichsten Kaisern der edeln deutschen Nation, den gläubigen Königen von Spanien, den Erzherzogen von Österreich und den Herzogen von Burgund. Sie alle waren bis in den Tod treue Söhne der römischen Kirche; denn stets verteidigten sie den christlichen Glauben, die geheiligten Zeremonie, die Dekrete, Verordnungen und heiligen Bräuche zur Ehre Gottes, zum Wachstum des Glaubens und Heil der Seelen. Sie hinterließen Uns als natürliches Erbe die Erfüllung jener heiligen christlichen Pflichten nach ihrem Beispiel zu leben und zu sterben; und in wahrer Nachahmung dieser Unserer Vorfahren haben Wir durch Gottes Gnade bisher gelebt.
Aus diesem Grunde bin ich entschlossen, alles aufrecht zu erhalten, was meine Vorfahren und dich bis zum gegenwärtigen Augenblick aufrechterhalten haben [...].
Denn es ist gewiss, dass ein einziger Bruder irrt, dessen Meinung gegen die der gesamten, über tausend Jahre alten Christenheit steht – eine Meinung, nach der die Christenheit sich zu jeder Zeit im Irrtum befunden hätte. Deshalb bin ich ganz und gar entschlossen, hierfür meine Reiche und Herrschaften, meine Freunde, Leib und Blut, Leben und Seele einzusetzen. [...]
Und nachdem ich die Antwort Luthers gehört habe, die er gestern in unser aller Gegenwart gab, erkläre ich Euch, dass ich bereue, so lange das Vorgehen gegen Luther und seine falsche Lehre aufgeschoben zu haben, und dass ich entschlossen bin, ihn nicht weiter anzuhören.

Zit. nach: Deutsche Geschichte in Quellen und Darstellung, Bd.3, hrsg. von Ulrich Köpf, Stuttgart 2001, S. 176 f.

M 12 Luthers Einzug in Worms

Der päpstliche Gesandte Aleander war 1521 Augenzeuge bei Luthers Ankunft in Worms:

Schon hatte ich meinen letzten Brief geschlossen, als ich aus dem hastigen Rennen des Volkes entnahm, dass der große Ketzermeister seinen Einzug hielt. Mit drei Genossen in einem Wagen sitzend zog er in die Stadt ein, umgeben von etwa acht Berittenen, und nahm seine Herberge in der Nähe eines sächsischen Fürsten; beim Verlassen des Wagens schloss ihn ein Priester in seine Arme, rührte dreimal sein Gewand an und berühmte sich im Weggehen, als hätte er eine Reliquie des größten Heiligen in Händen gehabt: Ich vermute, es wird bald von ihm heißen, er tue Wunder. Dieser Luther, als er vom Wagen stieg, blickte mit seinen dämonischen Augen im Kreis umher und sagte: „Gott wird mit mir sein." Dann trat er in eine Stube, wo ihn viele Herrn aufsuchten, mit deren zehn oder zwölf er auch speiste, und nach der Mahlzeit lief alle Welt hin, ihn zu sehen.

Depeschen des Nuntius Aleander vom Wormser Reichstage 1521, hrsg. von P. Kalkhoff, Halle 1897; Brief 18, S. 166 ff., gekürzt

M 13 Jeder ist durch die Taufe Priester ...

Aus Luthers Schrift „An den christlichen Adel deutscher Nation" aus dem Jahr 1520:

Denn alle Christen sind wahrhaft geistlichen Standes, und ist unter ihnen kein Unterschied denn des Amts halben allein, wie Paulus, 1. Korinther 12,12, sagt, dass wir allesamt ein Körper sind, doch ein jeglich Glied sein eigen Werk hat, womit es den andern dienet; das macht alles, dass wir eine Taufe, ein Evangelium, einen Glauben haben und sind gleiche Christen, denn Taufe, Evangelium und Glauben, die machen geistlich und Christenvolk ...
Daher kommt's, dass in der Not ein jeglicher taufen und absolvieren [Sünden vergeben] kann, was nicht möglich wäre, wenn wir nicht alle Priester wären. Solche große Gnade und Gewalt der Taufe und des christlichen Standes haben sie uns durch's geistliche Recht völlig niedergelegt und unbekannt gemacht. Auf diese Weise erwählten vor Zeiten die Christen aus dem Haufen ihre Bischöfe und Priester, die danach von andern Bischöfen wurden bestätigt ohne alles Prangen, das jetzt regiert ...
So folget aus diesem, dass Laien, Priester, Fürsten, Bischöfe und, wie sie sagen, „Geistliche" und „Weltliche" keinen andern Unterschied im Grunde wahrlich haben, denn des Amtes oder Werkes halben, denn sie sind alle geistlichen Standes, wahrhaftige Priester, Bischöfe und Päpste, aber nicht einerlei gleiches Werkes.

zit. nach: Geschichte in Quellen, Bd. 3, München 1982, S. 128 f.

M 14 **Die Wartburg bei Eisenach**
Hier übersetzte Luther die Bibel in die deutsche Sprache.

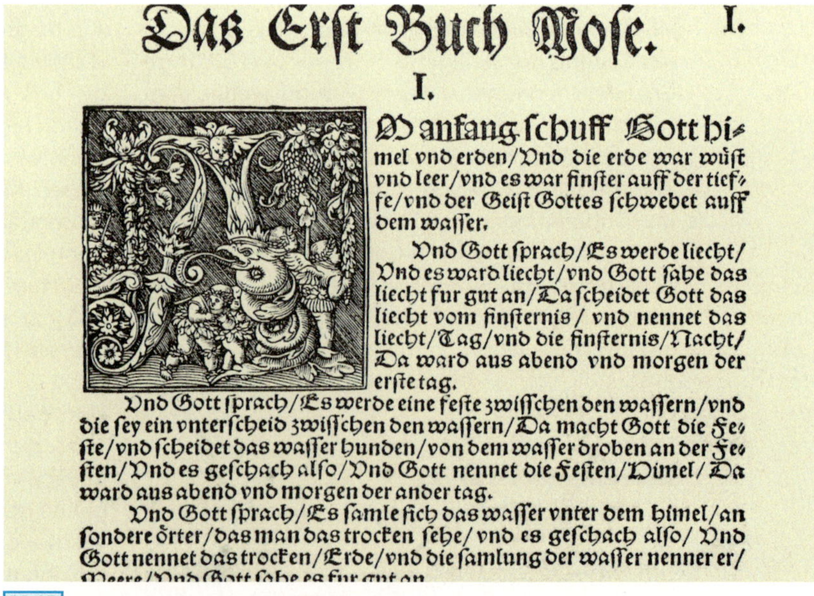

Das Erſt Buch Moſe. I.

I.

Am anfang ſchuff Gott himel vnd erden/Vnd die erde war wüſt vnd leer/vnd es war finſter auff der tieffe/vnd der Geiſt Gottes ſchwebet auff dem waſſer.

Vnd Gott ſprach/Es werde liecht/Vnd es ward liecht/vnd Gott ſahe das liecht fur gut an/Da ſcheidet Gott das liecht vom finſternis/ vnd nennet das liecht/Tag/vnd die finſternis/Nacht/Da ward aus abend vnd morgen der erſte tag.

Vnd Gott ſprach/Es werde eine feſte zwiſſchen den waſſern/vnd die ſey ein vnterſcheid zwiſſchen den waſſern/Da macht Gott die Feſte/vnd ſcheidet das waſſer hunden/von dem waſſer droben an der Feſten/Vnd es geſchach alſo/Vnd Gott nennet die Feſten/Himel/Da ward aus abend vnd morgen der ander tag.

Vnd Gott ſprach/Es ſamle ſich das waſſer vnter dem himel/an ſondere örter/das man das trocken ſehe/vnd es geſchach alſo/Vnd Gott nennet das trocken/Erde/vnd die ſamlung der waſſer nennet er/Meere/Vnd Gott ſahe es fur gut an

M 15 **Seite aus der Luther-Bibel**
1523 erschien der erste Teil von Luthers deutscher Übersetzung des Alten Testaments mit den fünf Büchern Moses.

M 16 Das Augsburger Bekenntnis

Am 25. Juni 1530 verliest der Kanzler vor Kaiser Karl V. und den versammelten Reichsständen das Augsburger Bekenntnis. Das Gemälde zeigt rechts einige Besonderheiten des neuen Glaubens: die Austeilung des Abendmahls in beiderlei Gestalt sowie die Taufe als einzige Sakramente, ferner die Predigt und der Kirchengesang.

M 17 Ein Christenmensch ist ein freier Herr...

Aus Luthers Schrift „Von der Freiheit eines Christenmenschen" aus dem Jahr 1520:

Ein Christenmensch ist ein freier Herr über alle Dinge und niemandem untertan ... Ein Christenmensch ist ein dienstbarer Knecht aller Dinge und jedermann untertan ... Ein jeglicher Christenmensch ist zweierlei Natur, geistlicher und leiblicher ... Also hilft es der Seele nichts, ob der Leib heilige Kleider anlegt, wie Priester und Geistliche tun; auch nicht ... , ob er leiblich bete, faste, wallfahre und alle guten Werke tue. Es muss noch etwas anderes sein, was der Seele Freiheit bringt ... Die Seele hat kein ander Ding ... darinnen sie lebe, fromm, frei und christlich sei, als das heilige Evangelium, das Wort Gottes ... Wo sie das Wort hat, bedarf es keines andern Dings mehr.

Martin Luthers Werke, Briefwechsel, Bd. 7, Weimarer Ausgabe 1930, S. 21 f.

M 18 Der Schmalkaldische Krieg

In der Schlacht bei Mühlberg an der Elbe besiegte Kaiser Karl V. 1547 das protestantische Heer. Kurfürst Johann Friedrich von Sachsen geriet in Gefangenschaft und verlor die Kurwürde an seinen Vetter, Herzog Moritz von Sachsen:

Der Kaiser ließ ihn vor sich bringen. Er kam ganz mit Blut aus der am linken Backen empfangenen Hiebwunde bedeckt, auf einem friesländischen Pferd. Johann Friedrich entblößte das Haupt und sagte: Großmächtigster und gnädigster Kaiser, ich bin Euer Gefangener. Dieser erwiderte: Jetzt nennt ihr mich Kaiser, das ist eine Bezeichnung sehr verschieden von derjenigen, die ihr mir früher beizulegen pflegtet. So begannen denn Verhandlungen, wie man den Kurfürsten strafen und doch der kaiserlichen Gnade Raum geben könnte.

Alles war nunmehr so geordnet, dass der Kurfürst am Leben blieb, doch von schwerster Strafe getroffen indem er, bisher einer der mächtigsten Fürsten Deutschlands, beinah auf den Standpunkt des einfachen Ritters zurücktrat. Daher wird dieses bisher sehr mächtige Haus in Zukunft so wenig besitzen, als sein Hochmut verschuldet hat.

Luis Avila, zit. nach: Geschichte in Quellen, Bd. 3, München 1976, S. 186 f., gekürzt

M 19 Die sieben Sakramente der Katholiken

Zu den zentralen Beschlüssen des Konzils von Trient gehörten auch die sieben Sakramente:

Von den Sakramenten im Allgemeinen: Wollte jemand sagen, die Sakramente des neuen Bundes seien nicht alle von Christus, unserm Herrn, eingesetzt und es gebe mehr oder weniger als sieben, nämlich Taufe, Firmung, Eucharistie, Buße, Letzte Ölung, Priesterweihe und Ehe, oder auch eines von diesen sei nicht in Wahrheit und wirklich ein Sakrament, der sei verflucht.
Von dem heiligen Sakrament der Eucharistie: Sagt jemand, bei dem ehrwürdigen Sakrament der Eucharistie sei nicht in jeder Gestalt und nach vollzogener Trennung nicht in jedem einzelnen Teile der ganze Christus enthalten, der sei verflucht.
Von der Priesterweihe: Sagt jemand, in der katholischen Kirche sei die Hierarchie, die aus Bischöfen, Priestern und Dienern besteht, nicht nach göttlicher Anordnung eingesetzt, der sei verflucht.

zit. nach: H. Rinn, J. Jüngst (Hrsg.), Kirchengeschichtliches Lesebuch, Tübingen/Leipzig 1904, S. 219 f.

M 20 Aus der Regel des Jesuitenordens

Wir haben es für sehr zweckmäßig erachtet, dass jeder Einzelne von uns ... sich durch ein besonderes Gelübde verpflichtete, dass er jeden Befehl, den der jetzige römische Bischof und alle anderen zu ihrer Zeit geben und der zur Förderung der Seelen und zur Verbreitung des Glaubens dient, und jede Aufgabe, zu der er ausgesandt wird, ohne alle Ausflucht und Entschuldigung, so viel an ihm liegt, zu erfüllen gehalten ist, mag er nun zu den Türken geschickt werden oder zu irgendwelchen andern Ungläubigen, selbst wenn sie in den Indien genannten Gegenden leben, oder zu Ketzern, wer sie auch sind, oder zu Gläubigen jeder Art.

S. Guggenbühl, Quellen zur Geschichte der Neueren Zeit, Zürich 1956, S. 110 f.

M 21 Geistliche Übungen des Ignatius v. Loyola

So wie Marschieren und Laufen körperliche Übungen sind, so nennt man geistliche Übungen jede Art, die Seele bereit zu machen, alle ungeordneten Neigungen von sich zu legen und den göttlichen Willen zu suchen und zu finden in der Ordnung des eigenen Lebens zum Heile der Seele.
Wer von den Dingen der Öffentlichkeit in Anspruch genommen wird, widme sich täglich anderthalb Stunden den Übungen. An drei Tagen soll er jeden Morgen eine Stunde hindurch die Betrachtung der ersten, zweiten und dritten Sünde vornehmen [die Sünde des Hochmuts der Engel gegenüber Gott, die Sünde Adams und Evas und eine Todsünde]; an drei weiteren Tagen die Betrachtung der eigenen Sünden, hierauf an drei folgen Tagen die Betrachtung der Sündenstrafen.

Ignatius von Loyola, Geistliche Übungen, übertragen von A. Haas SJ, Freiburg 1967, S. 15, 20, gekürzt

M 22 „Die Aufnahme des heiligen Ignatius in das Paradies"

Der Jesuit und Maler Andrea Pozzo hat von 1684 bis 1694 die Kirche San Ignatio in Rom mit einem Deckengemälde ausgestattet. Es zeigt die Aufnahme des Ignatius von Loyola in den Himmel und feiert dessen Sieg über die Ketzer, die an den Bildrändern in die Tiefe stürzen.

M 23 **Das Wirken der Jesuiten in Deutschland**

In Deutschland gelang dem Orden ein rascher Durchbruch durch das Wirken des Niederländers Petrus Canisius (1521–1597), der 1549–1552 Professor in Ingolstadt und danach bis 1556 in Wien war. An ihn richtete der Gründer des Ordens Ignatius von Loyola 1554 eine lateinisch verfasste Instruktion über das Verhalten gegenüber Protestanten:

Die Neuerer verstehen es, ihre falsche Lehre mundgerecht zu machen und dem Fassungsvermögen der Masse anzupassen, indem sie ihre Lehre vor der Menge und in den Schulen verkünden und zugleich kurze Broschüren unter das Volk werfen, die von vielen verstanden und gekauft werden können. Durch ihre Schriften verschaffen sie sich auch da Zugang, wo ihre Agenten nicht selber hingelangen können, und bei der Nachlässigkeit der berufenen Wächter, bei dem schlechten Beispiel und der Unwissenheit der Katholiken, hauptsächlich der Geistlichen, haben sie im Weinberg des Herrn einen wahren Jammer der Verwüstung angerichtet.

Demgemäß will uns bedünken, dass die Gesellschaft [die Jesuiten] sich besonders mit den folgenden Mitteln auf den Kampfplatz werfen und gegen die Schäden angehen solle, die der Kirche von jener Seite zugefügt werden:

[...] Die Hauptsätze der Theologie ließen sich, nach Art eines kurzen Katechismus [Lehrbuch für den christlichen Glaubensunterricht] zusammengestellt, den Kindern und dem ungebildeten Volke lehren, wie man jetzt Christenlehre gibt [...]. Für die höheren Klassen, vor allem die Prima, und für die philosophischen und theologischen Hörer wäre außerhalb der gewöhnlichen Stunden jener apologetische [rechtfertigende] Kurs vorzutragen, damit alle, die einigermaßen dafür reif sind, mit den Gemeinplätzen vertraut werden [...]. Zu diesem Kurs wären die einheimischen Priester und die Schüler der höheren Klassen zuzulassen, überhaupt alle, die Lust hätten. Und mit ihrer Mitarbeit ließe sich verhältnismäßig schnell das Gegengift gegen die Häresie [Irrlehre] über viele Ohren verbreiten; denn die Vorlesung, die sie hören, und das Buch, das sie in der Hand haben, befähigt die Hörer, ihrerseits dem Volke zu predigen und in den katholischen Schulen zu unterrichten.

Somit wäre die Vervielfältigung von Schulen der Gesellschaft über viele Gegenden, hauptsächlich an den Punkten, wo sich ein guter Zulauf von Schülern erwarten lässt, das beste Mittel, um der Kirche in ihrer bedrängten Lage zu Hilfe zu kommen.

Deutsche Geschichte in Quellen und Darstellung, Bd.3, hrsg. von Ulrich Köpf, Stuttgart 2001, S. 467 ff.

M 24 **Jesuitenschule St. Salvator in Augsburg von 1581/84**
Im Vordergrund das Gymnasium, die Kirche und das Lyzeum, dahinter das Kolleggebäude mit den beiden Türmen, ganz hinten Garten und Wirtschaftsgebäude

Aufgaben

1. Nenne die Bestimmungen des Augsburger Religionsfriedens. → Text
2. Aus welchen Gründen schlossen sich Landesfürsten der Reformation an? → Text
3. a) Wie begründete Luther in Worms, dass er an seiner Position festhielt und nicht widerrief?
   b) Erläutere, wie Kaiser Karl V. sein Vorgehen gegen Luther begründete. → M10, M11
4. a) Was bedeutet Luthers Meinung zum Priestertum für die bisherige Form der Kirche? → M13
   b) Was versteht Luther unter der „Freiheit eines Christenmenschen"? → M17
   c) Warum übersetzte Luther die Bibel? → M15
5. Was bedeutet „Gegenreformation"? → Text
6. Erläutere einige wichtige Beschlüsse des Konzils von Trient. → Text, M19
7. a) Welche Ziele verfolgten die Jesuiten?
   b) Erkläre, warum Schulen für die Jesuiten so wichtig waren. → Text, M20, M23, M24
8. Erläutere die Konfessionskarte von 1570. → M8

M 1 **Katharina von Bora**
Gemälde von Lukas Cranach d.Ä., 1529

M 2 **Katharina von Bora**

geboren in Lippendorf bei Leipzig:
29. Januar 1499

Flucht aus dem Kloster:
1523

Heirat mit Martin Luther:
13. Juni 1525

gestorben in Torgau:
20. Dezember 1552

Katharina von Bora und Caritas Pirckheimer

Umbrüche vom Mittelalter zur Neuzeit

Im Übergang vom Mittelalter zur Neuzeit veränderte sich das Leben der Menschen durch Entdeckungen und neue Theorien in Philosophie und Theologie. Durch die Reformation veränderte sich auch das Leben des Einzelnen.

Zwei Frauen dieses Zeitalters, die sich in einer ähnlichen Situation ganz unterschiedlich verhalten haben, sind Katharina von Bora, die spätere Frau Martin Luthers, und Caritas Pirckheimer, eine gelehrte Nonne aus dem Klarissenkloster in Nürnberg.

Katharina von Bora – eine entlaufene Nonne

Katharina von Bora war noch ein kleines Kind, als ihre Mutter starb. Im Alter von fünf Jahren wurde sie in das Kloster Nimbschen (bei Grimma in Sachsen) gebracht. So konnte ihre Familie die Kosten für Erziehung, Verheiratung und Mitgift sparen. Katharina lernte im Kloster lesen und schreiben, musste aber die Ordensregeln einhalten.

Als die Reformation begann, hörte Katharina von den Lehren Luthers. Obwohl das Kloster versuchte, sämtliche Kontakte nach außen zu unterbinden und Fluchtversuche von Nonnen streng bestrafte, gelang es Katharina, Luther in einem Brief zu bitten, für sie und acht Mitschwestern eine Fluchtmöglichkeit zu organisieren.

Die Ehe der Luthers

1525 heirateten Katharina von Bora und Martin Luther. Er wollte demonstrieren, dass die Ehe für Pfarrer eine gottgefällige Institution ist. Katharina musste zeitlebens mit der Beschimpfung leben, sie habe als Nonne einen Mönch verführt.

Katharina war zum einen durch ihre Ausbildung im Kloster gebildet und interessiert an den Themen der Reformation. Andererseits war sie sowohl in der Haus- und Landwirtschaft als auch im Bauwesen sehr kompetent. Das war hilfreich beim Umbau des ehemaligen Klosters in Wittenberg, in dem Martin Luther und Katharina lebten. So wie sie mussten damals viele Frauen aus allen Bevölkerungsschichten mit Ausnahme des hohen Adels und des reichen Bürgertums hart arbeiten, um das Überleben ihrer Familie zu sichern. Katharina hielt Kühe, Schweine und Hühner und bewirtschaftete verschiedene Gärten. Auch zog sie Heilkräuter und stellte mithilfe ihrer Tante, die ebenfalls das Kloster verlassen hatte, Medizin her. Ferner braute sie Bier und kelterte Wein, damit sie ihre Familie – sie hatte im Laufe der Jahre fünf Kinder geboren – und die vielen Gäste ihres Mannes bewirten und während einer Pestepidemie auch pflegen konnte.

Die Ehe der Luthers galt als von gegenseitiger Zuneigung und Respekt geprägt.

Katharina von Bora war in ihrer Wirtschaftsführung so tüchtig, dass Luther sie respektvoll „Herr Käthe" nannte und sie im Laufe der Jahre wohlhabend wurden. Insofern wird die Familie Luther heute in der Geschichtswissenschaft als Beispiel für eine Haushaltung zwischen Tradition und Moderne, zwischen Mittelalter und Neuzeit, gesehen. Luther war so von den Fähigkeiten seiner Frau überzeugt, dass er ein für die damalige Zeit ganz ungewöhnliches Testament machte: Er setzte für

M 3 **Lutherhaus in Wittenberg**
Ehemaliges Augustinereremitenkloster, von 1508–1546 Wohnhaus Martin Luthers und Katharina von Boras, heute Museum

seine Frau keinen Vormund ein, sondern ernannte sie selbst zum Vormund ihrer Kinder. Außerdem vermachte der Reformator seiner Frau einigen Besitz, obwohl nach damals geltendem Recht der Besitz den Kindern zufiel. Dieses Testament war so ungewöhnlich, dass es sofort angefochten wurde und nur Gültigkeit erhielt, weil der Kurfürst von Sachsen es persönlich bestätigte.

Die Quellenlage

Unseren heutigen Kenntnisstand über Katharinas Leben verdanken wir insbesondere den Aussagen ihres Mannes Martin Luther. So sind zum Beispiel seine Briefe an Katharina erhalten, ebenso die Mitschriften von Tischreden, in denen sich Luther über Katharina äußerte. Leider sind ihre Briefe an den Reformator nicht überliefert, sodass von ihr selbst verfasste Quellen nicht vorliegen.

Anders verhält es sich im Falle der Äbtissin Caritas Pirckheimer. Von ihr sind viele Briefe erhalten, die sie an ihre Verwandten und an Menschen, die für das Schicksal ihres Klosters wichtig waren, geschrieben hat. Sie hat auch ein Buch mit „Denkwürdigkeiten" über die Zeit des Glaubenskampfes verfasst. Zusätzlich verfügen wir über vieles, was andere an und über sie geschrieben haben.

Dafür gibt es im Gegensatz zu Katharina von Bora, die der befreundete Maler Lukas Cranach porträtierte, keine zeitgenössischen Bilder von Caritas Pirckheimer. Da sie sich als Nonne aus der Welt zurückgezogen hatte und in Klausur lebte, sodass selbst ihre Verwandten bei Gesprächen an einem Besuchsgitter nicht einmal ihr Gesicht sehen konnten, war an ein Gemälde nicht zu denken. Spätere Bilder zeigen daher kaum ihr wahres Aussehen.

M 4 **Caritas Pirckheimer**
Stich aus späterer Zeit, da zeitgenössische Bilder von ihr nicht existieren.

M 5 **Caritas Pirckheimer**

geboren in Eichstätt:
21. März 1467

Wahl zur Äbtissin des Nürnberger Klarissenklosters:
1503

gestorben in Nürnberg:
19. August 1532

Caritas Pirckheimer – eine streitbare Äbtissin

Caritas Pirckheimer stammte aus einer angesehenen Nürnberger Patrizierfamilie, die viele gebildete Männer und Frauen hervorgebracht hatte. Bereits mit zwölf Jahren trat sie in das Kloster ein, in dem sie später Äbtissin wurde. Sie war eine hoch gebildete Frau und stand in brieflichem Kontakt mit vielen Humanisten, insbesondere mit ihrem Bruder Willibald Pirckheimer.

Nachdem die Reichsstadt Nürnberg die Reformation angenommen hatte, sollte das katholische Kloster aufgelöst werden. Dagegen wehrten sich Caritas und ihre Mitschwestern. In Nürnberg waren sich die Nonnen einig, im Kloster zu bleiben. Caritas als Äbtissin war beauftragt, diese Entscheidung durchzusetzen, und sie hoffte dabei auf die Hilfe ihrer Verwandten. Doch die waren teilweise offen für reformatorische Ideen. Der zähe Widerstand aller Schwestern hatte jedoch teilweise Erfolg: Das Kloster blieb bis 1590 in seiner katholischen Form erhalten, durfte aber keine neuen Nonnen aufnehmen.

Vorurteile gegen Frauen in der Reformationszeit

Dass die Städte so hart gegen die Frauenklöster vorgingen, lag auch an den damaligen Vorstellungen über Frauen. In einer anonymen Schrift heißt es, es sei ein Unding, dass Frauen ein Kloster leiten, da sie schwächer als Männer seien und Paulus geschrieben habe, dass das Weib in der Gemeinde schweigen solle. In einem 1522 erschienenen „Frauen-Büchlin. Zu Ruhm und Ehre allen tugendsamen und ehrbaren Weibern" hieß es, dass Nonnen weder Gott noch dem Mann den gebührenden Gehorsam leisteten, da sie sich im Kloster einschlössen und so entgegen Gottes Gebot weder Kinder bekommen noch sich dem Mann unterwerfen würden.

Dennoch zeigt sich, dass mutige und tüchtige Frauen auch unter den schwierigen Umständen der damaligen Zeit einige Möglichkeiten hatten, eine gewisse Selbstständigkeit zu erlangen. Die meisten jedoch waren ihr Leben lang abhängig von den Forderungen und Erwartungen ihrer Eltern, Männer und Söhne.

M 6 **Caritas-Pirckheimer-Haus**
Hier befindet sich heute eine katholische Jugendakademie und ein internationales Jugendzentrum.

M 7 **Das Klarakloster,** Stich von 1608

M 8 **Luthers Frauenbild**

Luther hält eine Tischrede zu „Eines frommen Weibes Lob“:

Wo findet man ein tugendsam Weib? Ein fromm, gottfürchtig Weib ist ein seltsam Gut viel edler und köstlicher denn eine Perle, denn der Mann verläßt sich auf sie, vertrauet ihr alles. Da wird's an Nahrung nicht mangeln. Sie erfreuet und macht den Mann fröhlich und betrübt ihn nicht; tut ihm Liebes und kein Leides sein Leben lang; gehet mit Flachs und Wolle um und arbeit und schafft gern mit ihren Händen; zeuget ins Haus und ist wie ein Kaufmannsschiff, das aus fernen Landen viel War und Gut bringet. Frühe stehet sie auf, speiset ihr Gesinde und gibt den Mägden ihren bescheiden Teil, was ihnen gebühret. Denkt nach einem Acker und kauft ihn und lebt von der Frucht ihrer Hände; pflanzet Weinberge und richtet sie fein an; wartet und versorget mit Freuden, was ihr zusteht. Was sie nicht angehet, läßt sie unterwegen und bekümmert sich damit nicht. Sie gürtet ihre Lenden fest und stärkt ihre Arme; ist rüstig im Haus. Sie merkt, wie ihre Händel Frommen bringen, verhütet Schaden und siehet, was Frommen bringet. Ihre Leuchte verlischt nicht des Nachts. In der Not hat sie Notdurft, sie streckt ihre Hand nach dem Rocken und ihre Finger fassen die Spindel; arbeitet gern und fleißig. Sie breitet ihre Hände aus zu den Armen und reicht ihre Hand den Dürftigen, gibt und hilft gerne armen Leuten. Sie fürchtet ihres Hauses nicht vor dem Schnee, denn ihr ganzes Haus hat zwiefache Kleider; hält ihr Haus in baulichem Wesen mit Dachung und anderm. Sie macht ihr selbst Decke. Weiße Seiden und Purpur ist ihr Kleid; hält sich reiniglich und ihre Kleider wert; geht nicht schlammig und beschmutzt daher. Ihr Schmuck ist, dass sie reinlich und fleißig ist. Sie tut ihren Mund auf mit Weisheit und auf ihrer Zunge ist holdselige Lehre; zeucht ihre Kinder fein zu Gottes Wort. Sie schauet, wie es in ihrem Hause zugehet, und ißet ihr Brot nicht mit Faulheit; nimmt sich fremder Händel nicht an. Ihre Söhne kommen auf und preisen sie selig; ihr Mann lobt sie. Viel Töchter bringen Reichtum; aber ein tugendsam Weib übertrifft sie alle. Lieblich und schöne sein ist nichts. Ein Weib, das den Herrn fürcht, soll man loben.

Kluge, Manfred (Hg.), Luthers Tischreden mit Illustrationen von Lucas Cranach d.Ä. München1983, S. 37 und 39.

M 9 **Streitbare Äbtissin**

Caritas Pirckheimer schreibt an ihren Schwager Martin Geuder, als den Franziskanerpatres die Seelsorge im Nürnberger Klarissenkloster entzogen werden soll:

Das mögt ihr mir, wahrlich und wirklich, mir als einer, die es fünfundvierzig Jahre erfahren hat, mehr glauben als denen, die aus Neid und Argwohn viel von uns und den armen Vätern sagen. Sie können uns wohl entbehren, wir aber sie nicht. Ihr könnt Euch wohl denken, welches Ärgernis unter dem einfachen Volk entstehen würde; es hätte ja den Anschein, als hätten wir Schande und Laster miteinander angestellt. Das Schwerste aber wäre mir und meinem Kloster, wenn man uns Laienpriester gäbe; so wie es jetzt mit diesen Leuten steht, wäre uns lieber und nützlicher, Ihr schicktet einen Henker ins Kloster, der uns allen die Köpfe abschlüg, als dass ihr uns betrunkene, unkeusche Pfaffen schickt. Keinen Knecht und keinen Bettler nötigt man, dort zu beichten, wo seine Herrschaft will. [...] Ich bitte Euch, lasst Euch nicht dadurch bewegen, dass man jetzt mit Unwahrheit vorgibt, das klare, helle Gotteswort sei uns verborgen, denn das ist durch Gottes Gnade nicht wahr. Wir haben das Alte und Neue Testament ebenso wohl hier drinnen als ihr draußen, lesen es Tag und Nacht, im Chor, bei Tisch, lateinisch und deutsch, in der Gemeinde, und eine jegliche für sich, wie sie will.

Krabbel, Gerta, Caritas Pirckheimer. Ein Lebensbild aus der Zeit der Reformation. Münster: Aschendorf [5]1982. (Katholisches Leben und Kirchenreform im Zeitalter der Glaubensspaltung 7), S. 93.

Aufgaben

1. a) Fasse zusammen, welche Eigenschaften und Tätigkeiten Luther bei einer Frau schätzte.
   b) Inwiefern prägten seine Erfahrungen mit seiner eigenen Frau sein Frauenbild? Welche andere Quellen beeinflussten seine Vorstellungen?
   c) Welche Aspekte dieses Frauenbildes sind heute noch zeitgemäß, welche nicht?
   → M8
2. a) Erkläre, aus welchen Gründen sich Caritas Pirckheimer dagegen wehrte, dass die Franziskaner nicht mehr Klosterseelsorger sein sollten.
   b) Was kann man aus dem Brief über die Bildung und das Leben der Nonnen ablesen?
   → M9

Hexenverfolgungen

Ein Hexenprozess in Augsburg

Die 67 Jahre alte Witwe Anna Eberle wird 1669 in Augsburg verdächtigt, eine Hexe zu sein. Sie soll die Frau eines Augsburger Arztes mit einer Giftsuppe im Kindbett ermordet haben. Anna Eberle kommt ins Gefängnis. Unter der Folter gesteht die Angeklagte alles, was man ihr vorwirft, auch dass sie der Jungfrau Maria abgeschworen und mit dem Teufel einen Pakt geschlossen hat.

Anna Eberle war kein Einzelfall. Zwischen dem 15. und dem 18. Jahrhundert wurden in Deutschland mindestens 25 000 Menschen wegen „Hexerey" zum Tode verurteilt. In ganz Europa fielen dem Hexenwahn etwa 60 000 Menschen zum Opfer. Das Zentrum der Hexenverfolgungen lag neben Spanien, Norditalien, den Alpen- und Beneluxländern vor allem in Deutschland. 1755 fand in der Fürstabtei Kempten die letzte Hinrichtung auf deutschem Boden statt.

Zum Großteil waren es Frauen, die man für alle unerklärlichen Geschehnisse verantwortlich machte. Aber nicht alle „Hexen" waren weiblich, auch Männer, Adlige und sogar Geistliche wurden als Hexenmeister angeklagt.

Alle Hexenprozesse verliefen nach demselben Muster. Auf die Festnahme folgte das Verhör. Befragt wurden die angeblichen Hexen unter anderem über Teufelspakt, Hexenflug und allen Schadenszauber, den

M 1 **Hinrichtung**
Augsburg, 17. Jahrhundert

M 2 „Hexen" beten den Teufel an
Abbildung, um 1530

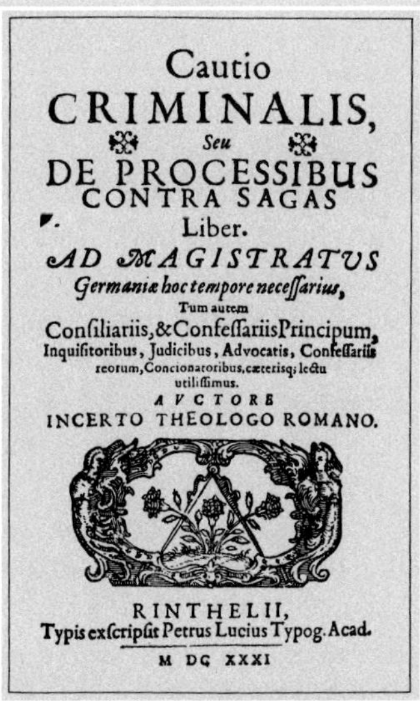

Cautio
CRIMINALIS,
Seu
DE PROCESSIBUS
CONTRA SAGAS
Liber.
AD MAGISTRATUS
Germaniæ hoc tempore necessarius,
Tum autem
Consiliariis,&ConfessariisPrincipum,
Inquisitoribus, Judicibus, Advocatis, Confessariis reorum,Concionatoribus,cæterisq; lectu utilissimus.
AUCTORE
INCERTO THEOLOGO ROMANO.

RINTHELII,
Typis exscripsit Petrus Lucius Typog. Acad.
M DC XXXI

M 3 Kritik an den Hexenprozessen
Titel des Buches von Friedrich von Spee über Hexenprozesse. Statt des Autors steht nur: „Von einem gewissen Theologen der römischen Kirche", 1631.

sie in ihrer Umgebung angerichtet haben sollen. Dabei war auch die „peinliche" Befragung, das heißt Folter, vorgesehen, um Geständnisse zu erhalten.

Neben Bildern, Stadtchroniken, Rechnungen, Büchern und schriftlichen Predigten stellen vor allem die Prozessakten eine wichtige Quelle dar, aus der wir heute viel über die Hexenprozesse erfahren können. Die unter der Folter erpressten Geständnisse sagen allerdings wenig darüber aus, was wirklich geschehen ist. Sie spiegeln vielmehr die Ängste und Fantasien der Menschen dieser Zeit wider. Von den verurteilten Frauen und Männern sind nur wenig Selbstzeugnisse – wie etwa Briefe – erhalten.

Gründe für den Hexenwahn

Die Jahrhunderte zwischen 1400 und 1700 waren eine Zeit voller Krisen und Umbrüche. Durch die Reformation und die Gegenreformation waren die Menschen in ihrem Glauben verunsichert. Der Dreißigjährige Krieg forderte Millionen Tote und verwüstete ganze Landstriche. Das bewirkte schlechte Ernten, hohe Preise für Lebensmittel, Hungersnöte und Seuchen. Die Menschen hatten Angst. Die Vorstellung von „bösen Hexen", die für alles Unglück verantwortlich gemacht wurden, fiel in dieser Krisenstimmung auf fruchtbaren Boden.

Der Glaube, dass Hagel, Blitz und Donner, Seuchen und Krankheiten – kurz, alles was sich die Menschen nicht erklären konnten und was sie bedrohte – mit Zauberei zu tun hatte, war in der Bevölkerung tief verwurzelt. Er hatte aber bis dahin noch zu keiner Massenverfolgung geführt.

Seit dem 13. Jahrhundert veränderte sich die Einstellung gegenüber den Zauberern. Das Wort „Hexerey" ist zum ersten Mal für das Jahr 1419 nachweisbar. Ausgelöst wurde dieser Wandel durch die Ketzerverfolgungen im Hochmittelalter. Zauberer und Hexen wurden jetzt mit Ketzern gleichgesetzt. Diese wurden verfolgt, weil sie angeblich von der Kirche abgefallen waren und mit dem Teufel einen Bund geschlossen hatten. Die Welt wurde in Gut und Böse, in Menschen innerhalb und außerhalb der christlichen Gemeinschaft aufgeteilt. Die Hexen wurden jetzt als Bedrohung, als eine im Geheimen handelnde Hexensekte verstanden. Die Inquisition (Untersuchung) stellte ein bestimmtes Verfahren dar, um Ketzer zu verfolgen. Diese Vorgehensweise wendete die Kirche gegen die angebliche Hexensekte an. Die Folter war bereits 1252 vom Papst als Prozessmittel gebilligt worden.

Schnelle Verbreitung und auch kritische Stimmen

Verbreitung erhielt das Bild der Hexensekte meist weiblicher Anhänger vor allem durch die Erfindung des Buchdrucks. Schriften wie Malleus maleficarum (1486) – der Hexenhammer – des Dominikanermönchs Heinrich Kramer trugen zur Verbreitung des neuen Hexenbildes bei. In ganz Europa beriefen sich die Hexenverfolger auf dieses Handbuch für Juristen, in dem das Gedankengut der Zeit zusammengefasst war.

Skeptiker und Gegner der Hexenprozesse gab es von Anfang an in allen konfessionellen Lagern und in allen Schichten der Bevölkerung. Wer Kritik übte, zog allerdings schnell den Verdacht auf sich, selbst eine „Hexe" zu sein.

M 4 Im Gefängnis
Die „Hexe" Anna Schulz wurde 1630 in Bamberg als „Teufelshure" angeklagt und in Eisen und Ketten gelegt.

M 5 Folterstuhl
In Hexenprozessakten werden Bedenk- und Marterstühle erwähnt. Keiner dieser Folterstühle ist aber erhalten. Im 19. Jahrhundert wurden viele Folterinstrumente nachgebaut und auf Jahrmärkten dem Publikum gegen Geld gezeigt, Rekonstruktion.

M 6 Geständnis

Die Gerichte legten über jeden Hexenprozess eine Akte an. Die Geständnisse der „Hexen" wurden bei ihrer Hinrichtung öffentlich verlesen. In der Prozessakte gegen den ehemaligen Bürgermeisters von Trier, der am 1.10.1591 hingerichtet wurde, heißt es:

Am selben Tag gegen Mittag zwischen drei und sechs Uhr sind im Rathaus erneut im Auftrag des Statthalters erschienen: der Schreiber des Statthalters Jakob, die Schöffen Hans Philipp Botzheim und Johann Tholes, Stadtschreiber Wilhelm sowie der Zender, der beauftragt wurde, den Gefangenen hereinzubringen. Kaum dass [der Angeklagte] Fiedler sich gesetzt hatte, wurde ihm von Botzheim sein heutiges Geständnis erneut vorgelesen; sogleich fing Fiedler an und sagte, er sei ein unglücklicher Mann und habe nur aus Schmerz Dinge gestanden, die nicht wahr seien. Wenn er dies gestehe, dann verdamme er seine Seele, weil er sich und anderen Menschen Unrecht tue. Er habe nicht mit diesen Dingen zu schaffen. Da er trotz aller Ermahnungen auf Widerruf beharrte, wurde er dem Henker übergeben, damit dieser sein Amt vollbringen konnte. Der Henker hat ihn zum Ort der Tortur geführt, ihn angebunden, hochgezogen, die Schnur an der Wand befestigt und mit einem Stock auf das Seil geschlagen, wovon der Angebundene große Schmerzen empfunden hat, wie an seinem Kreischen zu merken war. Nachdem Fiedler eine halbe Stunde derart in der Folter gehangen und gemartert worden war, begann er wie folgt zu gestehen:
Dass er vor ungefähr zwölf Jahren, als seine vorige Ehefrau lange Zeit schwer krank gewesen war, große Schwermut und Traurigkeit empfunden habe; währenddessen sei ihm zwischen Tag und Nacht im Hof seines Hauses ein schwarzer Mann erschienen, der ihn mit den Worten getröstet hätte, dass alles gut werden würde, und der von ihm gefordert hätte, er solle ihm Gefolgschaft schwören und beim Morden helfen sowie dem Gekreuzigten, Maria, […] und allen Heiligen […] absagen. Das habe er, Fiedler, getan. Der Teufel habe ihm daraufhin Geld in seinen Hut geschüttet, das in Wirklichkeit Pferdemist gewesen sei, und habe ihm versprochen, ihn hinein- und hinauszubringen [d.h. unbemerkt zum Hexensabbat hin- und zurückbringen] […].
Auf der Hetzerather Heide [angeblich zentraler Hexentanzplatz im Trierer und Luxemburger Land] müssten sie jede Fronfasten zusammenkommen, und einmal sei er auf einem Geißbock dorthin gekommen und dabei gewesen. […]
Sie würden schwerfällig im Kreis herum wie runde Holzklötze tanzen, und es sei nur wenig Kurzweil dabei, er, Fiedler, habe mit der Schuhmacherin getanzt, die gegenüber dem Rathaus wohnt, und mit Ursel, die seine Magd gewesen sei. […]
Flade habe den Vorschlag gemacht, das Korn zu verderben, und habe den Weibern, die dabei waren, nämlich Anna von Ruwer und die Weißgerberin in der Neugassen, befohlen, die Sache auszurichten. Die Weiber wüssten nämlich, wie man Wetter mache, dazu stifte sie der Teufel an. Sie schlügen in Teufels Namen in Bäche oder auf Wasserflächen, und daher käme kalter Nebel, Regen und andere Schäden.

Beier-de Haan, Rosmarie u.a. (Hg.), Hexenwahn – Ängste der Neuzeit, Berlin 2002, S. 72 ff.

M 7 **Der „Hexenhammer"**

Das Buch Malleus maleficarum, genannt „Hexenhammer", hat der Dominikanermönch Heinrich Kramer (Institoris) 1486 veröffentlicht. Es gilt als das einflussreichste Buch der Hexenverfolgung. Kramer stellt in seinem Werk Hexen als gefährliche Sekte vorwiegend weiblicher Zauberer dar:

Es gibt auch andere, die Gründe angeben, weshalb mehr Frauen als Männer für abergläubisch befunden werden. Der erste, weil sie leichtgläubig sind; und weil der Dämon hauptsächlich den Glauben zu verderben sucht, tritt er auch eher an diese heran.[...] Der zweite Grund ist, weil sie von Natur aus wegen der Unstetigkeit der körperlichen Verfassung zur Aufnahme von Eingebungen durch das Eindringen von Separatsubstanzen leichter zu beeinflussen sind.[...] Der dritte Grund ist der, weil sie eine schlüpfrige Zunge haben, und sie das, was sie durch schlechte Kunst wissen, ihren Genossinnen kaum verheimlichen können und sich heimlich, da sie schwach sind, leicht durch Schadenszauber zu rächen suchen. [...] Ebenso kann auch angefügt werden: da jene unstet sind, können sie deswegen schneller die Kinder den Dämonen weihen, wie sie es auch tun. [...] Schlecht also ist die Frau von Natur aus, da sie schneller am Glauben zweifelt, auch schneller den Glauben ableugnet. Das ist die Grundlage für die Zauberer und Hexen.

Behringer, Wolfgang (Hg.), Hexen und Hexenprozesse in Deutschland, München 2000, S. 96 f.

M 8 **Kritik an den Hexenprozessen**

Friedrich Spee war Jesuit, Priester und Dichter. Er war der Beichtvater vieler zum Tode verurteilter Hexen. Dies hat ihn wohl dazu bewogen, eine Streitschrift gegen die Hexenprozesse zu schreiben. Sein Buch „Cautio Criminalis" erschien 1631 anonym:

Kennt einmal der Arzt nicht eine neue Krankheit, oder weicht ein altes Leiden nicht gleich unter seiner Behandlung; – kurz: lasst irgendein Unglück sich ereignen, das ungewöhnlich erscheint – und schon überlässt man sich Gott weiß welchem Leichtsinn, Aberglauben und Unsinn, denkt nur an Hexenwerk und schiebt die Schuld auf die Zauberer. Da behauptet man denn, den wahren Schlüssel in der Hand zu halten. Sah man sodann jemanden, der dies oder das sagte oder tat [...], so legt man alles übel aus, erklärt ihn für den Schuldigen und trägt in seiner Nichtswürdigkeit die Verdächtigung in der ganzen Nachbarschaft umher. Da ist es denn kein Wunder, wenn das immer mehr um sich greifende Gerede uns in wenig Jahren Hexen in so reichlicher Anzahl schafft, zumal Prediger und Geistliche nichts dagegen unternehmen, sondern eher noch selbst mit schuld daran sind, und sich, soviel ich weiß, noch keine Obrigkeit in Deutschland gefunden hat, die ihr Augenmerk auf diese unseligen Klatschereien gerichtet hätte.

Behringer, Wolfgang (Hg.), Hexen und Hexenprozesse in Deutschland, München 2000, S. 277 f.

Aufgaben

1. a) Stelle stichpunktartig die Gründe zusammen, die für Hexenwahn verantwortlich gemacht werden.
   b) Welche Rolle spielte die Kirche bei den Hexenverfolgungen?
   → Text
2. a) Erläutere, welche Vorwürfe gegen den „Hexer" Fiedler erhoben wurden? Welche hat er gesanden?
   b) Prüfe, warum ein Verfahren durchgeführt wurde und der Verdächtige nicht sofort bestraft wurde.
   c) Warum sind Geständnisse, die unter Folter gemacht werden, fragwürdig?
   → M6
3. Warum sind laut Hexenhammer Frauen anfälliger für Hexerei?
   → M7
4. a) Erkläre, wie Friedrich Spee die Entstehung des Hexenwahns erläutert.
   b) Warum möchte der Verfasser der Cautio Criminalis 1631 anonym bleiben?
   → M8

M 1 **Der „Prager Fenstersturz"**
Zeitgenössische Abbildung

M 2

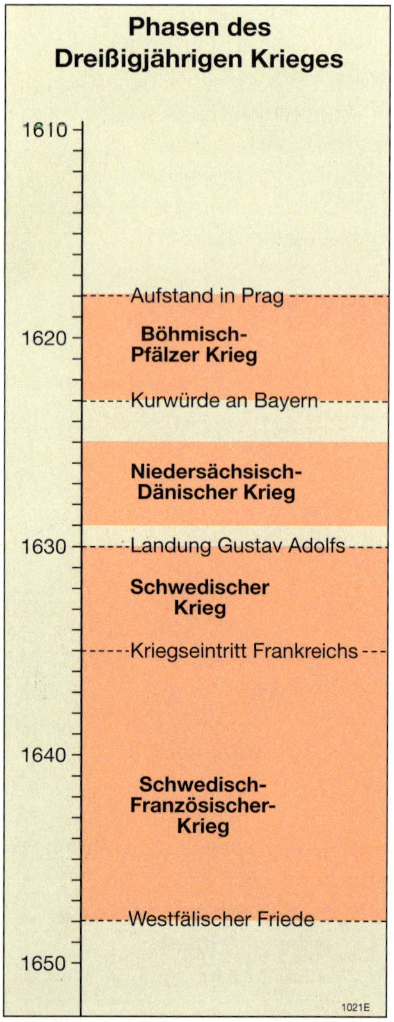

Der Dreißigjährige Krieg

Der Beginn eines langen Krieges

„Der Dreißigjährige Krieg war die zweite große Katastrophe in der deutschen Geschichte nach der großen Pest Mitte des 14. Jahrhunderts. Aber während die Pest ‚nur' Menschen hinweggerafft hatte, wurden im Krieg während der Lebenszeit einer ganzen Generation das Land verwüstet und die Städte zerstört." Diese Wertung des französischen Historikers Joseph Rovan weist auf die epochale Bedeutung des Dreißigjährigen Krieges hin. Wie enstand dieser Krieg?

Seit 1617 war der Habsburger Ferdinand II. böhmischer König. Die Vertreter des protestantischen Adels in Böhmen betrachteten seine gegenreformatorische Politik als Verletzung ihrer Rechte. Diese hatte ihnen sein Vorgänger Kaiser Rudolf im „Majestätsbrief" von 1608 zugesichert. 1618 drangen Vertreter der böhmischen Stände in die Prager Burg ein und warfen die kaiserlichen Statthalter aus dem Fenster. Diese überlebten den Fall, aber der „Prager Fenstersturz" löste einen der längsten und grausamsten Kriege der deutschen und europäischen Geschichte aus.

Die böhmischen Stände setzten Ferdinand II. als böhmischen König ab und wählten den Führer der protestantischen „Union", den calvinistischen Kurfürsten von der Pfalz, Friedrich V., zum neuen König.

Ferdinand erhielt zur Niederschlagung dieser „Rebellion" Unterstützung durch das Heer der katholischen „Liga". Am 18.11.1620 wurde das böhmische Heer vernichtend geschlagen. Die Führer des Aufstandes wurden hingerichtet und ihr Besitz fiel an den Kaiser und seine Verbündeten. Der katholische Feldherr Tilly verfolgte Friedrich und eroberte dessen Hauptstadt Heidelberg. Als Dank für seine Unterstützung erhielt der bayerische Herzog Maximilian vom Kaiser die Kurwürde der Pfalz, 1628 zusätzlich die „Obere Pfalz", die heutige Oberpfalz.

Das Reich wird zum europäischen Kriegsschauplatz

1625 griff der dänische König Christian VI., unterstützt von England und den Niederlanden, in den Krieg ein. Zu diesem Schritt veranlassten ihn sowohl konfessionelle als auch machtpolitische Gründe. Die Konkurrenz mit Schweden, das von Frankreich unterstützt wurde, mag dazu beigetragen haben. Bis 1629 erlitt Christian VI. aber schwere Niederlagen gegen Tilly und den kaiserlichen Feldherrn Wallenstein. Dieser kämpfte zwar im Auftrag seines Herrn, betrieb aber den Krieg als Unternehmer auf eigene Rechnung. Seine Armee bestand aus Söldnern unterschiedlichster Herkunft und Konfession. Für Bezahlung, Unterkunft und Verpflegung seiner Soldaten wurde während der Feldzüge gesorgt. Es kam zu Zwangseinquartierungen, Plünderungen und Raubzügen. Wer verschont bleiben wollte, musste Tribute bezahlen. Der „Krieg ernährte den Krieg".

Der Sieg des Kaisers und seiner Verbündeten bedeutete für die deutschen Protestanten den Verlust aller Gebietsgewinne seit 1555. Die Erzbistümer Magdeburg und Bremen, 12 Bistümer und 500 Abteien und Klöster mussten zurückerstattet werden. Dieses „Restitutionsedikt" stärkte das Misstrauen der protestantischen Reichsfürsten gegen

Kaiser und Reich. Aus Angst um ihre Eigenständigkeit waren sie geneigt, sich mit ausländischen Gegnern des Kaisers, vor allem Schweden und Frankreich, zu verbünden.

Die wachsende Macht Wallensteins und das zunehmende Misstrauen der Fürsten gegenüber dem „Emporkömmling“ brachten den Kaiser im August 1630 dazu, seinen Feldherrn zu entlassen. Auch Maximilian von Bayern hatte diesen zunehmend als Bedrohung seiner Selbstständigkeit betrachtet.

M 3 Albrecht von Wallenstein
Zeitgenössisches Gemälde von Anthonis van Dyck

Die Schweden im Reich

Der mit vielen norddeutschen Fürsten verwandtschaftlich verbundene König Gustav Adolf von Schweden, der sich schon in Kämpfen mit Russland und Polen einen Namen als Feldherr gemacht hatte, landete 1630 mit seinem Heer an der Odermündung. Er begründete sein Eingreifen mit konfessioneller Solidarität gegenüber seinen deutschen Glaubensgenossen. Dahinter stand als wichtiges Ziel, Schwedens Macht im Ostseeraum auszubauen.

Als Tilly die Stadt Magdeburg erstürmt hatte und die Kämpfe, Plünderungen und Brände etwa 20 000 Menschen das Leben gekostet hatten, schlug die zunächst reservierte Stimmung der deutschen Protestanten zugunsten Gustav Adolfs um.

Die Schweden blieben in mehreren Schlachten siegreich und schlugen Tilly 1632 bei Rain am Lech. Der bayerische Feldherr fand den Tod und Gustav Adolf zog in München als Sieger ein. In dieser Notlage holte der Kaiser Wallenstein zurück. Dieser konnte sich 1632 bei Lützen nahe Leipzig gegen die Schweden behaupten. In dieser Schlacht fiel Gustav Adolf. Wallenstein nahm Kontakt mit Schweden und Franzosen auf, woraufhin der Kaiser ihn zum Hochverräter erklärte. 1634 wurde Wallenstein in Eger von eigenen Offizieren ermordet.

M 4 Zerstörung Magdeburgs 1631
Zeitgenössischer Kupferstich von Matthaeus Merian

M 5 **Plünderung eines Dorfes**
Zeitgenössischer Stich von Jacques Callot (1592–1635)

Frankreich greift in den Krieg ein

Frankreich hatte bereits Gustav Adolf finanziell unterstützt. Nach einer vernichtenden Niederlage der Schweden bei Nördlingen trat es 1635 offen in den Krieg ein, da es einer Festigung der kaiserlichen Stellung im Reich nicht tatenlos zusehen wollte.

Eine endgültige Entscheidung konnte aber nicht erzwungen werden. So tobte der Krieg, in dem das katholische Frankreich gegen den katholischen Kaiser kämpfte, noch weitere 13 Jahre. Die religiösen Fragen waren in den Hintergrund getreten und den Machtinteressen der rivalisierenden Großmächte gewichen.

Der Westfälische Friede von 1648

Nachdem keine Seite die militärische Oberhand gewinnen konnte, führten langwierige Verhandlungen zu den Friedensschlüssen von Münster und Osnabrück. Der Westfälische Friede hatte den Charakter eines Vergleichs. Er bestätigte den Augsburger Frieden von 1555, schloss jetzt aber auch die Calvinisten als dritte Konfession ein.

Innerhalb des Reichs konnten sich die Reichsstände als Sieger fühlen. Sie erhielten fast volle Landeshoheit und durften sogar Bündnisse mit ausländischen Mächten abschließen. Frankreich ging als territoriale Vormacht aus dem Krieg hervor und schob sein Staatsgebiet bis an den Rhein vor. Schweden erhielt Vorpommern, das Erzbistum Bremen sowie das Bistum Verden und stieg zur bestimmenden Macht Nordeuropas auf. Die protestantischen Niederlande und die Schweiz schieden endgültig aus dem Reichsverband aus

Die Folgen des Kriegs

Der Krieg hatte für Deutschland verheerende Folgen. Die Wirtschaft brach zusammen, Handel, Gewerbe und Landwirtschaft kamen zum Erliegen. Seuchen und Hunger führten zu einem Massensterben. In vielen Städten mordete der Krieg ein Drittel aller Einwohner dahin, auf dem Land mancherorts sogar die Hälfte. Nach Schätzungen ging die Einwohnerzahl des Reichs von 21 auf 13 Millionen zurück.

M 6 Besoldung

Laut kaiserlichem Mandat von 1630 wurden folgende Sätze für eine Regiment zu Fuß erlassen:

Dienstgrad	Gulden
Obrist	600
Obristleutnant	150
Obristwachtmeister	50
Quartiermeister	50
Schultheiß (Kriegsrichter)	30
Kaplan (Geistlicher)	30
Profoss (mit Polizeifunktion)	30
Wagenmeister	30
Freimann (Henker)	12
Stockmeister	8
Steckenknecht	8

Langer, Herbert, Hortus Bellicus, Leipzig (4. Auflage) 1985,

M 7 Größe einer Armee

Der Historiker Heinrich Lutz schreibt über die Größe der Armeen im Dreißigjährigen Krieg:

Zu Anfang des Krieges waren die Armeen nicht groß, etwa 20 000 bis 30 000 Mann, wobei die Infanterie stets stärker als die Kavallerie war. Die Feldarmee, mit der Gustav Adolf 1630 in Pommern landete, zählte 38 100 Mann, bis November 1632 sogar 149 000 Mann. Dementsprechend wuchsen die Zahlen auf der anderen Seite. Zu Wallensteins Armee gehörten 1627 schon 100 000 Mann, 1632 rund 120 000.

Heinrich Lutz, Das Ringen um Deutsche Einheit und kirchliche Erneuerung, Frankfurt/Main und Berlin 1987, S. 415 f.

M 8 Urteile über den Westfälischen Frieden

a) Der Historiker Günther Barudio schreibt:

Es ist keine Frage, dass Frankreich mit diesen Absprachen von Münster sein ‚teutsches Vorfeld' an der Ostgrenze erheblich verstärken konnte. Aber solange es mit Spanien keinen Frieden geschlossen hatte, blieben diese Landgewinne gefährdet. […] Bedenkt man, dass das Haus Habsburg in erster Linie den Teutschen Krieg verursacht und mit seiner Hegemonialpolitik samt Privatinteresse Frankreich mehrfach bedroht hatte, dann erscheint bei allem Expansionswillen Frankreichs das territoriale Zugeständnis keineswegs als „Raub".

Barudio, Günther, Der Teutsche Krieg, Frankfurt/Main 1998, S. 473 f.

b) Die Historikerin Cicily Wedgwood schreibt dagegen:

Der Friede, der die Streitigkeiten in Deutschland verhältnismäßig erfolgreich beendet hatte, weil die Leidenschaften abgekühlt waren, versagte bei der Lösung der europäischen Schwierigkeiten völlig. Die unbestimmte und der Bevölkerung höchst unwillkommene Abtretung des Elsasses führte geradewegs zum Krieg; die Besitznahme von halb Pommern durch die schwedische Krone war nur deswegen weniger unheilvoll, weil die schwedische Krone offenkundig zu schwach war, um diesen Besitz zu halten.
Das hinterlistige Anwachsen des bourbonischen Einflusses am Rhein und Mazarins [französischer Politiker] wohlerwogene Politik, strategisch wichtige Grenzpunkte zu besetzen, untergruben die Friedensvereinbarungen.
Der westfälische Friede legte wie die meisten Friedensschlüsse durch die Umgestaltung der Landkarte Europas die Keime zum nächsten Krieg.

Wedgwood, C.V., Der Dreißigjährige Krieg, München 1967, S. 456 f.

M 9 Freud- und Friedenbringender Postreiter
Flugblatt zum Friedensschluss vom 25. Oktober 1648

M 10
Kgr. Dänemark
Kopenhagen
Schonen
Ostsee
Bornholm
Nordsee
Schleswig
Kiel
Holstein
Ritzebüttel
zu Bremen
Lübeck
Hamburg
Hzm. Bremen (schwed.)
Bremen
Gft. Olden-burg
Wismar
Hzm. Mecklenburg
Peenemünder Schanze
Vorpommern (schwedisch)
Stettin
Hinter-pommern
Danzig
Marienburg
Republik der Vereinigten Niederlande
Amsterdam
Utrecht
Lüneburg
Hzm. Braunschweig-Wolfenbüttel
Hannover
Braun-schweig
Kfsm. Brandenburg
Berlin
Brandenburg
Frankfurt
Kgr. Polen
Posen
Osnabrück
Bm. Münster
Münster
Bm. Hildesheim
Magdeburg
Ebm. Magdeburg
Ravenstein
Hzm. Kleve
Dortmund
Gft. Mark
Bm. Pader-born
Goslar
Fsm. Anhalt
Wittenberg
Cottbus
Antwerpen
Ebm. Köln
Hzm. Berg
Kassel
Breitenfeld
Kursachsen
Lützen
Leipzig
Bautzen
Breslau
Spanische Niederlande
Brüssel
Maastricht
Köln
Hzm. Jülich
Aachen
Bm. Lüttich
Mühlhausen
Erfurt
Hessische Lgft.
Fsm. Nassau
Wetzlar
Gießen
Dresden
Friedland
Sächsische Herzogtümer
Bm. Fulda
Hzm. Schlesien
Beuthen
Waldstein
Amiens
Ebm. Trier
Frankfurt
Compiègne
Soissons
Mainz
Trier
Ebm. Mainz
Bm. Würzburg
Würzburg
Bm. Bamberg
Bamberg
Fsm. Bayreuth
Eger
Weißer Berg
Prag
Kgr. Böhmen
Worms
Kur-pfalz
Heidelberg
Rothenburg
Nürnberg
Fsm. Ansbach
Tabor
Mgft. Mähren
Brünn
Paris
Versailles
Metz
Hall
Heilbronn
Regensburg
Nancy
Zabern
Mgft. Baden
Hzm. Württemberg
Nördlingen
Neuenburg
Kfsm. Bayern
Toul
Hzm. Lothringen
Fontainebleau
Straßburg
Ulm
Rain
Augsburg
Passau
Bm. Freising
Ehzm. Österreich
Kahlenberg
Wien
Preßburg
Kgr. Ungarn
Rottweil
Breisach
München
Memmingen
Bm. Augsburg
Salzburg
Franche Comté
Sundgau
Basel
Zürich
Bodensee
Besançon
Dijon
Kgr. Frankreich
Ebm. Salzburg
Hzm. Steiermark
Innsbruck
Gft. Tirol
Gft. Charolles
Schweizerische Eidgenossenschaft
Hzm. Kärnten
Gurk
Villach
Plattensee
Osmanisches Reich
Genfer See
Genf
Hzm. Savoyen
Lyon
Bm. Trient
Trient
Fünfkirchen
Hzm. Mailand
Mailand
Republik Venedig
Gardasee
Hzm. Krain
Triest
Fiume
Fsm. Piemont
Turin
Mgft. Montferrat
Venedig
Hzm. Mantua
Hzm. Parma
Hzm. Modena
Republik Genua
Genua
Bologna
Adriatisches Meer
Avignon (zum Kirchenstaat)
Nizza
Marseille
Rep. Lucca
Florenz
San Marino
Ancona
Zara
Ghzm. Toskana
Kirchen-staat
Mittelmeer
Bastia
Stato degli Presidii
Korsika (zu Genua)
Pescara
Rom
Kgr. Neapel
Elbe
Oder
Weichsel
Warthe
Ems
Weser
Rhein
Main
Mosel
Maas
Marne
Seine
Loire
Saône
Rhône
Donau
Inn
Neckar
Moldau
March
Drau
Save
Etsch
Po
Arno
Tiber
Adda
1017G
Das Heilige Römische Reich Deutscher Nation 1648
Reichsgrenze
Staatsgrenze
Besitzungen der:
Habsburger
Hohenzollern
Wittelsbacher
Wettiner
Oldenburger
Freie Reichsstadt
Geistliches Gebiet
Gebiet mit geteiltem Hoheitsrecht
nicht mehr darstellbare Gebiete mit zahlreichen selbstständigen Kleinstaaten
0 150 km

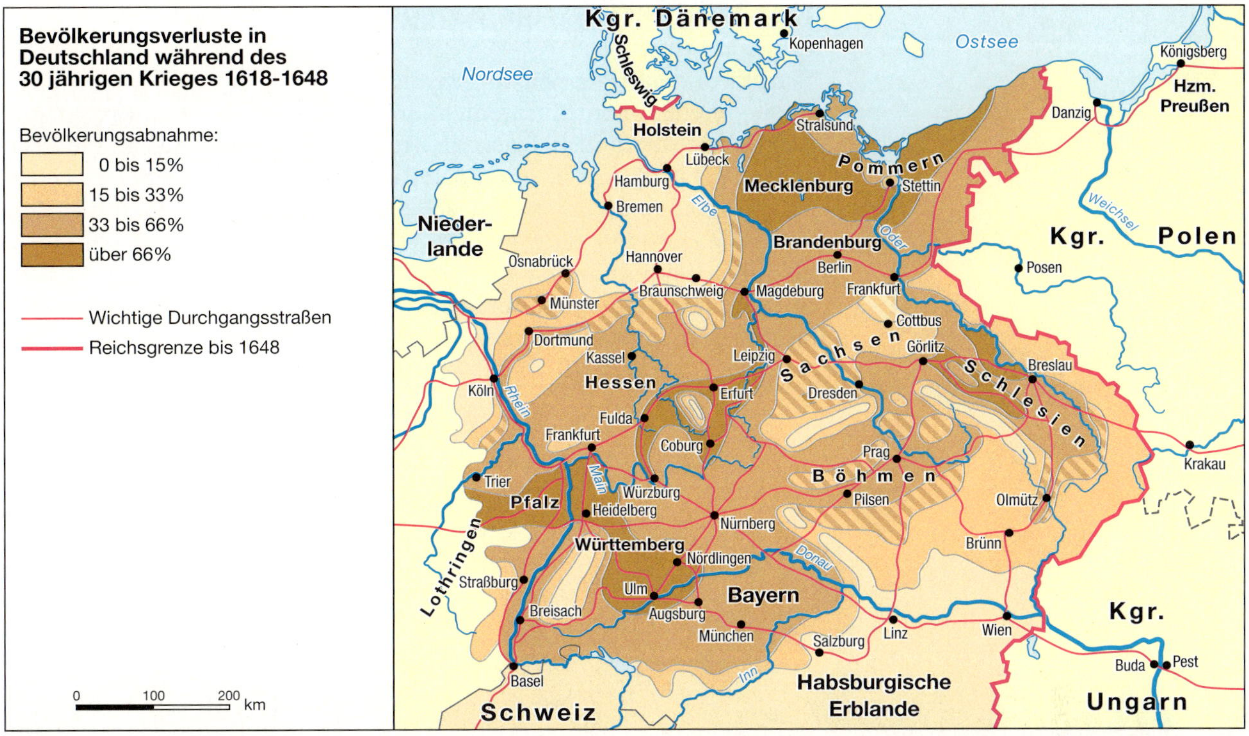

Bevölkerungsverluste in Deutschland während des 30 jährigen Krieges 1618-1648

M 11

Aufgaben

1. Beschreibe anhand der zeitgenössischen Darstellungen die Gräuel des Krieges für die Zivilbevölkerung.
   → M4, M5
2. Erkläre den Grundsatz „Der Krieg ernährt den Krieg" am Beispiel der Besoldungsstatistik.
   → M6
3. a) Beschreibe, wie sich der Feldherr Wallenstein auf dem Gemälde darstellen lässt.
   b) Informiere dich über den Maler des Bildes. Was sagt das über die Position des Dargestellten aus?
   → M3
4. Arbeite mit den Geschichtskarten.
   a) Welche Veränderungen ergaben sich durch den Westfälischen Frieden im Reich?
   b) In welchen Regionen waren die Bevökerungsverluste besonders hoch? Welche Gebiete waren kaum vom Krieg betroffen?
   → M10, M11
5. a) Wie deuten die Historiker die Ergebnisse des Westfälischen Friedens?
   b) Welche unterschiedlichen Standpunkte sind aus ihren Aussagen zu entnehmen?
   → M8
6. Informiere dich, ob in deiner Heimat Spuren des Dreißigjährigen Krieges feststellbar sind. Berichte deiner Klasse über das, was du erfahren hast.

Der Hundertjährige Krieg

Warum beschäftigen wir uns mit Krieg?
Immer wieder ist im Zusammenhang mit geschichtlichen Ereignissen von Schlachten und Kriegen die Rede. Gewaltsame Auseinandersetzungen gehören zu den ständigen Begleitern der Geschichte. Bei einer näheren Beschäftigung lassen sich viele Informationen über die Zeit, in der sie stattfanden, gewinnen: Über den Stand der (Waffen-)Technik, über die politischen Ziele der Krieg Führenden, über die Erfahrungen der Beteiligten und Betroffenen, über die Auswirkungen militärischer Auseinandersetzungen und vieles mehr.

M 1 **Schlacht bei Crécy 1346**
Von rechts dringen die Engländer heran. Vorn stehen ihre Langbogenschützen, denen die französischen Armbrustschützen an Schnelligkeit unterlegen waren. Links fliehen die geschlagenen Franzosen mit dem königlichen Lilienbanner.

M 2 **Mittelalterliche Rüstung** aus dem Jahr 1523

Ritterlicher Kampf?

Im „Hundertjährigen Krieg“ zwischen England und Frankreich (1339–1453) zeigt sich, dass von ritterlichem Kampf, falls es ihn je gegeben haben sollte, kaum mehr etwas feststellbar ist. Zwei Schlachten waren für den Kriegsverlauf bedeutend: Die Schlacht von Crécy 1346 und die Schlacht von Azincourt 1415. In Crécy setzten die Engländer Fußsoldaten ein, die regelmäßig besoldet wurden und unter dem Kommando erfahrener Berufsoffiziere standen. Zu ihrem Sieg trug die Verwendung des Langbogens bei. Mit den über 190 cm hohen Bögen konnte bis auf etwa 240 Meter Entfernung ein gezielter Schuss abgegeben werden. Der Pfeil konnte die Panzerung eines Ritters durchschlagen. Auf diese Weise starben über 1 500 französische Ritter.

Die Schlacht von Azincourt, 25. Oktober 1415

Die Franzosen reagierten auf die Niederlage bei Crécy mit einer Verbesserung ihrer Panzerung. Statt des Kettenhemdes trug man nun Plattenpanzer, die den Ritter von Kopf bis Fuß schützten. Das höhere Gewicht der Rüstung bedeutete aber auch erheblichen Verlust an Beweglichkeit.

In Azincourt rückte die Mitte der Franzosen in voller Rüstung zu Fuß vor, während ihre Reiterei die Flügel angriff. Der Angriff auf die Flügel scheiterte jedoch an den englischen Bogenschützen; das Zentrum drang aber kurz in die Mitte der englischen Linie ein. Viele der gepanzerten Franzosen verloren nun das Gleichgewicht und wurden liegend erschlagen. Der englische König Heinrich V. gab zudem den Befehl, alle Gefangenen zu töten. Seine Soldaten folgten dem Befehl nur widerstrebend, da ein Gefangener die Aussicht auf Lösegeld bedeutete. Während der Nacht wurden auf dem Schlachtfeld weitere französische Verwundete, die nicht zur Erpressung eines Lösegeldes geeignet schienen, ermordet.

Etwa 6 000 Franzosen wurden bei Azincourt getötet. Die Mehrzahl der Verwundeten hatte nur geringe Überlebenschancen, da Pfeilschüsse oder Stiche in Brustkorb oder Bauch zu einer Blutvergiftung führten, die damals nicht behandelt werden konnte. Stürze vom Pferd in voller Rüstung führten zu Schädel- und Rückgratbrüchen. Die Nachttemperatur trug zusammen mit dem Wundschock zu weiteren Todesfällen bei.

Aufgaben:

1. a) Beschreibe die Miniatur über die Schlacht bei Crécy. Welche Unterschiede bezüglich der Bewaffnung erkennst du?
   b) Was sagen die Fahnen über die Parteien aus?
   → M1
2. Beschreibe Vor- und Nachteile der Rüstung.
   → Text, M2

Der Dreißigjährige Krieg

Im 17. Jahrhundert nahmen die Mannschaftsstärken der Armeen wesentlich zu. Das führte aber nicht zur Auflösung der Gesellschaftsordnung, da der Adel den Offiziersberuf als Vorrecht seines Standes betrachtete. Neue Taktiken erforderten längere Ausbildungszeiten und mit der Ausweitung der Kriege wuchs ihre wirtschaftliche Bedeutung. So verbrauchte zum Beispiel der schwedische König Gustav Adolf die Hälfte seines Staatsbudgets für militärische Zwecke.

Die Vergrößerung der Armeen und die Ausweitung der strategischen Ziele trugen dazu bei, dass die Waffen vereinheitlicht wurden. Das bedeutete, dass die Waffen nun vom Staat und nicht mehr vom einzelnen Soldaten gestellt werden mussten.

Die Armeen des Dreißigjährigen Krieges

Feuerwaffen erhöhten die Schlagkraft der Fußsoldaten. Die neuen Musketen waren leichter zu bedienen. Trotzdem feuerten die Gewehre langsam. Ein Schuss erforderte etwa zwei Minuten Ladezeit. Während der Ladepausen schützten Pikeniere die Musketiere. Die optimale Schussweite lag bei etwa 50 Metern. Das Risiko eines direkten Duells „Mann gegen Mann“ wurde so ausgeschaltet und das Töten zunehmend anonymisiert.

Die Entscheidung in der Schlacht wurde meist über die an den Flügeln postierte Reiterei gesucht, die mit Säbel und Pistole bewaffnet war. Es war allerdings ein Problem, die vielen Pferde zu versorgen. So verendeten schon beim Anmarsch zur Schlacht von Lützen im Jahre 1632 etwa 4 000 von 9 000 Pferden der schwedischen Armee.

Die Artillerie nahm im Laufe des Krieges an Bedeutung zu. Die Kaliber der Geschütze wurden zunehmend vereinheitlicht, sie wurden leichter und beweglicher. Die massiert aufgestellten Truppen waren besonders verwundbar und bildeten trotz der mangelnden Zielgenauigkeit und langsamen Schussfolge der Artillerie leichte Ziele.

M 1 Laden einer Muskete
Zeitgenössische Stiche

M 2 **Schlacht bei Lützen am 16. November 1632**
Kolorierter Kupferstich von Matthaeus Merian von 1637

Die Soldaten waren Söldner und gehorchten nur, wenn sie regelmäßig bezahlt wurden. So musste der Feldherr den Unterhalt seiner Truppen in den Vordergrund seiner Überlegungen stellen, was im geplünderten und gebrandschatzten Deutschland zunehmend Schwierigkeiten bereitete. Die Loyalität der Truppen wurde auf Kosten der Bevölkerung durchgesetzt. Große Armeen ab etwa 40 000 Mann konnten jedoch auch so nicht versorgt und somit kontrolliert werden.

Aufgaben

1. Beschreibe die Vorgänge beim Laden einer Muskete. Was sagt das über die Probleme der Kriegführung aus? → M1
2. Beschreibe die Aufstellung der Armeen. Welche Rolle spielten die einzelnen Soldaten? → M2

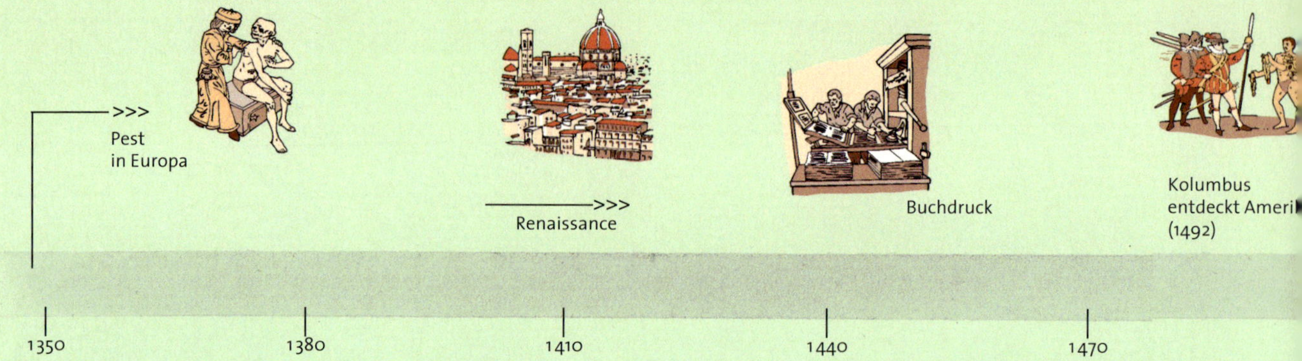

Grundwissen: Zeit

529 Benedikt von Nursia gründet das Kloster Montecassino
seit 8. Jh. Freie Bauern verlieren ihre Selbstständigkeit
seit 11. Jh. Aufstieg der Städte
seit 12. Jh. Entfaltung einer höfischen Ritterkultur

um 570 Geburt Mohammeds
962 Kaiserkrönung Ottos I.
1095 Aufruf Papst Urbans II. zum Kreuzzug
1122 Wormser Konkordat
1356 Goldene Bulle

um 1450 Erfindung des Buchdrucks
1492 Entdeckung Amerikas
1517 Thesen Martin Luthers
1519–1556 Kaiser Karl V.
1520 Reichstag zu Worms
1524/25 Großer Bauernkrieg
1555 Augsburger Religionsfriede
1618–1648 Dreißigjähriger Krieg
1648 Westfälischer Friede

Grundwissen: Begriffe

Kloster
Mönche, Nonnen
Grundherrschaft
Fronarbeit
Hörige
Ritter
Minne(sang)
Bürger
Patrizier
Zunft
Hanse
Ostsiedlung

Kaiser
Papst
Reichsinsignien
Lehnswesen
Investiturstreit
Kreuzzüge
Kurfürsten
Territorium
Landesherr
Islam
Muslime

Neuzeit
Renaissance
Humanismus
Azteken
Inka
Kolonialisierung
Reformation
Protestanten
Wormser Edikt
Gegenreformation
Jesuiten
Konzil von Trient

Grundwissen: Methoden

Umgang mit gegenständlichen Quellen: Grabplatten mit Ritterdarstellungen
Umgang mit Schaubildern: Statistiken und Diagramme

Umgang mit schriftlichen Quellen: die Kreuzzugspredigt Urbans II.

Umgang mit Bildern: Flugblätter als Propagandawaffe

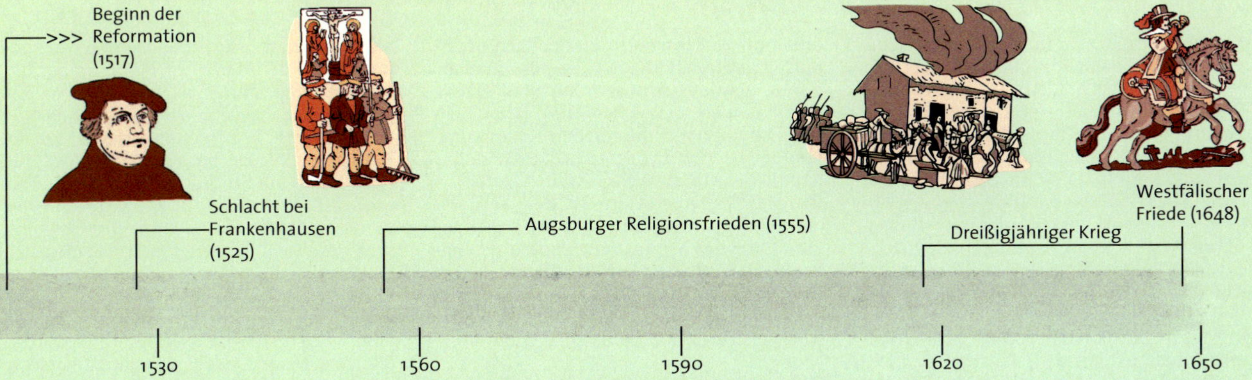

Zusammenfassung

Der Zeitraum von etwa 1350 bis 1650 ist in Europa von zahlreichen Veränderungen geprägt. Am Anfang stand dabei die Erschütterung der festgefügten Vorstellungen von Mensch und Welt, die man im Mittelalter als unumstößliche Wahrheiten ansah. Klimatische Veränderungen sowie katastrophale Pestepidemien verunsicherten die Menschen zunehmend. Die Entwicklung des Schießpulvers führte zu einem Wandel im Kriegswesen und die Erfindung des Buchdrucks eröffnete für Bildung, Wissenschaft und Politik völlig neue Perspektiven, die in ihrer Wichtigkeit bis heute kaum zu überschätzen sind.

Auch im Bereich der Wirtschaft kam es mit dem Frühkapitalismus zu Entwicklungen, die die Grenze des mittelalterlichen Vorstellungsvermögens überschritten. Mit der Renaissance und dem Humanismus traten zwei eng verwandte geistige Bewegungen auf, in denen nicht mehr Gott, sondern der Mensch mit seinen Eigenschaften und Fähigkeiten im Mittelpunkt des Denkens stand. Es entstand ein neues Menschen- und Weltbild.

Durch die Entdeckung Amerikas 1492 und Entdeckungsfahrten in andere Regionen der Erde veränderten sich die geografischen Vorstellungen der Menschen grundlegend. Die europäischen Staaten gründeten überall auf der Welt Kolonien, was bis heute problematische Folgen für diese Gebiete hat. Auch Europa selbst wurde durch diese Entwicklung verändert.

Ferner kam es zu einer für die mittelalterliche Gedankenwelt unvorstellbaren Spaltung der abendländischen christlichen Kirche. Reformatoren wie Martin Luther interpretierten in ihrem Kampf gegen die Missstände der Kirche die Aussagen der Bibel neu und wurden zu Gründern eigenständiger, protestantischer Kirchen. Der Katholizismus war künftig nur eine unter mehreren christlichen Konfessionen. Wegen dieser Veränderungen betrachtet man die Zeit um 1500 als Epochenwende und als Beginn der Neuzeit.

Die religiöse Spaltung führte zu gewaltigen Konflikten innerhalb Europas. Schon die Bauernkriege zeigten zu Beginn von Luthers Wirken, welche Sprengkraft die Kombination von politischen und religiösen Forderungen hatte. Der Dreißigjährige Krieg im Heiligen Römischen Reich, eine konfessionelle wie machtpolitische Auseinandersetzung in Europas Mitte, bedeutete für Deutschland eine der größten Katastrophen seiner Geschichte.

Ablass. Der reuige Sünder musste für seine Sünden verschiedene Bußen auf sich nehmen, z. B. Gebete, Almosen, Wallfahrten. Erst danach wurde er von seinen Sünden losgesprochen. Nur diese Bußstrafen – und nicht wie oft angenommen die Sünden selbst – konnte man im Spätmittelalter durch einen Ablass verkürzen oder erleichtern. Aus dem Verkauf der päpstlichen Ablassbriefe entwickelte sich für die Kirche eine sprudelnde Einnahmequelle.
Abt (aramäisch abba = Vater). Nach der Regel des Benedikt von Nursia (Benediktinerregel) der Vorsteher einer Mönchsgemeinschaft in einem → Kloster. Man bezeichnet daher Klöster, denen ein Abt vorsteht, als Abteien. Bei manchen → Orden wie den Dominikanern oder Franziskanern heißt der Obere eines Klosters Prior. Der Abt wird von der Versammlung aller stimmberechtigten Mönche - dem Konvent - zumeist auf Lebenszeit gewählt. Die Mönche sind dem Abt zu Gehorsam verpflichtet und alle Klosterinsassen unterstehen seiner Gerichtsbarkeit. Im Mittelalter stiegen manche Abteien auch zu reichsunmittelbaren → Territorien auf (Reichsabteien), deren Fürstäbte bzw. Fürstäbtissinnen dann weltliche und geistliche Hoheitsrechte in ihrem Gebiet besaßen.
Adel. Im Mittelalter stützte der Adel seine Macht vor allem auf Grundbesitz und kriegerischen Erfolg. Im Frankenreich erhielten Adelige vom König Land (→ Lehnswesen), wofür sie als bewaffnete Reiter Heeresfolge leisten muss-ten. Von seinen Bauern verlangte der adelige → Grundherr Abgaben und → Frondienste, übernahm deren Schutz und sprach Recht. Der Adel entwickelte im Mittelalter besondere Lebensformen und war von Steuern befreit. Zum Adel zählte man durch Geburt (Geburtsadel) oder Dienst im Auftrag des Königs (Dienst- oder Amtsadel). Im 12. Jh. bildete sich der Hochadel heraus, an dessen Spitze die → Kurfürsten standen. Zum niederen Adel zählten vor allem Ritter und → Ministeriale.
Augsburger Religionsfriede. Reichsgesetz, zwischen König Ferdinand I. und den → Reichsständen 1555 ausgehandelt. Er besiegelte die Glaubensspaltung des Reiches, indem er die Lutheraner rechtlich anerkannte. Die Landesfürsten erhielten Konfessionsfreiheit und schrieben nach dem Grundsatz „cuius regio, eius religio" (= wem das Land gehört, der bestimmt die Religion) ihren Untertanen das Bekenntnis vor. Wer damit nicht einverstanden war, musste auswandern.

Bischof. Amtsträger der christlichen Kirche, dem die Verwaltung eines bestimmten Gebietes (Bistum, Diözese) übertragen ist. Aufgrund seines Lehr-, Priester- und Hirtenamtes beaufsichtigt der Bischof das Gemeindeleben in seiner Diözese. Er gilt nach katholischer Lehre als Nachfolger der Apostel.
Bürger. Im Mittelalter waren Bürger ursprünglich die Bewohner eines Ortes im Schutze einer Burg, später die freien Einwohner der mittelalterlichen Städte. Sie erkämpften sich von ihren adeligen Stadtherren zahlreiche Rechte, so dass manche Städte schließlich nur noch dem Kaiser untertan waren (Reichsstädte). Die Macht besaßen zunächst die reichen Kaufmannsfamilien (→ Patrizier), später auch die → Zünfte der Handwerker.
Burg. Befestigter Wohnsitz und Verteidigungsanlage des Adels von etwa 900 bis zum Ende des Mittelalters. Die Burgen bildeten Herrschafts- und Machtzentren, so dass sich in ihrem Schutz oftmals Städte entwickelten. Mit der Erfindung der Feuerwaffen verlor die Burg ihre Aufgabe.

Calvinismus. Bezeichnet die Lehre des Reformators Johann Calvin (1509-1564). Grundlage ist die Prädestinationslehre, d.h. dass Gott von vornherein den Menschen entweder zum ewigen Heil oder zur ewigen Verdammnis bestimmt hatte. Da man Gottes Gnade am äußerlichen Erfolg der Arbeit zu erkennen glaubte, wirkte der C. wirtschaftlich sehr anspornend. Calvin führte eine strenge Kirchenzucht ein, der auch das Privatleben unterlag. Die Gemeinde, die alle Ämter selbst besetzte, sollte sich im Gottesdienst auf Predigt und Gott konzentrieren. Deshalb wurde aller Schmuck aus reformierten Kirchen entfernt. Calvins Lehre verbreitete sich hauptsächlich in Westeuropa.

Deutscher Orden. Ritterorden, während der Kreuzzüge 1198 im Heiligen Land gegründet. Er unterwarf im 13. Jh. die heidnischen Pruzzen und gründete im späteren Ostpreußen und Baltikum ein großes Herrschaftsgebiet. Sein Hauptsitz war die Marienburg an der Nogat.
Dreifelderwirtschaft. Art der Bodenbewirtschaftung seit etwa 800 n. Chr. In jährlichem Wechsel wird $1/3$ des Ackerlandes mit Wintergetreide bestellt, $1/3$ mit Sommergetreide, $1/3$ bleibt brachliegen, damit sich der Boden erholen kann.

Edikt (lat. edictum = Erlass). Kaiserlicher oder königlicher Erlass, der Gesetzeskraft erlangt. Wichtiges Beispiel: Das → Wormser Edikt von 1521, durch das Kaiser Karl V. die Reichsacht über Martin Luther verhängte.

Frondienst (althochdt. frô = Herr). Der hörige oder leibeigene Bauer musste für seinen Grundherrn unbezahlte Arbeit leisten. Je nach seiner rechtlichen Stellung waren diese Arbeiten nach Anzahl der Tage, Zeit, Ort und Art festgelegt. Zu den Frondiensten zählten besonders Bodenbestellung, Fuhrdienste sowie Burg-, Haus und Straßenbau.
Fronhof. Hof des Grundherrn. Dazu gehören das Herrenhaus, Häuser für Gesinde und Tagelöhner, Ställe und Scheunen. Der Fronhof ist umgeben vom Salland, welches der Grundherr selbst bearbeiten lässt, und den Hufen, welche er an → Hörige ausgegeben hat. Im Fronhof findet auch das Hofgericht statt.
Frühkapitalismus. Mit dem Aufkommen der Geldwirtschaft entstand auch eine neue Wirtschaftsgesinnung, die die Zunftordnung sprengte. Einzelne Unternehmerfamilien wie die Medici in Florenz oder die Fugger in Augsburg waren in verschiedenen Bereichen europaweit aktiv: in Handel, Geldverleih, Bergbau, Verlagswesen (→ Verleger). Nur sie besaßen die erforderlichen Mittel um Produktion und Handel im großen Stil durchzuführen. Und sie waren bereit ihr Geld zur Erhöhung des Gewinns stets erneut im Unternehmen anzulegen.

Gegenreformation. Die innere Erneuerung der katholischen Kirche, beschlossen auf dem → Konzil zu Trient (1545-1563). Gleichzeitig der - oft gewaltsame - Versuch der Reichsfürsten (→ Reichsstände), protestantisch gewordenen Gebiete zur katholischen Lehre zurückzuführen. Eine wichtige Rolle spielte dabei der Jesuitenorden (→ Jesuiten). Die religiösen und damit verbundenen politischen Spannungen führten zum Dreißigjährigen Krieg (1618-1648).
Goldene Bulle. Von Kaiser Karl IV. 1356 erlassenes Reichsgrundgesetz, dessen Namen von der goldenen Siegelkapsel der Urkunde herrührt. Sie legte das Recht der Königswahl fest und bestimmte hierzu allein 7 Kurfürsten: die Erzbischöfe von Köln, Mainz und Trier, den Pfalzgraf bei Rhein, den Markgrafen von Brandenburg, den Herzog von Sachsen und den König von Böhmen. Als Wahlort bestimmte sie Frankfurt am Main, als Krönungsort Aachen. Um einer Zersplitterung der kurfürstlichen Territorien entgegenzuwirken legte die Goldene Bulle die Unteilbarkeit der Kurlande fest. Weiterhin verfügte sie die Primogenitur in den weltlichen Kurfürstentümern, d. h. die Erbfolge allein des Erstgeborenen. Die Goldene Bulle blieb bis zum Ende des Reichs in Kraft.
Gottesgnadentum. Bezeichnung für den von Gott erhaltenen Auftrag des christlich-abendländischen Herrschers. Er enthält die Vorstellung, dass dem König die Sicherung von Frieden und Recht übertragen ist um die göttliche Ordnung zu bewahren. Diese Anschauung findet ihren Ausdruck in der Königsweihe, der Königskrönung sowie dem Königseid. Seit der Zeit der Karolinger wurde dem Herrschertitel die Formel „Dei gratia" (von Gottes Gnaden) beigefügt.
Graf. Im Fränkischen Reich Stellvertreter des Königs in einem bestimmten Gebiet. Er hatte den Auftrag den Frieden zu sichern und die Finanzen, d. h. die Zölle, zu verwalten. In der Karolingerzeit wuchs seine Bedeutung, da der Graf das Heeresaufgebot befehligte. Außerdem übte er im Namen des Königs die hohe Gerichtsbarkeit aus. Karl der Große hatte das Amt noch an Unfreie gegeben, doch bald wurde es in den vornehmen Familien erblich. Seit dem 12. Jh. machten einige Grafen ihr Herrschaftsgebiet zu selbstständigen Territorien und wurden zu → Landesherren.
Grundherrschaft. Herrschaft über Land und die darauf lebenden Menschen. Adlige, auch Klöster, gaben an meist unfreie Bauern (→ Hörige, → Leibeigene) Land zur Bewirtschaftung und gewährten den Bauern Schutz. Dafür leisteten diese Abgaben und → Frondienste. Der Grundherr ver-

fügte über die niedere Gerichtsbarkeit und verurteilte leichtere Vergehen; damit war er Teil der Obrigkeit. Die Grundherrschaft formte die europäische Wirtschaft und Gesellschaft über Jahrhunderte, in Deutschland bis zum Beginn des 19. Jh.

Hanse (althochdt. = bewaffnete Schar). Zusammenschluss deutscher Kaufleute (= Gilde) zur Sicherung ihrer Handelsinteressen im Ausland. Die seit 1358 im lockeren Bund organisierten Handelsstädte bauten den Nord- und Ostseebereich als Wirtschaftsraum aus und verfügten über eine Vormachtstellung in Nordeuropa. Seit Ende des 15. Jh. wurde die Hanse von den aufkommenden Nationalstaaten und den deutschen Landesfürsten entmachtet und wirtschaftlich durch den Atlantikhandel verdrängt.

Herzog. Bei den Germanen der oberste gewählte Heerführer eines Stammes. Diese Stammesherzöge erlangten eine vom König fast unabhängige erbliche Macht. Sie lenkten ihre Herzogtümer Bayern, Schwaben, Sachsen, Franken und Lothringen als Kriegsherr und Friedenssicherer, als Richter und Gesetzgeber. Die Stammesherzöge wählten 919 den Sachsenherzog Heinrich zum König und gründeten damit das mittelalterliche Deutsche Reich. Seit dem 12. Jh. zerfielen die Stammesherzogtümer in zahlreiche festumrissene Gebiete (Territorien), deren Einheit nicht mehr durch einen Stamm, sondern durch die Herrschaft des → Landesherrn gebildet wurde.

Hexenverfolgung. Verfolgung besonders von Frauen, die man verdächtigte, mit dem Teufel und anderen bösen Mächten im Bunde zu stehen und Menschen Schaden zuzufügen. Seinen Höhepunkt erreichte der Hexenwahn im 14.–17. Jh. Das Geständnis der unglücklichen Menschen wurde meist durch die Folter erpresst, die Hinrichtung erfolgte in der Regel durch Verbrennung auf dem Scheiterhaufen. Die Ursachen der Hexenverfolgung sind vielschichtig. Aberglaube, Pestepidemien und Seuchen spielten eine zentrale Rolle, und nährten die Ansicht, dass Buße getan und das Böse ausgerottet werden müsse. Ferner begünstigten Neid, Streit und Missgunst eine anonyme Denunziation, weil man sich an Nachbarn rächen oder am Vermögen hingerichteter Opfer bereichern wollte. Man schätzt, dass dem Hexenwahn in Deutschland etwa 40 000 Menschen zum Opfer fielen.

Höriger. Ein Bauer, dem ein Grundherr Land gegen Abgaben und → Frondienste leiht. Hörigkeit war eine Form der dinglichen Abhängigkeit. Der Hörige bearbeitete den Boden selbstständig, war aber an ihn gebunden; das galt auch für seine Kinder und für den Fall, dass das Land verkauft wurde. Oft wurden Freie durch Schuldknechtschaft zu Hörigen oder sie unterstellten sich freiwillig dem Schutz eines Grundherrn, da sie den Kriegsdienst nicht mehr leisten konnten.

Hugenotten. Bezeichnung der französischen – meist calvinistischen – Protestanten. In Frankreich hatte sich die Reformation bis in hohe Adelsfamilien durchgesetzt und zu blutigen Machtkämpfen geführt. Nach der Ermordung der hugenottischen Führer in der „Bartholomäusnacht“ 1572 und weiteren Auseinandersetzungen erließ König Heinrich IV. 1598 das „Edikt von Nantes“. Darin gewährte er den Hugenotten Gewissensfreiheit und politische Gleichberechtigung. Die Aufhebung des Edikts durch Ludwig XIV. im Jahre 1685 führte viele Hugenotten auf ihrer Flucht nach Brandenburg.

Humanismus (lat. humanus = menschlich). Künstler und Gelehrte, Fürsten und Päpste sammelten antike Handschriften und Kunstwerke und machten sie anderen zugänglich. Sie nannten sich Humanisten, denn sie waren überzeugt, dass die Menschen sich durch das Studium der klassischen Vorbilder vervollkommnen würden.

Inquisition (lat. inquirere = untersuchen). Mittelalterliches Rechtsverfahren, bei dem Anklage, Untersuchung und Urteilsspruch in einer Hand lagen. Papst Gregor IX. gründete 1232 die päpstliche Inquisition und beauftragte den Dominikanerorden, → Ketzer aufzuspüren, zu bekehren oder zu bekämpfen. Das Geständnis wurde durch Anwendung der Folter erzwungen, das Opfer danach der weltlichen Macht zum Tod auf dem Scheiterhaufen übergeben.

Investitur (lat. investire = bekleiden). Die Einsetzung eines Bischofs oder Abts in sein geistliches Amt und zugleich die Übertragung von weltlichen Herrschaftsrechten. Als Zeichen der geistlichen Würde übergab der König Ring und Hirtenstab. Diese Mitwirkung eines Laien, selbst des Königs, wollten die Vertreter der → Kirchenreform nicht länger dulden. Es folgte der so genannte Investiturstreit, der die religiösen und politischen Grundlagen des Mittelalters erschütterte. Papst und König setzten sich im Jahre 1076 gegenseitig ab und bannten sich. Ein Kompromiss konnte erst 1122 mit dem Wormser Konkordat erreicht werden.

Islam (arab. = Ergebung in Gottes Willen). Eine der großen Weltreligionen, die der Prophet Mohammed im 7. Jh. begründete. Seine Anhänger, die Muslime, bekennen sich zu einem einzigen Gott (Allah) und betrachten den → Koran, das heilige Buch, als Glaubens- und Lebensgrundlage. Die Ausdehnung des islamischen Herrschaftsbereichs führte zur Verbreitung der Religion in Asien, Afrika und Europa.

Jesuiten. Die wichtigste Kraft der katholischen Kirche gegen die Reformation wurde der Jesuitenorden (Societas Jesu = Gesellschaft Jesu, abgek. SJ). Gegründet hat ihn der spanische Adlige Ignatius von Loyola (1491-1556). Die Jesuiten übten als Erzieher und Beichtväter an Fürstenhöfen sowie durch die Einrichtung vieler Schulen und Hochschulen großen Einfluss aus. Das Volk gewannen sie durch Predigten und karitative Tätigkeiten. Sie erhielten vom Papst den Auftrag der weltweiten Mission.

Kaisertum Die Herrscher des Römischen Reichs führten den Beinamen „Caesar“, aus dem das Lehnwort „Kaiser“ hervorging. Die Kaiserkrönung Karls des Großen setzte diese Tradition im Abendland fort. Mit ihr verband sich die Idee eines geeinten christlichen Reichs, dessen Herrscher als Beauftragte Gottes regierten. Als Otto I. 962 das Kaisertum erneuerte, ging der Kaisertitel auf die deutschen Könige über. Ihr Herrschaftsgebiet war das Heilige Römische Reich, das Deutschland, Burgund und Italien umfasste. Die Kaiserwürde war lange Zeit mit der Krönung durch den Papst in Rom verbunden. Diese Tradition endete 1508, als die deutschen Könige nach ihrer Wahl in Frankfurt und Krönung in Aachen sogleich den Titel „Erwählter Römischer Kaiser“ annahmen. Wahl- und Krönungsort wurde seit 1562 allein Frankfurt.

Kalif. Bezeichnung der Nachfolger bzw. Stellvertreter (= arab. chalifa) des Propheten Mohammed. Der Kalif war geistliches Oberhaupt aller Muslime und weltlicher Herrscher des islamischen Reiches. Nach dem Zerfall der politischen Einheit beanspruchten Herrscher mehrerer islamischer Staaten die Kalifenwürde.

Ketzer. Menschen, die der amtlichen Kirchenlehre widersprechen. Die → Inquisition verfolgt sie. Der Begriff leitet sich von den Katharern ab, die im 12. Jh. besonders in Südfrankreich die Lehre der römischen Kirche und deren Machtapparat (Hierarchie) bekämpften.

Kirchenbann. Der Bann ist das Recht des Herrschers, etwas unter Androhung von Strafe zu gebieten oder zu verbieten. Der Kirchenbann ist die vom Papst verhängte Kirchenstrafe gegen Ketzerei (→ Ketzer) und schwere Sünden. Er bedeutet Ausschluss von den Sakramenten (Exkommunikation) und damit den Ausschluss aus der Gemeinschaft der Gläubigen. Der Bann kann durch Buße des reuigen Sünders aufgehoben werden. Der Kirchenbann war ein wichtiges Mittel im politischen Kampf des Papstes gegen die weltliche Macht und Kritiker der Kirche.

Kirchenreform. Um das Jahr 1000 führte der moralische Verfall der Kirche und vieler Klöster zu einer Gegenbewegung, die zur ursprünglichen Reinheit des Glaubens zurückkehren wollte. Diese Reformkräfte waren auch unzufrieden mit dem Einfluss von Laien im religiösen Leben. Von der Benediktinerabtei Cluny in Burgund/Frankreich ging die Kirchenreform aus und gewann durch hervorragende Äbte und zahlreiche Tochterklöster in ganz Europa starken Einfluss.

Kloster (lat. claustrum = abgeschlossen). Durch eine Mauer von der Welt abgetrennter Lebensraum von Mönchen oder Nonnen. Sie haben das Gelübde abgelegt in Armut, Gehorsam und Ehelosigkeit ihr Leben im Dienst Gottes zu führen. Die Leitung hat ein → Abt oder Prior. Benedikt von Nursia gab um 530 den zahlreichen abendländischen Klöstern einen klaren Aufbau und strenge Regeln, die jahrhundertelang gültig blieben.

Kolonie. Ein abhängiges Gebiet in Übersee. Mit den Entdeckungen und Eroberungen der Portugiesen und Spanier begann das Kolonialzeitalter. Europäische Staaten besetzten dank ihrer überlegenen Waffen überseeische Gebiete, unterwarfen die dortige Bevölkerung, besiedelten das Gebiet und beuteten es wirtschaftlich aus. Je nach Schwerpunkt unterscheidet man Wirtschaftskolonien, Siedlungskolonien, Militärkolonien und Strafkolonien.

Konfession (lat. Bekenntnis). Sie umfasst alle Menschen, die das gleiche Glaubensbekenntnis ablegen und damit zur eigentlichen Glaubensgemeinschaft gehören. Katholiken und → Protestanten bilden die beiden großen Konfessionen in Deutschland.

Konkordat. Vertrag zwischen der katholischen Kirche und einem Staat zur Regelung kirchlicher Angelegenheiten. Ein wichtiges Konkordat des Mittelalters war das Wormser Konkordat von 1122, welches den → Investiturstreit beendete.

Konzil (lat. concilium = Zusammenkunft). Die Versammlung hoher kirchlicher Würdenträger zur Beratung und Entscheidung wichtiger Angelegenheiten von Glauben und Kirche. Ein Konzil betrifft die Gesamtkirche. Kirchenversammlungen für ein begrenztes Gebiet sind Synoden.

Koran. Das heilige Buch des → Islam, das die von Mohammed verkündeten Offenbarungen Allahs enthält. Er ist in 114 Kapitel (Suren) gegliedert, die Weissagungen, Belehrungen, Predigten und Prophetenerzählungen enthalten. Der Koran ist für die islamische Welt zugleich Gesetzbuch und religiöses Lehrwerk.

Kreuzzüge. Kriegszüge der abendländischen Christenheit zwischen 1096 und 1291 zur Befreiung des Heiligen Landes von der Herrschaft des Islam. Die Kreuzritter haben ihr Ziel nicht erreicht. Der Kontakt mit der islamischen Welt brachte aber neue Kenntnisse und Gedanken nach Europa. Der Begriff umfasst auch die Kriege, zu denen die Kirche im Mittelalter gegen Heiden oder → Ketzer aufrief.

Kurfürst (althochdt. kuri = Wahl). Ein Fürst, der das Recht hat den Herrscher zu wählen. Allmählich erlangte im Deutschen Reich eine Gruppe von 7 Fürsten dieses Privileg und bildete so die Spitze des Hochadels. Es waren die Erzbischöfe von Mainz, Köln und Trier, der Pfalzgraf bei Rhein, der Herzog von Sachsen, der Markgraf von Brandenburg und der König von Böhmen. Die Goldene Bulle von 1356 bestimmte endgültig allein diese Kurfürsten zur Königswahl und legte ein Mehrheitswahlrecht fest. Weiterhin bestimmte sie die Unteilbarkeit der Kurländer sowie das Erstgeburtsrecht bei der Erbfolge.

Landesherr. Inhaber der obersten Gewalt in einem fest umrissenen Gebiet (Territorium). Ursprünglich waren im Mittelalter die Besitzrechte des Adels zersplittert und seine Besitzungen weit zerstreut. Seit dem 12. Jh. versuchte der Adel jedoch Besitzungen und Herrschaftsrechte zusammenzufassen, andere Herren zu verdrängen oder zu unterwerfen und ein geschlossenes Territorium aufzubauen. In diesem Territorium unterstanden nun alle Einwohner allein der Gewalt des Landesherrn (z. B. Herzog, Graf), der seine Regierung durch eine einheitliche Verwaltungs- und Gerichtsorganisation wirksam verstärkte. Die Bildung der Landesherrschaften führte allerdings zur Schwächung des Königtums.

Lehnswesen. Es entstand im 8. Jh. im Frankenreich und bildete die Grundlage der politisch-gesellschaftlichen Ordnung des Mittelalters. Der König (Lehnsherr) verlieh seinen Gefolgsmännern Land und Leute als Lehen. Dafür schuldete der Lehnsmann (Vasall) seinem Lehnsherrn lebenslange Treue, Gefolgschaft und Waffendienst. Mächtige Lehnsleute verliehen Grundbesitz an Untervasallen weiter. Da Lehen frühzeitig erblich wurden, erlangten die Lehnsleute eine starke Machtposition gegenüber dem König. Das führte in Deutschland zu einer Schwächung der zentralen Staatsgewalt.

Leibeigenschaft. Eine Form persönlicher Abhängigkeit. Der Leibeigene war unfrei, aber kein privatrechtliches Eigentum wie der Sklave. Er gehörte zum Gesinde eines Herrenhofes, musste seinem Leibherrn eine jährliche Kopfsteuer zahlen und → Frondienste leisten. Auch sein Privatleben war unfrei: Er durfte nicht ohne Genehmigung heiraten und nach seinem Tod hatten die Erben dem Leibherrn besondere Abgaben zu zahlen.

Ministeriale (= Dienstleute). Weltliche oder geistliche Herren beauftragten Ministeriale mit Hof- und Kriegsdienst oder mit der Verwaltung ihrer Besitzungen. Die Könige nahmen für solche Aufgaben oft Unfreie, da sie ihnen treuer ergeben waren als die selbstbewussten großen Adligen. Die Stauferherrscher versuchten sogar – allerdings erfolglos – mit Hilfe der Ministerialen eine Reichsverwaltung aufzubauen und die Macht des hohen Adels zu brechen. Die Ministerialen glichen sich allmählich dem Adel an und stiegen in den Ritterstand auf.

Orden (lat. ordo = Ordnung, Stand). Religiöse Gemeinschaft von Mönchen oder Nonnen, die nach einer gemeinsamen Lebensordnung (Regel) leben. Im Lauf der Jahrhunderte haben sich verschiedene Orden mit unterschiedlichen Zielen und Aufgaben gebildet (z. B. Benediktiner, Zisterzienser, Franziskaner, Dominikaner).

Papst (aus lat. papa = Vater). Die Bischöfe von Rom betrachteten sich als Nachfolger des Apostel Petrus und beanspruchten daher schon früh eine Vorrangstellung in der Gesamtkirche. Dieser Anspruch wurde auf dem → Konzil von Nicäa, das Kaiser Konstantin 325 einberufen hatte, von den Bischöfen des lateinischen Westens anerkannt. Die Bischöfe des griechischen Ostens erkannten den Vorrang (Primat) Roms jedoch nicht an, was später zur Abspaltung der griechisch-orthodoxen Kirche führte. Den Ehrentitel „papa", der ursprünglich allen Bischöfen zustand, führte seit dem 5. Jh. allein der römische Bischof.

Patrizier (lat. patres = Väter). Im Mittelalter die Angehörigen der Oberschicht einer mittelalterlichen Stadt. Sie sahen sich in der Nachfolge der römischen Adelsgeschlechter, die allein zur Regierung und Verwaltung der Republik berechtigt waren. Zu den Patriziern zählten reiche Kaufleute, Dienstleute des Stadtherrn und Adelige, die sich in der Stadt niedergelassen hatten. Konnte sich eine Stadt von ihrem Stadtherrn unabhängig machen, so übernahmen diese gesellschaftlichen Gruppen die politische Führung. Sie allein waren ratsfähig, d. h. nur sie besetzten die städtischen Ämter. Seit dem 13. Jh. kämpften in vielen Städten die → Zünfte gegen die Vorherrschaft des Patriziats und erlangten politische Mitsprache.

Pfalz (lat. palatium = Palast). Das Frankenreich und das Deutsche Reich des Mittelalters kannten keine Hauptstadt. Der Herrscher reiste mit seinem Hofstaat, seiner Familie, seinen Beamten und Priestern durch sein Herrschaftsgebiet. Auf den Pfalzen, die im ganzen Reichsgebiet verstreut lagen, übte er seine Herrschaft an Ort und Stelle persönlich aus. Die Pfalzen waren zumeist gut befestigte große Höfe mit Kirche, Wohngebäuden, Verwaltungs- und Wirtschaftsgebäuden. Die Ernährung eines großen Gefolges war damals problematisch, so dass sich der Hof nicht allzulange auf einer Pfalz aufhalten konnte.

Pilgerväter (engl. Pilgrim Fathers). Die ersten puritanischen Siedler, die von England nach Nordamerika auswanderten, da sie in ihrer freien Religionsausübung behindert wurden. Am 16.9.1620 stachen sie mit der „Mayflower" von Plymouth in See und landeten am 21.11.1620 bei Cape Cod im heutigen Staat Massachusetts. Vor der Landung schlossen die Männer den „Mayflower-Compact", eine Vereinbarung, in der sie sich zur Errichtung einer gesetzlichen Ordnung im neuen Land verpflichteten. Die Nachkommen der Pilgerväter bildeten eine einflussreiche Gruppe der amerikanischen Führungsschicht.

Protestanten. Bezeichnung für alle Christen, die nicht zur römisch-katholischen Kirche oder zur orthodoxen Ostkirche gehören. Nach einem Reichstagsbeschluss von 1529 sollten alle kirchlichen Reformen verboten werden und die Anhänger Luthers der → Reichsacht verfallen. Dagegen protestierten die reformierten Fürsten und Städte aus Gewissensgründen. Von dieser „Protestation" leitet sich der Begriff her. Die von Luther gebrauchte Bezeichnung „evangelisch" setzte sich nur langsam durch.

Puritaner (lat. purus = rein). Bezeichnung für Anhänger des → Calvinismus in England. Sie glaubten die reine Lehre des Evangeliums zu vertreten und lehnten alles ab, was nicht in der Bibel begründet war. Radikale Puritaner forderten ein demokratisches Gemeindeleben und die Abschaffung des Bischofsamtes. Auf Grund der andauernden Verfolgungen und der Benachteiligung gegenüber der anglikanischen Kirche wanderten etliche Puritaner nach Nordamerika aus (z. B. die Pilgerväter von 1620), wo sie die Entwicklung der späteren USA stark beeinflussten.

Ramadan. Im Islam ist der 9. Monat des muslimischen Mondjahres eine Fastenzeit. Von Morgengrauen bis Sonnenuntergang sind Essen und Trinken (auch Rauchen) verboten. Die Nächte werden häufig zu Familienfesten, Einladungen und religiösen Andachten genutzt. Den Abschluss bildet das Fest des Fastenbrechens.

Reformation. Der religiöse Umbruch Europas im 16. Jh., der zur Auflösung der kirchlichen Einheit des Abendlandes führte. Zu seinen Ursachen zählten kirchliche Missstände, wie der Lebenswandel vieler Geistlicher, Simonie und Ablasshandel (→ Ablass). Eingeleitet wurde die Reformation durch die Thesen Martin Luthers (1517) und sie erfasste gegen den Widerstand der römischen Kirche sehr rasch breite Bevölkerungsschichten. Da sich auch viele → Reichsstände der Reformation anschlossen, wurde die Reformbewegung zu einem politischen Machtfaktor. Die Reformation setzte sich vor allem in Mittel- und Nordeuropa durch. Der römischen Kirche gelang es, durch die Reformen des Konzils von Trient (1545-1563) sowie die Tätigkeit der → Jesuiten erneut an Boden zu gewinnen (Gegenreformation).

Reichsacht (althochdt. acht = Verfolgung). Im Falle eines schweren Verbrechens konnte der Herrscher den Täter ächten. Der Geächtete wurde damit aus der Gemeinschaft ausgestoßen, verlor sein Eigentum und jeden Rechtsschutz - er war „vogelfrei". Wer ihm half, verfiel selbst der Acht. Wenn der Geächtete Gehorsam gegen Kaiser und Reich versprach, konnte er durch ein kaiserliches Gericht aus der Acht gelöst werden. Oft wurde die Reichsacht zusammen mit dem Kirchenbann ausgesprochen.

Reichsinsignien. Herrschaftszeichen der deutschen Könige: Reichskrone, Heilige Lanze, Reichsschwert, Reichsapfel, Zepter, Reichskreuz, Reichsevangeliar und Krönungsmantel. Diese Gegenstände waren unerlässlich für die Rechtmäßigkeit der Herrschaft und wurden dem König nach Krönung und Salbung im Aachener Dom überreicht. Sie sollten die Einheit von christlicher und weltlicher Herrschaft symbolisieren.

Reichskirchensystem. Die ottonischen und salischen Könige setzten Bischöfe und Äbte in hohe Staatsämter ein und übertrugen ihnen große Besitzungen. Durch diese Maßnahme wollten sie dem Machtanspruch der Stammesherzöge begegnen, die sich gegen die zentrale Reichsgewalt auflehnten. Die Reichskirche wurde auf diese Weise zur wichtigsten Stütze des Königtums, bildete ein Gegengewicht zu den Herzögen und war Verfechterin der Reichseinheit. Erst der → Investiturstreit stellte dieses System in Frage, da dem König die Investitur von Bischöfen entzogen wurde.

Reichsstände. Politische Mächte im Deutschen Reich, die Sitz und Stimme im Reichstag besaßen. Hierzu zählten die geistlichen Reichsstände (z. B. Bischöfe, Äbte), die weltlichen Reichsstände (Herzöge, Grafen) sowie die Reichsstädte. Im Reichstag, den der König einberief, gliederten sich diese Reichsstände seit 1489 in drei Gruppen (Kurien) auf: Kurfürstenrat, Fürstenrat und Reichsstädte. Das Stimmrecht dieser Kurien war unterschiedlich geregelt.

Renaissance (franz. Wiedergeburt). Im 15. Jh. wandten sich viele Menschen in den norditalienischen Städten der römisch-griechischen Vergangenheit zu. Dort suchten sie die Vorbilder für ihr Leben und trennten sich von der kirchlich-religiösen Bevormundung des Mittelalters, das ihnen als finster und barbarisch erschien. Der einzelne Mensch rückte in den Mittelpunkt des Interesses, er sollte seine Fähigkeiten entfalten und durch eigenständiges Denken und Beobachten die Natur erkennen. Maler, Bildhauer, Dichter, Philosophen, Wissenschaftler und Forscher verbreiteten diese neuen Gedanken in Europa. Unterstützung fanden sie bei Fürsten und auch bei Päpsten.

Ritter. Um die Beweglichkeit der Fußheere zu erhöhen, setze man seit dem 8. Jh. berittene Krieger ein, die in schwerer Rüstung kämpften. Wegen der kostspieligen Ausrüstung konnten jedoch nur begüterte Grundherren den Ritterdienst leisten. Als Besoldung teilte der Lehnsherr ein Ritterlehen aus, das zum Kriegsdienst verpflichtete. Dort wurde an gut zu verteidigender Stelle eine Burg erbaut. Die Abgaben der hörigen Bauern, die auf diesem Lehen lebten, sicherten die Existenz des Ritters. Im Lauf der Zeit entwickelten sich die Ritter zu einem eigenen Stand mit besonderen Lebensformen und einer höfischen Kultur.

Schmalkaldischer Bund. Zur Abwehr der von Kaiser Karl V. angedrohten Reichsexekution schlossen sich 1531 zahlreiche protestantische Fürsten und Städte in der thüringischen Stadt Schmalkalden zu einem Bund zusammen. Er entwickelte sich bald zu einem antihabsburgischen Machtfaktor und ermöglichte die friedliche Ausbreitung der Reformation. 1546 entschloss sich Karl V. zur gewaltsamen Niederwerfung der Protestanten und eröffnete damit den Schmalkaldischen Krieg. In der Schlacht bei Mühlberg errang das kaiserliche Heer 1547 den entscheidenden Sieg. Kurfürst Johann Friedrich von Sachsen und Landgraf Philipp von Hessen, die beiden Führer der Protestanten, gerieten in Gefangenschaft, der sächsische Kurfürst verlor sogar seine Kurwürde.

Stand, Stände. Die europäische Gesellschaft war bis zur Französischen Revolution unterteilt in Gruppen mit verschiedenen Rechten. Jeder Mensch wurde in seinen gesellschaftlichen Stand hineingeboren. Diese strenge und verbindliche Rangordnung galt als gottgegeben und wurde erst Ende des 17. Jahrhunderts von Vertretern der Aufklärung ernsthaft bestritten. Die Geistlichen bildeten den ersten Stand (Lehrstand), die Adeligen den zweiten (Wehrstand). Die große Masse der Bauern bildete den dritten Stand (Nährstand), zu dem später auch die Bürger zählten. Außerhalb der Ständegesellschaft blieben sozial Verachtete (z. B. Henker, Spielleute, Dirnen) sowie die Juden.

Territorium (s. Herzog, Landesherr)

Verleger. Ein reicher Kaufmann, der einem Handwerker die Rohstoffe vorlegt (= vorstreckt), die dieser dann zu Hause bearbeitet. Der Handwerker bekommt dafür einen Lohn, ist also nicht mehr selbstständig. Der Verleger sorgt für Arbeit, Rohstoff, oft auch für das Werkzeug und den Verkauf.

Westfälischer Friede. Bezeichnung für die 1648 in Münster und Osnabrück abgeschlossenen Friedensverträge, die den Dreißigjährigen Krieg beendeten. Die Friedensbestimmungen lockerten die Reichseinheit, da die Fürsten volle Landeshoheit erhielten und Bündnisse mit auswärtigen Mächten abschließen durften. Auch territorial erlitt das Reich schwere Einbußen. Schweden erhielt Vorpommern, das Erzbistum Bremen und das Bistum Verden als Reichslehen, Frankreich wurde im Besitz von Metz, Toul und Verdun bestätigt, die Niederlande und die Schweiz schieden endgültig aus dem Reichsverband aus. Auf konfessionellem Gebiet wurde der → Augsburger Religionsfriede von 1555 bestätigt und auf den → Calvinismus als dritte Konfession ausgedehnt.

Wormser Edikt. 1521 wurde Martin Luther vor den Wormser Reichstag geladen, um seine Lehre zu erläutern. Nach dem Verhör, das in Gegenwart von Kaiser Karl V. stattfand, wurde er zum Widerruf aufgefordert. Als er sich weigerte, erließ der Kaiser das Wormser Edikt, das über Luther, der Worms bereits verlassen hatte, die → Reichsacht verhängte. Das Edikt verbot ferner die Lektüre und Verbreitung von Luthers Schriften und unterwarf die Herstellung und den Vertrieb von Büchern der Zensur.

Zunft. In den mittelalterlichen Städten schlossen sich die Handwerker des gleichen Berufs zu einer Zunft zusammen um sich gegenseitig im Alter und bei Krankheit zu unterstützen. Später musste jeder Handwerksmeister einer Zunft beitreten, die – im Einverständnis mit der städtischen Obrigkeit – das Wirtschaftsleben lenkte und kontrollierte um ein angemessenes und gerechtes Auskommen zu sichern. Sie regelte Qualitätsmerkmale und Preise, Ausbildung und Arbeitszeiten, Höchstzahl von Lehrlingen und Gesellen, Herstellungsmengen und Produktionsmethoden. Jeder Verstoß wurde hart bestraft. Aus Angst vor Konkurrenz durften die Handwerker nicht auf Vorrat arbeiten, sondern nur auf Bestellung. Diese strengen Regeln hemmten technische Neuerungen und die freie Entfaltung tüchtiger Handwerker. Seit dem 13. Jh. kämpften die Zünfte gegen die Stadtherrschaft der → Patrizier.

Archiv der Hansestadt Lübeck: 61 M9
Archives Prehistoric Europe/H. Meyer, Tapfheim: 49 M8
Archiv für Kunst und Geschichte, Berlin: 6/7, 7 u., 31 M6, 39 M2, 40 M3, 41 M7, 45 M2, 56 M6, 66 M2 (P. Connolly), 67 M5, 68 M6 (E. Lessing), 68 M7 (P. Connolly), 69 M8, 76 Mi., 90 M1, 98 M5 (H. Eid), 104 M1, 122 M5 (R. O'Dea), 127 M2 + M3, 130 M8, 132 M3, 138 M5 (British Library), 144 M17, 149 o.li., 167 M5, 168 M7, 172 M6, 176 M1, 185 M3 + M5, 186 M6, 191 M3, 194 M1 + M2, 196 M4, 197 M6, 198 M7, 212 M1, 213 M4
Artothek, Weilheim: 36 M5, 213 M3
Askani, Dr. B., Schwetzingen: 10/11 M5, 23 M5, 32 M2 + M3, 88 M8, 118 M1, 119 M2

Batchelor, J., : 173 M7
Bauernkriegs-Panorama, Bad Frankenhausen/© VG Bild-Kunst 2006: 190 M1
Bayerische Staatsbibliothek, München: 38 M3 (clm 2210 fol. 91 r.), 48 M7(Cod.hebr. 200 ful. 10r), 96 M2 (clm 4456), 150 M2 (Einbl. II, 22)
Bayerisches Nationalmuseum, München: 42 M1 + M2, 210 M5
Bevilaqua, C.: 67 M4
Biblioteca dell Archivo General de la Nacion, Mexico, D.F.: 178 M1
Biblioteca Vaticana: 77 o.., 99 M6
Bibliothèque nationale de France,Paris: 70 M10, 71 M12, 134 M2, 135 M3, 218 M1
Bibliothèque Publique, Dijon: 10 M6
Bibliothèque Royal Albert, Brüssel: 141 M9
Bildarchiv Monheim, Meerbusch: 76/77 (A. Bednarz)
Bildarchiv Preußischer Kulturbesitz, Berlin: 13 M9 (J.P. Anders), 58 M2, 62 M2, 66 M1 + M3, 71 M14, 128 M5, 139 M6, 143 M14, 148 o., 149 o.re., 151 M3, 160 M5, 171 M4, 172 M5, 177 M2 (Kartensammlung), 187 M10, 191 M2, 196 M5, 214 M5
Blase, D., Metelen: 44 M1, 62 M1, 200 M14
Bleibrunner, H., Landshut: 28 M2
British Library, London: 6 u.re., 22 M4,

Dagli-Orti, G., Paris: 179 M3
Derenne, A., Paris: 119 M4
Deutsches Historisches Museum, Berlin: 46 M5, 220/221 M1
Deutsches Schifffahrtsmuseum, Bremerhaven: 58 M1

Eulenspiegel Verlagsgesellschaft, Berlin: 184 M2, 189 M3

Germanisches Nationalmuseum, Nürnberg: 24 M10, 51 M12, 110/111 M1

Hansestadt Lübeck, Amt für Archäologische Denkmalpflege: 22 M3
Herzog-Anton-Ulrich Museum, Braunschweig: 148 u.li (B.P. Keiser), 155 M4
Herzog August Bibliothek, Wolfenbüttel: 104 M2, 200 M15, 209 M2
Hessisches Staatsarchiv, Marburg: 86 M4 (Urk. RI Stift Fulda 936 Okt 14)
Historisches Archiv der Stadt Köln/Rheinisches Bildarchiv: 92 M1
Historisches Museum, Frankfurt/M.: 47 M6

Institut für Stadtgeschichte, Frankfurt/M.: 115 M9 (2)

Jeiter, M., Morsenich: 105 M5
Jürgens, Ost- und Europa-Photo, Berlin: 65 M6, 201 M16

Kaltenberger Ritterturnier: 6 u.li., 38 M1
Klammet; Ohlstadt: 119 M3
Klimm, F.J.: 116 M1 + M2
KNA-Bild, Bonn: 9 M3
Kunsthistorisches Museum, Wien: 21 M2, 73 M18, 76 u., 90 M2, 91 M4 (4)

Landeshauptarchiv Koblenz: 145 M20 (Best. 1C Nr. 1 fol. 24a)
Landeshauptarchiv Sachsen-Anhalt, Abt. Magdeburg: 86 M5 (rep. U1 Erzstift Magdeburg I, Nr. 23)
Landesmuseum, Trier: 69 M9 (H. Thörnig)

Magistrat der Stadt Lorch: 80 M3 re.
Marienkirche, Lübeck: 60 M7
mauritius-images, Mittenwald: Schutzumschlag (Thonig), 8 M1 (Matassa), 77 u. (Thonig), 120 M1 (J. Novak), 120 M2 (Gierth), 123 M3 (Thonig), 219 M2 (Capa),
Medialog, Hamburg: 30 M4 (2)
Museum für Angewandte Kunst, Köln 22 M3 (Glas)
Museum für Kunst- und Kulturgeschichte, Lübeck: 59 M3
Museumsdorf Düppel, Berlin: 20 M1
Museum zu Allerheiligen, Schaffhausen (Besitz der Peyerschen Tobias Stimmer-Stiftung): 12s M7
Niedersächsisches Staatsarchiv, Wolfenbüttel/B.P. Keiser: 93 M2 (2) (Sig. 6 Urk.11)
Niedersächsische Staats- und Universitätsbibliothek, Göttingen/Bellifortis-Handschrift 2° Cod. Ms. philos. 63 clm (Fol. 108 r.): 158 M1

Osterreichische Nationalbibliothek, Wien: 148 M2 (Cod. 3062 fol. 147 r.), 178 M2
Otto, W., Oberhausen: 106 M6

Picture-Alliance, Frankfurt/M.:
akg-images: 32 M1, 84 M1, 97 M3, 101 M10, 109 M13, 111 M2 (E. Lessing), 154 M2, 160 M4 (British Library), 165 M2, 170 M1, 184 M1, 185 M4, 199 M9, 204 M1 (Rabatti-Domingie), 205 M3 (Schuetze/Rodemann), 221 M2
dpa: 149 o.Mi., 150 M1 (Klar)

Réunion des Musées Nationaux, Paris: 95 M4, 126 M1
Rheinisches Bildarchiv, Köln: 85 M3
Rizzoli, Mailand: 35 M2
Römisch-Germanische Kommission des Deutschen Archäologischen Instituts, Frankfurt/M.: 33 M5 – M7 (J. Bahlo), 33 M8 + M9 (K.-F. Rittershofer)
Römisch-Germanisches Museum, Köln: 55 M3, 55 M4 (R. Gaertner)

Scala, Florenz: 13 M8, 102/103, 167 M4, 169 M9, 182 M1, 202 M22
Staatlich Graphische Sammlung, München: 6 o., 26 M2, 27 M3
Staatliche Kunstsammlungen Dresden – Kupferstichkabinett: 71 M13
Staatliche Museen zu Berlin - Preußischer Kulturbesitz:
– Kupferstichkabinett: 188 M1 (J.P.Anders)
Staatsbibliothek, Bamberg: 34 M1 (Msc.Bibl. 59, 3R), 182 M2 (Geogr. f 5112)
Stadtarchiv Worms: 98 M4
Stadtarchiv Würzburg: 145 M19 (Ratsbuch 412, fol. 172 r.)
Stadt Augsburg: 203 M24 (Kunstsammlungen), 208 M1 (Stadtarchiv)
Stadtbibliothek, Nürnberg: 45 M3, 46 M4
Stadt Speyer: 117 M3 (K. Hofmann)
Stamm, Gießen: 179 M4
Stedelijke Musea, Brügge/Mcmlingmuseum: 57 M8
Stiftung Neue Synagoge, Berlin: 137 M2

St. Klara, Nürnberg/R. von Götz, Regensburg: 206 M4, M6 + M7

Tonn, D., Bovenden: 74/75, 124 M10, 146/147, 222/223

ullstein-Bild, berlin: 210 M4
Universitätsbibliothek, Edinburgh: 130 M7
Universtitätsbibliothek, Heidelberg: 76 o., 83 M2 (3)

Verkehrsamt der Stadt Nördlingen: 49 M9

Wallraf-Richartz-Museum, Köln: 164 M1, 169 M9
Westermann-Archiv: Schutzumschlag Mitte, 1, 54 M2, 70 M11, 148 u.re., 162 M8, 215 M9

zefa visual media, Düsseldorf: 148/149 (G. Rossenbach)

alle übrigen Schaubilder und Karten: Westermann Kartographie/ Technisch Graphische Abteilung, Braunschweig